Hans Wagener

RICHARD FRIEDENTHAL

Biographie des großen Biographen

Bleicher Verlag

Die Deutsche Bibliothek – CIP-Einheitsaufnahme

Wagener, Hans:
Richard Friedenthal : Biographie des großen Biographen /
Hans Wagener. – 1. Auflage – Gerlingen : Bleicher, 2002
(Zeugen der Zeit)
ISBN 3-88350-671-0

www.bleicher-verlag.de

Lektorat: Angelika Vogt
Umschlag: Atelier Reichert, Stuttgart
Herstellung: Kösel GmbH & Co. KG, Kempten
ISBN 3-88350-671-0

Inhalt

Vorbemerkung 9

Bis die Lichter ausgingen 11
Abstammung 11
Kindheit und Jugend 17
Soldat und Student 29
»Junger Dichter« in Berlin 42
Stefan Zweig und die Folgen 49
Bekanntschaften und Freundschaften 60
Vom Lektor zum Emigranten 65

Exil in England 75
Vom Emigranten zum *»enemy alien«* 75
Stefan Zweig: Freundschaft und Freundesdienst 82
»His Majesty's Most Loyal Internees« 88
»Vertrieben aus dem Raum der Sprache« 104
Der deutsche PEN-Club im Exil 111
Familie in Deutschland – Ehe in England 134

Als der Krieg zu Ende war oder:
Die Rückkehr, die keine war. 143
Nachkriegsannäherungen 143
Deutsches Zwischenspiel 160
PEN-Freuden – PEN-Querelen 179
Zu Hause in London 195

Die Zeit der Ernte 217
Die Arbeit am »Eigentlichen«: Biographien 217
1. »Fingerübungen« 217
2. Goethe 227
3. Luther 239
4. Entdecker des Ich: Montaigne, Pascal, Diderot 244
5. Jan Hus 251
6. Karl Marx 255
Ehrungen und späte Freundschaften 261
Ein *Homme de lettres* von Geblüt 271

Anmerkungen 277
Bibliographie Friedenthals (Bücher) 303
Personenregister 306
Bildnachweis 316
Nachbemerkung 316

»Ganz ohne Sympathie, bloß kalt,
ohne jede Beziehung zu einem
Menschen schreibt man keine gute
Biographie.«

Richard Friedenthal[1]

Vorbemerkung

Richard Friedenthal ist den meisten deutschen Lesern bekannt als Autor von großen Biographien über Goethe, Luther, Jan Hus und Karl Marx. Wenige wissen, dass er auch Lyriker, Essayist, Erzähler, Novellist, Romancier und Journalist war. Und die Wenigsten wissen, dass der Autor Friedenthal auch Verlagsleiter und Lexikograph war, der mit *Knaurs Konversations-Lexikon. A-Z* und *Knaurs Jugendlexikon* Bestseller auf diesem Gebiet geschaffen hat.

Noch Weniger wissen, dass er nicht einfach ein »Herr aus London« war, der den Deutschen »ihren« Goethe vom Podest des Dichterolymps gestoßen hat, sondern der ehemalige Vorsitzende des Londoner Exil-PEN, des PEN deutscher Autoren im Ausland und nach 1945 Mitbegründer des neuen deutschen PEN. Kurz: einer der vielseitigsten deutschen Literaten des 20. Jahrhunderts, der »sich auf fast allen Gebieten des literarischen Lebens mit nachhaltiger Wirkung betätigt« hat.[2]

Gerade diese Vielseitigkeit macht es so schwer, Friedenthal einzuordnen, geschweige denn in eine Schublade mit traditionellem Etikett zu stecken. Er selbst sagt von sich:

> »Die [Verfasser von Literaturgeschichten] werden bei mir ihre besonderen Schwierigkeiten haben, denn ich bin nun einmal schwer einzuordnen, […]. Vor allem gehöre ich zu keiner Gruppe, was immer sehr hinderlich war, schon lange, ehe es die 47er gab, und auch kaum zu einer, stets so handlichen Generationsklasse, noch politisch oder ästhetisch in ein sauberes Fach. Irgendwelche Tröpfe wollten mich, meiner Freundschaft mit [Stefan] Zweig halber, in dessen Nachfolge unterbringen, aber das geht auch nicht recht. Und nicht einmal als rabiater Einzelgänger, der nach allen Seiten um sich schlägt und stolz ist auf

seine Unbeliebtheit und Verkanntheit, kann man mich ›einstufen‹.«
(Deutsches Literaturarchiv, Marbach, künftig zitiert als DLA)[3]

Friedenthal war ein Mann von ausgesprochener Bescheidenheit, was seine eigene Person anbetrifft. Er, der Biographien über Goethe, Luther, Hus und Marx von je fast 700 Seiten verfasst hat, hat sich zu seiner eigenen Person nur auf rund 40 Seiten geäußert. Es soll deshalb hier zum ersten Mal, ohne ihn mit einem griffigen Etikett zu versehen, versucht werden, der vielseitigen Leistung eines Mannes gerecht zu werden, der im Literaturleben seiner Zeit in so vieler Hinsicht eine beachtliche Rolle gespielt hat.

Bis die Lichter ausgingen

Abstammung

Richard Paul Caspar Friedenthal wurde am 9. Juni 1896 in München geboren, in der damaligen Heustraße, die später in Paul-Heyse-Straße umbenannt wurde. Er wuchs in Berlin-Nikolassee auf. Der Vater, Hans (Wilhelm Carl) Friedenthal (geb. 9. Juli 1870 in Breslau), hatte in Kiel, Heidelberg, München, Berlin und Bonn Medizin studiert und wurde 1894 promoviert. Nachdem er seine Ausbildung in Physiologie in München und Erlangen (1896-99) fortgesetzt hatte – infolgedessen wurde sein Sohn Richard in München geboren –, habilitierte er sich 1901 an der Universität Berlin für Physiologie und ließ sich als praktischer Arzt und Privatgelehrter in Nikolassee bei Berlin nieder. Seit 1916 war er Titularprofessor an der Universität Berlin, wurde aber 1933 von den Nazis entlassen. Als Naturforscher, Physiologe und Anthropologe hatte er in seinen frühen Forschungen den Nachweis über die serologische Blutsverwandtschaft zwischen Mensch und Primaten erbracht und sich dadurch die Freundschaft des Jenaer Biologen Ernst Haeckel, der sehr zur Verbreitung der Darwinschen Lehre beitrug, sowie des Chemikers, Physikers und Philosophen Wilhelm Ostwald erworben. Mit dem russischen Verhaltensforscher Iwan Pawlow, bei dem er mehrere Monate in Petersburg verbrachte, arbeitete er an der Erforschung der Physiologie der Verdauungsorgane zusammen. Hans Friedenthal war kein enger Fachgelehrter, sondern forschte auch auf anderen Gebieten, beispielsweise im Bereich der Chemie. Zusammen mit seinem ungarischen Mitarbeiter Pál Szily schuf er die Grundlagen für die auch heute noch bedeutsame pH-Messung, »im Chemikerlatein«, wie es der Sohn Richard nennt, die

»Methode der Messung von Wasserstoffionen-Konzentration, mit Pufferlösungen, die als Indikatoren für die Azidität oder Alkalität eines Milieus dienen.« (*»... und unversehens ist es Abend«*, 24) Die Methode wurde später von dem dänischen Chemiker Peter Lauritz Soerensen verfeinert. Friedenthals Vater war »Universalist und Einzelgänger«, um nicht zu sagen: Eigenbrötler, gleichzeitig aber ein universaler Geist, dessen Vielseitigkeit auch auf seinen Sohn Richard abfärben sollte. In Nikolassee baute er sich ein Privatlaboratorium, das in vieler Hinsicht besser ausgestattet war als die damaligen staatlichen Institute. Seine Forschungsergebnisse und die seiner Mitarbeiter veröffentlichte er auf eigene Kosten, wobei die großen Folianten seiner *Beiträge zur Naturgeschichte des Menschen* (1908-10) und seine *Allgemeine und spezielle Physiologie des Menschenwachstums* (1914) wohl am bedeutendsten sind. »Mit einem ganzen Stab von Zeichnern wurden Hunderte von Abbildungen zum *Haarkleid des Menschen* [1908-10] geschaffen. Die 5. Lieferung und ein monumentaler Tierhaaratlas erschienen noch, dann war das ererbte Vermögen so gut wie aufgebraucht, ehe die Inflation den geringen Rest entführte.« (*»... und unversehens ist es Abend«*, 24) An anderer Stelle schreibt Richard Friedenthal, dass das Vermögen damit »noch rechtzeitig und zu produktiven Zwecken« verwandt worden sei.[1] 1927 erschien Hans Friedenthals *Menschheitskunde*. Im Phyletischen Museum von Jena waren bis 1933 noch Bilder und anthropologisches Anschauungsmaterial zu sehen, die auf seine Arbeiten zurückgingen. Aufgrund der naturwissenschaftlichen Studien und persönlichen Freundschaften des Vaters erlebte der junge Friedenthal in seinem elterlichen Hause die zeitgenössischen Diskussionen über den Darwinismus und den von Haeckel proklamierten Monismus mit.

Hans Friedenthal war nicht nur an den Naturwissenschaften interessiert, sondern privat auch an der Literatur aller Länder und Zeiten:

> »In seinem Bücherschrank standen neben den Fachwerken und Klassikern der Physiologie Werke von Ariost und E.T.A. Hoffmann, darüber hinaus Bücher der zeitgenössischen Dichter wie Wedekind und Verhaeren, aus denen er abends am Familientisch vorzulesen liebte. Ich höre noch seine Stimme, mit der er aus der eben erschienenen

Richard Friedenthals Vater Hans (Wilhelm Carl) Friedenthal.

> Anthologie *Der Condor* die frühesten Verse von Franz Werfel vortrug.« (»*… und unversehens ist es Abend*«, 24)

So wurde dem jungen Friedenthal schon von frühester Kindheit an durch das Elternhaus Literatur vermittelt. Abgesehen davon, schrieb Hans Friedenthal auch selbst Gedichte. Im Nachlass seines Sohnes im Deutschen Literaturarchiv in Marbach a. N. findet sich ein undatiertes Typoskript mit dem für die Zeit vor dem Ersten Weltkrieg charakteristischen, patriotischen Titel *Deutschtum*, das auf dem Titelblatt den Spruch trägt: »*Deutsch Denken macht redlich denken.* 100 Sprüche von Hans Friedenthal«. Es handelt sich bei den Sprüchen zumeist um Epigramme über sehr allgemeine Themen wie: Augen-

blick, Freude, Melodie, Glück, Klugheit, Vernunft, Sieg, Gerechtigkeit, Liebesleid, Leidenschaft usw.
Der Vater konnte bis zum Ersten Weltkrieg seinen großzügigen Lebensstil aufrecht erhalten, ja er verwendete seine ererbten finanziellen Mittel nicht nur für die Naturwissenschaften, sondern Friedenthals vielseitig interessierte und aktive Mutter Martha konnte mit dem Geld des Vaters auch ein großes Haus für uneheliche Großstadtkinder gründen. Die älteren Kinder brachte sie dann in Kleinfamilien mit einer Pflegemutter auf dem Lande unter. Friedenthals Jugendfreund, der Journalist Thomas Halbe, dessen Mutter mit Friedenthals Mutter verschwägert war, bestätigt diese soziale, fürsorgliche Ader in ihr, wenn er in seinen »Kindheitserinnerungen an Richard Friedenthal« über sie schreibt, sie sei eine starke Persönlichkeit gewesen, »warmherzig, klug, voller geistiger Interessen und energisch dazu«. Ihre Ausstrahlung habe nicht nur die eigenen Kinder in Bann gezogen, »sondern auch sonstige kleine Besucher, denen ein Zusammensein mit Tante Martha immer ein festliches Ereignis bedeutete. Wenn sie anderen Menschen, ob Jung oder Alt, helfen wollte, konnte sie sehr beharrlich und auch praktisch sein.«[2] Sie habe meistens ein paar Schützlinge in ihrem Lebenskreis gehabt, die Schwierigkeiten mit den Hürden des Daseins hatten.
Die Vorfahren Friedenthals väterlicherseits sollten sich später als unvorhersehbar wichtig für das Schicksal des Sohnes erweisen, denn die Familie des Vaters Hans Friedenthals war jüdischer Abstammung und, wie die Familien vieler deutscher Juden, ein Spiegelbild der Zeiten. Sie war eine Familie mit zahlreichen verdienten Mitgliedern. Die Vorfahren waren seit Generationen als Großgrundbesitzer in Schlesien ansässig gewesen und hatten schon Mitte des 19. Jahrhunderts Berlin mit den ersten Parmaveilchen versorgt. Der älteste bekannte Vorfahr war angeblich mit einem Privileg Kaiser Rudolfs II. im Jahre 1592 aus Prag nach Glogau in Schlesien gekommen, wie ein genealogisch beschlagener Onkel Friedenthals festgestellt haben wollte. (*»... und unversehens ist es Abend«*, 38) Der Ururgroßvater Friedenthals war ein Markus Bär (auch: Marcus Beer; geb. um 1780 in Groß-Glogau, gest. 1859 in Breslau), der seit 1812 in Breslau lebte und mit einer Amalie Landsberger (1806-ca. 1866), Tochter eines Samuel Löbel

Landsberger in Breslau, verheiratet war. Er war der Verfasser einer ganzen Reihe von Büchern über religiöse Themen, von denen einige auf Deutsch, andere auf Hebräisch geschrieben waren. Im Jahre 1832 ließ er sich mit seiner ganzen Familie taufen. Er nannte sich nun Markus Friedenthal und seine Söhne ganz preußisch Karl Wilhelm, Friedrich, Louis Ferdinand usw.

Dies geschah im Zuge der Emanzipation des deutschen Judentums im 19. Jahrhundert, die 1812 im Rahmen der Stein-Hardenbergschen Reformen in Preußen angebahnt, dann nach den Napoleonischen Kriegen großenteils zurückgenommen und mit der offiziellen Bewilligung von vollen Bürgerrechten 1869 und 1872 endgültig in die Verfassung des Zweiten Reichs aufgenommen wurde. Friedenthal schrieb dazu später in seiner Karl-Marx-Biographie, zu berücksichtigen sei, »daß die emanzipierten Juden glaubten, sie hätten sich völlig aus dem Judentum gelöst und ›freigemacht‹. Sie glaubten, emanzipiert zu sein, und wollten Assimilanten werden; [...].«[3]

Das sind Worte, die sich voll und ganz auf die in dieser Weise emanzipierten Familie Hans Friedenthals anwenden lassen: Richard Friedenthals Urgroßvater Dr. jur. Friedrich Friedenthal (um 1799-1854), der Sohn des Markus Bär, war Stadtältester in Breslau, dessen Sohn, Friedenthals Großvater Paul Gaspard Friedenthal (1832-1904) war Assessor und später Bankier, zum Schluss Vorsitzender des Aufsichtsrats der Nationalbank in Berlin und Besitzer des Guts Goldschmieden bei Breslau. Er war mit Margarete Schlesinger (1844-1902), der Tochter eines evangelischen Konsistorialrats, verheiratet. Sie war die Enkelin des Musikverlegers Adolph Martin Schlesinger in Berlin, dem Verleger der *Matthäuspassion* Felix Mendelssohns, der letzten Quartette Beethovens und der Liederhefte Zelters. Er verdiente allerdings wesentlich mehr Geld mit seinen Originalrechten an preußischen Militärmärschen.

> »[...]; er war aber auch an Literatur interessiert und brachte erste Übersetzungen Balzacs heraus, der junge Heine wohnte in seinem Haus ›Unter den Linden‹. Und so beteiligte er sich an dem Wettbewerb um die große *Gesamtausgabe letzter Hand* [Goethes] und schickte seinen Sohn dazu nach Weimar. Der ›große Alte‹ forderte die damals enorme Summe von hunderttausend Talern. Das war nicht

zuviel für Goethes Werke, aber für den Musikverleger, und so erhielt dann Cotta den Zuschlag.«[4]

Aber auch hervorragende preußische Beamte hatte die Familie Friedenthal hervorgebracht: Der berühmteste väterliche Verwandte war Friedenthals Großonkel Rudolf Friedenthal (1827-1890), der Abgeordneter des norddeutschen Reichstags sowie des Zollparlaments, des preußischen Abgeordnetenhauses und schließlich des Reichstags war. Er gehörte mit Rudolf von Bennigsen und Eduard von Simson zu den drei Parlamentariern, die Bismarck 1871 bei der Reichsgründung nach Versailles berief. Er wurde 1874 (bis 1879) im Kabinett Bismarcks preußischer Landwirtschaftsminister. »Als protestiert und ein Herr von Seelow vorgeschlagen wurde, erwiderte Bismarck: ›Ich weiss, Herr von Seelow ist in jedem Augenblick bereit, seinen Kopf fuer den Koenig unter das Beil zu legen. Aber das brauch ich im Augenblick nicht. Was ist brauche, ist die ausgezeichnete Denkschrift von Herrn Friedenthal ueber Eisenbahnverbindungen.«[5] Als Bismarck sich in seiner Wirtschafts- und Innenpolitik von den Liberalen trennte, nahm Rudolf Friedenthal 1879 seinen Abschied und wurde Mitglied des preußischen Herrenhauses (bis 1881).

Die Mutter, (Anna Ludowika) Martha Friedenthal, geb. Elster, die Hans Friedenthal am 17. August 1895 in Braunschweig geheiratet hatte, entstammte einer protestantischen Pastorenfamilie. Ihr Vater, Friedenthals Großvater Alfred Elster, war ein armer Landpfarrer in Gandersheim und Groone in der Nähe von Einbeck, der große Schwierigkeiten hatte, seine sieben Kinder zu ernähren, und der früh verstarb. Martha Friedenthal war in jungen Jahren in England gewesen und erzählte später gern von diesem Aufenthalt. Sie mag damit in ihrem ältesten Sohn Richard Verständnis und Sympathie für dieses Land geweckt haben, das er sich schließlich zur Wahlheimat machen sollte.

Friedenthals Urgroßvater Johann Christian Elster (1792-1854), u.a. »Verfasser eines Buches über *Die höhere Zeichenkunst* mit mannigfachen Hinweisen auf Goethe«, war Konrektor der alten Universität Helmstedt, »die einmal hochberühmt war und auch Giordano Bruno beherbergt hat«.[6] Er hatte sich an einer der Ausstellungen der Weimarer Kunstfreunde beteiligt und daraufhin von Goethe »ein eigen-

händiges Schreiben erhalten mit ausführlicher Würdigung, worin vermerkt war, daß er das Blatt [eine Zeichnung] ›auf einen hinlänglichen Stab gerollt‹ zurückerhielte«.[7]
Friedenthals Ururgroßvater, Georg Samuel Elster, war Universitätsgärtner in Helmstedt. Als Friedenthal nach dem Zweiten Weltkrieg auf einer Vortragsreise nach Helmstedt kam, damals eine traurige Grenzstadt zwischen der Bundesrepublik und der DDR, führte man ihn zu den Häusern, in denen seine Vorfahren gewohnt hatten, und zu den Resten des botanischen Gartens, in denen der Universitätsgärtner gearbeitet hatte.

Kindheit und Jugend

»Ich war ein Glückskind«, berichtet Friedenthal in seinem autobiographischen Abriss (*»... und unversehens ist es Abend«*, 23-64), den er nach einer Zeile aus einem Gedicht von Salvatore Quasimodo, »... ed è subito sera«, benannt hat, und er fährt fort:

> »Ich hatte eine schöne, wolkenlose Kindheit und Jugend. Von keinerlei Konflikten mit Vater oder Mutter ist zu berichten, von keinerlei Kampf mit der Schule, noch von Krankheiten oder Krämpfen beim Ringen um Identität, wie es heute heißt, oder den ›Knoten‹ in der Seele, wie Martin Luther es nannte. Wenn mit der vorangehenden Generation gefochten werden muß, so hatte mein Vater das seinem Erzeuger gegenüber zur Genüge erledigt.« (*»... und unversehens ist es Abend«*, 23)

Richard Friedenthal wuchs mit zwei jüngeren Geschwistern auf: Er hatte einen jüngeren Bruder Walter (geb. 23. März 1899) und eine jüngere Schwester Käthe (geb. 6. Januar 1898), die sich später als Ärztin in Berlin und Hamburg einen Namen machen sollte. Sie hieß jetzt Dr. Käthe Bischoff, denn sie war seit 1924 mit dem 1895 im Kaukasus geborenen Reinhard Bischoff verheiratet. Richard Friedenthal und seine Geschwister, besonders Käthe und Richard, waren »in innigster Freundschaft von klein auf miteinander verbunden«.[8] Die Erziehung der Kinder lag fast ausschließlich in den Händen der Mutter und der Vater ließ ihr dabei den weitesten Spielraum.[9] Außer den Ge-

Der etwa zweijährige Richard Friedenthal auf dem Arm seiner Mutter, (Anna Ludowika) Martha Friedenthal.

schwistern stand das Elternhaus auch anderen Kindern immer offen. »Ganze Scharen von Freunden und Freundinnen tummelten sich um uns herum, manche wohnten wochenlang bei uns, und für nicht wenige war Frau Martha Friedenthal wichtiger als die eigene Mutter.« (*»... und unversehens ist es Abend«*, 25) So waren die Kinder Friedenthal mit den drei Jungen des Architekten Hermann Muthesius, der u.a. Häuser in Nikolassee gebaut hatte, sehr eng befreundet. »Die Spiele auf der Rehwiese«, erinnert sich Friedenthals Mutter, »vereinigte sie täglich. Der jüngste Muthesius, Eckart, ein bildhübsches Kind, aber nicht ganz leicht zu erziehen, hatte den glühenden Wunsch, ganz bei uns wohnen zu können.«[10] Ferner waren im Hause oft »Assistenten des Vaters, Mitarbeiter und Besucher aus aller Welt, selbst aus Japan. Selten waren wir bei Tisch weniger als zehn Personen, an großer Tafel, die nach Vorschrift meines Vaters ohne Tischtuch zu sein hatte und nur die blanke Eichenplatte zeigen durfte.« (*»... und un-*

versehens ist es Abend«, 25) Dabei wurden nicht etwa üppige Mahlzeiten serviert, sondern einfache, wenn auch reichliche, mit viel Obst. »Ich hatte von Anfang an«, berichtet die Mutter, »aus denkbar einfachsten Verhältnissen kommend, die Kunst gelernt, beim Kochen aus Wenigem etwas zu machen, nichts zu verschwenden und immer dieselbe gute Küche zu führen. Ich kochte meistens selbst, namentlich aber bei einem Mädchenwechsel in der ersten Zeit.«[11] Später ging sie nur noch in die Küche, um vor dem Anrichten die Speisen abzuschmecken. Erst anlässlich seiner Konfirmationsfeier erlebte Friedenthal, dass eine Flasche Wein serviert wurde, und zwar eine, die noch aus dem Keller seines Großvaters stammte. Die Hausangestellten wurden als Mitglieder der Familie behandelt, mit der sie meist zusammen aßen. Nur wenn Besuch da war, zogen sie es vor, draußen zu essen und bei Tisch nur zu servieren.

Richard mit seinen beiden jüngeren Geschwistern Käthe (links) und Walter (Mitte) um 1901.

Es war ein großzügig geführter Haushalt, nicht luxuriös, aber äußerst gastfreundlich, und die Kindererziehung war für damalige Verhältnisse ausgesprochen progressiv. So durften die Kinder durchaus gleichberechtigt an den Unterhaltungen der Erwachsenen teilnehmen, wenn sie etwas zur Unterhaltung beizutragen hatten und ihre Bemerkung nicht aus der Luft gegriffen war. Als einmal ein konservativer Onkel indigniert einwarf: »Was redet der Bengel denn da!« Und: »Hast du es gelesen? Dann hol das Buch«, holte der junge Friedenthal das Buch, und der Onkel, puterrot vor Zorn, musste in aller Ehrlichkeit zugeben, dass er sich geirrt hatte. (*»... und unversehens ist es Abend«*, 25)
Tiere gab es im Hause Friedenthal schon deshalb, weil der Vater sie für alle möglichen Experimente brauchte. So hielt er für seine Versuche zur Blutsverwandtschaft zwischen Mensch und Primaten brasilianische Pinselohräffchen, so genannte Makaken, und ein Schimpanse hatte eine Zeitlang seine eigene Kammer neben der Heizung. Die Tiere wurden von dem Laboratoriumsdiener Anton betreut, der früher holländischer Kolonialsoldat auf Java gewesen war. Für die Tiere baute Anton die schönsten Ställe, aber er musste entlassen werden, als sich herausstellte, dass er Quartalssäufer war und die Kaninchen und andere Tiere in der Markthalle verkaufte, um sich Branntwein zu besorgen.

Resultat der progressiven, weltoffenen Erziehung war das große Interesse der Kinder an allem, was der Vater machte. Sie lasen seine naturwissenschaftlichen Bücher, aber auch alle anderen Bücher, die sie interessierten. Selbst ein Buch über Geburtshilfe war kein Tabu und wurde zu Rate gezogen, wenn Geburt zum Gesprächsthema wurde. Vor dem Labor standen in langen Reihen die in Spiritus aufbewahrten Föten aller möglichen Tierarten, vor denen die jungen Besucher aus anderen Familien erstaunt stehen blieben. Für die Friedenthal-Kinder war diese offene Umgebung eine Selbstverständlichkeit.

Die Kinder spielten im ganzen Hause, außer dem Laboratorium des Vaters. Mit Unterstützung der gesamten Familie wurde vor allem schöpferisch gespielt. Es erinnert geradezu an Goethes Kindheit, wenn Friedenthal berichtet, wie er und seine Geschwister zu Hause Theateraufführen in einem Puppentheater inszenierten, das der geschickte Anton nach den Angaben des jungen Richard gebaut hatte:

Sorglose Kindheit in Berlin-Nikolassee. Richard um 1902.

»Wir spielten Puppentheater mit Handpuppen; ein Bruder meiner Mutter, Bildhauer, schnitzte uns die Teufels- und Kasparköpfe. Wir spielten Marionettentheater, und ich konstruierte dafür ein eigenes Gebäude, bei dem die Figuren nicht an Drähten hingen, sondern an Stielen im doppelten Boden geführt wurden. Wir spielten selber Theater in selbstgeschneiderten Kostümen; ich schrieb dafür ein halb Dutzend Theaterstücke, nach Walter Scott und Conrad Ferdinand Meyer.[12] Auch eine Komödie, deren Hauptperson mein Vater war mit seinen Eigenheiten; behaglich saß er in der vordersten Publikumsreihe. Anton, der Laboratoriumsdiener, gab die Groteskgestalt ab; Anton war Quartalssäufer, und es wurden viele Flaschen gebraucht.« (*»... und unversehens ist es Abend«*, 26)

Neben dem Laientheater wurde im Hause Friedenthal auch der Tanz gepflegt. Zum einen gab es die übliche Tanzstunde, daneben erteilte aber auch eine Schwester der amerikanischen Tänzerin und Begründerin der modernen Tanzkunst, Isadora Duncan, Unterricht in »rhythmischer Gymnastik«; die Kinder lernten, zu gleicher Zeit 3/4- und 4/4-Takt mit der Rechten und Linken zu schlagen, was ihnen bei ihren musikalischen Studien nützlich war. Denn es wurde viel musiziert, wobei besonders ein Jugendfreund stimulierend wirkte, der später Dirigent und Kapellmeister wurde. Hier wurde der Grundstock für Friedenthals Musikverständnis gelegt, das ihn später seine Händel-Biographie schreiben ließ. Die Kinder kamen schließlich so weit, dass sie anspruchsvolle Kammermusik spielten, die h-moll-Suite von Bach aufführten oder das Brandenburgische Konzert in D-dur in einfacher Besetzung. Sie versuchten sich an den verschiedensten Instrumenten, an Flöte, Oboe und Klarinette, und sogar ein Fagott wurde herbeigeschafft. Friedenthal lernte dabei auch Partiturlesen, eine Vorliebe, die er bis ins hohe Alter beibehielt.

Dem Treiben kam zugute, dass das Friedenthalsche, von dem Architekten Dernburg entworfene Anwesen in der »Kolonie« Nikolassee (Prinz Friedrich Leopold-Straße 4) gelegen war, einer damals im Entstehen begriffenen Villenkolonie zwischen dem Großen Wannsee und dem Schlachtensee. Es war eine Art Enklave, in der vor allem Künstler, Maler, Bildhauer, Musiker und Gelehrte wohnten, die mit dem Geist des Wilhelminismus in Preußen nichts zu tun haben wollten und hier ihr eigenes Leben lebten. In Nikolassee im Hause des befreundeten Architekten Muthesius, dem kulturellen Mittelpunkt der »Kolonie«, durften die Kinder Gerhart Hauptmann guten Tag sagen, und sie lernten den Berliner Starkritiker Alfred Kerr kennen, der sie mit strengen, kritischen Blicken musterte. Als der von Muthesius gegründete Werkbund, aus dem später das Bauhaus hervorging, in Nikolassee tagte, ließ Max Reinhardt im Walde Shakespeares *Sommernachtstraum*, mit echten Bäumen als Staffage statt der Pappkulissen des Deutschen Theaters, vor achtzig geladenen Gästen aufführen. Der große Komiker Hans Wassmann spielte den Zettel und die Kinder zitierten noch tagelang nach der Aufführung seine in trockenem, kratzendem Tonfall vorgetragenen Worte: »Mir war als wäre … mir war als hätt ich …« Der Kunsthistoriker und Schriftsteller Julius Meyer-Graefe wohnte in einem Hause an der Rehwiese, der Baumeister, Maler und Kunstgewerbler Peter Behrens im benachbarten Babelsberg. Im

Die Familienidylle in Nikolassee.

Hause des Nachbarn Freudenberg waren Bilder von van Gogh zu sehen, die ersten, die nach Berlin kamen. Lovis Corinth malte eine der Tanten Friedenthals. Man besuchte die Sezession und nahm damit unmittelbar am modernen Kunstgeschehen teil. Abgesehen davon, lag die »Kolonie« Nikolassee weit genug vom Lärm und Schmutz der Hauptstadt Berlin und regte sich über die Umweltverschmutzung auf, die ein einsames, auf der Landstraße nach Potsdam dahinzockelndes Auto verursachte.

Käthe, Richard, Walter und die Mutter im Haus in Nikolassee

Im Unterschied zu den politisch aktiven Vorfahren Friedenthals und der Schwester des Vaters war Politik in Friedenthals Elternhaus, ja in der gesamten Kolonie, »etwas vollkommen Nebensächliches«:

> »Und ein gewisser Kaiser Wilhelm II., Seine Majestät, […], der hieß in diesem Kreis Siegfried Müller nach seinen Anfangsbuchstaben SM. Also der wurde überhaupt nicht, auch nur im geringsten, ernst genommen, geschweige uns Kindern als ehrwürdige Gestalt, eher als eine etwas komische Figur hingestellt, vor der weder die Eltern noch irgend jemand großen Respekt hatte.«[13]

Friedenthal gab später zu, dass es in vieler Beziehung auch verhängnisvoll war, »daß man glaubte, man könnte sich vom Gesamtleben, auch vom politischen, ausschließen und rein der Kultur dienen. Das erwies sich im Jahr 1914 als ein Irrtum … der noch heute [hier: 1975] andauert.«[14]

Die Ablehnung und Ironisierung alles Politischen bedeutete keineswegs, dass man damit alles Preußische zurückwies: War das Elternhaus einerseits charakterisiert durch Liberalismus und Humanität, so kam andererseits eine gute Portion preußisches Ethos hinzu und damit positive Qualitäten, die Friedenthal sein Leben erhalten bleiben sollten: Bescheidenheit, Pünktlichkeit, Pflichtbewusstsein, Fleiß und Selbstdisziplin.

Die Jahre vor dem Ersten Weltkrieg waren die große Zeit der Jugendbewegung, der geistigen und kulturellen Erneuerungsbewegung, die um 1900 – der »Wandervogel« wurde 1901 gegründet – unter Schülern und Studenten aus der Auflehnung gegen die als erstarrt, muffig und verstaubt empfundene Bürgeratmosphäre entstanden war. Die Jugendlichen suchten das Erlebnis der Einfachheit, der Begegnung mit der Natur und einer auf Freundschaft gegründeten Gemeinschaft. Sie wanderten hinaus in die Natur, übernachteten im Freien oder beim Bauern im Stroh und sangen im Schein der Lagerfeuer alte, romantische Lieder zur Klampfe. Für Friedenthal und seine Freunde war dies ein ungeheures Vergnügen. Gleichzeitig war es auch ein erhebliches sportliches Sichmessen und -bewähren. So sind sie weit umhergewandert, immer zu Fuß. Sie schliefen entweder im Zelt, unter einem Baum oder in der Scheune beim Bauern. Wenn sie die Eisenbahn benutzten, so ausschließlich die unterste, die vierte Klasse, in der man stehen musste. »Wir griffen aus bis nach Österreich, Kärnten, Krain; wir stiegen in die Hohen Tauern hinauf, kampierten zusammen mit österreichischen Alpenjägern im Schnee und wagten uns an einige Dreitausender. In Schweden pilgerten wir von Goeteborg bis Stockholm.« (*»... und unversehens ist es Abend«*, 28)

Die Aufzeichnungen Friedenthals aus der Wandervogelzeit selbst lesen sich wie ein Abschnitt aus einer Eichendorff-Novelle, wodurch die Rückbindung der Jugendbewegung an die deutsche Romantik ganz deutlich wird.

> »Es war noch ziemlich früh, als wir uns auf den Weg nach Hameln machten. Wir wollten auf dem Kamm des Ith entlanggehen. Langsam stiegen wir hinauf, auf einem kleinen Pfade, der bald unter noch feuchten Himbeersträuchern entlangführte, bald durch eine malerische Schlucht mit herabgerollten Felsbrocken. Dann gings durch herrlichen, weiten Hochwald bis zu einem kleinen Dörfchen, von wo wir nach Hameln fuhren. [...] Am Nachmittag fuhren wir dann hinaus. Es war so echt zum Singen, die Luft so frisch und die Wiesen so grün, neben uns floß mächtig die Weser. Je weiter wir fortzogen, desto kla-

rer hob sich aus den Vorstädten und Fabrikanlagen das ursprüngliche alte Stadtbild heraus, mit seinen spitzen gotischen Türmen und Dächern und den breiten, behäbigen Häusern der späteren Zeit. [...] Im nächsten Dorfe blieben wir in einem sehr schönen alten Bauernhofe zur Nacht. [...] Am Abend sangen wir in der Kirche ›in dulci jubilo‹ und ›Vom Himmel hoch, ihr Engelein kommt‹. Es klang sehr gut wieder in dem alten romanischen Bau. Dann saßen wir noch lange auf der Brücke über dem Bache und sahen in die Sommernacht hinaus.« (Tagebuch, ohne Datum; DLA)

Als Belohnung für Gesang und Hilfe bei der Erntearbeit erhielten sie bei den Bauern oft Quartier und Essen. Richard und seine Geschwister brachten infolgedessen nach solchen Fahrten häufig das mitgegebene Geld fast vollständig zurück nach Hause. Unterwegs lernte er zahlreiche Menschen aus anderen Lebensbereichen kennen und gewann viele neue Freunde.

Andere Reisen kamen hinzu: er begleitete seine Mutter, die an schwerem Asthma litt, im März 1908 nach Teneriffa und Madeira, damals sicherlich keine Selbstverständlichkeit für eine Berliner Familie. Aber auch der Vater nahm ihn auf seinen ausgedehnten Reisen mit. Als Primaner erhielt er Sonderurlaub, um nach Ostern 1914 an einer Reise seines Vaters auf den Balkan, nach Ungarn, Rumänien, in die Türkei und nach Griechenland teilnehmen zu können. Bereits ein halbes Jahr später wäre dies nicht mehr möglich gewesen. Der Vater unternahm die Reise zu Studienzwecken, und zwar um die Verbreitung des bohnengroßen so genannten Mongolenflecks zu untersuchen, eines kleinen, bläulichen Flecks unter oder in der Haut, der sich nur bei neugeborenen Mitgliedern der »mongolischen Rasse« in der Kreuzbeingegend findet und nach drei bis vier Jahren verschwindet. Hans Friedenthal fand diesen Fleck in Schlesien, Österreich, Ungarn und auf dem ganzen Balkan.

In einem Brief an Joachim Maass vom 15. Dezember 1914 berichtet Friedenthal eine Anekdote von dieser Reise, die den Geist der Zeit vor dem Ersten Weltkrieg auf ähnliche Weise transparent macht wie Stefan Zweigs *Die Welt von gestern* (1942): In Budapest wurden Friedenthal und sein Vater von einem seiner Schüler in das sehr feudale Adelskasino eingeladen, wo die Herren zum Teil noch in der operettenhaften Magnatentracht mit Dolman und Schleppsäbel erschienen. Friedenthal berichtet:

»Nach dem Abendessen, flüsterte unser Gastgeber meinem Vater zu: ›Herr Professor, ich habe da noch eine ganz pikante Überraschung für Sie: den neuesten pornographischen Film, direkt aus Paris bezogen!‹ Mein Vater blickte etwas unsicher zu mir herüber, aber unser Freund meinte sofort: ›Aber bitt schön, ein junger Herr in der Matura – das ist doch das Gegebene für ihn!‹ Der Gipfel dieses sehr wacklig flimmernden Streifens bestand nun darin, dass eine Kokotte ihr Bein auf einen Stuhl stellte, etwas mit den Frou-Frous raschelte und ein Stück bestrumpfte Wade sehen liess.« (DLA)

Ein charakteristisches Beispiel für die verklemmte Sexualmoral der Zeit. –

Die Schule selbst bereitete Friedenthal keine Schwierigkeiten. Er absolvierte sie sozusagen nebenbei; zunächst wurde er in einem kleinen, privaten »Schulzirkel« mit fünf anderen Kindern auf das Gymnasium vorbereitet. Friedenthals Mutter berichtet:

»Zweimal in der Woche kam ein einfacher, aber geradezu genialer Volksschullehrer, Herr Meise, und unterrichtete die Kinder, während wir Mütter dabei saßen, denn wir mußten an den freien Tagen ganz in seinem Sinne die Schularbeiten mit ihnen machen, was täglich nicht mehr als eine Stunde in Anspruch nahm. Nach drei Jahren war er soweit, daß er Aufnahme in der Sexta fand. […] So etwas war damals noch möglich und eigentlich nur eine Geldfrage. Es genügte für die Behörde eine Bescheinigung, daß die Kinder unterrichtet wurden, im übrigen herrschte kein Schulzwang.«[15]

Friedenthal besuchte also das Gymnasium in Zehlendorf. Da er wenig Interesse an Sport zeigte, befürchtete die Mutter, dass er zu viel hinter den Büchern saß. Sie gab den damals Zehnjährigen deshalb zweimal wöchentlich zu einem alten Tischlermeister in die Lehre, damit er sich auch mit den Händen eine Geschicklichkeit erwerben sollte.

Ein halbes Jahr lang wurde Friedenthal zusammen mit Otto Braun, dem Sohn der Schriftstellerin Lily Braun, von einem Privatdozenten unterrichtet, der später durch seine hinterlassenen Kriegsbriefe berühmt werden sollte. Doch obwohl Braun ein Jahr jünger war als

Friedenthal, war er im Lernen schon viel weiter fortgeschritten und arbeitete bereits mit vielen Stößen von Büchern aus der Staatsbibliothek an einem Riesenwerk, das »Der Staat« heißen sollte.
Nach diesem gemeinsamen Privatunterricht kam Friedenthal in die private »Hauslehrerschule« des Reformpädagogen Berthold Otto. Da diese Schule die offiziellen, papiernen staatlichen Anforderungen nicht erfüllte, musste Friedenthal von seiner Ultra-Reformschule zum ultrakonservativen Wilhelmsgymnasium in Berlin überwechseln. Er wollte dort das erwünschte »Einjährige« machen, das seinem Absolventen erlaubte, als Freiwilliger nur ein Jahr lang als Soldat zu dienen, und schließlich natürlich auch das Abitur. Er war nun auf derselben Schule, die schon sein Vater besucht hatte, unterrichtet von teilweise denselben Lehrern, die bis zur Pedanterie auf Einhaltung der Regeln bedacht waren. So beschwerte sich ein Lehramtskandidat, der Deutschunterricht erteilte, bei dem Direktor darüber, dass er Friedenthal bei einem Kolleg in der Universität hinter sich habe sitzen sehen ... Der dem interessierten Schüler wohlwollend gesinnte Direktor wies Friedenthal darauf hin, dass dies nach irgendeinem Paragraphen der Schulordnung nicht statthaft sei und er es vermeiden müsse, in der Universität mit einem Mitglied des Lehrkörpers zusammenzutreffen. Friedenthal und seine zum Teil älteren, schon studierenden Freunde besuchten in der Universität Lehrveranstaltungen, die sie interessierten, Vorlesungen des Kunsthistorikers Heinrich Wölfflin, des Philosophen Georg Simmel und des Hegelianers Adolf Lasson. Als der Direktor von dem Simmelkolleg hörte, wiegte er besorgt sein Haupt: »Wenn Sie Philosophie hören wollen, junger Freund, so wäre ein Kantkolleg doch vorzuziehen.« Die Lebensphilosophie Simmels galt am Wilhelmsgymnasium als zu modern, als geradezu riskant; dem Geist des humanistischen Gymnasiums entsprach eben eher Kant: »Es war ein humanistisches Gymnasium, und es hieß nicht nur so.« (*»... und unversehens ist es Abend«*, 29) Doch der junge Friedenthal konnte unbesorgt einer Karriere als Akademiker entgegensehen; gedacht war an ein Studium seiner Wahl, das ihn an die Sorbonne in Paris oder nach Oxford hätte führen sollen. Doch es kam anders...

Soldat und Student

Richard als junger Rekrut, Spandau 1914.

Anfang August 1914 gingen in Europa die Lichter aus; der Erste Weltkrieg brach aus. Wie so viele seiner Altersgenossen, meldete sich Friedenthal freiwillig, doch bei dem großen Andrang von Freiwilligen in den ersten Tagen der Mobilmachung war es gar nicht so einfach, überhaupt angenommen zu werden, und nur durch Protektion, durch die Intervention eines Freundes aus der Jugendbewegung, dessen Schwager Adjutant des Ersatzbataillons war, wurde er in das 3. preußische Pionierbataillon in Spandau aufgenommen, das zum III. Armeekorps gehörte. Friedenthal senior meldete sich freiwillig als Hilfsarzt und tat Dienst in einem Seuchenlazarett in Cottbus. Dort infizierte er sich mit Flecktyphus und musste nach einiger Zeit ausscheiden; es dauerte lange Zeit, bis er sich von der Krankheit erholt hatte. Friedenthals siebzehnjährige Schwester Käthe wurde Krankenschwester und seine Mutter wandelte das Erd-geschoss des Hauses in ein Erholungsheim für Verwundete um, nachdem die Tierwelt ausgezogen war.

Dabei war die Familie Friedenthal durchaus nicht für das Militär begeistert: Der Vater hasste es seit seiner Zeit als Einjähriger, nur der Großvater väterlicherseits hatte mit Begeisterung gedient und hatte als Reserveoffizier bei einem Ulanenregiment den Deutsch-Französischen Krieg von 1870/71 mitgemacht. Er war zwar in der Gegend von Verdun herumgeritten, hatte aber nicht viel mehr mitbekommen als einen bleibenden Rheumatismus vom Kampieren im Freien.

Mit Friedenthals Eintritt in die Armee war seine Kindheit zu Ende. Er kam an der Westfront zum Einsatz, und zwar ausschließlich dort, vier Jahre lang, die nur von einer Genesungspause nach einer schweren Verwundung bei Verdun unterbrochen waren. Der Dienst fiel ihm nicht eben leicht, denn er war gerade erst 18 Jahre alt und von schmächtiger Statur. Den körperlichen Anforderungen der Grundausbildung war er nur mit Mühe gewachsen:

> »Zuerst der Turm mit den haushohen schwankenden Leitern, hinauf im Eiltempo, unten stand der Feldwebel und bellte ›dalli, dalli, Ihr Hanaken!‹, hinunter an der Stange. Sprung in den Festungsgraben. Die Eskaladierwand alsdann, etwa drei Meter hoch; zwei Kameraden mußten dich an den Beinen packen und an der Wand emporwerfen, bis man die obere Kante mit den Händen greifen und sich emporstemmen konnte. Das gelang nicht jedem. [...] Als letztes Hindernis ein eiserner Festungszaun wie bei einem Fort, mit langen nach vorn gebogenen und tückisch elastischen Spitzen, die obendrein am Rande eingekerbt waren; man mußte sie ganz fest angreifen, sonst zerrissen sie einem die Finger.« (*»... und unversehens ist es Abend«*, 30f.)

Friedenthal lernte beim Militär eine völlig neue Welt kennen, die sich von der liberalen seines Elternhauses grundlegend unterschied. Es war eine Welt der unbedingten Einordnung, der genauesten Rangstaffelung und des Befehlsgehorsams. Wie noch mehrfach in seinem Leben, lernte er ein ganz neues Vokabular, das Landserdeutsch, so wenn der Feldwebel, der zwar kein Schinder war wie die Ausbilder bei Remarque oder Kästner, fluchte: »Der wankt ja über den Platz wie eine schwangere Lerche, die man mit Baumöl klistiert hat!« Oder bei einem klappernden Gewehrgriff: »Das kleckert wie wenn eine Zicke auf die Trommel scheißt!« (*»... und unversehens ist es Abend«*, 31)

Die Kameraden auf der Stube waren auch nicht das Volk, von dem man im Wandervogel romantische Lieder gesungen hatte. Hier war der züchtig erzogene Gymnasiast plötzlich allen möglichen Obszönitäten und Fäkalwitzen ausgesetzt:

> »Dicker Zotendunst lag des Abends über der Stube, und ›die Weiber‹ wurden durchweg mit Tiernamen bezeichnet; der Liebesakt war eine Art Sodomie und sollte mit Ekel so rasch und geringschätzig wie möglich abgetan werden. Es dauerte eine Weile, bis man das Angebe-

rische dieses Treibens durchschaute. Im Felde kam es dann, aus verständlichen Gründen, zu einer nahezu universalen Phallisierung und Vaginisierung aller Waffen und Kriegsgeräte, an der ein Freudschüler seine Freude hätte haben können.« (*»... und unversehens ist es Abend«*, 32)

Diese pornographische Bebilderung führte dazu, dass Friedenthal in diesem Lebensbereich ein für alle Mal saturiert war.

Nach einigen Monaten in der Kaserne bezog Friedenthal ein kleines möbliertes Zimmer in der Nähe. Als er eines Tages durch den von sich prügelnden Betrunkenen verursachten Lärm aufgeschreckt aus dem Fenster sah, bemerkte er seine Nachbarin im Nebenhaus. Nach ein paar miteinander gewechselten Worten war der Kontakt rasch hergestellt, der bis zum Ausrücken intensiv blieb. Schließlich stand das Mädchen wie die Lore am Tore und winkte: »Sie machte dabei ein kleines Zeichen, das nur uns bekannt war, mit den drei ersten Fingern der rechten Hand, als wollte sie mich an der Nase zupfen auf liebevolle Weise. Denn das war eine ihrer Eigenheiten.« (*»... und unversehens ist es Abend«*, 32)

Anfang 1915 rückte Friedenthal mit seiner Einheit zur aktiven Truppe ins Feld aus, an die Westfront nach Soissons. Es stellte sich schnell heraus, dass er und seine Kameraden von dem, was sie in der Ausbildung gelernt hatten, recht wenig praktisch verwenden konnten. Der Krieg war inzwischen zum Stellungskrieg geworden und entsprach in keiner Weise dem, was man in der patriotischen Propagandaliteratur darüber hatte lesen können. Den berühmten Sturmangriff mit dem Deutschlandlied auf den Lippen gab es nicht. Hatte der Großvater noch die Kavallerieattacke mit eingelegter Lanze geübt, so waren das nun nur noch romantische Vorstellungen aus der fernen Vergangenheit. Jetzt wurde vor allen Dingen körperlich gearbeitet, Drahtverhaue wurden gebaut und mit Hacke und Spaten Gräben ausgehoben. Bei den Pionieren, bei denen Friedenthal diente, kam noch der Stollenbau, die Minierarbeit hinzu, wobei Bergleute als Vorarbeiter vorangingen und Sprengarbeiten mit Munition oder mit Flüssigsauerstoff gefüllten Patronen durchgeführt werden mussten.

Bei Friedenthals Schilderung seiner unmittelbaren sozialen Umgebung wird man immer wieder an Remarques *Im Westen nichts Neues* (1929) erinnert. Genau wie bei Remarque stehen auch bei Friedenthal die jungen Rekruten, die eben von der Schulbank gekommen sind, den »alten Leuten« gegenüber, die schon ihre zwei Jahre Friedensdienst absolviert haben und den Kern der Mannschaft bilden. Auch sie sind keineswegs alt, sondern etwa 22- oder 23-jährig. Aber sie haben mehr Erfahrung, nicht nur im Dienst selber, sondern auch im Grabenkrieg:

»Sie hatten bereits im Friedensdienst in harter Schule die wesentlichen Tugenden des Landsers sich erwerben müssen; sparsam zu sein, nur das äußerst Notwendige zu leisten, und auch dies nur so weit, daß es nicht beanstandet werden konnte. Nie etwas Überflüssiges oder gar Gewagtes zu unternehmen; als Kriegsfreiwilliger oder Kriegsmutwilliger, wie man genannt wurde, war man ihnen zunächst stark verdächtig, durch solches Vorprellen irgendwelche dunklen Absichten in eigner Sache zu verfolgen. Sie machten es einem nicht leicht. Es war die härteste Schule meines Lebens, [...].« (*»... und unversehens ist es Abend«*, 33f.)

Doch Friedenthal erwies sich als zäh; er zerbrach nicht, sondern passte sich an. Er hatte von seiner Mutter eine Eigenschaft geerbt, die ihm jetzt sehr zugute kam: er konnte mit Menschen umgehen, so dass es ihm gelang, sich auch unter den »alten Leuten« Freunde zu erwerben, die ihm als Freunde erhalten blieben, auch als er befördert wurde und bis über das Kriegsende hinaus.

Friedenthals Hauptkorrespondentin während seines Militärdienstes war seine Schwester Käthe, der er lebhafte Berichte vom Frontalltag schickte. Konkrete Details über Geographie oder Aufenthaltsort seines Truppenteils konnte er ihr allerdings nicht geben, weil dies von der Zensur verboten war.

Am Anfang zeigte sich der Krieg noch von seiner altmodischen Seite: Friedenthal und seine Kameraden fabrizierten sich ihre Handgranaten selber, mit einer Holzkelle und darauf befestigter Pionier-Sprengmunition. Sie konstruierten Grabenwerfer »aus einer kleinen Tonne und einer Holzrinne wie bei einem Pissoir zur Leitung des Geschosses.« (*»... und unversehens ist es Abend«*, 34) Aber schon bald kam der Krieg in die Hände der Großindustrie und die Materialschlachten begannen, wobei von Menschen auch nur als von »Men-

schenmaterial« gesprochen wurde, das entsprechend leichtfertig in Rechnung gestellt und geopfert wurde.
1916 war Friedenthal bereits zum Leutnant befördert worden und als solcher Kompanieführer einer Pionierkompanie bei der Dritten Gardedivision. Als Leutnant bewegte er sich unter Offizieren in einem ganz anderen Lebensumfeld, in dem er sich erneut zu behaupten hatte. Im Sommer 1916 wurde seine Kompanie bei der Erstürmung der Forts Douaumont und Vaux bei Verdun zweimal so gut wie aufgerieben und nur notdürftig mit Rekruten wieder aufgefüllt. Jahre später durfte er in Gegenwart seiner Frau Lisa nicht davon sprechen; er tat es heimlich und zeigte engen Freunden auch nur heimlich sein Soldatenfoto von damals.[16] Beim zweiten Angriff wurde Friedenthal schwer verwundet. Er kam für ein halbes Jahr ins Lazarett und dann zum Ersatzbataillon in die Adjutantur. Am 9. August 1916 meldete er seiner Schwester Käthe:

> »Euer Hochwohlgeboren melde ich ganz gehorsamst, daß ich am 8.8. zum Gebrauch einer 4 (vier) = wöchentlichen Kur in Ballenstedt am Harz, Sanatorium Dr. Rosell eingetroffen bin, woselbst ich mich bis jetzt sehr wohl befinde. Ich habe es wirklich ganz außerordentlich glücklich getroffen, – ein vornehmes Privatsanatorium, in dem im Frieden sogar einmal die Zarin-Mutter gewohnt hat – das versetzte mir der Doktor natürlich gleich am ersten Abend. Wir sind nur 5 Offiziere, gar keine Mannschaften, einige Kurgäste. Man geht in Zivil und fühlt sich endlich einmal wieder als ›Privatmann‹.« (DLA)

Er hatte Glück insofern, als der Bataillonsarzt ein Dr. Oskar Heinroth war, im Zivilberuf Direktor des Berliner Aquariums, ein Mann, der gleichzeitig ein bedeutender Gelehrter und als solcher auch der Lehrer des Verhaltensforschers Konrad Lorenz war. Heinroth war mit Friedenthals Vater bekannt und protegierte nun dessen Sohn. Als eine entsprechende Kommission Friedenthal schon bald nach seiner Verwundung wieder an die Front schicken wollte, obwohl er noch keinesfalls ausgeheilt war und noch einen leichten Verband über der weiterhin nässenden Wunde trug, sorgte Heinroth dafür, dass er noch eine Weile bleiben konnte und anschließend für ein halbes Jahr in ein Ausbildungslager für Stoßtrupps im Westen geschickt wurde.
In dieser Zeit begann Friedenthal wieder zu lesen. Er las alles, was er

an Büchern auftreiben konnte, sog es auf wie ein ausgetrockneter Schwamm, der sich erst einmal wieder auffüllen muss. Man fühlt sich an Carl Zuckmayers Autobiographie *Als wär's ein Stück von mir* (1966) erinnert, der als der »lesende Leutnant« auch von einer Art Leseteufel ergriffen war. Friedenthal las die deutschen Klassiker, aber auch Franzosen, Engländer und Russen, und er las die damals avantgardistischen jungen Dichter, die später unter dem Begriff »Expressionisten« zusammengefasst wurden. An die neueste Literatur, einschließlich ausländischer Zeitschriften, kam er durch eine frühere Assistentin seines Vaters, eine Russin, die nun in der Schweiz lebte und ihm sogar Henri Barbusses schon damals berühmten Antikriegsroman *Le Feu* (1916; dt. *Das Feuer*) schickte, das französische Gegenstück zu Remarques späterem *Im Westen nichts Neues*. Später konnte sich Friedenthal nicht erinnern, dass jemals etwas beschlagnahmt worden war, trotz der damaligen Zensur.

Diese Zensur gab es für alles Gedruckte, sogar für Gedichte. Friedenthal berichtet, als er seine erste, vornehmlich dem Gedächtnis gefallener Freunde gewidmete Gedichtsammlung *Tanz und Tod* (Berlin: Egon Fleischel & Co., 1918)[17] veröffentlichte, habe das Titelblatt den Zensurstempel des Generalkommandos getragen, »recht sinnreich ein Dreieck mit einer Null darin«. (*»… und unversehens ist es Abend«*, 35) Da das Bändchen erst 1918 erschien, ging es in dem Zusammenbruch unter.

Dass sich die Zensur für das Bändchen – es hatte ganze 57 Seiten – interessierte, ist allerdings nicht verwunderlich. Auf der Rückseite des Titelblatts findet sich die Datierung »Frankreich im Dezember 1917«, die eigentlich schon alles sagt, denn in fast allen Gedichten geht es um den Krieg, wie schon die Einteilung des Buches deutlich macht: Die einzelnen Teile heißen »Westfront«, »Die toten Freunde«, »Kameraden«, »Aus fernen Tagen« und das Schlussgedicht heißt »Ich will«. Bereits im ersten Gedicht »Westfront« geht es um den Grabenkrieg, der so sehr den herkömmlichen Vorstellungen von »leuchtenden, herrlichen Siegen« widerspricht:

»Wir schwingen keine Fahnen,
Wir reiten nicht durchs Land, –
In feuchte, dumpfige, lehmige Bahnen
Tief in der Erde sind wir gebannt.
Frieren, fluchen und halten die Wacht. –
Grabenkrieg, Stellungskampf, Abwehrschlacht.« (*Tanz und Tod*, 3)

Wenn der Sprecher im nächsten Gedicht »Das Leben« in das leere, »blutig hohle Haupt« eines Toten starrt und die »feinen roten Adern an den Knochenwänden [sieht], In denen man das Blut noch pulsen glaubt« (*Tanz und Tod*, 6), so wundert man sich, dass die Zensur das Bändchen überhaupt freigegeben hat. Der zweite und dritte Teil bestätigen die ablehnende Haltung dem Kriege gegenüber. Ohne Namen zu nennen, berichtet Friedenthal von seinen Freunden, ihrem Leben und, meist in einem kontrastierenden Schlusssatz, ihrem Tod. »Freund – jetzt ruhst du still in Frankreichs Kreide« schließt das Gedicht »Hühnengrab« (*Tanz und Tod*, 18); ähnlich schließen auch »Der Bauer« (*Tanz und Tod*, 19) und »Das neue Geschlecht« (»Bei La Bassée, da schoß man dich quer durchs Haupt«; *Tanz und Tod*, 22). Der »Kameraden« betitelte Teil richtet sich allgemein an die Kameraden des Sprechers im Gedicht. Der folgende, »Aus fernen Tagen« enthält nicht nur Gedichte, die vom Krieg handeln, sondern auch früher verfasste Gedichte wie »Bach-Fantasie«, »Mozart« und »Beethoven-Fantasie«, in denen dichterisch Musik nachgezeichnet wird. Sie werden am ehesten dem Wort »Tanz« im Titel gerecht, der sonst nur das makabre Wort »Totentanz« suggerieren würde.
Im Sinne der patriotischen Ideologie könnte man positive Züge höchstens in Gedichten wie »Wille« finden, das mit den Worten schließt:

»Fester als Bronze, Eisen und Stahl,
Stärker als Menschenleiber, Menschenwut, Menschenhaß
bleibt er
Unser Wille.« (*Tanz und Tod*, 13)

Auch in dem Schlussgedicht »Ich will« wird die Angst des hilflos daliegenden, auf Hilfe wartenden, blutenden Verwundeten überwunden. Das Gedicht endet in einem expressionistisch anmutenden Aufschrei, der Aufforderung zur Tat:

»Und tue stumpf dann, was ich *muß*!
Nein! – Nicht so knechtisch und unedel feige –
Ich will dir stolz und fest und frei ins Auge sehen
Tod!
Ich will dir stolz und fest und frei ins Auge sehen
Tat!
Ich will!« (*Tanz und Tod*, 57)

Friedenthal nahm an einer Reihe damals berühmter Schlachten teil, die heute nur noch für Militärhistoriker von Interesse sind: am Kemmel, vor Reims und zuletzt in der Champagne, und er wurde mit dem Eisernen Kreuz I. Klasse ausgezeichnet. 1918 hatte er das Glück, auf sechs Wochen zu einem Kompanieführerkurs in Andenne in Belgien geschickt zu werden: »Andenne liegt sehr schön im Maastal«, berichtete er am 8. September auf einer Postkarte an die Eltern, »nicht weit von Namur. Dienst wird wohl ziemlich viel sein, zum eigenen Arbeiten werde ich kaum kommen.« (DLA) Eigentlich sollte man annehmen, dass er hätte froh sein können, nicht mehr an der Front zu sein. Kurz darauf, am 2. Oktober schreibt er Käthe über Barbesuche in Brüssel, in der berühmt-berüchtigten »Gaieté«, im »Mary Grill« und im »Gogo«, wo einem das Geld aus der Tasche gezogen werde. Ausschließen könne er sich nicht, wenn seine Kameraden hingingen. Wenige Monate später war mit der November-Revolution in Deutschland der Krieg zu Ende. Das Kriegsende erlebte Friedenthal bei Sedan, auf derselben Straße, auf der 1870 Bismarck mit Napoleon III. zusammengetroffen war, in dem Dorf Donchéry. In dem historischen Haus saß noch eine uralte Frau, die von der Kapitulation erzählte. Friedenthal berichtet:

»Es war der 11. November 1918, um 12 Uhr sollte der Waffenstillstand in Kraft treten. Ich ritt am Vormittag noch durch den Wald zu den vordersten Stellungen, wo unsere Pioniere die Brücken zu sprengen hatten beim Rückzug. Ein Meldegänger kam mir entgegen und schwenkte einen Zettel mit der Meldung zum Einstellen von Kampfhandlungen. ›Ich merke nichts davon‹, sagte ich. Es wurde bis genau 12 Uhr geschossen in breiten Artilleriesalven. Dann trat mit einem Male Stille ein.« (*»… und unversehens ist es Abend«*, 36)

Er führte seine Kompanie ordnungsgemäß durch die Ardennen, das Moseltal entlang nach Trier. Von dort wurden sie mit der Bahn nach Berlin geschickt, wo sie in die Wirren der Novemberrevolution gerieten. Die Nachrichten waren ungenau und ungewiss, so dass unklar blieb, ob die Revolution noch im Gange oder schon beendet war. In der Brauerei Pichelsberg traf er sich mit den Mitgliedern des Soldatenrats Spandau, um über den Einzug seiner Kompanie in die Heimatgarnison zu verhandeln:

»Bei einem Glas Bier wurde die Angelegenheit zufriedenstellend und höchst friedfertig geregelt, und man beschloß sogar, mich mit der Kapelle des Ersatzbataillons abzuholen, allerdings ohne den Musikmeister, der sich unbeliebt gemacht hatte, weil er die Musiker um ihre Prozente bei den Promenadenkonzerten betrog. Es war eine milde, eine sehr milde Revolution damals.«[18]

Trotzdem fand ein feierlicher Einzug durch das Brandenburger Tor statt. An einer Tribüne zur Rechten standen die damaligen so genannten Volksbeauftragten Philipp Scheidemann, Friedrich Ebert und einige andere, alle in Cutaway und Zylinder. Sie grüßten feierlich, während die heimgekehrten Truppen an ihnen vorbeizogen. »Als dann die Mannschaften in die Quartiere im Grunewald gefahren wurden«, berichtet Friedenthal, »war ich gezwungen, mit einigen anderen, die auch zu Pferde saßen, zu reiten, und plötzlich wurden wir kräftig beschossen, von den Spartakisten, die sich in den Häusern um den Reichstag festgesetzt hatten. So daß wir unseren Pferden die Sporen geben mußten und im Karacho durch das Unterholz des Tiergartens davonritten.«[19] Es war ein Zwischenfall, der für die politische Tagessituation geradezu symbolischen Wert hatte. – Anschließend musste Friedenthal die Kompanie, im Einvernehmen mit dem dortigen Soldatenrat, zur Demobilisierung in die Heimatgarnison Spandau bringen. Er entließ sich selbst und begann in Berlin zu studieren. –

Eine Rückkehr ins Elternhaus in Nikolassee konnte es nicht geben, da es bereits 1916 verkauft worden war. Der größte Teil des väterlichen Vermögens war in Kriegsanleihe angelegt gewesen und damit verloren gegangen, und die Mutter hatte mit dem Rest ein großes Pensionshaus in Bad Harzburg erworben, das sie mit bewundernswerter Energie und Umsicht leitete. Mit den Einnahmen ermöglichte sie ihren Kindern das Studium. Die Eltern ließen sich am 14. Mai 1926 in Berlin scheiden und die Mutter heiratete ihren Jugendfreund, den Soziologen Alfred Vierkandt (1867-1953). Dabei muss betont werden, dass diese Scheidung »nicht das geringste mit den Scheidungen deutsch-jüdischer Ehen zu tun hatte, die sich nach 1933 ereigneten«.[20] Friedenthals Vater lebte fortan als »Altgeselle«, wie er es selbst nannte, ohne Familienbindungen. An der Berliner Universität schuf er sich eine »Arbeitsstätte für Menschheitskunde« und widmete sich damit weiterhin seinen wissenschaftlichen Steckenpferden.

Friedenthal studierte zunächst in Berlin, wo der Theologe und Philosoph Ernst Troeltsch, den er auch persönlich kennen lernte, sein großes Erlebnis wurde. Anschließend studierte er in Jena, gründete zusammen mit Freunden eine erste sozialistische Studentengruppe und lebte in dauernder Auseinandersetzung mit der nationalistischen Mehrheit der Studenten. Ein kleiner Skandal entwickelte sich darum, dass die Gruppe das von dem Schweizer Maler Ferdinand Hodler zur Jahrhundertfeier der napoleonischen Befreiungskriege 1913 gemalte Fresko »Auszug der Freiwilligen von 1813« gegen den Willen der Universitätsverwaltung aus einem Bretterverschlag erlöste. Dort war es 1914 in eine Art Schutzhaft genommen worden, als sich Hodler durch seine Stellungnahme zur Beschießung von Reims missliebig gemacht hatte. Die offizielle Begründung war, dass das Bild vor Angriffen erbitterter Patrioten geschützt werden müsse. Da das Rektorat zögerte, es freizugeben, ergriff Friedenthals Studentengruppe die Initiative und befreite es.

In den Ferien hielt er sich meist bei seiner Mutter in Bad Harzburg auf, saß mit seiner geliebten Pfeife vor den Büchern, studierte und schrieb. Abends, im geselligen Kreis, griff er gern zur Gitarre und stimmte die alten Lieder aus der Wandervogelzeit an, Lieder wie das humoristische »Vom Herrn Pastor sin Kau«. Und er zeigte schon hier sein großes Erzähltalent, mit dem er die Menschen in seiner Umgebung fesselte, Szenen schilderte, Menschen oft leicht ironisch charakterisierte oder humorvoll schmunzelnd Begegnungen und Erlebnisse

darstellte, so in der Geschichte von einem kurz zuvor eingezogenen Onkel, der sich während des Krieges mit einer militärischen Ehrenbezeugung bei ihm, dem jungen Leutnant meldete. Oder er spielte die Flöte, beispielsweise ein Stück von Johann Joachim Quantz. – Sein Flötenlehrer war der alte Flötist Prill von der Berliner Staatsoper gewesen, »der eine massivgoldene Flöte hatte und eine Fliege unter dem Kinn, wie sie damals alle Berufsflötisten trugen«.[21]
Friedenthal war in Jena Delegierter der Studenten und wurde als solcher Mitglied des Aktionsausschusses der Arbeiterparteien, der USPD und der SPD. Bei den Sitzungen hatte er das Protokoll zu führen. Rasch arbeitete er sich in das sozialistische Vokabular und ihre Klassiker ein. Er las die eben erschienene Karl Marx-Biographie (1918) von Franz Mehring, deren Veröffentlichung während des Krieges verboten worden war, und studierte alle möglichen Broschüren von Lenin, mit denen ihn die wieder in Berlin lebende Russin versorgte, sowie die Schriften des sowjetischen Politikers und Theoretikers Nikolaj Bucharin, die die Russin übersetzte. Bucharin, später als Verräter geschmäht und 1938 hingerichtet, gehörte damals zur obligaten und orthodoxen Lektüre.
In Jena verkehrte Friedenthal im Hause des exzentrischen Verlegers Eugen Diederichs, wo er in den engeren Freundeszirkel – zumeist Studenten – aufgenommen wurde, der sich nach einem grotesk-obszönen Volkstanz zwischen Mönchen und Nonnen »Serakreis« nannte. Diederichs veranstaltete manchmal ein ›Symposium‹ nach altgriechischer Art. Dabei wurde das Zimmer bis auf den nackten Boden ausgeräumt und man musste sich, etwas schmerzhaft, auf dem Parkett niederlassen. Es sprach dabei u.a. ein rothaariger und Friedenthal höchst unsympathischer Philosoph namens Hans Blüher, der eine Geschichte der Jugendbewegung als homoerotisches Phänomen verfasst hatte und damals als Koryphäe galt. »Zur Sonnenwende zog Diederichs mit seinen Getreuen hinauf auf die Berge und entzündete einen mächtigen Holzstoß. Er hatte sich dazu mit einer eigens aus Dalekarlien verschriebenen blutroten schwedischen Bauernjacke bekleidet, über die noch eine schwarze altdeutsche Schaube gestülpt war.« (*»… und unversehens ist es Abend«*, 38) Friedenthal und seine Kommilitonen genierten sich nicht wenig, mit ihm durch die Straßen von

Jena zu ziehen, hielten aber loyal bei ihm aus, denn er hatte seine großartigen Seiten und war ein sehr verdienstvoller Verleger.
Friedenthal war zwar als Student der Germanistik eingeschrieben, seine Interessen zogen ihn damals aber auch in viele andere Richtungen. Als er nach München überwechselte, war es daher nicht nur die Germanistik, die ihn primär interessierte, sondern der schon damals berühmte Max Weber. Aber auch abgesehen von Weber lehrten in München eine Reihe von interessanten Männern, so der Kunsttheoretiker Heinrich Wölfflin, der Germanist Fritz Strich sowie der Philosoph Clemens Bäumcker. Im Seminar des Literaturhistorikers und Theaterwissenschaftlers Artur Kutscher, der u.a. durch eine grundlegende Wedekind-Biographie hervortreten sollte, studierte Friedenthal Theatergeschichte. Kutscher unternahm mit seinem Seminar Exkursionen nach Oberammergau und Erl zu den Passionsspielen und Studenten hielten bei ihm – damals etwas ganz Außergewöhnliches – Referate über zeitgenössische Literatur. In München lernte Friedenthal auch die damals schon berühmte Ricarda Huch, eine Jugendbekannte seiner Mutter aus Braunschweig, persönlich kennen. Er traf sie mehrfach bei ihrer Jugendfreundin Weniecke in Solln, bei der er damals wohnte, und hat sie dann verschiedentlich in ihrer Wohnung in der Kaulbachstraße aufgesucht. Als er später Autor des Insel-Verlags war, hat er noch mit ihr korrespondiert,[22] und sehr viel später, nach ihrem Tode am 17. November 1947, sollte er für sie in der *Neuen Rundschau* einen bewegenden Nachruf schreiben.[23]
Friedenthal wollte ursprünglich bei Max Weber promovieren und er hatte als Thema bereits die soziologischen und religionsgeschichtlichen Zusammenhänge der Literatur des 16. Jahrhunderts, besonders des Dramas, ins Auge gefasst. Da Weber jedoch durch einen skandalösen Studentenkrawall – er wurde von »revolutionären« Studenten »im Aud.max. niedergebrüllt«,[24] »weil er sich für Redefreiheit, auch Andersdenkenden gegenüber, verwandte«[25] – zur Einstellung seiner Lehrtätigkeit gezwungen wurde und bald darauf, 1920, starb,[26] promovierte er stattdessen 1922 bei Artur Kutscher über ein Thema, das in seiner biographischen Ausrichtung schon auf sein so erfolgreiches Alterswerk vorauswies: das Leben des Herzogs Heinrich

Julius von Braunschweig, der in der Zeit Shakespeares die ersten deutschen Prosadramen im neueren Stil schrieb und vor allem die englischen Komödianten zu Aufführungen an seinem Hof in Wolfenbüttel einlud. Abgesehen von diesen bemerkenswerten kulturellen Verdiensten als Anreger der deutschen Dramatik, war der Herzog eine zwielichtig schillernde Gestalt, denn er war u.a. ein großer Hexenverbrenner und im Alter als einflussreicher Politiker am Prager Hof Kaiser Rudolfs II. tätig, und das, was eine ausgesprochene Wendigkeit erforderte, als Protestant! In dieser ersten Biographie Friedenthals manifestierte sich damals schon seine Fähigkeit, die Vergangenheit lebendig werden zu lassen. Die zwielichtige Prager Atmosphäre reizte ihn aber noch aus einem anderen, sehr persönlichen Grund, denn sein ältester jüdischer Vorfahr war ja 1592 von dort mit einem Privileg Rudolfs II. nach Glogau in Schlesien gekommen.
Das Leben in München war für einen Studenten wie Friedenthal nicht ganz einfach. Seine Studentenbude war in Trudering, gute zehn Kilometer von der Stadt entfernt, und die galt es meist zu Fuß zurückzulegen, denn wegen der Kohlenknappheit fuhren die Züge damals nur bis zum Frühnachmittag. Zwei Stunden Fußmarsch bei Regen oder Schnee oder nachts waren auch für einen jungen Mann kein Vergnügen. Friedenthal vertrieb sich die Zeit damit, dass er auswendig lernte und rezitierte, selbst so lange Gedichte wie Albrecht von Hallers »Die Alpen« (1732), was fast die Zeit bis Trudering ausfüllte. Er schrieb später diesen Übungen sein ausgezeichnetes Gedächtnis zu, obwohl mir scheint, dass man bereits ein ausgezeichnetes Gedächtnis haben muss, um ein Gedicht wie »Die Alpen« auswendig zu lernen.
Die Kunstgeschichte erwanderte sich Friedenthal durch eigene Anschauung in der in dieser Hinsicht so reichen Umgebung Münchens. Dinge, die ihn interessierten und die er fest in seinem Gedächtnis verankern wollte, zeichnete er sich ab. Er widmete sich dabei nicht nur Landschaften, sondern auch Grundrissen der bayerischen Barockkirchen und Klöster. Der Barockstil begann eben in diesen ersten Nachkriegsjahren überhaupt erst beachtet zu werden; die ersten größeren Arbeiten erschienen erst, als Friedenthal schon wieder in Berlin war. Als er in den fünfziger Jahren wieder in München lebte, gab es dort bereits eine Barock-Bar und die kleinsten barocken Kapellchen auf

dem Lande waren zu Sehenswürdigkeiten geworden, mit Monographien darüber und Ansichtspostkarten. Durch die Abzeichnung von möglichst genauen, wenn auch nicht maßstabsgerechten Grundrissen lernte er über die alten Baumeister mehr als in den Lehrveranstaltungen Wölfflins.

Ganz zu Hause konnte sich Friedenthal in München allerdings nicht fühlen: Als er sich dort 1920 einen Pass ausstellen ließ, trug der Passbeamte dem in München geborenen Berliner unter »Besondere Kennzeichen« die schlagende Bemerkung »Preußischer Staatsbürger« ein. Richtig daran war allerdings, dass sein Geburtsort München Zufall war. Friedenthal hatte Zeit seines Lebens etwas Preußisches an sich, preußische Disziplin, Haltung und eine gewisse Kargheit in den Lebensansprüchen, und so wundert es nicht, dass er kurz nach der Promotion die bayerische Metropole wieder verließ.

»Junger Dichter« in Berlin

Als Friedenthal 1923 nach Berlin zurückkehrte, wütete dort heftig, wie in ganz Deutschland, die Inflation. Was in Berlin stattfand, war wie ein Tanz auf dem Vulkan vor dem Untergang. Es waren die später so hochgelobten »goldenen zwanziger Jahre«, in denen Theater, Musik, Kabarett und Literatur blühten. Es gab viel Echtes, aber auch viel Talmi, auch in den Geschäften, in denen oft Phantasiepreise für Dinge verlangt wurden, die nur für ein paar Monate als schick galten. Was konnte ein junger promovierter Germanist dort anfangen? Was galt er? Herzlich wenig. Sein erster Gedichtband *Tanz und Tod* konnte nur als verschollen gelten, da sein früherer Verleger Egon Fleischel gezwungen worden war, seinen Verlag an die finanzkräftigere Deutsche Verlagsanstalt zu verkaufen. Friedenthal bemühte sich in einigen guten Berliner Buchhandlungen, eine Anstellung zu finden, aber in keiner von ihnen war auch nur eine Lehrstelle frei. Zeitungsartikel wollte er nicht schreiben; er war von Natur aus kein Tagesjournalist, sondern er arbeitete an Gedichten, Novellen, also Gattungen, die eine strenge Formgebung verlangen und nicht den saloppen Ton des Tagesjournalismus. Später meinte er rückblickend, von allen Autoren

seiner Generation habe er wohl im Laufe seines Lebens die wenigsten Beiträge für die Presse geliefert; in jenen zehn Jahren bis 1938 könnten es nicht mehr als etwa zehn gewesen sein, von denen er kein einziges Exemplar mehr besitze. Stattdessen arbeitete er nach Möglichkeit an etwas Sachlichem. Sein Vater hatte den Brotauftrag erhalten, die Neuauflage eines mehrbändigen Handbuches der Gerberei-Technik für einen kleinen Fachverlag zu besorgen. »Diese ledernste aller Tätigkeiten übernahm ich mit ihm. Ich lernte wiederum ein neues Vokabular, das der Gerber, und weiß seither mit Eichenlohe und Grubengerbung, mit Quebracho und Chrom oder Alaun ein wenig Bescheid.« (*»… und unversehens ist es Abend«*, 40)
Friedenthal musste Patente nachprüfen und erhielt so Einblick in das Patentwesen. Der Vater, der neben seinen philosophischen und physiologischen Interessen merkwürdigerweise auch eine praktische Erfindergabe besaß, erfand sogleich ein Eisengerbverfahren, das mitten in der Inflation insofern Bedeutung erlangte, als ausländische Gerbstoffe unerschwinglich teuer waren. Das Verfahren wurde sogleich von einer Großgerberei angenommen, ein Patent wurde erteilt und das Eisenleder gegerbt. Der einzige Nachteil war, dass das Leder unverwüstlich war; ein Lehnstuhl mit dunkelbraunem Eisenleder im Besitz Friedenthals hat sogar noch den Zweiten Weltkrieg überstanden. Vom Eisenchlorid wurde der Vater zu einer weiteren Erfindung angeregt, und zwar zu einem pharmazeutischen Ersatz für das ebenfalls importierte Jod. Auch diese Erfindung wurde sofort von einem der schnell aus dem Boden schießenden Konzerne angekauft und eine eigene Gesellschaft dafür gegründet. Der junge Dr. Friedenthal wurde Geschäftsführer der »Metajodin AG«. Er bestellte Fläschchen und Etiketten und zog mit dem Produkt und mit Prospekten auf die Leipziger Messe. Als sich ein französischer Konzern für das Verfahren interessierte, fuhr er mit seinem Vater zu Verhandlungen nach Paris, wo er sich seinen ersten Maßanzug schneidern ließ. Als sie zurückkamen, war die Fabrik bereits geschlossen. Wie sich herausstellte, hatte der Konzerninhaber lediglich den Alkohol, der für pharmazeutische Zwecke verbilligt zur Verfügung stand, zur heimlichen Parfümfabrikation benutzt. Da solcher Alkohol vorsichtshalber »vergällt« wird, hatte der Chefchemiker eigens ein Verfahren zur »Entgällung«

Hans Friedenthal, Richards Vater, um 1937.

entwickelt. Als die Polizei kam, hing er am Fenster seines Laboratoriums und hatte sich sicherheitshalber obendrein mit Blausäure vergiftet.
Vater und Sohn versuchten sich in dieser turbulenten Zeit noch an einem weiteren Geschäftsunternehmen. Da ein früherer Generaldirektor der UFA die Idee hatte, wissenschaftliche Filme herzustellen, stellte Friedenthal senior mit Hilfe von Friedenthal junior einen Film mit dem Titel *Das Werden des Menschen* her, einen der ersten »Aufklärungsfilme«. Dieser Film lief tatsächlich in allen Kinos, auch im Ausland, und die Friedenthals glaubten schon, damit aller finanzieller Sorgen ledig zu sein. Da war mit einem Male im November 1923 die Inflation zu Ende und der Generaldirektor teilte ihnen brieflich mit, er habe sich zu seinem eigenen größten Schaden überreden lassen, wenige Monate vor dem Ende der Inflation die Filmrechte für

einen Gesamtbetrag von 3000 Billionen Mark an eine Münchner Firma zu verkaufen. Durch das Ende der Inflation sei der Betrag nahezu gegenstandslos geworden und er bedauere, keine Zahlungen der vereinbarten Tantiemen leisten zu können. Friedenthals reichten Klage ein. Bei dem nachfolgenden Prozess wurde der Generaldirektor zwar verurteilt und sogar gepfändet: »[…] natürlich besaß er nichts, wie es hieß. Doch: in einer Nebenwohnung bei einer Nebenfrau waren einige Möbel und Einrichtungsstücke. Das Protokoll des Gerichtsvollziehers begann mit Nr. 1: ›Eine gotische Bischofskasel [liturgisches Messgewand] über dem Kamin.‹« (*»… und unversehens ist es Abend«*, 42)

In den folgenden Jahren konsolidierte sich die Weimarer Republik wirtschaftlich, aber leider, wie sich zeigen sollte, nicht politisch. In diesen zunächst relativ soliden Zeiten bemühte sich Richard Friedenthal, seinen Platz in Beruf und Gesellschaft zu finden. Er war nun das, was man einen »jungen Dichter« nannte, ein junger Mann, der zu großen Hoffnungen Anlass gab, und das war nicht eben viel. Interessant ist in dieser Hinsicht ein Erlebnis aus dieser Zeit, das er später in einem Brief seiner Mutter berichtete:

> »Hatte ich Dir eigentlich einmal erzählt, wie Fritz Engel vom Berliner Tageblatt mich empfing, als der alte gute Fritz Theodor mich an ihn empfohlen hatte mit meinem ersten Buch? Er hatte gesagt, ich sollte nur abwarten bis die Rede auf Breslau käme, Engel sei ein begeisterter alter Breslauer und kennte sicherlich unsere Familie von dort her. Richtig fragte er mich denn auch mit meiner Visitenkarte in der Hand: Friedenthal, Friedenthal – sind Sie verwandt mit dem früheren Minister Friedenthal? – Ja, erklärte ich. Er war ganz Hochachtung. Dann fuhr er fort: Und dann ist da doch der Professor Friedenthal? – Mein Vater. – Ah. Seine Stimme war schon ein bisschen gesunken. Und schliesslich sagte er ganz bekümmert: So, und Sie sind nun Schriftsteller? – Der ganze Abstieg des einst so ruhmreichen Geschlechtes der Friedenthals wurde mir da vor Augen geführt.«[27]

Zeitweilig arbeitete Friedenthal als Lektor beim Berliner Axel Juncker Verlag. Schon 1919, lange bevor Erich Maria Remarque und Ludwig Renn mit ihren großen Kriegsromanen auf den Plan traten,[28] bemühte auch er sich, seine Kriegserlebnisse literarisch zu gestalten, indem er einen großen Kriegsroman mit dem Arbeitstitel *Der Meldegänger* zu schreiben begann. In der Festschrift des Piper-Verlags zu seinem 80. Geburtstag, *… und unversehens ist es Abend* (1976), ist das daraus erhaltene Kapitel »Douaumont« abgedruckt, in dem sich ein deutscher und ein französischer Kriegsteilnehmer über ihre Erlebnisse und Erfahrungen bei der Eroberung dieses Forts unterhalten.[29] Der geplante Roman wurde eine von vielen Unternehmungen, die er aufgab, denn die Deutsche Verlagsanstalt ließ ihn wissen, »kein Mensch interessiere sich in der Nachkriegszeit für den Krieg, und ob ich nicht vielleicht etwas mehr Humoristisches schreiben könnte«. Friedenthal lehnte ab und als dann Ende der zwanziger Jahre die große Kriegsroman-Welle kam, fragte ihn der Verlag, wie es mit seinem Plan stünde. »Da hatte ich aber keine Lust, nun in die Konjunktur einzusteigen. Also Zeitmoden, auch stilistische, formale Moden, politische Moden, soziale, soziologische, sozialisierende Moden – alle diese Dinge möchte ich abweisen.«[30] So erklärt es sich, dass er in den zwanziger Jahren vor allem in traditionellen Formen schrieb: Er schrieb wie besessen Novellen, hatte das Gefühl, als bräche plötzlich in ihm durch, was er so lange ausgetragen hatte. Zehn Themen lagen vor ihm, zum Teil ausgearbeitet, oft brauste ihm der Kopf, weil er nicht wusste, wie er das alles bewältigen sollte. Der Axel Juncker Verlag, der auch Rilke, Max Brod und Tucholsky verlegt hatte, brachte unter dem Titel *Demeter* (1924) einen Band Sonette von ihm heraus, Liebesgedichte, die nur von 1 bis 56 durchnummeriert sind, keine Überschriften haben und im alphabetischen Inhaltsverzeichnis deshalb nach den Anfangszeilen aufgeführt werden.[31] Ein Beispiel mag genügen, in dem Friedenthal die individuelle Erfahrung geschickt ins Allgemeine erhebt:

Dies gibt es, daß sich eine Frau dir läßt,
In jeder Fiber deinem Wunsch gewillt,
Und daß man dennoch völlig ungestillt
Und hungrig sie in seine Arme preßt.

Verzweifelt halten sich die Leiber fest
Und liegen beieinander wie zerknüllt,
Von Angst und Trauer ratlos angefüllt
Und trinken ohne Mut den bittern Rest.

O Einsamkeit. Uns hält das gleiche Leinen,
Und doch sind wir uns weiter fern als je.
Wie reiben sich die Herzen träge weh.

Wir sind uns fremd, wenn wir uns ganz vereinen.
Schrittweis entwandern uns der Herzen Schläge,
Und jedes Blut geht seine eignen Wege.[32]

Als »strenge Formgebilde« bezeichnete ein späterer Kritiker die Sonette, »die sich bemühten, den Aufstand des Expressionismus im Gesetzmäßigen aufzufangen«.[33] Das ist eine literarhistorisch interpretierende Wertung, die nicht berücksichtigt, dass Friedenthal im Hinblick auf metrische Regelmäßigkeit hier nicht mit aller Strenge verfahren ist. Obendrein hat er leidenschaftliche Stunden mit seiner Geliebten so offen gestaltet, dass ihn nach der Veröffentlichung der Sammlung der Geschäftsführer des Axel Juncker Verlags, ein geschäftstüchtiger Herr List, ermunterte, er solle doch einen »fein-erotischen« Roman schreiben, das wäre sicherlich seine Stärke! Friedenthal hörte nicht auf den erfahrenen Mann; er habe in seinem ganzen Leben nie »›so etwas‹ gemacht«[34] …

Gedichte schrieb Friedenthal in den folgenden Jahren nicht mehr. Als ihn 1928 Otto Heuschele um neue Gedichte für eine geplante Anthologie neuer deutscher Lyrik bat, konnte er ihm nur anbieten, doch *Demeter*-Sonette nachzudrucken. Lyrische Produktion sei ja, mehr noch als jede andre, von der »Gnade« abhängig und fließe nicht regelmäßig. Er z.B. habe mit seinen *Demeter*-Sonetten für einen ganzen Abschnitt seiner Entwicklung das Wesentliche gesagt; seitdem sei nichts Entscheidendes hinzugekommen und vielleicht werde es noch Jahre dauern, bis er neue Gedichte schreibe. Das möge auch daran liegen, dass er nicht das sei, was man eine »Lyriker-Natur« nenne, aber auch bei solchen seien doch die Zeiten, in denen ihnen wirklich etwas gelingt, sparsam bemessen.[35] Andererseits kann man es Heuschele nicht verdenken, dass er bei Friedenthal anfragte, denn im selben Jahr 1928 erschien bei Reclam in Leipzig die damals viel beachtete Anthologie *Junge deutsche Lyrik*, in der sich eine neue Dichtergeneration präsentierte: Joachim Maass, Alexander Lernet-Holenia, Manfred Hausmann, W. E. Süskind, Ernst Penzoldt und eben auch Richard Friedenthal. Aber trotz dieses scheinbaren Avantgardismus muss man zugeben, dass Friedenthal mit seiner Formstrenge auf die Dichtungstradition des deutschen Idealismus zurückgriff; er stand damit in der Tradition von George, Rilke, Trakl und der Ton dieser Heroen der Lyrik begann in der Weimarer Republik bereits zu verhallen. Deshalb traf er die richtige Entscheidung, wenn er nun begann, Prosa zu schreiben, Romane, Novellen und Essays.

Die Novelle schien Friedenthal als relativ kurze, geschlossene und pointierte Form am meisten zu liegen: Die »chinesische Novelle« *Der Fächer mit der goldenen Schnur* (Berlin: Axel Juncker Verlag 1924, Orplid-Bücherei, Nr. 53) kam, nach einem Vorabdruck in der *Leipziger Illustrierten Zeitung*, in einem kleinen, von Karl Hutloff illustrierten Bändchen 1924 als Erste heraus. Es handelt sich dabei um eine märchenhafte Geschichte über Treulosigkeit: Der weise Tschwang-Söng begegnet auf dem Friedhof vor der Stadt einer Frau, die mit einem Fächer ein frisches Grab auszutrocknen versucht, weil ihr verstorbener Mann sie gebeten hat, mit der Wiedervermählung so lange zu warten, bis die Erde über seinem Grabe trocken geworden sei. Als Tschwang-Söng ihr dabei hilft, schenkt sie ihm den Fächer. Nach Hause gekommen, beschimpft ihn seine Frau Tiän-sche, weil er der Treulosen geholfen hat, schwört, ihm auch nach seinem Tode ewige Treue zu halten, und zerbricht den Fächer. Kurz darauf stirbt er anscheinend tatsächlich und Tiän-sche vermählt sich bereits mit einem hübschen Prinzen, als der aufgebahrte Leichnam noch im Hause liegt. Tschwang-Söng erwacht wieder zum Leben, denn er hatte seinen Tod und das Erscheinen des Prinzen durch Zauberei nur vorgetäuscht. Die Frau erhängt sich daraufhin mit der goldenen Schnur des Fächers. Tschwang-Söng zündet sein Haus an und verlässt den Ort. – Die legendenhafte Geschichte lässt sich am ehesten als Teil einer damals populären Orientbegeisterung sehen, zu der beispielsweise auch Hermann Hesses *Siddharta* (1922) und Stefan Zweigs *Der Amokläufer* (1922) gehören.

Die Novelle *Der Heuschober* erschien im Vorabdruck in Fortsetzungen in der *Frankfurter Zeitung*, dann als Buch bei der Deutschen Verlagsanstalt (1925; Falke-Bücherei, Nr. 31). Im Zusammenhang mit der Sammlung *Marie Rebscheider* wird ausführlicher über sie zu sprechen sein. Mit seinen ersten Novellen hatte sich Friedenthal 1925 jedenfalls einen gewissen literarischen Ruf erworben. Thomas Mann meinte in einem Brief ermunternd, »das sei gute, gediegene Arbeit, er wisse eigentlich nicht recht, weshalb mir an seinem Segen gelegen sei, ich würde schon meinen Weg machen«. (*»… und unversehens ist es Abend«*, 42) Auch Friedenthals Gedichte wurden, von einigen Zeitungen wenigstens, gedruckt und von den Lesern gut aufgenommen.

Stefan Zweig und die Folgen

Seine weitere literarische Laufbahn erhielt jedoch die entscheidende Förderung durch seine Bekanntschaft mit dem als Autor etablierten Stefan Zweig. Sie begann im Jahre 1924, als Friedenthal seinen Gedichtband *Demeter* im Manuskript an Zweig sandte. Daraus entwickelte sich zunächst ein Briefwechsel, dann eine kameradschaftliche Beziehung zwischen dem jungen Friedenthal und dem wesentlich älteren Zweig (geb. 1881) und schließlich eine persönliche, herzliche Freundschaft. Friedenthal besuchte Zweig des Öfteren in seinem noblen Domizil in Salzburg, seinem »Schlösschen« auf dem Kapuzinerberg. Er wohnte allerdings nicht dort, sondern »beim Steinlechner« am Stadtrand und stieg von da die steinerne Stiege mit den Kalvarienbildern hinauf, um mit Zweig lange Gespräche zu führen. Zweig »ließ nie den Älteren und Erfahreneren spüren oder den Überlegenen; er hatte eine unnachahmliche Art zu fragen, sich zu orientieren, zu stimulieren.« (*»… und unversehens ist es Abend«*, 44) Der Umgang mit ihm war oft formlos und spontan. So konnte er etwa von einer Vortragsreise von Hamburg her anrufen und sagen: »Kommen Sie doch her, lieber Freund, für ein paar Tage, Joachim Maass ist hier, Martin Beheim und noch andere; ein Zimmer ist parat.« Dann fuhr Friedenthal nach

Hamburg. 1925 begleitete er Zweig nach Leipzig zum internationalen Händel-Fest, wo ihn Zweig mit Romain Rolland bekannt machte, der ebenfalls zum Händel-Fest nach Leipzig gekommen war. Zweig ließ Friedenthal überhaupt auf das Großzügigste an seinem sehr weit gespannten sozialen Leben teilnehmen. Aber Friedenthal bemerkte schon damals, dass eine eigentümliche Unruhe in dem scheinbar so wohl etablierten und erfolgreichen Mann war, »dazu eine morbide Angst vor dem Alter, die damals wie eine Marotte schien: ›Nein, wenn ich sechzig bin, mache ich Schluß‹, sagte er nicht nur einmal, ›soll ich hier in Salzburg als der ›alte Zweig‹ umhergeistern und den Fremden gezeigt werden: ›Schauns, da geht er, der alte Zweig!‹ – Nein!‹« (*»... und unversehens ist es Abend«*, 44)
Auf die Anwesenheit Friedenthals beim Händel-Fest in Leipzig bezog sich Zweig in seinem Brief vom 7. Juni 1925 an seine damalige Frau Friderike (von Winternitz): »[...] auch der junge Friedenthal ist da, mit dem ich viel beisammen bin, unerhört begabt.«[36] Wie aus Zweigs Brief an Friedenthal vom 22. Juni 1925 deutlich wird, markierte diese Begegnung in Leipzig den Beginn der lebenslangen Freundschaft. Zweig bestätigt darin zunächst das bereits Friderike gegenüber ausgesprochene Lob, bedankt sich anschließend für einen Brief Friedenthals und die gemeinsam in Leipzig verbrachten Tage, die sie hoffentlich bald erneuern wollten, und fährt fort: »Ich habe mich sehr mit Ihnen gefreut und alles bestätigt gefunden, was ich von Ihren ersten Briefen, Ihren ersten Gedichten an spürte: daß Sie mit einer absoluten Sicherheit und Klarheit wie Wenige an das geistige Ziel herantreten und nicht durch irgendeine Ungeduld sich vorzeitig ablenken lassen.«[37] Und dann macht Zweig dem jungen Autor ein ehrenvolles Angebot, indem er ihn sozusagen als Berater und Redaktor verpflichtet. Die entsprechende Passage sei ausführlich zitiert, weil sie einen wesentlichen Teil von Friedenthals Leben bestimmen sollte:

> »Wissen Sie, daß ich nun selbst bald mit einer Bitte an Sie herantreten werde? So sonderbar es Ihnen klingen wird – ich habe eigentlich wenige oder gar niemand Rechten, der mich in gewissen innern Unstimmigkeiten zu beraten vermöchte. Die sogenannten berühmten Leute haben keine Zeit, die meisten anderen sind zu höflich und wenig ein-

dringlich, um wirklich förderlich zu sein – so habe ich eigentlich jetzt, sowie ich eine Novelle beendet habe, keine andere Instanz als mich selbst. Nun glaube ich bei Ihnen nicht vergebens appellieren zu müssen, wenn ich Sie bitten werde, die eine oder andere meiner neuen Arbeiten, sobald ich sie fertig habe, in der Maschinenschrift zu lesen und mir nicht nur zu sagen, gut oder schlecht, sondern aufrichtigst, wo Sie meinen, daß etwas nicht in Ordnung wäre oder wo Sie im Stilistischen und Künstlerischen etwas mißlungen finden. Wie Sie wissen, bin ich ebenso herzlich bereit, Ihre Sachen vordem zu lesen und nach bestem Wissen und Gewissen Ihnen meine Meinung zu sagen und zu begründen. – Mir wäre es sehr wichtig, jemand zu haben, der mir diesen Freundschaftsdienst unbarmherzig erweist. Sie sind vollkommen klar in Ihrem Urteil, nicht an irgendeine Gruppe gebunden, und wenn wir uns in diesem Sinne verbinden wollen, so machen Sie mir eine aufrichtige Freude damit.«[38]

Vielleicht könne er ihm schon in drei oder vier Wochen eine große Novelle zusenden, bei der er »jetzt noch nicht ganz im klaren« sei und ebenso freue er sich auf Friedenthals neue Arbeit.

Am 5. August schickte ihm Zweig dann die noch unkorrigierte Manuskriptfassung seiner Novelle *24 Stunden aus dem Leben einer Frau* und kündigte die Sendung ein oder zwei weiterer Novellen an, die er alle in einem Band *Verwirrung der Gefühle* zusammenfassen wolle. Der Band sollte dann im Herbst 1926 erscheinen. Am 24. August 1925 bedankte sich Zweig für Friedenthals Gutachten über die Novelle und beschrieb im Detail die von ihm vorgenommenen Verbesserungen. Er sende ihm noch eine zweite Novelle und sei neugierig, wie sie ihm munde. Einen kleinen Zug darin verdanke er sogar ihrem Gespräch in Leipzig. Er sei neugierig, ob Friedenthal ihn erkenne.[39] Zweig hielt offenbar schon damals große Stücke auf Friedenthal. Als der Literaturkritiker Hanns Arens Friedenthal 1931 im Haus Stefan Zweigs kennen lernte, sagte Zweig zu Arens vor Eintreffen Friedenthals: »Er ist ein universal gebildeter Mensch, ein Mann, von dem man viel lernen kann.«[40]

Schon bald erwies Zweig seinerseits Friedenthal einen großen Freundschaftsdienst, indem er ihn bei seinem Verlag, dem renommierten Insel-Verlag einführte. Es begann damit, dass er ihm am 22. Juni 1925 schrieb, »Frau Professor Kippenberg«, die Frau des Insel-Verlegers Anton Kippenbergs, sei sehr von seinen Gedichten eingenommen und lasse ihn bitten, ihr doch auch ein oder zwei Novellen einzusenden. Am 5. August bedankte sich Zweig bei Friedenthal für die Übersendung der Novelle *Der Heuschober*. Sie sei ungeheuer straff erzählt, vielleicht nur kurz vor dem Schluss zu lang, aber sonst makellos. Er solle nicht vergessen, »Frau Professor Kippenberg« ein Exemplar zu schicken.[41] Der Insel-Verlag schien es jedoch nicht so eilig zu haben, den jungen Autor unter Vertrag zu nehmen, denn am 8. Januar 1927 sah sich Zweig veranlasst, noch einmal Druck auszuüben, indem er an Katharina Kippenberg schrieb: »Ich hätte Sie noch gerne an Richard Friedenthal erinnert, denn hier täte ein *rasches* Entschließen not, er hat glänzende Anträge, und ich weiß nicht, ob ich ihn noch lange zurückhalten kann. Man hat die Jugend heute sehr ungeduldig gemacht.«[42] Der Brief tat seine Wirkung, denn durch die Intervention Zweigs wurde Friedenthal, der tatsächlich schon während des Vorabdrucks seiner Novelle *Der Heuschober* Angebote von einer ganzen Reihe bekannter Verlage bekommen hatte, Autor des Insel-Verlags. Wie Friedenthal berichtet, kam der Vertrag selbst auf reichlich unkonventionelle Weise zustande,:

> »[...]: ich wurde in das Hotel Esplanade bestellt, wo Katharina Kippenberg, [...] genannt die ›große Katharina‹, oder treffender ›die Herrin‹, mich huldvoll empfing zu einer Tasse Tee. Wir führten ein hochliterarisches Gespräch; vom Finanziellen war nur ganz zum Schluß, schon im Aufbruch, die Rede: ›Wir dachten an Monatszahlungen, etwa für ein Jahr, und wollen dann Ihre Novellen als Band bringen; mein Mann wird Ihnen darüber schreiben.‹« (*»... und unversehens ist es Abend«*, 42)

Anton Kippenberg schrieb Friedenthal in der Tat schon bald den bereits angekündigten Brief, und zwar in seinem bewundernswert knappen Geschäftsstil:

> »Seine Briefe waren auch sonst mustergültig, genau auf der Seite verteilt, und nie durfte die winzigste Korrektur darin stattfinden; das Blatt mußte dann neu getippt werden. Er schlug 300 Mark im Monat vor, abzurechnen gegen das Honorar für den Novellenband. Die Herrin hatte noch, bereits in der Halle, angedeutet, daß dann

> wohl ein Roman kommen würde? ›Aus der Gesellschaft? Dem Patriziat? Wir korrespondieren noch …‹« (*»… und unversehens ist es Abend«*, 43)

Friedenthal versäumte es, mit ihr zu korrespondieren und auf diese Weise einen hochkultivierten Gedankenaustausch weiterzuführen … Aber im Insel-Verlag hatte er zunächst »seinen« Verlag gefunden. Dass er selbst die Anknüpfung dieser Verbindung für seine literarische Karriere für wichtig erachtete, wird aus einem Brief deutlich, den er am 14. April 1927 seiner Mutter zum Osterfest schrieb, der Insel-Verlag habe ihm wieder sehr freundlich geschrieben. Er wolle den Novellenband unter dem Titel »Marie Rebscheider« zum 1. September des Jahres herausbringen.

> »Der Roman[43] soll dann zu Weihnachten herauskommen. Außerdem haben sie mich um einen größeren Beitrag für den Insel-Almanach gebeten. Der erscheint schon im Oktober und ist besonders wichtig für mich, weil er in sehr großer Auflage heraus kommt. Es müßte recht seltsam zugehen, wenn ich in diesem Jahre nicht eine Art kleiner Durchbruchsschlacht schlüge.« (DLA)

In dem gegen Ende 1927 erschienenen *Insel-Almanach auf das Jahr 1928* finden sich fünf *Demeter-Sonette* Friedenthals,[44] der *Insel-Almanach auf das Jahr 1929* enthält seine Novelle *Das Erbe des Kolumbus*[45] und im folgenden Jahrgang waren unter der Überschrift *Die Gefangennahme Montezumas* ein paar Seiten aus seinem Cortez-Roman *Der Eroberer* (Leipzig: Insel-Verlag 1929) abgedruckt.[46] Der Novellenband, von dem ja auch in der Korrespondenz mit Anton Kippenberg die Rede gewesen war, erschien dann tatsächlich im Leipziger Insel-Verlag, und zwar unter dem Titel *Marie Rebscheider. Vier Novellen* (1927). Das Buch war »Stefan Zweig in herzlicher Verehrung gewidmet«, der sich dem Verlag gegenüber für die Qualität der Novellen verbürgt hatte: Am 27. Juli des Jahres, vor Erscheinen, hatte er in einem Brief an M.C. (Christian) Wegner vom Insel-Verlag erklärt, er wolle für den Band keine billige Klappentext-Parole liefern, aber: »Ich würde über das Buch Friedenthals dann sofort schreiben, sobald es erschienen ist, stehe also vollkommen und ganz dafür ein.«[47] Das Buch enthielt außer der Titelnovelle noch drei weitere: *Arcangeli*, *Habakuk* und die frühere Novelle *Der Heuschober*.

In *Marie Rebscheider* wird die Titelheldin von dem ehemaligen Weltkriegssoldaten, dem heruntergekommenen Aloys Metzler, vergewaltigt. Nach seiner Entlassung aus dem Gefängnis fühlt sie sich geradezu magisch zu ihm hingezogen, geht von zu Hause fort, händigt ihm ihre ganzen Ersparnisse aus und wird nach einer in einem Heuschober verbrachten Liebesnacht von ihm verlassen. Da sie nicht weiß, wohin sie sich wenden soll, begeht sie Selbstmord.
Arcangeli ist die – nur 19 Seiten lange – Geschichte von der Ermordung des Altertumsforschers Johann Joachim Winckelmann (1717-1768), der sich in Triest von der eigentümlichen Schönheit des Küchenjungen Arcangeli homoerotisch angezogen fühlt, ihn mit auf sein Hotelzimmer nimmt und von ihm um seiner Preziosen willen erstochen wird.
In *Habakuk* desertiert der junge Erwin Habakuk, Sohn der Witwe eines Berliner Bankiers und damit Spross einer reichen, assimilierten jüdischen Familie, von der Westfront, nachdem er das fürchterliche Sterben eines im Gaskrieg vergifteten Offiziers miterlebt hat. Seine Mutter versteckt ihn bei einem früheren Dienstmädchen. Als sie, die ihn bereits als Kind durch strenge Erziehung vergeblich männlich hart zu machen versucht hatte, auch jetzt keine innere Beziehung zu ihrem Sohn herstellen kann, zeigt sie ihn selbst an. Erst in der polizeilichen Gegenüberstellung mit ihr reift er zum Mann, und Mutter und Sohn liegen sich für einen Augenblick in den Armen. Habakuk stirbt wenige Tage vor der Verkündigung des Waffenstillstands im Gefängnislazarett.
Auch in der vierten Novelle, *Der Heuschober*, geht es um das Thema der Desertion. Die Handlung spielt zur Zeit des napoleonischen Russlandfeldzuges: Georg, der Sohn des Bauern Ewers, ist zusammen mit zehn anderen Soldaten desertiert. Der alte Bauer verbirgt alle elf Deserteure unter dem Heu in seiner Scheune, leugnet seine Tat mit einem öffentlichen Meineid, leidet psychisch und physisch und muss erleben, dass ihm die Eingeschlossenen sein Opfer nicht danken; selbst der eigene Sohn ist bereit, seinen Vater umzubringen. Als Vater und Sohn miteinander ringen, löst sich die Spannung in beiden und sie versöhnen sich. Kurz darauf zieht die französische Besatzung ab und die elf Deserteure können ihr Versteck verlassen.

Was allen Novellen der Sammlung fehlt, sind politische Bezüge; was sie auszeichnet, ist eine starke psychologische Durchdringung und genaue Motivierung der Handlung ihrer Gestalten, gepaart mit einer Betonung des Schicksalhaften in ihrem Leben, das genau dem anfangs angedeuteten Ende zutreibt. So wird von Anfang an deutlich, dass sich Marie Rebscheider der geheimen Anziehungskraft des Aloys Metzler nicht entziehen kann, dass sich Habakuks Schicksal in der andauernden Kraftprobe mit seiner Mutter sowie durch das geschaute Grauen des sterbenden Offiziers erfüllen und dass das böse Omen der Kamee Winckelmanns Schicksal bestimmen wird.
Das Gesellschaftliche scheint in den Novellen auf den ersten Blick keine Rolle zu spielen, ist aber im Hintergrund als Verhaltensmaßstab durchaus vorhanden: Marie Rebscheider ist durch gesellschaftlichen Druck, auch seitens ihrer Eltern, gezwungen, sich mit einem ihnen geeignet scheinenden jungen Mann zu verloben, auch wenn er ihr in keiner Weise genügt. Sie folgt ihren Trieben, indem sie sich dem heruntergekommenen Metzler hingibt. Damit grenzt sie sich gesellschaftlich aus, beweist aber ihre Charakterstärke, indem sie ganz ruhig und bestimmt die Konsequenzen zieht, als er sie verlassen hat.
Die bäuerliche Gesellschaft spielt auch in *Der Heuschober* eine Rolle; hinzu kommt die Tatsache, dass eine ganz bestimmte historische Situation die Handlung begründet. Wichtiger als das Politisch-Historische ist aber das Psychologische, die Frage, wie der Bauer Ewers nicht nur mit dem Verstecken und den äußeren Schwierigkeiten der geheimen Verpflegung von elf Männern umgeht, sondern vor allem, wie er mit der Last des schweren Geheimnisses und seinem in aller Öffentlichkeit geschworenen Meineid fertig wird.
Auch im Falle von Habakuk steht die ganz bestimmte historische Situation des Ersten Weltkriegs im Hintergrund, darüber hinaus die soziale Zugehörigkeit von Mutter und Sohn, wobei die Mutter ausgesprochen leistungsorientiert ist und sich von ihrem zarten, weichen Sohn enttäuscht sieht. Sie hat sich ganz die deutschen Ideale des wilhelminischen Zeitalters zu eigen gemacht und ist damit eine charakteristische Repräsentantin ihrer – und Friedenthals – sozialen Gruppe. Dennoch liegt auch hier das Hauptgewicht auf der inneren Auseinandersetzung zwischen Mutter und Sohn und der psychologischen

Motivierung ihrer beider Verhalten. In jedem Fall sind Friedenthals Erzählungen klassische Novellen, in denen eine »unerhörte Begebenheit« berichtet wird.

Obwohl diese Novellen für ihre Zeit untypisch sind, da sie nicht von den Zeitströmungen wie Expressionismus oder Neue Sachlichkeit beeinflusst sind, wurden sie positiv beurteilt. Stefan Zweig urteilte: »Jede dieser Novellen erhebt ein Leben zum Schicksal, und jede zwingt uns, dies fremde Schicksal wie ein eigenes mit erschütterndem Anteil mitzuerleben!« Oskar Maria Graf lobte ihre »Meisterschaft« und ihre »strenge Disziplin«[48] und Guido K. Brand betonte in seinem Buch *Werden und Wandlung* (1933) u.a. Friedenthals »staunenswerte Festigkeit der Hand«, sein »sieghaftes Gefühl für die Gestaltung«. Die vier Erzählungen seien »in ihrem Aufbau, in ihrer Diktion, Klarheit und inneren Bewegtheit, in ihrer straffen Komprimiertheit und inneren Fülle Zeugnis einer dichterischen Begabung.«[49]

Alle vier Prosastücke sind Novellen äußerster dramatischer Konzentration. Da ist keinerlei sprachliche Experimentierfreudigkeit, sondern Friedenthal steht genauso in der älteren Tradition deutschen Erzählens wie etwa sein späterer Freund Carl Zuckmayer. Wie die häufige Verwendung von Leitmotiven zeigt, hatte er sich offensichtlich an Thomas Mann geschult, hatte aber auch zahlreiche deutsche Novellisten des 19. Jahrhunderts gelesen und von ihnen Anregungen empfangen. »Seine Novellen erneuern diese Tradition«, schreibt der Kopenhagener Professor Steffen Steffensen noch 1976 und fährt fort:

> »aber sie haben durchaus ihr eigenes Gepräge. Der klaren Linie und strengen Kunst dieser Novellenform wird jeder überflüssige Schmuck und Zierrat geopfert: Sie tragen in sich den harten Willen zur Konzentration und zur Form. So fehlt ihnen nicht nur das Flach-Sensationelle, sondern auch das allzu Subjektive und das Dogmatische und Doktrinäre. Man könnte von einem symbolischen Realismus sprechen.«[50]

In die Gruppe der Novellen aus dieser Zeit gehört auch *Das Erbe des Kolumbus*, die, wie erwähnt, zuerst im *Insel-Almanach auf das Jahr 1929* veröffentlicht wurde. Wahrscheinlich handelt es sich um den »größeren Beitrag«, von dem Friedenthal bereits im April 1927 seiner Mutter schrieb: Der etwa 25-jährige, heruntergekommene Enkel von

Christopher Columbus wird bei einem »frechen Straßenraub«[51] vor den Toren Madrids ertappt und ins Gefängnis eingeliefert. Mit Hilfe eines Zellengenossen, eines ehemaligen Rechtsanwalts, versucht er vergeblich, die seinem Großvater von der spanischen Krone eingeräumten Ansprüche geltend zu machen, wonach diesem und seinen Nachkommen nach Abzug aller Unkosten ein Zehntel aller Waren aus den neu entdeckten Ländern als freies Eigentum zustehen sollte. Die spanische Krone entzieht sich schließlich durch einen geschickten Schachzug dieser Verpflichtung: der Inhaftierte wird wegen des Straßenraubs zum Tode verurteilt, aber begnadigt, falls er auf alle Forderungen für sich und seine Nachkommen verzichtet und unter dem neuen Namen Juan Perez lebenslänglich ins Ausland geht. Was fast zum Justizmord geworden wäre, wird umgebogen in einen Betrug durch den Staat; die Staatsräson – eine Erfüllung der Ansprüche, selbst in Form eines Kompromisses, hätte die Staatsfinanzen überstrapaziert – siegt über die Gerechtigkeit. Damit schildert Friedenthals Novelle nicht einfach ein historisches Kuriosum, sondern sie hat, wenn auch sehr indirekt, ein politisches Thema, das sich auf die Rechtsprechung der Weimarer Republik im Fall von politisch motivierten Verbrechen anwenden ließ, von der Rechtsbeugung im Dritten Reich ganz zu schweigen.

Wenn Katharina Kippenberg meinte, nach den Novellen müsste vielleicht ein Roman folgen, spricht das für ihren geradezu unheimlichen Instinkt. In der Tat hatte Friedenthal einen großen Gesellschaftsroman über das Berlin von 1913 angefangen, der allerdings zu breit angelegt war und deshalb liegen blieb. Einen Roman schrieb er dann aber doch, und zwar einen historischen Roman, der, das historische spanische Milieu seiner Novelle aufnehmend, ebenfalls 1929 im Insel-Verlag erschien: *Der Eroberer. Ein Cortes-Roman*. Ob es sich dabei um den in dem Brief an seine Mutter bereits für Weihnachten 1927 angekündigten Roman – dort könnte auch der liegen gebliebene Gesellschaftsroman gemeint sein – handelt, ist unklar.

Die Idee zu dem Roman ging darauf zurück, dass Friedenthal 1925 Eduard Stuckens vierbändigen Roman *Die weißen Götter* (Berlin 1917-1922) gelesen hatte. Er fand das Werk wegen Stuckens Kenntnis ferner Dinge imponierend und auch großartig im Gesamtentwurf, aber trotzdem unbefriedigend. Vielleicht verlangte der historische Roman, mehr noch als andere Romanformen, einen »ausgesprochenen *Helden*«, meinte er. Cortez trete in Stuckens Werk sehr zurück. Man müsse einen solchen Roman entweder als »Cortez«- oder als »Montezuma«-Roman schreiben. Cortez werde wohl viel zu sehr als bloßer Räuberhauptmann und Abenteurer gesehen. Man müsse einmal eine Studie über ihn als Politiker machen; er wäre offenbar einer der großen Kolonialpolitiker ersten Ranges, die sich sogleich im fremdesten Milieu zurechtfinden, Machtgruppen erkennen und gegeneinander stellen und mühelos mächtige Gebiete ihrem Willen unterwerfen. Und Friedenthal fährt fort:

> »Dies übrigens meine Romanidee: Der Eroberer, der sich ständig an die eroberte Landschaft ausgibt und nur nach einem Ruhepol sucht, einer Ergänzung, die ihm wieder Kraft gibt. Er findet sie in der Frau, in Maria, die aber ihrerseits, Weib, zu kurz kommt. Sie spürt, daß er sie mit dem Land betrügt. Trotzdem braucht er sie bitter notwendig wie das liebe Brot.« (Tagebuch 1926, DLA)

Friedenthal hat in seinem Roman in der Tat Cortez in den Mittelpunkt gestellt, obwohl er seine Sympathie für Montezuma immer wieder durchblicken lässt. Er schildert die Eroberung Mexikos, indem er sich an die historischen Fakten und Daten hält, aber der Roman liest sich nicht so sehr als Studie über den spanischen Conquistador als Politiker, sondern als Abenteuerroman. »[...]: dieser Cortez war ein Abenteurer«, schreibt Joachim Maass, »und seine Offiziere und Soldaten waren nichts anderes, ein ziemlich lichtscheues Gesindel; sie konnten nichts Besseres tun, als sich dem Machtgebiet der spanischen Polizei zu entziehen; [...].«[52] Wie Friedenthal in seinen oben zitierten Zeilen über seine »Romanidee« andeutet, ist das Buch darüber hinaus jedoch auch eine Charakterstudie: Sein Cortez ist mit sich selbst einig, solange er abenteuernder Soldat, Eroberer ist. Als ihm die Eroberung Mexikos, nach einem schweren militärischen Rückschlag, gelungen ist, kehrt er nach Spanien zurück, von Kaiser Karl V. mit allen möglichen Ehrentiteln ausgestattet, aber mit keinem neuen Kommando, keiner neuen Aufgabe: »[...] kalt, ohne Dankbarkeit oder Erregung strich die Krone es [das Land] ein; Cortez aber saß allein, arm, enttäuscht, genauso ausgebeutet und am Ende wie das

Land, das er vergewaltigt hatte.«[53] Er altert vorzeitig, wird matt, zieht sich melancholisch in sich selbst zurück. Er wird damit seinem ehemaligen Gegner Montezuma ähnlich, der sich schließlich auch selbst aufgegeben hatte und starb. Cortez rafft sich jedoch noch einmal auf, will noch einmal in die Neue Welt fahren, um neue Länder zu erobern und stirbt, bevor er die Azoren erreicht hat. Schon vor seiner Ausfahrt fühlte er: »Es ging zu Ende mit ihm [...]; seine Aufgabe war erfüllt, Gott brauchte ihn nicht mehr [...].«[54] Wie Cortez, werden auch seine Kampfgenossen ihres Lebens nicht froh; sie verlieren ihren schnell erworbenen Reichtum genauso schnell wieder, haben ihre Gesundheit eingebüßt oder werden ermordet. Damit ist das Buch – *last, not least* – auch ein Werk über die Vergeblichkeit alles menschlichen Haschens nach Ruhm und Reichtum, der Hoffnung auf Lohn für große Leistungen, nach angemessener Anerkennung durch den Staat. Indirekt waltet damit am Ende des Buches eine höhere Gerechtigkeit,[55] die Cortez und seinen Mitstreitern das gibt, was sie für ihren mörderischen Raubzug verdient haben. Die Cortez liebende Indianerin Marina [sic!] kommt in der Tat zu kurz, obwohl er sie mit einem großen Landbesitz abgefunden hat. Dass er seinerseits selbst in einer standesgemäßen Ehe in Spanien sein Glück nicht findet, will dementsprechend auch nur als gerecht erscheinen.

Bei der Arbeit an dem Roman kam Friedenthal zugute, dass er nicht nur fließend Englisch und Französisch sprach, sondern auch Italienisch, Holländisch und vor allem Spanisch lesen konnte. Von trockenen historischen Quellen ist hier gleichwohl nichts zu bemerken: Friedenthal schuf hier nicht nur einen Helden und seinen Gegenspieler, sondern eine ganze Reihe bunter spanischer Landsknechtgestalten, die, durch Leitmotivtechnik hervorgehoben, in dem Roman immer wiederkehren, sowie individuell gezeichnete indianische Führergestalten. Der ganze Roman ist erfüllt von genauer, sinnlicher Realitätsbeschreibung, kulturgeschichtlichen Details und packender Schilderung der Mühen, Kämpfe, darüber hinaus auch der exotischen Städte, Bräuche und Feste. *Der Eroberer* ist damit ein lebendiger Roman, in dem Friedenthal nach dem Prinzip »So könnte es gewesen sein« seiner Vorstellungskraft freien Lauf gelassen hat.

Der *Eroberer* wurde zwar von der Kritik gelobt, aber er brachte noch nicht den bereits 1927 erhofften Durchbruch ins große Lesepublikum wie sehr viel später die Goethe-Biographie. Dennoch war der Erfolg immerhin so groß, dass Harper & Brothers, New York und William Heinemann, London ihn 1931 in englischer Sprache herausbrachten,[56] ein Zeichen dafür, dass sich Friedenthal bereits jetzt »in die feine englische Art, Biographien zu schreiben«, eingeübt hatte.[57] So zeigte sich schon bei seinem Cortez-Roman sein biographisches Interesse. Mit diesem Roman galt er zwar noch nicht als etablierter Autor, aber er gehörte zumindest zum literarischen Nachwuchs, der auch in Anthologien vertreten war.

Bekanntschaften und Freundschaften

Friedenthal schloss in diesen Jahren zwar mit anderen jungen Schriftstellern Freundschaft, gehörte jedoch nicht einer bestimmten Gruppe, einem Kreis oder einer Clique an, was sich bei einer rückblickenden Literaturbetrachtung leicht als Hindernis erweist. Er bewegte sich aber in den höheren Kreisen der Berliner Gesellschaft. Bei der Inhaberin des Axel Juncker Verlages, der seine erste Lyrik-Anthologie verlegt hatte, einer Ungarin, lernte er Politiker, Geschäftsleute und Künstler kennen. Mit dem sozialdemokratischen Politiker und Finanzminister (1923) Rudolf Hilferding und seiner Frau wurde er bekannt und in ihrem Hause traf er den Zentrumspolitiker Joseph Wirth, den damaligen preußischen Innenminister Carl Severing und den zeitweiligen Reichskanzler Hermann Müller, die ihn wohlwollend als Vertreter der jungen Generation ins Gespräch zogen. Er lernte den ungarischen Schriftsteller Ludwig (Lajos) Hatvany und den ungarischen Literaturkritiker Georg von Lukács, wie er sich damals nannte, kennen. Er sollte ihn später noch kurz vor dessen Tode in Budapest besuchen. Friedenthal verkehrte ferner in dem politisch ehrgeizigen Salon der Antonia, genannt ›Toscha‹ Valentin, der um Gustav Stresemann gruppiert war; auch sie sollte er dann nach dem Zweiten Weltkrieg noch einmal in Paris wiedertreffen. Bei russischen Bekannten – die emigrierten Russen bildeten ein ungemein farbiges Element im Berliner Leben – traf er den Maler Leonid Pasternak, der einen in

Berlin gedruckten Gedichtband seines in Russland verbliebenen Sohnes Boris präsentierte. Der russische Schriftsteller und Politiker »Anatol Lunatscharski, ehemals Studienfreund des Hausherrn [der russischen Bekannten], machte dort Station auf der Reise nach Paris […]«. (*»… und unversehens ist es Abend«*, 45) Später, 1932, als Friedenthal *Knaurs Konversations-Lexikon. A-Z* herausgegeben hatte, lud Lunatscharski ihn ein, doch nach Moskau zu kommen und ein ähnliches Lexikon für den Staatsverlag zu organisieren, dessen Enzyklopädien bisher nicht sehr erfolgreich gewesen waren. Friedenthal konnte sich aber nicht dazu entschließen.

Friedenthal nahm in den ersten Jahren nach dem Krieg auch Kontakt mit arrivierten Größen der deutschen Literatur auf und war für ermutigenden Zuspruch dankbar. So korrespondierte er mit Hugo von Hofmannsthal, der sich sogar bemühte, einzelne Gedichtzeilen von ihm zu korrigieren, mit Stefan Zweig und mit dem alten, verbitterten ehemaligen Naturalisten Arno Holz, über den die Zeit hinweggegangen war. Bemerkenswert ist, dass diese damaligen Großen der deutschen Literatur alle noch mit der Hand schrieben. Wie sie auf diese Weise ihre umfangreiche Korrespondenz bewältigten, ist kaum zu begreifen.

Anfang der zwanziger Jahre begegnete Friedenthal in Berlin auch Franz Kafka, und zwar in Wilmersdorf:

> »Er sprach damals davon, leicht vorgeneigt den eckigen, schwindsüchtigen Körper, der in keinen Anzug paßte, daß es sein Traum wäre, ein kleines Restaurant aufzumachen und die Schriftstellerei an den Nagel zu hängen, dies widerlichste aller Gewerbe. Schön müßte das sein, da so unter den Gästen einherzugehen, sie höflich zu bedienen, […]. Er träumte den Traum aller Intellektuellen: einmal zu flüchten, alles abzuwerfen, den Hirnkasten umzustoßen, in dem es ständig klopft.«[58]

Mehrere Frauen begannen Anfang der zwanziger Jahre in seinem Leben eine wichtige Rolle zu spielen: Da ist zunächst Margarete Kaiser, die mit ihrer Familie in der Bismarckstraße in Berlin wohnte. Alles ist unsicher und wackelig bei ihr; die Zimmer sind unaufgeräumt, vollgepackt mit Büchern, Ordnern, Broschüren, als wäre sie eben im Umzug. Und das, obwohl sie schon ein Jahr dort wohnt. Die Miete ist nicht bezahlt, das Telefon wird häufig gesperrt. Zwei Jahre lang, meint Friedenthal, habe er ihre ganze Familie über Wasser gehalten, bis es nicht mehr ging, ein Fass ohne Boden. Bei einem Rückblick Weihnachten 1938 erinnert er sich an sie, wie er sie durch die damals letzte Begegnung in Erinnerung hat:

> »Eine Frau von 38 Jahren, groß, blond, mager [...]. Sie ist noch immer schön, mit dem blassen Schnitt ihres Gesichtes, ihren starken Armen, den besonders wohlgeformten Händen. Ihr Mund ist der weitaus schönste Frauenmund, den ich je gesehen habe, groß, voll, und doch ganz gespannt und wie mit *einem* Schwung gezeichnet. [...] Sie war die Inkarnation der Sinnlichkeit im direktesten Sinne des Wortes, die Fleischwerdung des Begriffes der Erotik.« (Tagebuch 1938, DLA)

In der Gedichtsammlung *Demeter* (1924) schlug sich diese Beziehung literarisch nieder.

Zweifellos war Margarete Kaiser für Friedenthal eine auch intellektuell anregende Frau. Sie war eine Reformerin auf verschiedenen Gebieten, vor allem auf dem Gebiet der Frauenemanzipation und der Erziehung. So gab sie ab 1929 eine Zeitschrift mit dem Titel *Die schaffende Frau. Zeitschrift für modernes Frauentum* heraus. Zwei Aufsatzsammlungen folgten: 1928 ein höchst progressives sexualpädagogisches Buch *Die Liebeslehre. Eine Liebesschule für Eheleute* (Berlin: Kultur-Verlag) und 1932 *Die Liebe als Kunst* (Berlin: Ibis-Verlag), beide mit je einem Beitrag von Hans Friedenthal. 1939 sah sie Friedenthal noch einmal in London, dann zog sie in die Vereinigten Staaten weiter, wo sie zunächst mit Vorträgen und

Margarete Kaiser: Titelbild der von ihr herausgegebenen Frauenzeitschrift *Die schaffende Frau.*

als Autorin, dann in den verschiedensten Berufen sich und ihre inzwischen fünf Kinder durchbrachte.
Wichtiger und dauernder war die Beziehung zu Lilli Viasmensky (oder Wjasmensky, später Lili d'Amée) – sie unterschrieb ihre Briefe auch als Lili –, einer kapriziösen Frau, die mit einem Dr. Leo Viasmensky verheiratet war und die er offensichtlich 1924 kennen gelernt hatte, denn Weihnachten 1938 schreibt er über sie:

> »Sie springt mit einem Satz auf meine Lebensbühne und sie beherrscht sie für die vergangenen 14 Jahre. Es ist ein dauernder Kampf, den wir geführt haben, ein gefährliches, aufreibendes Ringen, das zeitweilig meine ganzen Kräfte absorbiert hat. Bei keiner Frau ist mir der Weibsteufel so leibhaftig begegnet. Mit keiner habe ich solche wahrhaft strindbergschen Szenen erlebt.« (Tagebuch 1938, DLA)

Viele Jahre lang ging Friedenthal täglich zu ihr in ihre elegant eingerichtete Wohnung in der Kurfürstentraße 115. Es war ein Haushalt, der in großem Stil geführt wurde und in den u.a. zahlreiche Künstler wie der Generalmusikdirektor Kleiber, der Tenor der Berliner Oper Max Lorenz und Virtuosen wie Henri Marteau oder Sascha Heifetz verkehrten.[59] Friedenthal und Lilli reisten zusammen, in den ersten Jahren gemeinsam mit ihrem Mann ins Erzgebirge, später allein nach Italien. Er wird in vieler Hinsicht ihr Lehrer, z.B. indem er sie zu guter Literatur hinführt. Früher war sie Sängerin; jetzt wendet sie sich unter seinem Einfluss der Malerei zu, zumal sie von Natur aus einen sehr originellen Farbsinn hat.[60]

Richard Friedenthals Freundin Lilli Viasmensky.

Bei aller physischen Gesundheit ist Lilli jedoch ausgesprochen hysterisch und eifersüchtig. Es kommt zwischen ihr und Friedenthal zu spontanen und schweren Auseinandersetzungen: »Auf der Straße reißt sie mir den Hut vom Kopfe und zerrt mir einen Büschel Haare aus dem Kopf, weil ich angeblich einer anderen Frau nachgeblickt habe. [...] Sie nimmt den Ofenhaken und springt wie eine Furie auf mich los; [...].« Er braucht seine ganze Kraft, um sich ihrer zu erwehren. Bis um drei oder vier Uhr nachts kämpfen sie so, bis sie sich in Küssen und Umarmungen wieder versöhnen. Ganz ausgebrannt und erschöpft kommt Friedenthal nach Hause. »Es ist eine veritable Ehe, die wir zusammen geführt haben, 14 Jahre lang; ein Fegefeuer.« (Tagebuch 1938, DLA) Lilli war während dieser Zeit noch verheiratet und dachte damals wohl noch nicht daran, sich scheiden zu lassen. Nach dem Zweiten Weltkrieg sollte Friedenthal wieder von ihr hören, zumal sie während der Kriegsjahre mit seiner Mutter in Kontakt blieb. Lisa und Richard Friedenthal haben sie dann des Öfteren an ihrem neuen Wohnort Paris besucht, wobei auch Lisa von ihr sehr beeindruckt war.
Neben dem Gesellschaftsleben nahm Friedenthal vor allem am Musikleben Berlins teil. Er erlebte den jungen, argentinischen Dirigenten Carlos Kleiber bei der ersten Aufführung der Alban-Berg-Oper *Wozzek* und er hörte die großen Geiger und Pianisten der Zeit. Bei seinem Freund Erich Goeritz, einem der großen Mäzene und Sammler vor allem von Werken von Lovis Corinth und dem alten Max Liebermann, lernte er den Bildhauer und Radierer Edwin Scharff kennen sowie die Sänger Alexander Kipnis und Max Lorenz.
Mehrere Jahre lang hielt Friedenthal Vorträge an der »Volkshochschule Groß-Berlin« in einer Volksbibliothek am Wedding und er nahm die eifrigsten Zuhörer, meist junge Arbeiter, zu privaten Abenden mit in seine Wohnung in der Nähe des Kurfürstendamms, die aus einem mit Büchern überladenen Zimmer bestand.[61] Letztendlich brachte er eine Bibliothek von achttausend Bänden in Berlin zusammen. Auch zahlreiche Partituren, darunter viele Originalhandschriften, hatte er gesammelt, die er weiterhin mit Begeisterung und Hochachtung las: »Wie beeindruckt konnte er von einem Besuch in der Staatsbibliothek berichten«, schreibt Thomas Halbe, »wo er die Instrumentations-

künste von Richard Strauß in der Partitur zur *Frau ohne Schatten* für sich entdeckt hatte, Bekanntschaft und Umgang mit Künstlern von Bühne und Konzertsaal brachten Anregungen. Die Sicherheit von Friedenthals musikalischem Urteil dürfte dem seiner literarischen Wertungen durchaus die Waage halten.«[62]

Vom Lektor zum Emigranten

Was Friedenthal in seinen Berliner Jahren versäumte, war das konzentrierte, zügige Schreiben weiterer Novellen, Dramen, Romane und Essays, aber andererseits bot sich ihm eine Gelegenheit, die einen Großteil seiner Karriere bestimmen sollte, nämlich im Verlagswesen tätig zu werden. Er wurde Autor bzw. Herausgeber von Sachbüchern im Verlag Th. Knaur Nachf. Der Inhaber des Verlags war Adalbert Droemer, gemeinsam mit den Söhnen eines früheren Inhabers namens Hendelsohn; Herr Knaur selbst war eher eine mythische Gestalt. Unter Droemers Leitung bemühte sich der Verlag damals, billige Buchreihen mit hoher Auflage herauszubringen. Dazu gehörte bereits eine preiswerte Romanreihe *Romane der Welt* (herausgegeben von Hermann George Scheffauer und Thomas Mann, der sich für gutes Geld dazu bewegen ließ, seinen Namen dafür herzugeben), in der jede Woche, Freitag für Freitag, ein Roman der Weltliteratur in »Originalleinen«, wie es in der Anzeige im *Börsenblatt des deutschen Buchhandels* hieß, zum Preise von 2,85 Mark erschien. Daneben sollten aber auch praktische Bücher erscheinen, die man heute als Sachbücher bezeichnen würde.
Friedenthal hatte für den Verlag einige Gutachten geschrieben, die Droemer gefallen hatten. Als dann der Verlag ein einbändiges Lexikon, das erste Volkslexikon der Welt, herausbringen wollte – man schrieb das Jahr 1928 – und die großen Lexikonverleger für den Nachdruck ihrer eigenen Produkte keine Lizenz erteilen wollten, schlug Friedenthal, vielleicht etwas leichtsinnig, vor, doch selbst ein solches Lexikon zu erstellen; es koste ohnehin nicht mehr als die Lizenzgebühren. Ein kleines Gesundheitslexikon von dem Karlsbader Arzt Dr. Loew sowie einen Weltatlas, ebenfalls in Leinen und für 2,85 Mark,

hatte der Verlag bereits in Arbeit. Die älteren Berater des Verlegers hatten Bedenken bei Friedenthals Vorschlag, doch Adalbert Droemer sagte ja. Es war damals eine mutige Entscheidung, denn es war eine Zeit, »in der sechs Millionen Arbeitslose auf der Straße lagen. Wer kauft da schon ein Lexikon, auch wenn es, 938 Seiten stark und in Leinen gebunden, ganze 2,85 Mark kostet?«[63] Weder Droemer noch der junge Friedenthal wussten so recht, wie ein solches Unternehmen durchzuführen war, doch die Aufgabe reizte den auch organisatorisch begabten Friedenthal. Es war eine Arbeit, die ihm ausgesprochen gut entsprach, denn schon früher, in den ersten Jahren nach dem Ersten Weltkrieg, hatte seine Mutter ihn als ein wandelndes Lexikon bezeichnet.[64] Die Arbeit an *Knaurs Konversations-Lexikon. A-Z* (Berlin: Verlag von Th. Knaur Nachf. 1932; eig. Spätherbst 1931),[65] die in rund zwei Jahren und damit in unglaublich kurzer Zeit zu Ende geführt wurde, resultierte in einem enormen verlegerischen Erfolg. Friedenthal war in der Lage, einen Stab von etwa 30 Mitarbeitern um sich zu versammeln, der begeistert die scheinbar uferlose Arbeit in Angriff nahm und bis zum Schluss durchhielt. Die Möglichkeit, so viele und gute Leute zu gewinnen, war durch die Zeitumstände gegeben: Inzwischen herrschte in Deutschland nach der Weltwirtschaftskrise und dem Börsenkrach von 1929 die große Arbeitslosigkeit und viele hochqualifizierte Leute waren vom statistischen Reichsamt und anderen Behörden entlassen worden. Hinzu kamen Schüler von Friedenthals Stiefvater Vierkandt und andere junge Akademiker, die keine Anstellung finden konnten und froh waren, zumindest eine Zeitlang einen Verdienst zu haben. Die Arbeit war umfassend: Es mussten nicht nur kompakte Texte verfasst, sondern auch Illustrationen und Bildbeigaben produziert werden, die Friedenthal oft den Zeichnern im Entwurf skizzieren musste. Die Schwierigkeit war, alles Wissenswerte und Wichtige in einem einzigen Band unterzubringen, und während der Arbeit an dem Lexikon bemerkte Friedenthal einmal, »es gelte hier ›die Essenz der Essenz‹ bei den Definitionen zu erzielen«.[66] Dabei konnte er sich auf sein eigenes enormes Wissen und auf seinen Blick fürs Wesentliche stützen.

Die bekannteste und wenig später den größten Anstoß erregende Definition findet sich unter dem Stichwort »Hitler, Adolf«:

»*20.4.1889 in Braunau (Oberösterr.), Dekorationsmaler, Begr. der Nationalsozialist. dtsch. Arbeiterpartei. – H.-Putsch, 9.11.1923 in München, mißglückt.«[67] Anstoß erregte natürlich bei den Nazis die als wenig respektvoll empfundene Berufsbezeichnung »Dekorationsmaler«. Hitlers Partei war in zehn Zeilen präzise charakterisiert als »[…] organisiert nach militär. Vorbild […]. Völkisch, antimarxistisch, radikalnational. Programmpunkte: Brechung der Zinsknechtschaft, Schaffung des Dritten Reiches mit ständischer Verfassung.«[68] Da stand kein Wort zu viel und keines zu wenig. Als die Nazis an die Macht kamen, gab es Ärger mit der neu geschaffenen Reichsschrifttumskammer und es waren zahlreiche Änderungen nötig: Das Stichwort »Hitler« musste aufgeblasen werden; der »deutsche Sozialismus« wurde von der NSDAP vertreten mit »schärfster Betonung des Gemeinschaftsgedankens: Gemeinnutz geht vor Eigennutz. Gemeinschaft = Volk. Volk bedingt durch Blut und Boden (Rasse und Heimat). Der höchste Wert das Volk (›Der Einzelne ist nichts, die Nation ist Alles‹).«[69] NS-Größen und -Organisationen sind ausführlich behandelt, kurz: Friedenthals Lexikon war völlig »gleichgeschaltet«.
Gearbeitet wurde in Berlin, aber gedruckt wurde in Leipzig und auch beim Druck gab es Probleme, denn das Buch musste aus Gründen der Kostenersparnis in Rotation gedruckt werden. Das war bei so dünnem Papier noch nie versucht worden: »Es gab angstvolle Momente, als die ersten Probebogen zu ›flattern‹ begannen, weil sie elektrisch aufgeladen waren durch die heiße Witterung; ein erfahrener alter Faktor beruhigte das Papier mit Kellerkühle und rettete die Sache, die schon verloren schien.« (*»… und unversehens ist es Abend«*, 47) Im letzten Jahr der Herstellung wurde nachts gearbeitet; am ganz frühen Morgen wurde der auf Karten geschriebene Text zum Anhalter Bahnhof gebracht und von dort zur Druckerei Spamer nach Leipzig befördert, die den Druck am gleichen Abend zur Korrektur zurückschickte.
Friedenthal und seine Mitarbeiter arbeiteten in einer Mietwohnung, die unmittelbar neben dem Verlag lag, der sich im Erdgeschoss eines bescheidenen Reihenhauses in der Prager Straße in Berlin-Mitte befand. Die Verpflegung für den gesamten Mitarbeiterstab wurde aus einem um die Ecke gelegenen Restaurant geholt. Die Arbeit ging nicht

ohne Szenen unter den Mitarbeitern ab, nicht ohne Zusammenbrüche und Pannen. Ein Abschreiber musste entlassen werden, weil er nicht sorgfältig genug aufgepasst hatte, ob ein Eintrag auch nur annähernde Ähnlichkeit mit anderen bekannten Lexika hatte, denn jeder Satz musste daraufhin genau überprüft werden. Das Lexikon hatte »35 000 Stichwörter, 2 600 Illustrationen, 71 einfarbige und bunte Tafeln und geographische Karten, 18 Übersichten, 115 statistische Schaubilder im Text.« Das Buch wurde zum anvisierten Termin fertig – und ein absoluter Bestseller, obwohl es sich um ein Werk handelte, das vor allem durch seine Dauerhaftigkeit seine Wirkung zu beweisen hatte. Das preiswerte Lexikon hielt, was sein Herausgeber Friedenthal im Vorwort versprochen hatte, durch kurze, prägnant formulierte und übersichtlich gegliederte Artikel zuverlässig Auskunft zu geben. Es ging zwar viel Post mit Beschwerden, Verbesserungswünschen, ja sogar Drohungen ein, aber es setzte sich als Standardwerk durch, vor allem wegen seiner präzisen Definitionen. Friedenthal berichtet, dass das Werk wegen seiner gelungenen Formulierungen vor Gericht, bei Warenzeichenprozessen zitiert wurde. Es erschienen sogar, was bei einem Nachschlagewerk dieser Art recht ungewöhnlich ist, Lizenzausgaben im Ausland, ordnungsgemäße Bearbeitungen in England, in den USA und in Norwegen, neben piratisierten in anderen Ländern. »Ich verhandelte mit der Türkei, mit Brasilien, Jugoslawien, Ungarn; aus alledem wurde dann nichts durch die Zeitereignisse.« (*»… und unversehens ist es Abend«*, 47)
Die Rezensenten waren begeistert. Einer von ihnen schrieb, das Lexikon sei ein Buch, »in dem kein einziges dummes Wort steht«.[70] Willy Droemer erinnert sich: »Die Sortimenter rieben sich die Hände über diesen Lexikonschlager, der geradezu sprichwörtlich wurde: In jedem zehnten Exemplar, so hieß es weit über Berlin hinaus, liege ein Zweimarkschein! Wem dieser großartige Gag eingefallen ist, hat sich nie feststellen lassen.«[71] Das Buch wurde zum Schlager der Saison. Innerhalb von 18 Monaten waren eine Million Exemplare verkauft. Der Erfolg setzte sich auch in den ersten Jahren des Dritten Reiches fort, nachdem die nun als anstößig erachteten Passagen über Hitler geändert worden waren. Zahlreiche Neuauflagen folgten nach dem Zweiten Weltkrieg, so dass Mitte der siebziger Jahre die Gesamtauf-

lage bereits bei über sechs Millionen lag. Persönlichen Ruhm begründete das erfolgreiche Lexikon insofern nicht, als Friedenthals Name nur klein auf der Titelrückseite zu lesen war.
Seine so erfolgreiche Arbeit an dem Lexikon brachte Friedenthal andere Angebote ein. Er erhielt ein verlockendes Angebot vom Ullstein-Konzern, hatte aber keine Lust, für ein derartig großes Unternehmen zu arbeiten, sondern blieb bei Knaur. Wer und was er dort war, war nicht genau festgelegt. Er hatte keinen Titel, keinen Vertrag mit Festlegung des Gehalts oder seiner Pflichten; er war einfach Organisator und Herausgeber von Sachbüchern und es gelang ihm, dem Verlag auf diesem Gebiet für viele Jahre eine führende Stellung zu erobern. Friedenthal hatte durchaus Vorstellungen für die weitere Arbeit in dieser Sparte. So produzierte der Verlag eine einbändige *Geschichte der Kunst von der altchristlichen Zeit bis zur Gegenwart* (Berlin: Knaur 1933), die von Friedenthals Freund Richard Hamann geschrieben und bebildert wurde.

> »Auch da mußte zum Schluß des Nachts gearbeitet werden, in Leipzig selbst unmittelbar neben der Druckerei. Ich sehe noch den großen, bärtigen Hamann des Nachts im Hotel auf dem Fußboden hingestreckt zu einer kurzen Ruhepause, so wie er es auch liebte, bei seinen Photo-Exkursionen sich unbedenklich in der Seitenkapelle einer Kathedrale zum Schnell-Schlaf hinzustrecken. Der Kellner, der Erfrischungen bringen sollte, stolperte mit dem Tablett vor Entsetzen; er glaubte, nach dem Geschrei, das er gehört hatte, es sei jemand zu Boden geschlagen worden.« (*»... und unversehens ist es Abend«*, 49)

Auch dieses Werk wurde termingemäß fertig. Es wurde ein dicker, reich bebilderter Band, der in den ersten sechs Verkaufswochen 4,80 und dann 6,80 Mark kostete. Dann sollte *Knaurs Weltgeschichte* herauskommen, verfasst von einem internationalen Mitarbeiterstab aus Paris, New York, Leiden und England, dem u.a. G.P. Gooch, Sidney B. Fay und Jan Huizinga angehörten. Als Hitler an die Macht kam, war die Arbeit mit dieser internationalen Gruppe jedoch nicht mehr möglich und es mussten ausschließlich deutsche Mitarbeiter bestellt werde. Friedenthal verhandelte mit Romain Rolland über eine Musikgeschichte, er plante eine Geschichte der Technik und vieles andere. Auch die Reihe »Romane der Welt« erschien unter seiner Ägide und 1932 gab er bei Knaur eine zweibändige Goethe-Ausgabe, mit einem Vorwort von Gerhart Hauptmann, heraus. Er war geradezu in einem Rausch der Arbeit und hatte sich seit der Fertigstellung seines Lexikons kaum einen Urlaub gegönnt.

Mit der Ernennung Hitlers zum Reichskanzler und dem Beginn der Naziherrschaft wurde Friedenthals Abstammung und damit auch seine Existenz plötzlich zum Problem: Sein Name verschwand aus dem Buchhandel; er wurde zu einer Art Un-Person in offizieller Hinsicht. Er behielt zwar seinen Pass und vor der Polizei war er als »nicht zu beanstanden« ausgewiesen; nicht so vor der Reichsschrifttumskammer als der neuen »Kulturbehörde«. Diese wandte auf ihn ein eigens für wichtigere Posten geschaffenes »Reichsschriftleitergesetz« an, das einen lückenlosen »arischen« Nachweis bis zum Jahre 1800, und gegebenenfalls darüber hinaus verlangte. Friedenthals Familie hatte aus ihrer jüdischen Herkunft nie ein Hehl gemacht, hatte auch nie daran gedacht, ihren Namen zu ändern, zumal sich etliche verdiente Vorfahren mit dem Namen verknüpften. Er wurde also »›ausgeschieden‹, wie das hieß, oder im Parteijargon: ausgemerzt.« (*»... und unversehens ist es Abend«* 50)

Interessanterweise verteidigte gerade Friedenthals nichtjüdische Mutter ihren Kindern gegenüber deren jüdisches Erbe, wenn sie ihnen Weihnachten 1935 über eine Lektüreerfahrung berichtete:

> »Unwillkürlich konzentrierte sich mein Interesse auf die Kapitel, die von dem Schicksal und Einfluß der Juden handelten und da fiel mir auf, wie unsere größten Geister oft eine ganz andere Sprache reden wie die, die Ihr heute leider zu hören bekommt. [...] Denn das Erbgut, das Ihr von väterlicher Seite übernommen habt, war kein schlechtes und gerade die erstaunliche Kraft, die das Judentum immer wieder aufgebracht hat, wenn es in Not war, muss und soll Euch zur Bewunderung und Nachahmung anregen.« (DLA)

1936 musste Friedenthal als Cheflektor des Verlags Th. Knaur Nachf., der er inzwischen offiziell geworden war, ausscheiden. Der Verlag bemühte sich, ihn weiterhin zu unterstützen, indem er ihn eine Zeitlang inoffiziell als Berater, meist zu Hause arbeitend, beschäftigte, hatte dann aber selbst mit dem nationalsozialistischen Regime Schwierig-

Richard Friedenthal 1935.

keiten. Da der Besitzer Adalbert Droemer mit einer Jüdin verheiratet war, musste er die Verlagsleitung, zumindest nach außen hin, in die Hände seines Sohnes Willy aus erster Ehe legen, der als völlig unbelastet galt. Er war bereits 1934 aus Hamburg gekommen und führte nun den Verlag mit viel Geschick und Energie erfolgreich weiter.

In seinen letzten Jahren in Deutschland, als immer klarer wurde, dass er unter Umständen das Land werde verlassen müssen, hatte Friedenthal versucht, sich Mittel zu verschaffen, um sich auch im Ausland ernähren zu können. Er hatte geplant, dort gemeinsam mit früheren Mitarbeitern seiner Sachbücher eine Reihe von internationalen Sprachwörterbüchern herzustellen, und hatte zu diesem Zweck eine Unmenge von Kartotheken angelegt, die seine kleine Wohnung einengten. Dieser Versuch erwies sich als zwecklos, da die Ausfuhr von Kartotheken oder größeren Manuskriptmengen verboten wurde. In den Jahren vor 1938 erhielt Friedenthal mehrfach »Besuche«, die ihn kontrollierten, und Telefonanrufe, in denen er nach seiner momentanen Tätigkeit befragt wurde. Bei diesen Besuchen saßen die Besucher in einem Sessel, der so vor einer Wand postiert war, dass sie das dort eingerahmt hängende Eiserne Kreuz I. Klasse unmöglich übersehen konnten. Friedenthal hatte mit Absicht »den ganzen ›Klempnerladen‹ [...] in eine Schachtel mit Glasdeckel gesperrt und an die Wand geklebt.«[72] Bei seinem stillen Fortzug von Berlin versenkte er die Zigarrenschachtel mit seinen Kriegsauszeichnungen angeblich im Wannsee.[73]

Das Groteske war, dass die bald neu erstehende Wehrmacht auf den ehemaligen Offizier Friedenthal durchaus Wert legte. Im Archiv in Potsdam war über seine Dienstzeit im Ersten Weltkrieg sowie seine weitere Tätigkeit genau Buch geführt worden und er erhielt die Mitteilung, dass er von jetzt an unter »Wehrüberwachung« stünde und sich vor Auslandsreisen zu melden hätte, um offiziell beurlaubt zu werden. Er habe sich ferner zu Reserveübungen bereitzuhalten. »[...] für den Kriegsfall ebenso. Wie denn? Nachdem mir der neue Staat meine Existenz vernichtet und mich außerhalb der Volksgemeinschaft gestellt hatte?« (*»... und unversehens ist es Abend«*, 51)

Friedenthal war politisch in keiner Weise belastet, seine »rassische Belastung« war kompliziert. Doch aus der Sicht der Machthaber genügte sie, ihm praktisch Berufsverbot zu erteilen. Die Schlinge um ihn zog sich immer enger zusammen und bevor sie zu eng wurde, musste er handeln; die Pogrome der so genannten Reichskristallnacht am 9. November 1938 waren ihm »eine letzte Warnung«.[74] Offiziell wollte er zu Studien im Britischen Museum nach London fahren und dazu musste er sich beim Wehrkreiskommando abmelden. Doch da hatte er Glück:

> »Der Major des Wehrkreiskommandos, bei dem ich mich melden mußte, belehrte mich freundlich: es würde sich da doch um das ›Vaterland‹ handeln. Die Wehrmacht würde auch dafür sorgen, daß ich meinen letzten Rang behalten dürfte, auf weitere Beförderung allerdings könnte ich wohl kaum rechnen. Nachdem er das gesagt hatte, öffnete er seine Schublade und zeigte mir mein kleines Lexikon. ›Ich habe noch die erste Auflage.‹ Ich verstand und bat um Urlaub nach England. Er entschuldigte sich: er könne mir nur 6 Wochen bewilligen.« (*»... und unversehens ist es Abend«*, 51)

Wenn die abgelaufen seien, so stehe es ihm frei, sich beim Militärattaché der deutschen Botschaft in London zu melden und eine Verlängerung zu beantragen. »Reisen Sie mit Gott«, sagte er noch und schüttelte Friedenthal die Hand. Mit dem Urlaubsschein des Majors, mit einem einzigen Handkoffer und insgesamt zehn Reichsmark in der Tasche fuhr er im Spätherbst 1938 nach London. Das Leben als Emigrant hatte begonnen.

Exil in England

Vom Emigranten zum *enemy alien*

Die Zahl der aus dem nationalsozialistischen Deutschland nach Großbritannien kommenden Flüchtlinge war in den ersten Jahren nach der »Machtergreifung« nicht sehr groß.[1] Sehr viel mehr flüchteten in die unmittelbar angrenzenden Länder, nach Frankreich, in die Niederlande und die Tschechoslowakei. 1933 erreichten etwa drei- bis vierhundert Flüchtlinge pro Monat Großbritannien, 1934 ging ihre Zahl auf etwa hundert im Monat zurück und 1935 war sie nicht viel größer. Gegen Ende 1937 hielten sich nur etwa 550 der rund 154 000 bis dahin aus Deutschland Geflohenen in Großbritannien auf.[2] Die meisten von ihnen hatten Freunde oder Verwandte im Lande, die sich für ihre Aufenthaltskosten verbürgten. Andere waren unabhängige Geschäftsleute mit Kapital oder Akademiker mit Kontakten zu britischen Universitäten, so dass sie bald eine Anstellung fanden. Trotzdem machten sich die Briten Sorgen um eine Zunahme der bereits vorhandenen Arbeitslosigkeit durch den Zustrom zu vieler Emigranten, ferner auch darüber, dass die Zuwanderung von einer großen Zahl jüdischer Flüchtlinge ein Anwachsen des bereits existierenden Antisemitismus bewirken würde. Doch derartige Bedenken wurden durch die Ereignisse des Jahres 1938 beiseite gefegt: den deutschen Einmarsch in Österreich und die dabei sofort einsetzende Verfolgung von Juden, die Besetzung des Sudetenlandes und schließlich die »Reichskristallnacht« am 9. November, bei der zahlreiche Synagogen niedergebrannt und jüdisches Eigentum systematisch vernichtet wurde. Diese Ereignisse führten zu einer Lockerung der britischen Einreisebeschränkungen und kein Flüchtling, der England erreichte, wurde zurückgeschickt. Bis zum April 1939 wurden 20 300 Erwachsene (Deutsche, Österreicher und Tschechen) und mehr als 4800 Kinder aufgenommen. Bis zum Kriegsausbruch Anfang September verdoppelte sich die Zahl noch einmal und erreichte in diesem Zeitraum etwa 55 000. Die große Mehrzahl der Flüchtlinge (rund 90%) waren Juden, für die in den meisten Fällen die jüdischen Gemeinden bürgten, doch waren unter den aus Österreich und dem Sudetenland Kommenden auch mehrere hundert (nichtjüdische) Sozialdemokraten. Für all diese Neuankömmlinge war es schon sehr viel schwieriger, in ihrer neuen Umgebung sesshaft zu werden, denn viele von ihnen sprachen nur mangelhaft Englisch und/oder sie bekamen in ihren so genannten *Alien Certificates* einen Stempel, demzufolge sie weder bezahlte noch unbezahlte Arbeit annehmen durften. Erst nach Kriegsausbruch, als plötzlich ein Arbeitskräftemangel herrschte, wurde diese Bestimmung aufgehoben. Von den Akademikern unter den Flüchtlingen sollte nach dem Kriege nur eine geringe Anzahl nach Deutschland zurückkehren, was angesichts ihrer jüdischen Abstammung nicht verwundert. Zweifellos ist »die großzügige, praktisch unbegrenzte Aufgeschlossenheit Englands für den deutschen Emigrantenstrom«[3] zu loben. Gemessen am internationalen Standard muss Großbritannien, insbesondere in den kritischen Jahren 1938/39, tatsächlich als großzügig gelten.[4]

Zu der Gruppe der Flüchtlinge, die nach der »Reichskristallnacht« und der damit offensichtlichen Judenverfolgung in Deutschland nach England kamen, gehörte auch Richard Friedenthal, der sich über diesen bedeutenden Einschnitt in seinem Leben völlig im Klaren war. Zu Weihnachten 1938 begann er ein neues Tagebuch, wobei er einleitend feststellte, eine neue Seite in seinem Leben sei aufgeschlagen. Er sei aus Deutschland fortgegangen und es sei höchst ungewiss, ob er je zurückkehren werde. Er müsse lügen, wenn er sagen solle, dass er sich gern von seinem Heimatboden losgelöst habe: »Noch stecke ich mit allen Fasern darin, wenn ich auch körperlich hier in London sitze. Die Schnelligkeit der modernen Verkehrsmittel erzeugt eine Täuschung ähnlich wie die Narkotika […]. Man wird über Entfernungen, über Schmerz und Distanz hinweggerissen, aber Körper und Seelen kommen nicht recht mit.« (Tagebuch 1938, DLA) Andererseits

gesteht er sich selber ein, dass er das Glück habe, immer mit seinen Gefühlen im Einklang zu leben. Er habe wenig zu unterdrücken, verstecken oder beiseite stellen brauchen. Psychoanalytiker konnten nie viel mit ihm anfangen. Es scheint ihm unsinnig, irgendetwas zu bereuen: »Ich habe vieles erlebt, und ich möchte keines dieser Erlebnisse missen. Ich habe mir nichts vorzuwerfen, aber ich wüßte, auch wenn ich die letzten 10 Jahre noch einmal durchleben sollte, nichts, was ich im Entscheidenden anders machen sollte.« (Tagebuch 1938, DLA) Aus solchen Worten tritt uns ein ausgeglichener, optimistischer Charakter entgegen, der mit sich selbst völlig im Einklang ist und aus dieser inneren Sicherheit heraus imstande ist, die praktischen und emotionalen Probleme und Schwierigkeiten des Exils zu meistern.
Über diese Schwierigkeiten eines Lebens im Exil war sich Friedenthal durchaus im Klaren, nicht nur in emotionaler, sondern auch in sehr praktischer, finanzieller Hinsicht. Tausenden ging es ähnlich wie ihm und selbst viele international anerkannte und erfolgreiche Autoren hatten es schwer. Das hatte er schon erfahren, als er bei seiner ersten Englandreise 1934 seinen Freund Stefan Zweig in London besucht hatte: Zweig hatte ihn schon damals gewarnt und ihm gesagt, die Verhältnisse im englischen Verlagswesen seien doch ganz anders, als Friedenthal sie in Deutschland kennen gelernt hatte. Zweig führte ihn nun bei seinem englischen Verleger ein und empfahl ihn anderen, doch Friedenthal musste überall erleben, dass man ihm im Grunde als Renommisten ansah, wenn er seine Arbeiten vorzeigte und in aller Unschuld die erzielten Auflagen erwähnte. Für billige Bücher in Massenauflagen bestand in England 1938 noch überhaupt kein Interesse; die Zeit der Taschenbücher war noch nicht gekommen. Werke über Kunst lagen nur in teuren Fachwerken vor:

> »Ich erfuhr überall freundlichstes und gänzlich ergebnisloses Wohlwollen und war wie in dem bekannten Kinderspiel [›Mensch, ärgere dich nicht‹] auf die Ausgangsstellung Null von 1922 zurückversetzt. Eigentlich noch darunter, denn mein Paß wurde nun fragwürdig und hatte bereits im Visum den Vermerk erhalten, daß ich einreisen dürfe unter der ausdrücklichen Reservation, daß ich keinerlei Beschäftigung, ›paid or unpaid‹ annehmen würde.« (*»... und unversehens ist es Abend«*, 52)

Offensichtlich war der britische Verlagsbuchhandel altertümlich und schwerfällig und nicht reif für einen so agilen Mann wie Friedenthal, der den konservativen, würdevollen englischen Verlegern geradezu unheimlich sein musste. Die emigrierten Schriftsteller fanden damit in England kaum Veröffentlichungsmöglichkeiten und keine geistige Heimat. Es gab dort keine der bedeutenden, antifaschistischen Zeitschriften wie etwa *Maß und Wert*, *Internationale Literatur*, *Das Wort*, *Die Sammlung* oder *Die neue Weltbühne*. Es gab praktisch keine Kaffeehäuser, literarische schon gar nicht.[5]

Da sich Friedenthals Freund Stefan Zweig im Herbst 1938 gerade auf einer Vortragsreise in Amerika befand, konnte er für einige Monate in dessen Wohnung, 49, Hallam Street in London W. 1, unterkommen. Zumindest hatte er damit gleich zu Anfang ein Dach über dem Kopf. Während dieser Zeit fungierte er als Zweigs Sekretär, indem er dessen Korrespondenz erledigte. Um Zweigs Gastfreundschaft nicht zu lange in Anspruch zu nehmen, zog er anschließend in ein kleines Kellerzimmer, das heute selbst den Anforderungen eines bescheidenen Studenten nicht genügen würde: Die Wände waren grün getüncht, von der Decke hing eine Glühbirne ohne Schirm. Ein Gasring diente als Herd. »Als seine spätere Frau [Lisa] ihn dort zum ersten Mal besuchte, fand sie den Vegetarier, wie er sich zum Lunch von einem Rotkohl auf einem Brett über einer Badewanne eine Scheibe absäbelte.«[6]

Wie im Berlin der Weltwirtschaftskrise viele Arbeitslose in Museen gingen, so fand Friedenthal seine Zuflucht im Britischen Museum mit seinen einzigartigen Bücherschätzen und seinem eindrucksvollen Lesesaal. In dieser Bibliothek hatte auch ein anderer Emigrant an einem braunen Ledertisch gesessen, mit dem er sich gegen Ende seines Lebens beschäftigen sollte: Karl Marx, der hier während seiner Londoner Exiljahre (1849-83) die »Blaubücher« der englischen Fabrikinspektoren studiert hatte. Friedenthal arbeitete jetzt an einer Geschichte der Fotografie und der Reproduktionsverfahren, ein Thema, auf das er durch seine Zusammenarbeit mit dem Kunsthistoriker Richard Hamann gekommen war. Vergebens bemühte er sich jedoch, für dieses Projekt einen festen Auftrag oder eine Anstellung im englischen Verlagswesen zu bekommen. Der Verlag Cassel, bekannt durch seine

Wörterbücher, hatte ihm dabei »gewisse Aussichten« gemacht; einen festen Vertrag und eine finanzielle Unterstützung während seiner Arbeit hatte Friedenthal damit allerdings nicht.[7] Dann brach ohnehin der Krieg aus und machte den Plan zunichte. Neben seiner Arbeit an diesem Projekt erledigte er kleinere Gelegenheitsarbeiten für einen Musikantiquar und für einen englischen Schriftsteller. Wovon er damals eigentlich gelebt hatte, ist ihm im Rückblick jedenfalls nicht ganz klar.

Am 1. September 1939 brach der Zweite Weltkrieg aus; die deutsche Wehrmacht war in Polen eingefallen. Friedenthal berichtet in seinem Kriegstagebuch 1939:

> »Am 1. September morgens sagte unsere Aufwartefrau, die blutjunge Mrs. O'Brien, beim Aufräumen: ›Es ist Krieg. Ich zittere noch am ganzen Leibe.‹ Ich zweifele noch. Nein; die Deutschen marschieren. Am frühen Morgen haben sie losgeschlagen. Das Radio hat es durchgesagt. Ich beruhige sie; vielleicht renkt sich doch noch alles ein. [...] Ich versuche, meine Empfindungen zu meistern. Von irgendeiner Freude oder Erregung keine Spur, obwohl dieser Tag doch auch für mein Leben wieder eine empfindliche Wandlung bedeutet. Ich bin so kalt wie die ganze Stimmung hier im Lande ist, wo niemand Lust hat, die Waffe in die Hand zu nehmen oder Uniform zu tragen, aber wo doch eine gefährliche und uniforme Entschlossenheit herrscht, nun ›damit Schluß‹ zu machen.« (DLA)

Über das, was in seiner Heimat, in Deutschland geschehen wird, macht sich Friedenthal in diesem Augenblick genauso wenig Illusionen wie über seine eigene Zukunft. Er sieht sofort Parallelen zum Ersten Weltkrieg und prophezeit: »Sie werden neue Siege erringen, neue Kriegshelden werden entstehen oder geschaffen werden, neue Legenden die Hirne umnebeln. Eine weitere Generation von Frontsoldaten, mit allem Stolz auf gemeinsames Erlebnis, erlittene Wunden, auf Orden und Schlachtbezeichnungen.« (DLA) Sein Jahrgang werde dabei alt. Er sei jetzt 43. Zwei, vielleicht drei, vielleicht wieder vier Jahre oder länger werde es dauern. Er sei dann schon um die 50 herum, wenn er nach Hause komme. Wie lange werde es dauern, bis man auf dem verwüsteten Boden, der erst entgast und entgiftet werden müsse, wieder wird säen oder bauen können? Wird er überhaupt die Menschen, von denen ihn ein so ungeheures Erlebnis trennt, noch verstehen? Aus Friedenthals Worten spricht die berechtigte Furcht der Emigranten, die sich nach 1945 durchaus bewahrheiten sollte. Nein, er macht sich durchaus keine Illusionen:

> »Wird man nicht, wie fast immer in der Geschichte, der Emigrant sein, der in einer vergangenen Epoche lebt und überholt oder lächerlich wirkt? Und soll man seine letzten kräftigen Jahre darangeben, um den Augiasstall auszumisten, der vielleicht ein Sisyphusstall ist? Nur Narren, die ja unter den *refugees* zahlreich sind, träumen davon, dort wieder anzuknüpfen, wo sie 1933 aufgehört haben. Mir graust schon jetzt vor den unbelehrbaren Geistern, die dann dem deutschen Volke ihre ›Rechnung präsentieren‹ wollen, und die man wahrscheinlich als alte Esel und Querulanten bei Seite schubst.« (DLA)

Friedenthal sieht sich als Teil eines »geopferten Geschlechts«, aber er ist stolz darauf, ein Teil davon zu sein. Er hat weiterhin den zähen Willen, nun doch und nun gerade die Leistung zu erbringen, die er sich vorgenommen hat, obwohl man sich von den äußeren Lebensumständen leider nicht frei machen kann. Er weiß nicht, was ihn genau erwartet, sieht aber voraus, dass es in England zur Internierung aller Ausländer kommen wird, vielleicht auf der Isle of Man, wo es bereits im Ersten Weltkrieg Internierungslager gab.[8] Während des ganzen folgenden Jahres führt er ein umfangreiches »Kriegstagebuch«, in dem er seine Reaktionen auf die politischen und militärischen Ereignisse festhält. Am folgenden Tag, dem 2. September, erhält das Haus, in dem er wohnt, zwölf Mann Einquartierung: die Bedienungsmannschaft eines Sperrballons. Am selben Tag schreibt er an das so genannte *Home Office* und stellt sich zur Verfügung. Von einer Internierung der Ausländer ist zunächst noch nicht die Rede. Doch werden die Flüchtlinge aus Deutschland, mit Ausnahme derer, die schon die britische Staatsbürgerschaft erworben haben, sofort als so genannte *enemy aliens* (feindliche Ausländer) eingestuft. Sie dürfen keine Landkarten besitzen und sogar solche aus alten Reiseführern müssen sie abgeben. Friedenthal notiert am 4. September in seinem Tagebuch, sie hätten sich bei der Polizei zu melden und würden dann in der Bewegungsfreiheit auf einen Umkreis von fünf Meilen beschränkt, für dessen Überschreitung man eine besondere Erlaubnis brauche.

Das Anstehen zur polizeilichen Meldung werde allerdings eine Weile dauern, denn in Hampstead alleine, neben Chelsea und Kensington dem Zentrum der deutschen Emigration im Nordwesten Londons, wo er wohnt, wären etwa 3000 *Refugees*, zu deren Abfertigung vier oder fünf Beamte da wären ... (DLA)

Lange sollte diese großzügige, lässige Behandlung der Ausländer allerdings nicht andauern. Alle Emigranten wurden vor ein Ausländer-Tribunal *(Aliens Tribunal)* geladen, das zu untersuchen hatte, ob sie echte Flüchtlinge waren oder nicht. Sie wurden dazu in drei Kategorien eingeteilt. Wer zur Kategorie A gezählt wurde, galt als nicht zuverlässig oder sogar ausgesprochen verdächtig und wurde sofort interniert; etwa 600 Personen waren davon betroffen. Kategorie B, fast 7000, »bleibt als feindlicher Ausländer unter Aufenthaltsbeschränkung und anderen Restriktionen« (Kriegstagebuch vom 1. November 1939; DLA), etwa verschärfter Meldepflicht, und unter C wurden die tadellos nachweisbaren Nazi-Flüchtlinge und -Verfolgten zusammengefasst (*Refugees from Nazi oppression*), die allerdings auch verschiedenen Beschränkungen unterlagen. Mitglieder dieser Kategorie mussten Fotoapparat und Rundfunkgerät abgeben und brauchten eine polizeiliche Erlaubnis zur Änderung ihres Wohnsitzes, für Reisen, den Besitz eines Fahrrades usw. Die große Mehrzahl der Emigranten, über 64 000 von insgesamt 71 600, wurden dieser Kategorie zugeordnet.[9] Friedenthal hatte zunächst Glück:

> »Ein älterer, gemessen-wohlwollender Richter. Fragen: weshalb ich Deutschland verlassen [habe]? – Weil meine Tätigkeit als Schriftsteller mir unmöglich gemacht wurde; man verbot meine Bücher, entließ mich aus meiner Stellung in einem Verlag. – Sie haben gegen die Nazis geschrieben? – Nein; das kann ich nicht sagen. Ich war nicht politisch eingestellt. – Ihre Abstammung war der Grund? – Ja. – Fragen, wovon ich lebe. Woher das Geld kommt. – Aus Holland, von einem Freund, dem ich es schon vor Jahren gab. – Sie sahen also diese Entwicklung voraus? – Auch das könnte ich nicht sagen. – Es war in den ersten Jahren des Naziregimes.

Ich bekomme das C. Freigesprochen. Der Richter teilt es mir mit gemessen freundlicher Betonung mit.« (Kriegstagebuch vom 1. November 1939; DLA)

Stefan Zweig: Freundschaft und Freundesdienst

Aufgrund seines »Freispruchs« erlebte Friedenthal noch ein paar angenehme Wochen mit Stefan Zweig in dessen Haus in Bath, Lyncombe Hill, im Osten Englands, nicht weit von Bristol, das Zweig im Juli 1939 bezogen hatte. Bath war ursprünglich von den Römern gegründet worden und man konnte dort immer noch in einem alten, römischen Bad baden. Zweig schätzte den Ort, weil ihn die kleinstädtische, ruhige Atmosphäre der Stadt, im Gegensatz zum unpersönlichen London, an Salzburg erinnerte.

> »Er hatte dort zum erstenmal wieder das Gefühl, dass die Leute ihn kannten, dass man ihn gruesste, ihm die Sachen ohne weitere Adressenangabe zuschickte, und was so der kleinen Zeichen mehr sind. Merkwuerdigerweise brauchte er das. Er fuehlte sich in London sehr als nur eine anonyme Ziffer in dem Riesengetriebe.«[10]

Zweig schätzte nach Kriegsbeginn die militärische Lage ausgesprochen pessimistisch ein. Kurz vor der Niederlage Frankreichs war er noch zu Vorträgen im Rundfunk in Paris eingeladen worden. In langen Gesprächen diskutierte er mit Friedenthal die Lage und er suchte von ihm als immerhin militärisch etwas Erfahrenem Aufklärung über die alliierten Aussichten zu bekommen:

> »Als ich die Stärke der französischen Armee, wie wohl so jeder damals, recht hoch ansetzte, schüttelte er den Kopf und rang mit einer charakteristischen Bewegung die linke Hand mit der Rechten über dem Gelenk: ›Ich habe die eingezogenen Reservisten auf dem Bahnhof gesehen. Ich sage Ihnen: das sind keine Soldaten, die kämpfen.‹« (*»... und unversehens ist es Abend«*, 55)

Zweig sollte Recht behalten. Er war zu einer neuen Vortragsreise nach Amerika eingeladen worden, die er mit seiner zweiten Frau Lotte, geb. Altmann antrat. Friedenthal sollte ihn nicht wiedersehen, denn am 23. Februar 1942, nach dem Fall von Singapur, beging er gemeinsam mit seiner Frau im brasilianischen Exil in Petropolis bei Rio de Janeiro Selbstmord. Kurz nach Zweigs Tod setzte ihm Friedenthal mit seinem Gedicht »Epistel an einen toten Freund« ein literarisches Denkmal. Die ersten Verse lauten:

»Der letzte Brief, der dich nicht mehr erreicht,
Mein Freund, der rasch die scharfe Droge nahm,
Vom Ekel überwältigt, tödlich müde
Der Welt der Kriege, und im Herzen alt.
Wie jung bist du mit deinen sechzig Jahren:
Kaum grau, die Haut gespannt und ohne Furchen,
Der Körper kräftig und gelenk im Schritt,
Die Augen hell und allen Dingen offen.
Nun öffnest du sie überweit, wie träumend,
Und hebst die schlanken Finger ungeduldig
Nach jener Lösung wie nach einer Feder
Und streichst dein Leben aus mit einem Strich.
Wie alt bist du nach diesem einen Worte!
Uralt und weiser als du je gewesen.«[11]

Noch Anfang 1952 sollte er anlässlich des 70. Geburtstages des Verstorbenen in Frankfurt a.M. im Rahmen von Abendveranstaltungen des S. Fischer Verlags und etwas später in Wien vor den Mitgliedern des österreichischen PEN-Clubs »Worte der Erinnerung« sprechen.[12]

Mit Manfred und Hannah Altmann, dem Bruder Lottes und seiner Frau, blieb Friedenthal nach Zweigs Tod jahrelang befreundet, bis beide 1954 bei einem Autounfall umkamen. Zeitweilig wohnte Friedenthal dann auch bei ihnen in Zweigs Haus in Bath, wenn es darum ging, die Manuskripte des Freundes zu ordnen und für die Veröffentlichung vorzubereiten. Diese Freundschaft setzte sich mit ihrer einzigen Tochter Eva Alberman[13] und ihrem Mann fort.

Es ist keine Frage, dass sich der klare, um nicht zu sagen nüchterne Stil Friedenthals vom emotionalen, adjektivreichen, psychologisierenden Stil Zweigs stark unterscheidet. So bestand zwischen beiden vielleicht nicht so sehr eine Wahlverwandtschaft der Herzen, sondern eher des Geistes. Zu Zweigs Stil im Vergleich zu seinem eigenen äußerte sich Friedenthal einmal in einem Brief an Willy Haas vom 2. Dezember 1956, in dem er den Verstorbenen gegen einen Gedenkartikel in Schutz nahm, den Haas veröffentlicht hatte. Er fühle sich nicht als »Offizial-Verteidiger« Zweigs, obwohl er gerade damit be-

Richard Friedenthal und Willy Haas im Gespräch.
© Foto Schmidt-Luchs, Hamburg.

schäftigt sei, dessen »offizielle« oder wenigstens autorisierte Biographie zu schreiben,[14] und er fährt fort:

»Ich stand und stehe seinem Werk durchaus kritisch gegenüber. Sein Stil lag mir wenig, und ich habe ihm im Laufe unserer Korrespondenz oft nahegelegt, doch etwas weniger blumig zu sein. Die Muster des Jugendstils scheinen immer wieder bei ihm durch. Auch Kippenberg, mit dem ich noch kurz vor seinem Tode bei meinem Besuch in

Marburg darüber sprach, sagte mir, dass er ihn oft ermahnt habe, seinen Stil doch ein wenig zu ›enthitzen‹. Aber da blieb er taub. Sein Erfolg beim Publikum gab ihm recht. Die Wirkung beruhte – neben seinen unbezweifelhaften Qualitäten, die ich ganz wie Sie hoch einschätze – gerade auf diesem erhitzten und überhitzten Stil.« (DLA)

Im Folgenden verteidigt er Zweigs Selbstmord. Zweig sei schwach gewesen, aber sein Selbstmord sei aus der Situation heraus durchaus verständlich.

Ein Zweig-Epigone war Friedenthal zweifellos nicht,[15] doch haben beide vieles gemeinsam: beide schrieben Novellen, beide schrieben Biographien und Essays über historische Gestalten, wenn auch unterschiedlicher Art. Darüber hinaus ist zu vermuten, dass durch den jahrelangen Umgang und die Freundschaft mit Zweig Friedenthals Lust, sich auch an Biographien zu versuchen, wuchs, und zwar nicht zuletzt dadurch, dass er durch viele Jahre hindurch Manuskripte aus dem Nachlass Stefan Zweigs, den die Familie Altmann als Zweigs Erben ihm anvertraut hatte, herausgab.

Friedenthals Dienst als Verwalter des literarischen Nachlasses Zweigs ist als eine Fortsetzung der Freundschaft mit dem Verstorbenen zu sehen. Die zeitraubende Aufgabe, diesen umfangreichen Nachlass zu sichten und zu edieren, war aufopfernd insofern, als seine eigene schöpferische Tätigkeit dadurch immer wieder aufgeschoben und in den Hintergrund gedrängt wurde. Die ersten Werke Zweigs aus dem Nachlass erschienen bei Bermann-Fischer in Stockholm und erst von 1960 an bei S. Fischer in Frankfurt: *Balzac* (Stockholm: Bermann-Fischer 1946), *Zeit und Welt. Gesammelte Aufsätze und Vorträge 1904-1940* (Stockholm: Bermann-Fischer 1946), *Europäisches Erbe* (Frankfurt a.M.: S. Fischer 1960), *Die Dramen* (Frankfurt a.M.: S. Fischer 1964), *Die Gedichte* (Frankfurt a.M.: S. Fischer 1970), *Briefe an Freunde* (Frankfurt a.M.: S. Fischer 1978), *Erstes Erlebnis* (Frankfurt a.M.: S. Fischer 1978). Für den Buchclub Ex Libris in Zürich gab Friedenthal 1966 die *Novellen der Leidenschaft* heraus.

Das größte Projekt darunter, das ihn viele Jahre lang in Anspruch nahm, war die Herausgabe von Zweigs großer Balzac-Biographie, »um die Stefan Zweig am längsten gerungen, auf deren Gelingen er am inständigsten als auf die Krönung seines Werkes und sein Eigentlichstes gehofft hat.«[16] Dabei hatte Friedenthal schon vorher an der Entstehung des Buches seinen Anteil, denn er hatte Zweig noch zu dessen Lebzeiten Material dazu verschafft und ihm einen Teil seiner Notizen in Abschrift nach Brasilien geschickt. Diese Sendung hat Zweig allerdings nicht mehr erreicht: Sie kam mit dem postalischen Vermerk, der Empfänger sei verstorben, ungeöffnet zurück,[17] nachdem sie erst eine Woche nach seinem Tod in Petropolis eingetroffen war. Im Exil standen Zweig weder alle Manuskriptteile noch entsprechende Bibliotheken zur Verfügung, um gezielt daran weiterarbeiten zu können. Er hat wohl auch nicht mehr viel daran gearbeitet, denn

> »die Kopie eines Teiles des Manuskriptes, die er sich mitgenommen hatte, wurde unberührt vorgefunden, als die beiden mit der Ordnung der in Petropolis verbliebenen Papiere betrauten Herren [...] seinen Schreibtisch durchsahen. Er war bereits zu müde und glaubte, ohne das in London und Bath zurückgelassene Material und seine Handexemplare das Werk nicht abschließen zu können.«[18]

Als Friedenthal sich das vorhandene Material ansah, hatte er zunächst die Befürchtung, dass er nur ein Fragment vorfinden würde. »Das war aber nicht der Fall. Das Buch war fertig – nicht in allen Kapiteln, und nicht immer in der endgültigen Fassung, aber doch in allen wesentlichen Teilen.«[19] Es ist nicht festzustellen, inwieweit er mit dieser Bemerkung seine eigene Leistung bescheiden herabsetzen wollte. Denn einerseits war Zweigs Arbeit weit fortgeschritten, andererseits waren die Manuskriptteile ungeordnet, in zahllosen Mappen und Fassungen verstreut und viele Teile existierten nur in Notizen und nicht ausgeführten Entwürfen. Gelegentlich fehlten Seiten oder Einschaltungen, die Friedenthal aus früheren Fassungen und aus dem Handapparat ergänzen konnte, und die letzten Kapitel, die »nur im Rohentwurf vorlagen«, hat er nach Zweigs Skizzen neu geschrieben,[20] insgesamt etwa ein Drittel des Werkes. Es handelte sich bei dieser Arbeit also nicht einfach um die Herausgabe eines fertigen Manuskripts, sondern Friedenthal hat das vorhandene Material genommen und daraus ein vollendetes Buch geschaffen, in dem kaum Nahtstellen und Brüche oder seine eigene Hand sichtbar werden. Nicht zuletzt durch die Arbeit an diesem Buch dürfte er sich seiner eigenen Berufung als Biograph und damit seiner eigenen wirklichen Begabung bewusst gewor-

den sein; die Lust, selbst Biographien zu schreiben, wuchs dadurch und sollte im Alter zu einer Hauptaufgabe werden.
Als er sich mit der Arbeit am *Balzac* beschäftigte, flog ihm 1944 bei einem der letzten deutschen Angriffe mit einer der V-Waffen, der fliegenden Bomben, die ohne Vorwarnung kamen, buchstäblich das Dach vom Kopf und legte die Zimmerdecke bis auf das Strohgeflecht bloß. Am nächsten Morgen musste er das *Balzac*-Manuskript im Garten einsammeln. Im Original verblieben dann noch kleine Glassplitter …
Durch den durch die Editionen aus dem Zweig-Nachlass hergestellten Kontakt mit dem Exilverlag Bermann-Fischer und auch mit der Viking-Press in Amerika wuchs Friedenthal allmählich wieder in die Welt des Buches und des Verlagswesens hinein. Die Arbeiten selbst erledigte er später neben seinem Dienst für die BBC, den er während der Dauer der Luftangriffe meist nachts machte. An diesem damals zwangsläufigen Nachtdienst liegt es vielleicht, dass er auch später hauptsächlich »Nachtarbeiter« blieb.
1948 erging an ihn das Angebot des Verlags Rütten & Loening, die Rolland-Biographie von Zweig abzuschließen. Er ging jedoch nicht darauf ein, denn er hatte »wenig Lust an solchen Flickarbeiten«.[21]
1978 edierte er Zweigs *Briefe an Freunde* (1978), eine Sammlung von Briefen an dessen wichtigste Korrespondenten, u.a. Martin Buber, Hans Carossa, Richard Dehmel, Maxim Gorki, Hermann Hesse, Otto Heuschele, Hugo von Hofmannsthal, Anton und Emil Kippenberg, Klaus Mann, Frans Masereel und Romain Rolland. Glücklicherweise hat Friedenthal auch einige von Zweig an ihn gerichtete Briefe nicht ausgelassen. Jahre vorher hatte er schon seine eigenen Briefpartner um Zweig-Briefe gebeten, Carl Zuckmayer in einem Brief vom 22. März 1968, in dem er schrieb, er hoffe, später einmal würde jemand anders Zweigs große Korrespondenzen mit Emile Verhaeren, Rolland usw. publizieren. Er möchte jetzt jedoch Zweigs Briefe an Freunde zusammenstellen, »gleichaltrige und jüngere, und möglichst nur solche, die wirklich etwas aussagen. Also weniger die ›grossen Namen‹, an denen es gewiss nicht fehlt, oder die *noch nicht* grossen Namen. Also der Förderer Zweig, der unermüdliche Protektor, der sich herzlich-neidlos Mit-Freuende (nahezu ein Unikum in der neueren Literatur).« (DLA) Da die seit 1995 im S. Fischer Ver-

lag erscheinende neue Ausgabe der Briefe Zweigs bisher nur unvollständig vorliegt, ist diese Auswahl Friedenthals heute immer noch eine wichtige Quelle für die Zweig-Forschung.

»His Majesty's Most Loyal Internees«

An seinem Geburtstag am 9. Juni 1940 zog Friedenthal eine Art Bilanz seines Lebens; angesichts seiner Situation ist er verständlicherweise bitter:

> »So bin ich nun glücklich 44 Jahre alt. Wie betagt wäre ich mir früher damit vorgekommen. Dabei hat mein Leben eigentlich noch gar nicht recht angefangen. Kaiser Wilhelm hat mich um meine Jünglingsjahre gebracht; Hitler stiehlt mir nun meine besten Mannesjahre. Gott mag wissen, wer mich um mein Alter prellt. Ich dachte daran, meine Erinnerungen aufzuzeichnen: meine beiden Leben, das gelebte und das ungelebte.« (Tagebuch vom 9. Juni 1940; DLA)

Und er listet auf, was er im vergangenen Jahr alles geschrieben hat, die einzelnen Novellen und Gedichte sowie eine im Januar 1940 gemeinsam mit Zweig erstellte Übersetzung von Irwin Edmans *Ein Schimmer Licht im Dunkel* (Stockholm: Bermann-Fischer 1940; Schriftenreihe »Ausblicke«), an dem sie sinnigerweise meist an den langen Abenden der Verdunkelung gearbeitet hatten: »Das erste Buch seit 1932, das meinen Namen auf dem Umschlag trägt. Die ganze Auflage ist in Holland von den Nazis beschlagnahmt worden; wir bekamen gerade einen Tag vor Kriegsausbruch ein paar Belegexemplare.« (Tagebuch vom 9. Juni 1940; DLA) Die gesamte Auflage dürften die Nazis allerdings nicht erwischt haben, denn immerhin sind auch heute noch mehrere Exemplare antiquarisch erhältlich.
Dennoch ist die bittere Bemerkung Friedenthals eine Art Aufschrei des Emigranten, der so mit dem Überleben beschäftigt ist, dass er rund 20 Jahre lang kein größeres eigenes Werk veröffentlichen kann! Es ist schwer auszudenken, was er in diesen Jahren geschrieben hätte, wenn er dieselbe Zeit und Muße hätte aufbringen können wie in seinem Alter.
An seinem Geburtstag am 9. Juni 1940, nachdem Belgien, die Nieder-

lande und Frankreich kapituliert hatten und die Deutschen in Paris einmarschiert waren, hatte die Internierung von Deutschen der Kategorien A und B in England bereits begonnen, ein Grund mehr für Friedenthals deprimierte Stimmung; die Masseninternierung von Kategorie C begann am 24. Juni.[22] Die britische öffentliche Meinung den Flüchtlingen gegenüber war im Laufe des Juni völlig umgeschlagen. Man schrieb den schnellen Zusammenbruch der britischen Verbündeten der angeblichen Tätigkeit einer »Fünften Kolonne« im Lande zu, die den deutschen Angreifern zu Hilfe gekommen sein sollte, und fürchtete das Gleiche im Falle einer deutschen Invasion in England. »Derartige Gerüchte fanden ihre Bestätigung in einem Memorandum des britischen Gesandten im Haag, das die Tätigkeit einer ›Fünften Kolonne‹ in Holland erwähnte und sich für die Internierung aller Deutschen und Österreicher aussprach. Eine Welle der Ausländerfeindschaft verbreitete sich in Großbritannien, die von der Presse noch verstärkt wurde.«[23] Eine nennenswerte profaschistische »Fünfte Kolonne« gab es in England wie auch in anderen Ländern nicht, so dass »als Gründe für die Internierung und Deportationen doch Unsicherheit, Ineffektivität und ein gewisses Maß an Ausländerfeindlichkeit« angenommen werden müssen.[24]

Invasionsangst und Spionagepsychose beherrschten die öffentliche Meinung und schließlich auch die Regierungspolitik. Folglich wurden im Juni/Juli 1940 alle Deutschen zwischen 16 und 70 Jahren, gleich welcher Kategorie, ob Flüchtlinge aus dem Dritten Reich oder vom Krieg in England überraschte Hitleranhänger, interniert, mit Ausnahme von Kranken und Invaliden sowie Frauen der Kategorie C. Binnen weniger Tage wurden die meisten »feindlichen Ausländer« festgenommen, indem die Polizei sie in den frühen Morgenstunden von zu Hause abholte, manche sogar an ihrer Arbeitsstelle. Einige versuchten, ihre Internierung hinauszuzögern oder zu umgehen, indem sie ihre Wohnung schon in aller Frühe verließen und erst gegen Abend zurückkehrten. Aber bald machte die Polizei ihre Runde auch durch die Parks und besuchte die Stadtbibliotheken, in denen sich manche Emigranten tagsüber aufhielten.[25] Insgesamt internierte man etwa 30 000 Menschen und etwa 4200 wurden nach Kanada und Australien verschifft. Dabei wurde eins dieser Schiffe, die *Arandora Star*,

von einem deutschen U-Boot, unter dem Kommando des deutschen U-Boot-Helden Kapitänleutnant Günther Prien, versenkt, wobei etwa 700 Internierte umkamen.
Mit der Internierung hatte sich die »absurde Situation [ergeben], daß die Opfer der Verfolgung in den Ländern, in denen sie Asyl gefunden hatten, bei Kriegsbeginn inhaftiert und als ›*enemy aliens*‹ ihren Verfolgern gleichgesetzt wurden, [...].«[26] Der ebenfalls in England exilierte Lyriker Max Herrmann-Neisse, der allerdings selbst nicht interniert wurde, hat diese Problematik in seinem Gedicht »Wie lange noch?« beschrieben:

»Als hätte ich mich frevelhaft vergangen,
bin, ohne Schuld, ich peinlich in Verdacht,
vielleicht im nächsten Augenblick gefangen
und um den Schein an Freiheit noch gebracht,
der Freiheit, derentwegen ich entsagte
und mich der heimatlichen Hut entschlug,
die Flucht in das mir Unbekannte wagte,
der Fremde Unzulänglichkeit ertrug,
um hier nun, in der Freiheit Mutterlande,
in dem ich mich in Freundesland gemeint,
zu meiner und der ganzen Menschheit Schande
mißtrauisch gleichgesetzt zu sein dem Feind!«[27]

Auch Friedenthal wurde interniert, und zwar »anfangs im offenen Zeltlager in Shropshire, dann auf der Ilse of Man in einem durch Stacheldraht abgegrenzten Häuserblock, jeweils 30-40 Mann in einem Haus«. (*»... und unversehens ist es Abend«*, 54) Am 15. Juli 1940 wurde er um halb sieben morgens von der Polizei abgeholt. Vorherige Benachrichtigungen erfolgten bei diesen Festnahmen nicht oder nur in Ausnahmefällen. Friedenthal wurde jedenfalls nicht im voraus benachrichtigt. »›Ich gebe Ihnen‹ – Blick auf die Uhr – ›eine Stunde Zeit zum Packen. Um – 8 Uhr werden Sie abgeholt.‹ Zum Abholen erscheint die ›Black Maria‹, das Gegenstück zur ›Grünen Minna‹. Mir persönlich ist das gleichgültig, [...].« (Tagebuch vom 15. Juli 1940; DLA) Andere Unglückliche wurden ebenfalls aufgesammelt und dann ging es zunächst zur Polizeistation und später in Autobussen zum Rennplatz Kempton Park im Süden von London. »Am Eingang standen Posten der Buckingham Guards mit aufgepflanztem Bajonett. Der ganze Gebäudekomplex war mit Stacheldraht eingezäunt; in gewissen Abständen erhoben sich hölzerne Wachtürme.«[28] Wie Friedenthal weiter berichtet, waren in einer riesigen Halle lange Tische aufgestellt. Dort wurde zunächst das Gepäck inspiziert, wurden Rasierklingen, Taschenmesser, Scheren, Essbestecke, Schreibpapier aller Art, Zeitungen und Zeitschriften beschlagnahmt. Offiziere und Beamte der Kriminalpolizei kontrollierten Pässe und Personalpapiere und behielten sie ein. Jeder Häftling erhielt stattdessen einen fingerbreiten Streifen Durchschlagpapier, auf dem seine Gefangenennummer mit Schreibmaschinenschrift verzeichnet stand. Ferner erhielt jeder zwei Decken ausgehändigt. In den Hallen mit den Wettschaltern mussten dann alle auf dem Fußboden übernachten, zu Tausenden. Am Montag, den 22. Juni fuhr man aus Kempton Park ab. Die Strecke zum Bahnhof war sorgfältig von den Grenadier Guards bewacht, die im Abstand von 20 Schritten mit aufgepflanztem Bajonett ein Spalier bildeten. Mit dem Zug ging es nach Whitchurch, Salop in Shropshire, wo man auf dem kleinen Provinzbahnhof mit Gebäuden aus grauem Granit ausstieg. Anschließend wurden die Häftlinge auf dem Dorfplatz zusammengetrieben und auf offene Lastwagen mit khakifarbenem Anstrich und in einige Omnibusse verladen. Auf diese Weise kam man zum Lager, dem Prees Heath Internment Camp:

> »Eine freie Heide mit Zelten. Hohe Pfosten, am Kopf mit einer Art Galgen, straff gespannter Stacheldraht in zwei Reihen, zwischen denen die Posten patrouillieren. Einige Wellblechbuden für die Küche, eine offene Wasserleitung zum Waschen, eine lange Reihe von offenen Latrinen, in denen man wie beim Militaer sich traulich unterhalten kann. Zum Essen einige groessere Zelte. Zwei aeltere Compagnien sind bereits seit einigen Wochen hier. Sie sind durch eigene Zwischenzäune von uns getrennt. In der Abendsonne stehen die aelteren Gefangenen dicht gedraengt an dem Stacheldrahtzaun. [...] Das Ganze macht voellig den Eindruck einer Strafgefangenenkolonie irgendwo in Australien oder an der Goldkueste.« (DLA)

Man muss sich hier noch einmal einer Gesundheitskontrolle unterziehen. Ein neuer Transport von Häftlingen trifft ein, ein Siebzigjähriger weint. Die Stimmung der Internierten ist rebellisch. Man hört Ausrufe, wie »Schweinerei« oder; »Das ist doch eine Schande, diese alten Leute.« Oder, ironisch: »Die letzte Zitadelle der Freiheit.« (DLA) Insgesamt gibt es in Prees Heath rund 1200 Internierte. Je acht Mann schlafen in einem der zahlreichen Zelte, die stramm ausgerichtet ziemlich eng aneinander in geraden Reihen aufgeschlagen stehen. Sie sind gelb; manche sind mit etwas Farbe getarnt, das ist der einzige Schutz gegen Luftangriffe. Geschlafen wird auf der blanken Erde. Ein Militärcape dient als Unterlage, darüber liegt ein Strohsack, der allerdings noch nicht gefüllt ist, da nicht ausreichend Stroh vorhanden ist. Es gibt immerhin drei Decken pro Mann, aber keiner ist auf ein derartiges Leben vorbereitet. Die meisten haben noch ihren Londoner Straßenanzug an, haben dünne Schuhe und einen Stadtkoffer, gerade so, wie man sie aus ihren Wohnungen abgeholt hat. Friedenthal hat Glück: er hat einen Reisesack und eine Manchesterjacke und ist damit weitaus am zweckmäßigsten ausgerüstet. Das Schlafen ist aber auch für ihn nicht einfach, weil die Wachposten, die in bestimmten Abständen zwischen den Drahtzäunen postiert sind, mit lauter Stimme das »Alles in Ordnung« und ihre Nummer an den jeweils nächsten weitergeben. »Wie eine Kette mit klappernden Eimern lief dieses Rufen um das ganze Lager.«[29] Morgens um 7.15 Uhr müssen alle zum Appell (*roll-call*) antreten. Viele kommen in Schlafanzug und Pantoffeln, mit Decken um die Schultern. Das Essen ist eintönig: Hering, Hering, Hering. Die Internierten haben fast immer Hunger. Friedenthal klagt in Briefen darüber und bittet wiederholt um die Zusendung von Nahrungsmitteln (so im Brief an Miette Dernbach vom 16. August 1940; DLA), denn in der Kantine des Lagers gibt es nichts als gelbe und blaue Bakelitbecher, Zahnpasta, Schuhcreme und Schnürsenkel. Abends sitzen die Internierten im Zelt zusammen und stellen sich ungeheure Phantasiedinners zusammen, bei denen einer den anderen an Raffinesse überbietet. Es bleibt beim Träumen. Auch die Narben von Friedenthals alter Kriegsverwundung an der Schulter beginnen wieder zu schmerzen.

Miette Dernbach,[30] die Friedenthal aus seiner Berliner Zeit gut kannte, war während dieser Internierungszeit seine Hauptkorrespondentin. Sie war anfänglich die einzige in London, mit der er geradezu familiäre Beziehungen unterhielt. Am 16. August schrieb er ihr, er sei nun bereits so geschickt als Tellerwäscher, dass er sofort das übliche Millionärsleben in Amerika beginnen könne, aber dabei gebe es ein furchtbares Hindernis zu überwinden: Alle seine Papiere, Dokumente, Pässe, Adressbücher, die man ihm im ersten Aufnahmelager abgenommen habe, seien verloren gegangen oder zumindest nicht auffindbar. Er könne nicht an seine Freunde in Amerika schreiben, obwohl diese bereits eine Vortragsreise für ihn vorbereitet hätten, und dies sei vielleicht die einzige Möglichkeit, um herauszukommen. Der Verlust der Papiere betreffe den größten Teil der Internierten, viele seien deshalb verzweifelt. (DLA)

Die Stellung der Internierten empfand auch Friedenthal, ähnlich wie Max Herrmann-Neisse, als kurios. Von Deutschland abgetrennt, ausgeschieden, in seinem Falle freiwillig gegangen, sind sie nun plötzlich Gefangene, weil sie Deutsche sind. Dabei können sie in keiner Hinsicht auf Schutz oder Unterstützung seitens der deutschen Behörden rechnen und wollen mit ihnen auch absolut nichts zu tun haben. Friedenthal sah da einen enormen Unterschied zu den echten Kriegsgefangenen oder auch zu den Zivilinternierten des Ersten Weltkrieges, die sich doch immerhin des Schutzes ihrer Regierung erfreut hätten, die sich beschweren, appellieren konnten und außerdem wussten, wo sie nach dem Kriege hingehörten, ganz gleich wie dieser ausging:

> »Wir sind in einem Niemandsland, voellig ohne jede Protektion; nicht einmal der Voelkerbund, der doch noch fuer die russischen *Refugees* das Nansen-Komitee zustandebrachte, kuemmert sich um uns. Ein paar hilflose Komitees, die noch dazu ungeschickt und oft liederlich arbeiten, das ist alles. […] Und die grosse, gewaltige Indolenz aller oeffentlichen Instanzen, denen man es nur zugute halten kann, dass sie ihren eignen Leuten gegenueber kaum verstaendnisvoller sein moegen.« (DLA)

Eine maßlose Wut packte ihn manchmal, dass ihm durch die Internierung nun wieder einmal ein Jahr aus seinem Leben gestohlen wurde. Wie viel Zeit hatte er überhaupt in seinem Leben gehabt, wo er einmal sorglos tanzen gehen konnte, war doch auch der kurze Vergnügungstaumel nach dem Ersten Weltkrieg nicht sorglos und frei gewesen, sondern von der Niederlage und dem Vermögensverlust durch die Inflation überschattet. 1932 warf schon die Nazizeit ihre Schatten voraus und in den vergangenen beiden Jahren in London war auch an Tanzen nicht zu denken gewesen. Andererseits meinte er, es läge wirklich eine ausgleichende Gerechtigkeit darin,

> »dass all diese satten Spiesser, die uns in die Kriege schicken, die uns durch Inflationen und Deflationen jagen, und die uns jetzt wieder einsperren, doch gegen ihren Willen an unserer Vervollkommnung arbeiten müssen. Ich möchte diese Gefangenenzeit nicht missen. Sie ist ein wichtiges Stück Erleben meiner Generation, und ich waere aermer, wenn ich stattdessen in London herumgelaufen waere und nicht dabeigewesen waere. Und das gleiche gilt fuer jeden von uns, nicht nur fuer den Schriftsteller, der ja immer unter dem Verdacht steht, aus jedem Erlebnis Honig fuer seinen Bienenstock zu saugen und ›ein Buch daraus zu machen‹. […]; es werden unendlich viele Kurse abgehalten, und das Ganze ist ein einziger grosser Kursus in Lebenskunst und Lebensphilosophie.« (Tagebuch vom 2. September 1940; DLA)

Aber dieser Kursus dauert ihm nun schon etwas reichlich lange. Der Kursus sei nicht etwa eine »harte Jugend«, durch die man sich zu einer besseren Existenz durchkämpfen müsse, sondern allgemach das Leben selbst geworden. Man sehe kaum mehr, wann man denn dazu kommen werde, all diese angesammelte Weisheit einmal anzuwenden.

Inzwischen ist es September geworden und Friedenthal ist, zusammen mit über tausend Leidensgenossen, in das Hutchinson Camp auf der Isle of Man gebracht worden. Es ist eine karge Insel, durch die sich in ganzer Länge ein hoher Bergrücken zieht, dessen Abhänge ohne Bäume und Gesträuch sind. Ansonsten besteht der Boden meist aus Torf, Moor und Heide. Vom Heidelager des Prees Heath Internment Camp sind die Internierten, wieder mit dem Zug, von Shrewsbury zum Badeort Blackpool befördert und von dort auf ein Schiff gebracht worden, das sie aus Angst vor deutschen U-Booten und Streuminen im Zickzackkurs in ein paar Stunden zur Isle of Man bringt. In dem kleinen Hafen von Douglas, der Friedenthal ein wenig an Ischia erinnert, kommt man an. Auf dem Quai warten bereits einige Autobusse. Auf den Gängen im Schiff herrscht ein wildes Gedränge von Freunden und Zeltgruppen aus dem alten Lager, die unbedingt zusammen bleiben wollen. Mit dem Handgepäck unter dem Arm, heißt es antreten und abmarschieren. Der Marsch geht an der Seefront des Kurortes, an grauen, viktorianischen Häusern entlang, Hotels und Pensionen, die von außen alle nach schrecklichen alten Vermieterinnen riechen ... Gut genährte und gut angezogene Polizisten führen den Zug an. Es geht einen Berg hinauf, an hohen Stacheldrahtzäunen vorbei, deren Pfosten mitten in das Straßenpflaster gesetzt sind. Dahinter stehen Gefangene, die den Zug neugierig mustern. Als die Neuankömmlinge um die Ecke biegen, zeigen sich ihnen Holzbaracken, ein hoher Zaun mit stacheldrahtbeschlagenen Türen und ein Sergeant-Major. Ein viereckiger, mit Rasen bedeckter Platz tut sich auf, um den herum an beiden Seiten schmale, gelbe Backsteinhäuser stehen. Es herrscht bereits Dämmerung und die Häftlinge werden hastig verteilt, je zwei oder drei Mann auf ein Haus. Friedenthal kommt mit ein paar Freunden in das Haus Nr. 43. Im Hauseingang brennt ein rotes Licht, auf der Treppe ebenfalls. Man kommt sich – nicht ganz zu Unrecht, wie sich herausstellt – vor, wie in einem ehemaligen Bordell. Trotzdem ist der Komfort unvergleichlich größer als im Zeltlager:

»Wir werden in einer Dachkammer untergebracht. Licht gibt es nicht. Wir schlafen zu zweien in einem mässig breiten Bett. Im Vergleich zu dem Prees Heather's Zelt erscheint uns das alles im Augenblick ganz komfortabel. Eine Kommode ist da! Man kann seine Sachen unterbringen. Haken zum Aufhängen. Richtige Türen mit Griffen! Als Fenster allerdings nur eine Dachluke.

Abendessen gemeinsam im grossen Diningroom, der alle Reize einer drittklassigen Provinzpension entfaltet. Uns erscheint das zauberhaft. Vom Tisch essen, von richtigen Tellern. Es gibt sogar eine Art Hausdienst, der einen bedient.« (Tagebuch vom 28. August 1940; DLA)

Das Lager besteht einfach aus einem Stück der Stadt, aus drei Reihen Häusern, die von den früheren Bewohnern requiriert worden sind. Eine der Häuserreihen liegt direkt an einer Durchgangsstraße, die beiden anderen um den kleinen Platz herum. Es gibt ein Haus, in dem nur Oxford-Professoren wohnen und das deshalb das Professorenhaus heißt. Zwei Häuser sind ausschließlich von orthodoxen Juden bewohnt; Friedenthal schätzt, dass mindestens 80% der Lagerinsassen Juden seien. (DLA)

Die Internierten können in der Sonne auf dem Rasen des Platzes liegen, sie können *Putting* spielen oder um das Viereck laufen. Schlecht behandelt werden sie nicht, aber sie benehmen sich schließlich auch sehr gut, nur zuweilen regen sie sich unnötig auf, was angesichts der Situation kein Wunder ist. Aber sie versuchen, im Lager ein Kulturleben zu organisieren, das vielen der Insassen mehr bietet, als sie es in der Freiheit gewohnt waren. Es wird eine Lageruniversität eingerichtet, in der die zahlreichen Akademiker Vorträge halten – Friedenthal spricht über das Theater Shakespeares – und es gibt eine Theatergruppe, die zwischen Frühjahr und September 1941 eine Bearbeitung von Chestertons *The Man who was Thursday*, Steinbeck's *Of Mice and Men*, Lessings *Nathan der Weise*, Schillers *Räuber*, Galsworthys *The Silver Fox*, Sternheims *Kassette* und Ardreys *Thunder Rock* aufführt.[31] Die Bildhauer und Maler veranstalten eine Ausstellung und am 1. Dezember dürfen die »Honoratioren« des Lagers sogar das Museum von Douglas besuchen. Nachmittags werden auf dem Rasen über alle möglichen Themen Vorträge gehalten, über juristische Themen, über Voltaire und die Mach'sche Philosophie, ja sogar über die Kunst der Kastraten. Der Erzähler Friedenthal beteiligt sich auf seine Weise, lieber im kleinen Kreis, an diesen Versuchen:

> »Auf Hamanns [Bildhauer] Mansardenstube habe ich einen kleinen Kreis eingeladen, um einen Versuch zu machen. Kuenstler sind es meist und ich habe ihnen etwas Kuenstlerisches versprochen, gewissermassen als schriftstellerische oder dichterische Gegengabe zu dem was die Maler und Bildhauer in der Ausstellung gezeigt haben. Sie erwarten sich einen archaeologischen Vortrag ueber Mexiko, oder etwas dergleichen, und ich bin auch bis zum letzten Augenblick nicht ganz darueber im klaren, was ich sagen werde. Aber dann kommt mir der Einfall, ihnen meinen Cortez frei zu erzaehlen.« (Tagebuch 1940; DLA)

Friedenthal erzählt ihnen seinen *Eroberer* an fünf Abenden und wird dadurch im Camp berühmt, denn er war ein brillanter, unterhaltender Erzähler, der voller Anekdoten und unendlich vieler unbekannter historischer Fakten steckte. Aufgrund seiner Vortragskunst wird er schließlich zum beliebten, ermunternden Festredner bei allem möglichen Gelegenheiten und in einem Brief vom 12. Dezember 1940 an Miette Dernbach berichtet er, er sei *Row-Father* und *»a member of the Council of Three and almost a sort of boss among the fellow-internees.«*[32] In seinem Tagebuch klagt er Neujahr 1941 darüber, er käme in dem Lager allmählich in eine ganz oratorische Strähne hinein. Auch schon deshalb werde es Zeit, dass er abfahre. Er könne dort nicht arbeiten:

> »Man kann nicht schreiben, wenn um einen herum geschwatzt und mit Stuehlen und Geschirr gerappelt wird. Man kann auf einem eiskalten Zimmer nicht schreiben; ich versuche es immer wieder und ziehe mich immer wieder mit angefrorenen Fuessen und aufsteigender Wundheit im Hals zurueck, wenn die ersten Schnupfentropfen auf das Papier fallen, als Mahnung, dass es so nicht geht. Widerwaertig ist nur schon die Atmosphaere eines solchen grossen Gemeinschaftsraumes, der staendige Essensdunst, der darin haengt, der staendige Mief von 20 doch mehr oder minder ungepflegten Menschen, und vor allem das unaufhoerliche, wie aus schlecht abgedrehten Wasserhaehnen tropfende Geschwätz.« (DLA)

Die Worte seien immer dieselben, und es sei ein ganz eigenes Vokabularium, das man früher nicht gekannt habe und das man in einigen Jahren wieder völlig vergessen haben werde.

Es waren vor allem zwei Probleme, die die Internierten Tag und Nacht beschäftigten: »die Bemühungen um die eigene Entlassung und die drohende Deportation nach Übersee.«[33] Auch für Friedenthal standen sie im Vordergrund seines Denkens und seiner Anstrengungen. Während dieser Zeit bemühte sich nicht nur seine alte Freundin, die mit einem Amerikaner verheiratete und jetzt in den Vereinigten Staaten lebende Margarete Kaiser darum, für Friedenthal ein Visum und eine Position an einem amerikanischen College zu bekommen, vor allem auch Stefan Zweig setzte sich, leider vergeblich, dafür ein, dass sein Freund ein Visum für ein anderes Land bekam. Er hatte bei seiner Vortragsreise in Buenos Aires ein Gespräch mit dem argentinischen Außenminister gehabt, in dem ihn dieser gefragt hatte, ob er ihm nicht einen Wunsch erfüllen könne. »Ja«, entgegnete Zweig, »geben Sie mir ein Visum für einige Leidensgefährten in Europa.« So wurde auch für Friedenthal ein argentinisches Visum bewilligt und Hannah Altmann, die Schwägerin von Zweigs zweiter Frau Lotte, schickte am 1. November 1940 ein Telegramm an Friedenthal ins Hutchinson Internment Camp: »ZWEIG CABLES ARGENTINE VISA TO LONDON PASSAGE PAID AM[!] NEXT WEEK LONDON HANNA = ALTMANN ++«. Friedenthals Freude war groß, aber es sollten sich alle möglichen tragikomischen Hindernisse ergeben, mit denen nicht zu rechnen war. Am 28. November schrieb Hannah Altmann aus Bath an Friedenthal einen Brief, in dem sie versprach, sich beim argentinischen Konsulat in London nach dem Visum für ihn zu erkundigen. Er solle jedoch nicht ungeduldig sein, denn es sei im Augenblick schwierig, eine Schiffspassage zu buchen, was sie für ihn bereits vergeblich versucht habe. (DLA)

Jetzt begann die Tragikomödie: Der argentinische Konsul in London weigerte sich, das Visum ohne eine persönliche Unterschrift Friedenthals auszuhändigen. Der Kommandant des Internierungslagers, in dem sich Friedenthal befand, gab ihn jedoch hierzu nicht frei; er durfte ihn aus der Umzäunung des Lagers nicht herauslassen, wenn er nicht bereits ein Visum vorweisen konnte … Zweig schrieb dazu am 22. Februar 1941 aus New Haven, Connecticut[34] an Friedenthal, zwei Telegramme, die der argentinische Außenminister zur Erteilung eines Visums für Friedenthal gesandt habe, hätten »durch den Widerstand des Konsuls« keinen Erfolg gehabt.[35] Man schrieb so lange hin und her, »bis der argentinische Beamte, der für die einflußreichen Nazis mehr übrig hatte als für deren hilflose Opfer, mitleidlos eröffnete, das Visum sei zeitlich befristet gewesen und inzwischen abgelaufen. Außerdem hätte seine Heimat bereits einen neuen Außenminister, der solche Angelegenheiten unter anderen Gesichtspunkten betrachte.«[36]

Der immer hilfsbereite Freund Zweig bemühte sich für Friedenthal weiter, konnte aber auch in den USA nichts für ihn ausrichten: »Hier in den Vereinigten Staaten können wir gerade jetzt nichts unternehmen, denn es werden nur im Notfall Visen gegeben für Leute in den von Deutschen besetzten Gebieten, und man muß in diesen Tagen glücklich sein zu wissen, daß England nie zu diesen gehört hat.« Er werde wahrscheinlich nach Südamerika zurückkehren müssen und hoffe dann, in einem anderen Lande mit einem Visum für Friedenthal mehr Glück zu haben. »Es war Pech, daß ich mich ganz sicher fühlte, daß zwei Telegramme des Außenministers genügen würden, und ich sah die ganze Sache schon für gänzlich erledigt an.«[37] Er, Zweig, brauche ihm nicht zu sagen, dass er ihn nicht einen Augenblick vergesse und dass Friedenthal immer auf seine Hilfe zählen könne, im literarischen wie im menschlichen Sinne.

Dass es sich dabei nicht um eine rhetorische Floskel handelt, wird aus einer Anfrage in demselben Brief deutlich, ob Friedenthals Roman schon abgeschlossen sei. Er werde ihm gerne helfen, einen Verleger zu finden. Dabei handelte es sich um einen Roman mit dem Arbeitstitel »Der verkaufte Soldat« (»The Bartered Soldier«), von dem ein Gutteil in Manuskriptform im Nachlass des Autors in Marbach vorhanden ist. Friedenthal wollte darin das Schicksal eines der von ihrem Fürsten nach England verkauften Soldaten im amerikanischen Unabhängigkeitskrieg behandeln. Am 6. September 1940 notiert er in seinem Tagebuch: »Ich versuche, an meinem Bartered Soldier weiterzuschreiben, oder vielmehr das Buch neu zu schreiben, denn ich habe nichts davon mitnehmen koennen. Vielleicht ist es sogar gut, dass ich jetzt gezwungen werde, ganz losgeloest von allem Material das Ganze noch einmal frei zu gestalten.« (DLA) Und so setzt er sich an den Waschtisch des Zimmers, der ihm als Schreibtisch dient. Offensichtlich ging es ohne umfangreiche Quellenstudien leider doch nicht und da er diese in seiner Situation nicht vornehmen konnte, blieb das Manuskript Fragment. Das hinderte Zweig jedoch nicht, ihn in einem Brief vom 19. September aus Petropolis nochmals zu animieren, den Roman fertigzustellen. Friedenthal solle Schluss machen mit dem Lernen; er wisse so viel und vielleicht zu viel. »Geschichte kann man nie genau reproduzieren – wer weiß denn ›die Wahrheit!‹ – wir müssen sie erfinden.«[38] Eine interessante Textstelle, da sie den entscheidenden Unterschied in ihren beiden Naturen aufzeigt, den Unterschied zwischen dem kühn seine Phantasie zu Hilfe nehmenden Biographen Zweig und dem genauen Quellen- und Faktenforscher Friedenthal.

Schon rund einen Monat nach der Internierung, also Anfang August

1940, war die öffentliche Meinung in England zugunsten einer nachsichtigeren Haltung den Flüchtlingen gegenüber umgeschlagen. Zu dieser Meinungsänderung war es gekommen, als Nachrichten über Skandale in der Verwaltung einiger Internierungslager an die Öffentlichkeit drangen. So waren beispielsweise antifaschistische Deutsche gemeinsam mit Nationalsozialisten interniert worden und dabei war es einige Male zu Handgreiflichkeiten gekommen. Ferner erkannte man langsam, »daß die Internierung von Flüchtlingen keinen vernünftigen Zweck verfolgte«.[39] Die meisten Internierten wurden deshalb von Fall zu Fall alle noch einmal überprüft und bereits wieder entlassen, als mit Hitlers Angriff auf die Sowjetunion im Juni 1941 die unmittelbare Invasionsgefahr gebannt war. Bis August 1941 waren jedenfalls 17 745 der Internierten wieder frei und einige der nach Übersee Deportierten durften nach England zurückkehren. Von den echten Flüchtlingen des Dritten Reiches blieb keiner bis zum Ende des Krieges interniert. »Im April 1944 wurden nach offiziellen Angaben nur noch 25 Flüchtlinge als Internierte festgehalten.«[40] Nach einem Dreivierteljahr, am 8. Februar 1941, war auch Friedenthal entlassen worden: der unermüdliche Hermon Ould, »der stille, herbe, unauffällig opferbereite Generalsekretär«[41] des Internationalen PEN, hatte für ihn interveniert. Seine Freunde, die Altmanns, hatten dabei vermittelnd geholfen; so erhielt Friedenthal am 10. Dezember 1940 im Lager ein Telegramm: »=NEED FOR VISA APPLICATION ALL YOUR DATES INCLUDING ARRIVAL ENGLAND WROTE LETTER PEN CLUB FOR RELEASE = ALTMANN + 43 +«. (DLA)[42] Auf ein argentinisches Visum hatte Friedenthal ohnehin keine sehr großen Hoffnungen gesetzt, eher auf den PEN. So schrieb er in einem Brief vom 23. Januar 1941 an Miette Dernbach, seine Angelegenheiten gingen langsam, ganz langsam voran, da das argentinische Konsulat nicht sehr entgegenkommend sei. Der PEN-Club habe für ihn eine neue Eingabe eingereicht und er hoffe, dass er dadurch eher entlassen werde als durch das so sehr erhoffte Visum.[43] Gegen die Bomben in London und den ganzen Krach habe er nichts. Er wolle zumindest auf diese Weise die Last, die das Land trage, mittragen. Am 8. Februar war Friedenthal frei. Die offizielle Entlassungsbegründung hieß: *»Released on point 20 White paper (distinguished writer).«* (DLA)[44]

Mit der Freilassung hatte sich Friedenthals Lebensstil jedoch nicht wesentlich verbessert, denn er musste in das bombenbedrohte London zurückkehren, das mit dem Sommer 1940 zum vorgeschobenen Kampfgebiet geworden war. Hermann Friedmann berichtet über diese Zeit, in der Friedenthal interniert war, im September 1940 habe ein Fliegerangriff auf London den anderen abgelöst. Nach sechs bis sieben Alarmen während des Tages habe beim Eintritt der Dunkelheit dann das eigentliche Bombardement begonnen, das während der ganzen Nacht bis zum Morgengrauen unausgesetzt anhielt.[45] Friedenthal selbst schrieb später in seinem London-Buch:

> »Über der Stadt wurde ein Teil der großen Luftkämpfe geschlagen, die als ›Battle of Britain‹ einen der Wendepunkte des Krieges darstellten. Vier Jahre blieb die Sirene der allabendliche Nachtruf. Die Docks brannten tagelang; ein Stadtviertel nach dem anderen kam an die Reihe. Die Untergrundbahnhöfe wurden zu Unterständen und zeitweilig zur ständigen Wohnung für Hunderttausende. [...] Die Zahl der zerstörten Häuser belief sich auf 100 000, der beschädigten auf 1½ Millionen.«[46]

Hinzuzufügen ist, dass in Großbritanniens durch deutsche Luftangriffe rund 60 000 Menschen umkamen.

1941 hatte Friedenthal wieder ein kleines Zimmer im Erdgeschoss eines großen Mietshauses bezogen, das sonst leer stand. Bei den deutschen Luftangriffen brach es langsam über ihm zusammen, »das Dach war in den Garten geflogen« (*»... und unversehens ist es Abend«*, 55) und im Winter bedeckten sich die Wände prachtvoll mit grün-rosa gefleckten Schimmelkulturen. Aber trotzdem war Friedenthal zufrieden: Es gab eine nette, saubere Küche und eine Tür von seinem Zimmer führte direkt in den Garten. Auch die Verpflegung machte keine ernsthaften Schwierigkeiten. Es gab Brot, Fett und viel Gemüse, nur mit dem Obst haperte es manchmal.[47] Das war 1941 in 23, Ladbroke Gardens, London W11, einem Arbeiterbezirk. Ab 1942 wohnte Friedenthal dann in 352 Finchley Road, London NW 3, nach einem Bombenangriff zeitweilig in 109, Regency Lodge, Swiss Cottage, London NW 3, bis das Haus in der Finchley Road wieder hergestellt wurde und Friedenthal wieder einziehen konnte.

Insgesamt wurde er dreimal in London ausgebombt. Nach dem Krieg hatte er große Schwierigkeiten, dies seinen deutschen Freunden glaubhaft zu machen, da diese die entsprechenden Nachrichten in den Nazizeitungen und im Radio für reine Propaganda hielten:[48]

»Es war nicht nur Propaganda. An einem solcher Abende, die Docks brannten und man konnte im Feuerschein die Zeitung lesen ohne Licht, hörte ich vor der Treppe zu meinem Keller Stimmen. Ich öffnete die Tür: ein Pärchen, Siebzehnjährige saßen dort eng umschlungen auf der Mülltonne. Der Bursche hielt die Arme schützend um das Mädchen gebreitet. Ich bot ihnen an, doch hereinzukommen, der Angriff ging noch weiter, Ziegel rutschten von den Dächern und knallten auf die Straße. Der Bursche dankte höflich: ›we are quite comfortable here‹ [›Wir sitzen hier sehr bequem‹].« (*»... und unversehens ist es Abend«*, 55)

Nachdem Hitlers Armeen am 22. Juni 1941 den Molotow-Ribbentrop-Pakt gebrochen und in die Sowjetunion eingefallen waren, fanden die Luftangriffe auf London, vor allem am Tage, seltener statt. Das Schwergewicht des Krieges hatte sich an die Ostfront verlagert. Die Angst vor einer deutschen Invasion der britischen Inseln schwand und während vorher viele Emigranten schon mit einer Niederlage der Alliierten gerechnet hatten, glaubten sie nun nicht mehr, dass Hitler den Krieg gewinnen könnte. Aber die relative Ruhe dauerte nicht lange: Anfang 1943 kamen die deutschen Luftgeschwader wieder jede Nacht. Lassen wir Friedenthal selbst sprechen; in seinem *Tagebuch 1944* berichtet er unter dem Datum des 28. Juni:

»Verschiedene ›Götterhunde‹[49] kommen herüber. [...]

Hier einer, der sich bedrohlich nähert. Wie ein riesiger Drillbohrer gräbt er ein langes und tiefes Loch in die Luft. Dann wird er etwas leiser und ändert die Richtung; treibt ab; explodiert, [...] in Swiss Cottage. Ein anderer auf Hampstead Heath. Man scheint diesmal auf unsere Gebiete eingestellt zu haben.

Wieder einer, den man lange kommen hört. Er geht auf unser Haus zu. Dann scheint er wieder abzutreiben. Und nun kommt er ganz zweifellos direkt doch auf uns zu, etwas unsicherer im Geräusch als eine schwere Granate, reißt die Luft direkt über dem Dach auseinander; ich springe in den Winkel hinter meinem Wandschrank. Es schlägt ein, mit dem satten, scharfen Oberflächenknall flach explodierender

Sprengmunition. […] ; ich bekomme einen Stoß, als ob jemand mich angerannt hätte. Das Fenster fliegt an mir vorbei gegen die Wand. Die Tür hinter mir ist in der Mitte geplatzt, der Rahmen zerdrückt. Mein erster Blick ist gegen die Decke: sie ist intakt, bis auf einige Risse und etwas Mörtel, der herunter kommt. Das Zimmer ist voll leichtem Rauch und stinkt intensiv nach Dynamit. Wie gut ich diesen Geruch kenne.

Einen Augenblick ein unangenehmes Gefühl: eingesperrt zu sein. Ich trete mit aller Kraft gegen die Tür, die auseinanderbricht. Auf dem Vorplatz wieder der erste Blick gegen die Decke. Sie fällt. Ich rufe hinunter. ›Alles in Ordnung.‹ […]

Das Haus liegt voll mit Glas von einem Ende zum andern. Die Fensterrahmen sind herausgedrückt […], die Gardinen zerfetzt.« (DLA)

Und so ging es in den nächsten Monaten weiter: Am 23. August wurde das Haus, in dem Friedenthal wohnte, wieder von einer Bombe getroffen und diesmal noch stärker beschädigt als bei früheren Angriffen. Er schlief damals in seiner Dachstube, weil unten in den Unterständen kein Platz war. Zur BBC, für die er inzwischen arbeitete, mochte er nicht gehen, weil dort jeder verfügbare Platz von Ängstlichen besetzt war und weil er seine Ruhe haben wollte. Vergebens. Er schlief gut bis kurz nach vier. Dann hörte er eine erhebliche Unruhe am Horizont, schlief wieder ein, doch kurz darauf wurde er von einem ohrenbetäubenden Lärm aufgeweckt. Das Haus bewegte sich wie ein Schiff auf hoher See, die Fenster klirrten und danach rieselte es aus den alten Rissen und Spalten von den vorigen Angriffen noch lange nach. Durch die Bombenangriffe ließ sich Friedenthal von seinen gewohnten Tätigkeiten jedoch in keiner Weise abhalten: Am Nachmittag desselben Tages ging er ins Institut Français zu einem Areopagita-Kongress des PEN-Club, der eine ganze Woche dauerte.

»Vertrieben aus dem Raum der Sprache«

Nach seiner Entlassung aus dem Internierungslager schlug sich Friedenthal zunächst wieder mit Gelegenheitsarbeiten ziemlich kümmerlich durch, doch ergab sich plötzlich für ihn die Möglichkeit, seinen Lebensunterhalt zu verdienen. Schon vor seiner Internierung hatte sich durch die Reihen der intellektuellen deutschen Exilanten die Meldung wie ein Lauffeuer verbreitet, die BBC, die große staatliche Rundfunkanstalt, suche 40-50 deutschsprachige Schriftsteller oder Journalisten, die einerseits Nachrichten, Militär-Bulletins usw. aus dem Dritten Reich ins Englische, andererseits Ansagen, Gespräche, politische Werbung usw. ins Deutsche übersetzen sollten. Vertriebene Schauspieler sollten als Sprecher fungieren. Friedenthal bewarb sich sofort, machte eine Eignungsprüfung und erhielt, wie viele andere, einen Bescheid, der etwa lautete: »Ihr Name ist auf die Liste gesetzt worden.« Und dabei blieb es für die nächsten eineinhalb Jahre. Was war der Grund für diese höfliche Ablehnung? Jeder Bewerber hatte zwei Referenzen anzugeben. Friedenthal hatte den Autor Beverley Nichols und eine Lady Bonham[?]-Carter genannt. Viel später fragte ihn auf einer Abendgesellschaft eine Sekretärin der BBC vorwurfsvoll, weshalb ausgerechnet er nicht zur Mitarbeit an der BBC bereit sei. Nachdem er ihr von seiner Ablehnung berichtet hatte, ging sie der Sache nach und erzählte ihm daraufhin lachend: »Sie hatten ja zwei der wichtigsten ›governors‹ des BBC selbst als Referenz aufgegeben! Wäre man darauf eingegangen, hätte das doch wie Günstlingswirtschaft ausgesehen!« Friedenthal bewarb sich daraufhin noch einmal mit anderen Empfehlungen und wurde sofort aufgenommen.[50]

Im Deutschen Literaturarchiv in Marbach a.N. ist ein undatierter, stichwortartiger Lebenslauf erhalten, der offensichtlich als Anlage zu einem Bewerbungsschreiben diente. Dort hat Friedenthal unter »British references« angegeben:

> *»Dr. William Rose, Head of Modern Languages Dept., London School of Economics, now Captain W. Rose, G.H.Q. Middle East Forces […].*
>
> *Mr. C.B. Oldman, Librarian, British Museum.*
>
> *Mr. C. Brooks, A.M. Heath & Co., Ltd., 1888 Piccadilly, W.l.*

Mr. Hermon Ould, secretary International P.E.N.-Club, The Porch, Tring, Herts.« (DLA)

Mit der Anstellung bei der BBC war es Friedenthal 1943 gelungen, eine Beschäftigung zu finden, die ihm zumindest einen bescheidenen Lebensunterhalt sicherte: Er war nun beim Auslandsdienst der deutschen Sektion der BBC beschäftigt, eine Arbeit, die er insgesamt acht Jahre lang (bis 1951) ausübte. Er musste deutsche Zeitungen lesen, die über Portugal nach England gelangten, und sowohl Zeitungsberichte als auch Texte für die nach Deutschland ausgestrahlten Radiosendungen der BBC übersetzen. Solche Texte durfte er nicht selbst verfassen, das oblag aus guten Gründen ausschließlich den englischen Redakteuren:

> »Die englische Propaganda sollte sich bewußt in Ton und Haltung unterscheiden von denen da drüben, und sie tat es auch, schon darin, daß rücksichtslos Niederlagen, Rückschläge auch schwerster Art mit monumentaler Schlichtheit zugegeben wurden; es war der Churchill-Stil. Aber das Abhören und ständige Verfolgen der deutschen Sendungen hatte doch seine Folgen, und auch die übersetzten englischen Bulletins mußten sich zwangsläufig der Begriffe und Worte bedienen, die auf der anderen Seite verständlich werden konnten, von den militärischen Wendungen ganz abgesehen.« (*»... und unversehens ist es Abend«*, 55)

Dem in sprachlichen Dingen so empfindlichen Friedenthal grauste es manchmal vor dem Pseudo-Deutsch des Nazi-Journalismus, das er nun zu verwenden gezwungen war. Da war von »rollenden Einsätzen« die Rede, da wurde der Feind »am Boden zerstört«. Unbewusst übernahmen sogar die englischen Redakteure diesen Stil. Friedenthal konnte ihn nie so recht handhaben und musste es sich gefallen lassen, korrigiert zu werden: »Nein, lieber Friedenthal: nicht ›ein starker Verband von Superfestungen führte einen Angriff auf den Verschiebebahnhof von ...‹, das klingt doch ganz lahm; sondern: Im rollenden Einsatz zerstörten machtvolle Verbände ...« (*»... und unversehens ist es Abend«*, 56) Glücklicherweise erhielt er bald eine andere Aufgabe, nämlich eine Presseschau für deutsche Hörer aus englischen Zeitungen und Zeitschriften zusammenzustellen und längere Aufsätze und Artikel zu übersetzen, aber auch diese Aufgabe hatte ihre unerwarte-

ten Schwierigkeiten, die sich aus völkerpsychologischen Differenzen zwischen Engländern und Deutschen ergaben. So beanstandete sein Abteilungschef und Zensor einmal mit Kopfschütteln, dass er doch in seiner Übersicht nicht ein Wort über das große Cricketmatch vom vergangenen Sonntag gebracht hätte. Friedenthal wandte ein, dass Cricket in Deutschland so gut wie unbekannt sei und von vielen womöglich mit Croquet verwechselt würde. »Ja, ja, meinte er, ›*that's perhaps what's wrong with the Germans.*‹ [›Das ist vielleicht das, was an den Deutschen verkehrt ist.‹« (*»... und unversehens ist es Abend«*, 56)
Auch das Deutsch seiner Mitemigranten erregte Friedenthals Unwillen, da sie oft einen fürchterlichen Mischdialekt von Deutsch und Englisch sprachen, fast eine Sondersprache, die salopp Emigranto genannt wurde. Einige glaubten, inzwischen die englische Sprache so gut zu beherrschen, dass sie Broschüren und Bücher in Englisch schrieben, »in einer Sprache, die ein bekannter Verfasser von Parodien selber fröhlich als eine Parodie bezeichnete, als er sich mit ein paar Romanen an diesem Treiben beteiligte.« (*»... und unversehens ist es Abend«*, 56) Diese Anspielung Friedenthals kann sich nur auf den bekannten Romancier und Parodisten Robert Neumann (*Mit fremden Federn*, 1927, und *Unter falscher Flagge*, 1932) beziehen, der, seit 1934 in England im Exil, dort mehrere Romane in Englisch veröffentlicht hat.
Friedenthal blieb beim Deutschen. Er übersetzte für sich englische Lyrik ins Deutsche und schrieb wieder eigene Gedichte, die sein Mitemigrant Jakob Hegner, der als getaufter Katholik jüdischer Abstammung über Wien nach London gekommen war und ebenfalls in einer Kellerwohnung hauste, unter dem Titel *Brot und Salz* veröffentlichte. Freunde Friedenthals hatten das nötige Geld für die Drucklegung zusammengekratzt. Auf dem Umschlag und dem Titelblatt stand kein Verlag, sondern nur »London MCMXLIII« und auf der Rückseite des Titelblattes hieß es schlicht: »Die Ausgabe besorgte Jakob Hegner, 53 Fitzjohn's Avenue, London, N.W.3.« Ferner: »Der Druck erfolgte bei Barnard & Westwood, Ltd., London, W.1., in 300 Exemplaren. Zwanzig bezifferte Exemplare wurden vom Verfasser signiert.« Dass der Druck praktisch ohne Verlag erfolgte, lag daran, dass es in Eng-

land, im Gegensatz zu Frankreich und den Niederlanden (vor der deutschen Besetzung) sowie Schweden, keinen deutschen Exilverlag gab. Infolgedessen wurden in England nur ganz wenige deutschsprachige Bücher veröffentlicht und die Friedenthalsche Gedichtsammlung blieb natürlich mehr oder weniger »eine private Angelegenheit, denn nur ein eng begrenzter Kreis von Freunden, dem das Bändchen zugänglich wurde, vermochte es aufzunehmen«.[51]

Der erste Teil von *Brot und Salz* trägt die Überschrift »Zwiegespräch« und enthält Gedichte von Natur- (»Morgen im Walde«) bis zu Gedankenlyrik (»Ode an den Schlaf«, »Ode an den Tod«). Ein zweiter Teil »Südliche Landschaft« bietet Bilder aus dem Süden: »Der Dudelsack von Capri«, »Das Netz« (von neapolitanischen Fischern) bis zu antikem Mythos (»Leda«). Der dritte Teil heißt »Desastres de la Guerra« und ist mit seinem Zeitbezug der wohl originellste Teil, obwohl man fehlgehen würde, wenn man Friedenthal als politisch oder sozial engagierten Schriftsteller einstufen wollte. Er behandelt in diesem dritten Teil die Geschichte des Schiffes *Patria*, das mit 800 jüdischen Flüchtlingen an Bord lange umherirrte, ohne seine menschliche Fracht an Land bringen zu können. Neben diesem Gedicht »Das Schiff ›Patria‹« und der »Epistel an einen toten Freund« (Stefan Zweig) ist wohl das folgende das schmerzerfüllteste, weil es die Exilsituation des Schriftstellers Friedenthal widerspiegelt:

Elegie

Vertrieben aus dem Raum der Sprache, ausgesetzt
Am Rande der Zeit, wo Sand wie Salz ist, Wüstenhafer,
Brackwasser, Tanggeruch, wo selbst das Korn im Keim
Sich fremd wie ein verkniffnes Lid zu falten scheint,

Wehrlos bist du dem fremden Himmel unterstellt,
Der niedrig hängt und der dich selbst im Schlafe
Nicht freigibt, unter einer Luft, die dich nicht nährt,
Am Ufer, das dich abweist, kraftlos und erregt:

Was treibt dich an, wo ist die Kraft, die dich erhält,
Wie trägst du deinen Tag, die vielen Tage
Der Oede, die schon manchen niederwarf,
Wer stützt das Haupt dir und wer führt dir deine Hand?

Noch lebt in dir ein Rest von Worten, von Gefühl,
Das widerwillig stirbt, wie ausgerissne Wurzeln,
Die wild nach Atem ringen auf dem trocknen Land,
Noch reckt sich da und dort ein Trieb und steht in Saft.

Doch wächst schon in dich ein das fremde harte Gras,
Das wie ein Unkraut bis in deine Träume wuchert,
Es zehrt an dir und macht dich matt, in deinem Blute
Zieht es und gräbt und reisst dir alle Adern wund.

O Widerstreit und Kampf, der fürchterlich erschöpft!
Und dennoch wehrst du dich und wartest auf das Wunder,
Zäh, unbeirrt in all den Wirren und der Not.
Bereit zu neuem Leben und zu neuem Tod.[52]

Der darauf folgende Teil heißt »Legenden, Balladen und Romanzen« und umfasst neben einem Gedicht »Die Heiligen Drei Könige« Nachdichtungen von F. Garcia Lorca und Karl Michael Bellman. Übersetzungen aus dem Englischen (Volksballaden sowie Gedichte von Sir Walter Raleigh, John Donne, Robert Herrick, William Blake und G. M. Hopkins) schließen sich an und mit Versuchen auf Englisch (»English Rhymes), darunter Nachdichtungen von Klaus Groth und Rainer Maria Rilke endet der Band. Dabei stellt Friedenthal eine englische Version seines Capri-Gedichts (»The Bagpipes of Capri«) sowie – in antiker und barocker Tradition – eine Reihe von epigrammatischen Grabschriften vor. Diese Übersetzungen sind ein Zeugnis dafür, dass er die englische Sprache bis in die feinsten poetischen Nuancen beherrschte.

Martin Beheim-Schwarzbach urteilte mit Bezug auf Gedichte wie »Die Laren«, »Brunnen der Kindheit« und »Südliche Landschaft«: »[...] all dies weitgespannte, schimmernde Bögen eines Weltgefühls, Elegien voll musikalischer Kraft und Frische, die wert sind, den Melodien Rilkes und den noch und wohl immer lebendigen Klängen der [Marie Luise] Kaschnitz an die Seite gestellt zu werden.«[53] Der Kritiker Lutz Weltmann wertete den Band als »neben Max Herrmann-Neisses nachgelassenen Versen die wesentliche dichterische Leistung der Emigration in England.«[54]

Friedenthal selbst äußerte sich zu seinem Band in einem Brief vom 20. November 1943 an Felix Braun, in dem er sich für dessen positive Äußerungen darüber bedankt. In seinen Zeilen wird deutlich, welch große kathartische Bedeutung das Schreiben im Exil und das Publizieren für ihn hatte, und wie wichtig es als ein Akt der Rechtfertigung der eigenen Existenz für ihn war:

> »Die Hauptsache war für mich, diese Dinge zu schreiben. Es war ein Akt der Selbstbehauptung.
>
> Der Band, so wie er jetzt gedruckt vorliegt, ist auch nur ein Kompromiss. Urspruenglich habe ich etwa doppelt so viel Gedichte geschrieben; ich musste die Haelfte weglassen, weil einfach nicht Papier genug da war. Die Uebersetzungen gehoeren eigentlich in einen eigenen Band; die englischen Versuche, so reizvoll sie mir waren, sind im Grunde nirgendwo am Platz.« (DLA)

Er glaube, dass die Epoche der »Vitrinenpoesie« vorüber sei. Sie habe mit Rilke ihren Gipfel erreicht. Darüber hinaus sei nur noch Wiederholung möglich, was ihm nicht liege. Ganze Gebiete der Lyrik seien in Vergessenheit geraten, so die Ballade, das Epigramm, die Parabel. Er denke auch daran, »dass es wichtig wäre, etwas wiederzubeleben, was man Gebrauchslyrik nennen könnte, wenn der Ausdruck nicht zu kommerziell klänge.« (DLA) Mit seiner Klage über in Vergessenheit geratene Gedichtformen verrät Friedenthal einen recht konservativen Maßstab, mit seinem Hinweis auf »Gebrauchslyrik« denkt man zunächst an die Dichtungstradition der Weimarer Republik, zum Beispiel an die Gedichte Erich Kästners.

Es war denn auch Erich Kästner, der in seinem Glückwunschschreiben an Friedenthal zu dessen 70. Geburtstag kommentierte:

> »Da haben Sie also, sehr geehrter Herr Verfasser, anno 1943, mitten im Luftkrieg und in London, ohne Verleger, d.h. mehr oder weniger auf eigene Faust, nur mit Hegners fachmännischer Hilfe, deutsche

Gedichte drucken lassen, als Emigrant und ganz gewiß nicht mit englischen Pfundnoten reich gesegnet. Ich finde das großartig, und ich finde es, auch noch, in vorbildlichem Sinne deutsch.«[55]

Außerdem stellte Friedenthal für den Verlag der Arbeiterpresse, Odhams Press, einen *Study Guide* zum Erlernen der deutschen Sprache zusammen und schrieb an dem Roman über seine Internierungszeit *Die Welt in der Nußschale* (1956), indem er sich abends und nachts die Zeit zum Arbeiten stahl.

Friedenthals soziale Kontakte in England waren in den ersten Jahren beschränkt.[56] Unter seinen Bekannten befanden sich der spätere Bio-Bibliograph der deutschen Exilliteratur Wilhelm Sternfeld, der Jurist Walter Zander, der ein Freund aus den Studientagen in Jena war, und später auch einige Männer, die er im Internierungslager kennen gelernt hatte. Nachdem er die Bekanntschaft seiner späteren Frau Lisa gemacht hatte, hatte er natürlich auch mit deren Halbschwester Annette Brandeis, geb. Gütermann Kontakt, die, wie Friedenthal, als Übersetzerin für die BBC arbeitete; sie war die einzige nähere Verwandte in London. In der späteren Londoner Zeit waren Friedenthal und seine Frau auch oft mit Dr. Lore Fry und deren Mann zusammen. Lore Frys Mutter, die spätere Bundesverfassungsrichterin Erna Scheffler, war eine geborene Friedenthal und damit eine Cousine von Richard Friedenthal. Sehr geschätzt, als Künstlerin und als Mensch, hat er die Zeichnerin Erna Pinna, die frühere Lebensgefährtin von Kasimir Edschmid, dessen Bücher sie illustriert hatte. Sie war gelähmt und verdiente sich ihren Lebensunterhalt durch Tierillustrationen. Zur englischen »Gesellschaft« hat er eigentlich nie Zugang gefunden, diesen aber auch nicht gesucht. In der BBC war er schließlich in der Deutschen Abteilung beschäftigt, wo die meisten seiner Arbeitskollegen Deutsche waren. Vielleicht wirkte Friedenthal auf viele Engländer in seinem ganzen Habitus, in seinem persönlichen Verhalten doch sehr deutsch, wozu sein deutscher Akzent sicherlich auch das seinige beitrug. Ein Großteil seiner Bekannten sollte er schließlich im deutschen PEN-Club im Exil finden.

Der deutsche PEN-Club im Exil

Wie der Philosoph Hermann Friedmann, der spätere Vorsitzende des deutschen PEN-Clubs im Exil, berichtet, hatten die Emigranten auch mitten im Kriege »die volle Freiheit der Versammlung und der Rede. Die Liberalität in dieser Hinsicht ist in England eine erstaunliche. Die Emigranten schlossen sich ungehindert zu Vereinigungen zusammen, in denen kulturelle und auch politische Fragen, auch öffentlich, in deutscher Sprache erörtert wurden.«[57] Zu solchen deutschen Emigrantenvereinigungen gehörten in London der von Kommunisten beherrschte »Freie Deutsche Kulturbund« (seit 1938), bei dem u.a. die späteren DDR-Autoren Jan Petersen und Max Zimmering Mitglieder waren, sowie der 1943 von Hans José Rehfisch, zusammen mit Alfred H. Unger und Hans Flesch-Brunningen, als Gegenorganisation begründete schöngeistige »Club 43« und, *last not least*, der deutsche PEN-Club im Exil (seit 1934). Friedenthal widmete nach der Entlassung aus dem Internierungslager einen erheblichen Teil seiner Zeit dem Wiederaufbau dieser PEN-Sektion, die mit der Invasion Frankreichs und Internierung seiner in Großbritannien exilierten Mitglieder aufgehört hatte zu existieren.

Um zu verstehen, wie es zu der Neugründung der Londoner Gruppe kam, ist eine kurze Zusammenfassung der Vorgeschichte des PEN und speziell der turbulenten Vorgeschichte des deutschen PEN erforderlich: Der Internationale PEN-Club war 1921 von der Engländerin Catherine Amy Dawson gegründet worden, um die persönlichen Beziehungen zwischen den Schriftstellern jener Länder wieder herzustellen, die durch den Krieg einander entfremdet worden waren, und »in aller Welt und unter allen Umständen für die Rechte des Geistes einzutreten und diese zu verteidigen, wo ihnen eine Fesselung droht.«[58] John Galsworthy war bis zu seinem Tode am 31. Januar 1933, also am Tage nach der »Machtergreifung« Hitlers, der erste Präsident des Internationalen PEN, sein Generalsekretär war Hermon Ould. Vorausgeschickt werden muss auch, dass die Frage, ob der PEN-Club in irgendeiner Weise zu politischen Ereignissen Stellung nehmen solle und dürfe, Jahre hindurch eine heiß diskutierte Frage war, die erst während des Dritten Reiches vorsichtig und zögernd bejaht wurde. So hatte Galsworthy die Grundsätze des Internationalen PEN für den Kongress in Brüssel 1927 wie folgt formuliert:

> »1. Literatur, obgleich ursprünglich national, kennt keine Grenzen und sollte Gemeingut der Nationen bleiben, trotz politischer und internationaler Streitigkeiten. 2. Unter allen Umständen, und besonders in Kriegszeiten, sollten Kunstwerke als Erbgut der ganzen Menschheit von politischem Haß unberührt bleiben. 3. Mitglieder des P.E.N.-Klubs werden jederzeit ihren Einfluß zugunsten guten Einvernehmens und gegenseitiger Achtung zwischen den Nationen verwenden.«[59]

Diese drei Prinzipien wurden in die Satzung des PEN-Clubs aufgenommen und alle Mitglieder waren verpflichtet, sie zu unterschreiben. Damit war ausdrücklich festgelegt, dass der PEN nichts mit Staats- oder Parteipolitik zu tun haben wollte. John Galsworthys Parole war: »*No politics in the P.E.N. Club under any circumstances.*«[60] Kurz nach Hitlers »Machtergreifung« war das 1925 gegründete deutsche PEN-Zentrum gleichgeschaltet worden. Der neue Vorstand bestand aus dem Schriftsteller Hanns Johst, Hans Hinkel (Staatskommissar im Preußischen Kultusministerium) und Rainer Schlösser (Redakteur des *Völkischen Beobachters*). Dieses Triumvirat wurde damit Nachfolger Alfred Kerrs, der als Jude gezwungen worden war, von seinem Amt als Präsident zurückzutreten. – Kerr war am 15. Februar 1933 ins Exil gegangen, nachdem er erfahren hatte, dass ihm sein Reisepass entzogen werden sollte; Herwarth Walden, der letzte frei gewählte Sekretär, hatte schon 1932 Deutschland verlassen. Der neue Sekretär war Johann von Leers, der Vertreter der *Stürmer*-Richtung im Nationalsozialismus und Autor des berüchtigten Buches *Juden sehen dich an*. »Er schloss sofort alte Mitglieder aus, weil sie ›kommunistische und ähnliche Ideen unterstützt‹ hätten. Damit war der oberste Grundsatz des PEN verletzt, demzufolge sich der PEN jeder Politik fernzuhalten habe.«[61] Dennoch trat der deutsche PEN nicht aus der Internationale aus, sondern sandte im Mai 1933 eine deutsche Delegation zum XI. Internationalen PEN-Kongress nach Ragusa (heute Dubrovnik). Sie bestand offiziell aus Hanns Martin Elster,[62] Edgar von Schmidt-Pauli und Fritz Otto Busch und hatte den Auftrag, »in Gestalt einer grundsätzlichen Proklamation im Geist des neuen

Deutschland unter seinem Führer Adolf Hitler die Tagungsteilnehmer über die nationale Revolution und ihr Wollen [zu] unterrichten und alle böswilligen Angriffe, vor allem aber die Greuelhetze einzelner zurück[zu]weisen.«[63] Zu dieser »Greuelhetze« gehörten in den Augen der deutschen PEN-Funktionäre vor allem die internationalen Pressekommentare zur Bücherverbrennung vom 10. Mai 1933 sowie zu den Judenverfolgungen in Deutschland. Schon vorher hatte Hermon Ould den Deutschen mitgeteilt, dass sie Rede und Antwort würden stehen müssen. Der Eklat war damit vorprogrammiert. Als H.G. Wells, nach Galsworthy der neue Präsident des Internationalen PEN, sich weigerte, eine Diskussion der Vorgänge in Deutschland zu unterdrücken, und der Generalsekretär Hermon Ould im Namen des englischen PEN einige Fragen wegen der Bücherverbrennung und des Ausschlusses von Mitgliedern an die deutsche Delegation richtete, verließ diese, ohne darauf zu antworten, zusammen mit Sympathisanten aus Österreich, Holland und der Schweiz, entrüstet die Versammlung. Als am folgenden Tage der exilierte Ernst Toller sprechen durfte, erhob er Anklage gegen den deutschen PEN-Club, der nichts gegen den Ausschluss vieler Mitglieder, gegen die Bücherverbrennung und gegen die Judenhetze, gegen das Berufsverbot vieler Schriftsteller und Künstler getan habe. Der PEN-Kongress in Ragusa war folglich in doppelter Hinsicht von Bedeutung: »Erstens, weil er eine internationale Plattform bot, um auf die Bücherverbrennung und andere Entwicklungen in Nazi-Deutschland in der Öffentlichkeit einzugehen; zweitens, indem die Schriftsteller öffentlich Stellung nahmen, der erste Schritt gemacht wurde, sich von der ursprünglichen unpolitischen Haltung des PEN zu lösen.«[64]

Nach dem Austritt Deutschlands aus dem Völkerbund am 19. Oktober 1933 folgte nach einer Sitzung des Exekutivkomitees des Internationalen PEN in London (am 8. November 1933) der Austritt des deutschen PEN aus dem internationalen Verband. Seit dem 15. Januar 1934 gab es dann auch keinen deutschen PEN-Club mehr; man hatte stattdessen eine »Union nationaler Schriftsteller« gegründet.

Der Gründung einer neuen Gruppe durch die Exilautoren, dem deutschen PEN-Club im Exil, stand nun nichts mehr im Wege. Bereits am 15. Dezember 1933 hatten der Romancier Lion Feuchtwanger, der

Dramatiker Ernst Toller, der Journalist Rudolf Olden und der Lyriker Max Herrmann-Neisse mit Schreiben an Hermon Ould die Initiative zur Gründung eines deutschen Auslands-PEN ergriffen. Am 17. Januar 1934 informierte Ould, der Sekretär des englischen Zentrums *und* zugleich Generalsekretär des Internationalen PEN war, Rudolf Olden dahingehend, dass die Exekutive der Internationale und das englische Zentrum eine solche Gründung gutheißen würden, zumal er schon vor dem Kongress in Ragusa eine derartige Möglichkeit in Erwägung gezogen hatte. Die Anmeldungen gingen schon bald bei Rudolf Olden, dem zunächst vorläufigen Sekretär, ein, und eine Liste mit dreißig Namen von Autoren, die beizutreten wünschten, konnte schon bald eingereicht werden. Die Gründung wurde auf dem XII. Kongress des Internationalen PEN in Edinburgh/Glasgow (17.-21. Juni 1934) bestätigt.

Alle Autoren, die vom alten deutschen PEN hinausgeworfen worden waren, konnten ohne weiteres Mitglieder des neuen Exil-PEN in London werden, ja sie wurden geradezu umworben. Der Satzung gemäß mussten Neubewerber nominiert werden, mussten literarisch bekannt sein und dazu eine Reihe von Veröffentlichungen vorweisen können. Diese Bedingungen wurden aber so lose gehandhabt, dass letztlich nur entschied, ob Rudolf Olden und Heinrich Mann einverstanden waren. Die ersten Mitglieder waren: Heinrich Mann, Georg Bernhard, Bernard von Brentano, Lion Feuchtwanger, Emil Ludwig, Fritz Landshoff, Ernst Toller, Rudolf Olden, Balder Olden, Klaus Mann, Bruno Frank, Oskar Maria Graf, Max Herrmann-Neisse, Peter de Mendelssohn, Paul Roubiczek, Albert Malte Wagner und Arnold Zweig. Präsident wurde Heinrich Mann, obwohl weder er noch Olden je offiziell gewählt worden waren, da eine Mitgliederversammlung wegen der weltweiten Verstreuung der Mitglieder nicht möglich war; selbst die vier Gründer waren nie zu einer persönlichen Besprechung zusammengekommen. Letztlich bestand der Vorstand des deutschen Exil-PEN ausschließlich aus Rudolf Olden, einem überzeugten (Links-)Liberalen, der bis zu seiner Internierung Ende Juni 1940 den Kontakt zu den verschiedensten Gruppen des Exils pflegte, der souverän, kollegial und konziliant den Schriftverkehr führte und half, wo er konnte. Thomas Mann wies alle Bemühungen zurück, ihn als

Mitglied oder offiziellen Delegierten für den XII. Internationalen PEN-Kongress in Edinburgh/Glasgow (1934) zu gewinnen, den ersten Kongress, auf dem die neue deutsche Gruppe offiziell in Erscheinung trat. Er enthielt sich in diesen Jahren bekanntlich noch aller offiziellen Solidaritätserklärungen zur Emigration, um das Weitererscheinen seiner Bücher in Deutschland nicht zu gefährden. Bei dem Kongress in Schottland wurde die deutsche Gruppe offiziell anerkannt, womit gleichzeitig anerkannt war, dass die deutsche Literatur sich nun außerhalb Deutschlands befand. Die Londoner Gruppe wuchs ständig, bis sie im Juni 1939 insgesamt 80 Mitglieder zählte, von denen etwa die Hälfte außerhalb Englands lebten.
Rudolf Olden war vor allem daran gelegen, dass die deutsche Gruppe auf allen Internationalen PEN-Kongressen vertreten war, und er sparte weder Zeit noch Mühe, um international angesehene Mitglieder davon zu überzeugen, als Delegierte zu fungieren, denn in den folgenden 16 Jahren war Deutschland im Internationalen PEN-Club nur noch durch die Exilautoren vertreten. Das Resultat war, dass auf diesen Kongressen regelmäßig Resolutionen über das Los der exilierten Schriftsteller angenommen wurden.
Dabei muss man zugeben, dass die neu gegründete deutsche Gruppe zwischen 1934 und 1941 weder öffentliche Lesungen abhielt noch etwas publizierte: »Die deutsche Gruppe war so untätig, daß Hilde Spiel 1937 daraus schloß: ›Es gab noch keinen deutschen und keinen österreichischen also keinen Exil-PEN-Club‹,[65] was sie und viele andere bewog, dem englischen Zentrum beizutreten.«[66] Friedenthal drückte sich 1942 rückblickend in Bezug auf die deutsche Gruppe ähnlich aus: »So weit ich weiß, war sie nie sehr kräftig, das war auch einer der Gründe, warum einige Schriftsteller es bevorzugten, Mitglied des Londoner [internationalen] Zentrums zu werden, statt einer obskuren deutschen Emigrantengruppe beizugehören.«[67] Erst 1941 sollte sich das mit der Neugründung der deutschen Gruppe ändern.
Über die politische Stellungnahme des Internationalen PEN wurde in Edinburgh genauso heiß diskutiert wie im folgenden Jahr 1935 beim Kongress in Barcelona, bei dem H.G. Wells resigniert von seinem Amt zurücktrat. Sein Nachfolger wurde der Franzose Jules Romains. 1936 traf man sich in Buenos Aires, ein Jahr später in Paris. Alle diese Kon-

gresse zeigen einerseits das Bemühen des PEN, sich aus der Politik herauszuhalten, anderseits die Realität der zeitgenössischen politischen Zwänge, die ein Engagement des Schriftstellers geradezu unabdingbar machten. »Selbst wenn wir uns von der Politik fernhalten wollten«, formulierte Jules Romains auf dem Prager Kongress 1938, »wir könnten es nicht, weil die Politik sich nicht von uns fernhält.«[68] Und ein Jahr später rief er beim World Congress of Writers (8.-10. Mai 1939) im Rahmen der New Yorker Weltausstellung zur politischen Stellungnahme in der gegenwärtigen Konfliktsituation auf.

Der PEN hatte damit einen Lernprozess von politischer Abstinenz zu politischem Engagement durchgemacht. Den führenden Mitgliedern des Internationalen PEN war klar geworden, dass die liberalen, aufgeklärten Prinzipien des PEN in einer Welt der Diktaturen nur politisch verteidigt werden konnten. So berichtet *The New Republic* am 24. Mai 1939 über den New Yorker World Congress of Writers unter der Überschrift *»No More Ivory Tower«*:

> *»The meeting was under the general guidance of ›P.E.N.‹, which is usually regarded as a mildly right-wing group and which has tried for years to keep out of politics. But in one country after another, politics have caught up with its members, dozens of whom have been sent to concentration camps or forced into exile. The tone of the speeches at the recent congress was such that they would have been called decidedly Leftist only a couple of years ago.«*[69]

An der Entwicklung des Internationalen PEN von der Ablehnung jeglicher Einmischung in die Politik zum politischen Engagement hatte die deutsche Gruppe durch die Reden ihrer Delegierten auf den jährlichen Kongressen und den Beiträgen ihrer Vertreter auf den Sitzungen des Exekutivkomitees zweifellos einen starken Anteil. Trotz des immer neuen Bemühens, den PEN der Politik fernzuhalten, war er immer mehr ein überparteiliches, internationales Forum geworden, das den exilierten deutschen Schriftstellern zumindest einmal im Jahr die Möglichkeit gab, »›zur Welt‹ zu sprechen und die geistfeindliche Politik des Dritten Reiches anzuklagen: anzuklagen die Bücherverbrennung, die Judenverfolgungen, die Verfolgung oppositioneller Schriftsteller und hinzuweisen auf die Existenz eines anderen Deutschland und einer freien deutschen Literatur im Exil.«[70]

Der PEN gewann aber noch aus anderen Gründen für die exilierten Schriftsteller immer mehr an Bedeutung. Durch ihn konnten sie leichter Kontakt zu den einheimischen Schriftstellern in ihrem Gastland finden, konnten an Veranstaltungen ihres eigenen Zentrums teilnehmen und so leichter die Verbindung mit ihren Kollegen aus Deutschland halten, mit denen sie berufliche und persönliche Belange diskutieren konnten. Durch eine PEN-Mitgliedschaft gehörten sie schließlich einer anerkannten internationalen Vereinigung an, die nicht nur, wenn auch bescheidene, materielle Hilfe gewähren konnte, sondern in manchen Fällen durch ihren Mitgliedsausweis mit Lichtbild, der auf Anregung des praktisch denkenden Oskar Maria Graf eingeführt wurde, sogar den einzigen Identitätsausweis zur Verfügung stellte. Kurz, sie erhielten »eine (wenn auch nur beschränkte) Möglichkeit, die Isolation der Exilexistenz zu durchbrechen«.[71] Aus diesen Gründen liefen gerade 1938, nach dem »Anschluss« Österreichs an das Deutsche Reich, und 1939 eine Reihe neuer Aufnahmeanträge ein. Die österreichischen Schriftsteller wurden jedoch nicht Mitglied der deutschen Gruppe, sondern gründeten 1938 ihre eigene Exil-Gruppe mit Robert Neumann als Sekretär und Franz Werfel als offiziellem Präsidenten.[72]

Nach dem »Anschluss« Österreichs an das Deutsche Reich im März 1938 bemühte sich Olden um die Rettung bedrohter Schriftsteller in Österreich, und zwar in enger Zusammenarbeit mit dem englischen PEN. Olden war unermüdlich mit der Visumsbeschaffung für geflohene Schriftsteller beschäftigt. Er und Max Herrmann-Neisse schrieben pausenlos Gutachten für die Asylsuchenden. Im Oktober 1938 gründete der englische PEN einen Fonds für geflüchtete Schriftsteller, der sich schließlich auf ungefähr 1000 £ belief; er richtete Englischkurse ein, Einführungen in Bibliotheken, Mitgliedschaften im Gewerkschaftsklub und gab Empfehlungen für gesellschaftliche Veranstaltungen. »Ich versuche, gemeinsam mit dem Londoner PEN eine Art *Labour Exchange* für die *Refugees* zu starten«, schrieb Robert Neumann am 13. Oktober 1938 an Rudolf Olden. Er meinte damit: »(Weiterleitung Ratbedürftiger an Verleger, Theater, Agenturen, Zeitungen). Im Anschluß an die bestehenden Hilfsorganisationen.«[73] 1939 war es den Bemühungen des englischen PEN zu verdanken, dass etli-

che Schriftsteller, die wie in einer Falle in Prag saßen, in den letzten Tagen vor dem Einmarsch der deutschen Truppen noch ein englisches Visum erhielten. Im selben Jahr 1939 stand das englische PEN-Zentrum in Verbindung mit dem *Home Office*, um den nach England geflüchteten Exilschriftstellern helfen zu können, die als *enemy aliens*, also als feindliche Ausländer, eingestuft worden waren. Hermon Ould bat die Sekretäre der deutschen und österreichischen Gruppen, Rudolf Olden und Robert Neumann, ihn dabei zu unterstützen. Und nach Kriegsausbruch versuchte man auch, die unmittelbar daraufhin in Frankreich internierten emigrierten deutschen Schriftsteller frei zu bekommen. – Der für den 3.-7. September 1939 in Stockholm geplante XVII. Internationale PEN-Kongress hatte infolge des Kriegsbeginns nicht stattgefunden.
Mit der Invasion Frankreichs, wo Heinrich Mann im Exil lebte, sowie der Internierung Rudolf Oldens und Friedrich Burschells im Juni 1940 wurden die Aktivitäten des deutschen Exil-PEN zunächst unterbrochen. Für einige Monate existierte er nicht mehr. In dieser Zeit geschah das Unglück, dass Olden ein Opfer des U-Bootkrieges wurde: Schon am 23. Juni 1940 hatten Olden und seine Frau Ika ihr zweieinhalbjähriges Töchterchen »Kutzi« mit einem Transport von Professorenkindern nach Kanada geschickt. Am 6. August wurde Olden aus dem Internierungslager auf der Isle of Man entlassen, nachdem er einen Ruf an die New School for Social Research, die New Yorker Exiluniversität, erhalten hatte. Da ihm Amerika fremd war, hatte er nur zögernd akzeptiert. Am 12. September 1940 fuhr er zusammen mit seiner Frau während eines deutschen Luftangriffs von Liverpool ab. Am 17. September wurde ihr Schiff, die »City of Benares«, von einem deutschen U-Boot torpediert und sank. Von den Passagieren, insgesamt 314 Erwachsenen und 92 Kindern, wurden 140 Erwachsene und 19 Kinder gerettet. Rudolf Olden und seine Frau waren nicht darunter.
Mit dem Tode Oldens und dem Ende der Internierung ergab sich also 1941 die Notwendigkeit, den Exil-PEN neu zu begründen. Anfang 1941 hatte Hermon Ould, der Generalsekretär des Internationalen PEN, den ebenfalls in London exilierten Berliner Theaterkritiker Alfred Kerr beauftragt, eine neue deutsche Gruppe des PEN aufzubau-

en. Friedrich Burschell, der von dem früheren PEN-Sekretär Rudolf Olden dazu designiert worden war, war zunächst der einzige Sekretär der neuen Gruppe. Im April 1941 nahm er jedoch den zwei Monate zuvor aus dem Internierungslager entlassenen Friedenthal als Mitglied und Sekretär auf, so dass es zunächst zwei Sekretäre gab.[74] So wird es im Katalog *Der deutsche PEN-Club im Exil. 1933-1948* berichtet. Friedenthal schreibt hingegen wesentlich selbstbewusster: »Für die Wiederaufnahme der deutschen Schriftsteller in den Internationalen PEN-Club übernahm ich die Arbeiten; ich hatte schon während des Krieges eine Gruppe in London ins Leben gerufen.«[75] Hilde Spiel bestätigt diese Version, indem sie berichtet, Friedenthal habe »mitten im Zweiten Weltkrieg das deutsche PEN-Zentrum neu konstituiert.« Sie gibt als Grund an, dass damals der XVII. Internationale PEN-Kongress, über den noch zu sprechen sein wird, in London bevorstand, und stellt die rhetorische Frage:

> »Hätten die deutschen Befürworter einer unteilbaren Literatur, gegenseitiger Achtung der Nationen und des Ideals einer in Frieden lebenden Menschheit – wie sie in der PEN-Charta gefordert wurden –, mundtot zwar in ihren Landesgrenzen, aber vertreten durch ihre Brüder im Exil, nicht an ihm teilnehmen sollen? Dies zu bewirken, war Friedenthal in jenem Jahr 1941 bemüht.«[76]

Es ist keine Frage, dass er den Löwenanteil der Arbeit an der Gründung der Londoner Gruppe, also des deutschen Exil-PEN übernahm, unabhängig davon, dass der kapriziöse Kerr nun als Präsident an der Spitze stand. Friedenthal erledigte jedenfalls seine Arbeit »ruhig, umsichtig, sachlich, sein profundes Wissen wie seinen Verstand in den Dienst der Sache stellend. Sein Lieblingswort, im Englischen, war *dispatch* – was man als prompte, beschwingte Erledigung aller gebotenen Aufgaben übersetzen kann.«[77]

Burschell war, wie Olden, auch im Hutchinson Camp gewesen, hatte aber dort Friedenthal nicht kennen gelernt, sonst hätten sie dort schon gemeinsam Überlegungen über eine Neugründung anstellen können. Die Mitgliederaufnahme hatte wiederum provisorischen Charakter und sollte zusammen mit einem viel diskutierten Satzungsentwurf auf einer zukünftigen Mitgliedervollversammlung bestätigt werden. Gerade der Fall Friedenthal ist ein Beispiel: Auf seine Anfrage hin, ob er

Mitglied werden könne, schrieb ihm Burschell am 23. April 1941, der PEN im Exil sei keine direkte Fortsetzung des früheren deutschen PEN und er sei aufgrund der von Heinrich Mann und Olden niedergelegten Bestimmungen nicht berechtigt, jeden als Mitglied aufzunehmen, der in vorhitlerschen Zeiten Mitglied des deutschen PEN gewesen sei. Es verstehe sich für ihn jedoch von selbst, dass er Friedenthal »ohne weiteres« als Mitglied begrüße.

> »Ich darf sie nur bitten, die Bezeichnung ›ohne weiteres‹ als vertraulich anzusehen, mit Rücksicht auf jene, bei denen ich bestimmte Formalitäten einhalten müßte.
>
> Unser Club ist zur Zeit mehr eine Illusion als eine Realität. Die anderen emigrierten Zentren haben offiziellen Rückhalt, offizielle Räume für Veranstaltungen und sie besitzen Fonds. Wir haben nichts dergleichen. Abgesehen davon, daß die meisten unsrer namhaften Mitglieder sich in Amerika befinden. Dennoch habe ich die feste Zuversicht, daß wir als die einzig repräsentative Vereinigung deutscher Schriftsteller im Exil eines hoffentlich nicht allzu fernen Tages wieder zu Bedeutung kommen werden.«[78]

Die Aufgabe, den deutschen PEN in England neu zu begründen, war offensichtlich nicht einfach. Die alte deutsche Exil-Gruppe des PEN hatte sich, »in Friedenthals eigenen Worten, ›so gut wie vollständig verlaufen.‹ Weit und breit war keine Mitgliederliste aufzutreiben, wie sie vor dem Kriege in Paris aufgestellt worden war.«[79] Wegen des herrschenden Krieges und der Isolierung Englands war klar, dass eine Wiederherstellung der von Rudolf Olden gesammelten internationalen Gruppe unmöglich war. Inzwischen waren viele deutsche Exilautoren, vor allem die vorher in Frankreich in Paris und an der Riviera (Sanary-sur-Mer) ansässigen, nach Amerika weitergeflohen bzw. beim deutschen Einmarsch in Frankreich Opfer der Nazis geworden. Möglich war infolgedessen nur, die sich in England aufhaltenden deutschen Exilschriftsteller zu sammeln. Damit war die deutsche Gruppe nicht nur von vornherein dazu verurteilt, klein zu bleiben, sondern man musste auch weniger bedeutende Bewerber akzeptieren. So schrieb Friedenthal am 4. Oktober 1941 an Friedrich Burschell: »Mit bedeutenden, international bekannten Namen werden wir ohnehin kaum aufwarten können [...].«[80] 1942 gab es insgesamt 34 Mitglieder, darunter, neben dem Vorstand, Martin Beheim, Monty Jacobs, Peter de Mendelssohn, Werner Milch, Wilhelm Sternfeld, Gabriele Tergit sowie Alfred H. und Wilhelm Unger. So illustre Namen, wie sie die Liste von 1934 aufwies, ließen sich in England schwerlich zusammenbringen, obwohl Friedenthal die Hoffnung hatte, etwa 20 weitere Mitglieder gewinnen zu können. Noch nach etwa drei Jahren des Bestehens der Londoner Gruppe klagte Friedenthal in einem (undatierten) Brief an Sternfeld über die Schwierigkeiten, Mitglieder zu finden, und schloss: »Ueber die Tatsache, dass die wichtigen Autoren in Amerika sind, kommen wir nicht hinweg.« (DLA) Eine einflussreiche, große Gruppe war damit der deutsche Exil-PEN nicht, aber da die meisten Mitglieder im Großraum London lebten, hatten sie den Vorteil, dass sie sich regelmäßig treffen konnten. Sie gaben sich eine Satzung und erhoben, wenn auch bescheidene, Mitgliedsbeiträge: Die Beitrittsgebühr betrug 5 sh, der Jahresbetrag 2 sh. 6d. Was alle Mitglieder auszeichnete, war eine aktive antinazistische Grundeinstellung, also eine gemeinsame politische Grundhaltung. So heißt es in der neuen Satzung ausdrücklich:

> »Der Deutsche P.E.N.-Club dient dem Zusammenschluss deutscher anti-nazistischer Schriftsteller. Sitz ist London.
>
> Massgebend sind die Grundsaetze des Internationalen P.E.N.-Clubs: die ›Foerderung von Verstaendnis und gutem Willen zwischen den Rassen und Nationen‹; besonders die Pflege literarischer Beziehungen ueber Staatsgrenzen weg.
>
> Voraussetzung fuer die Aufnahme ist somit neben literarischen Bestrebungen aktive anti-nazistische Gesinnung und Einstellung.«[81]

Von politischer Abstinenz war nun in der Satzung keine Rede mehr, im Gegenteil: Der Kampf gegen den Nationalsozialismus war erwünscht. Anfangs kam es zu allen möglichen Spannungen und Streitereien zwischen den ersten Mitgliedern des neuen Exil-PEN, so dass Hermon Ould an Friedenthal schrieb: »Es wäre herrlich, wenn sie [die Mitglieder] in der Lage wären, nur einen Funken Toleranz für einander zu zeigen. Wie es uns nach dem Krieg gelingen soll, die Welt zu regieren, wenn sogenannte Intellektuelle nicht die geringste Vorstellung von Toleranz besitzen, weiß ich nicht.«[82] Diese anfänglichen Differenzen wurden schließlich durch ein Treffen beigelegt.

Der Hinweis auf die »namhaften Mitglieder […] in Amerika« kam nicht von ungefähr, denn die Vereinigten Staaten waren zum wichtigsten Exilland der deutschen Schriftsteller geworden. Aber auch Dänen, Norweger, Franzosen, Belgier, Niederländer usw. fanden dort Zuflucht. Infolgedessen wurde am 25. Mai 1941 bei einem grandiosen Dinner im New Yorker Biltmore Hotel ein «European P.E.N. in America« ins Leben gerufen, wobei zahlreiche amerikanische und europäische Schriftsteller Reden hielten, unter ihnen Stefan Zweig, Ferdinand Bruckner und Fritz von Unruh. Der Internationale PEN scheint daraufhin befürchtet zu haben, durch die amerikanische Neugründung für die Dauer des Krieges in den Hintergrund gedrängt zu werden. Um seine fortdauernde Funktionsfähigkeit unter Beweis zu stellen, organisierte er deshalb in geradezu unziemlicher Hast den XVII. Internationalen PEN-Kongress vom 10. bis 13. September 1941 in London. Die politische Kriegssituation bestimmte dabei vor allem die Themenwahl. So sprachen Jacques Maritain und Denis Saurat über das Thema »Free France Speaks« (»Das freie Frankreich spricht«); Arthur Koestler, Phyllis Bentley und Antoni Slonimski über »Propaganda and the Temptations of the Writer« (»Propaganda und die Versuchungen des Schriftstellers«); Edward M. Forster und Hsiao Ch'ien über »The New Disorder« (»Die neue Unordnung«) und Wilhelm Keilhau über »The Non-Existence of ›Europe‹« (»Die Nichtexistenz ›Europas‹«). »Die Abwehr des Angriffs der faschistischen Mächte durch die westlichen Demokratien« wurde bei dem Kongress in London »als Kampf auch um die Freiheit des Geistes gesehen. Der deutschen Frage ist ein eigenes Thema gewidmet: ›Germany Today and Tomorrow‹ [›Deutschland heute und morgen‹].«[83] Die deutschen Sprecher waren Alfred Kerr, Wilhelm Wolfgang Schütz, der »vom inneren Widerstand in jenem Land [sprach], von der Klarsicht des PEN, der Deutschland nicht für identisch mit dem Nationalsozialismus hielt«,[84] und Erika Mann, die, wie Thornton Wilder und John Dos Passos, aus den Vereinigten Staaten in das London der Luftangriffe gekommen war. Aus den Vereinigten Staaten damals nach England zu kommen, war nicht ganz ungefährlich: »Wir flogen«, sagte Dos Passos. »Werden wir abgeschossen werden? fragten wir einander. Aber wir wußten, wir müssen auf die kleine Insel fliegen, wir müssen ihnen zeigen, wir gehören zu euch. Ihr seid nicht allein in eurem Freiheitskampf.« Die Journalistin (und Erzählerin) Gabriele Tergit, die von 1957 bis 1974 Sekretärin des Exil-PEN war, hat diese Worte des Amerikaners in ihren Erinnerungen überliefert, dazu auch den Kommentar des ebenfalls anwesenden Friedenthal, der gewiss kein Pathetiker sei: »Wunderbar gewesen nicht?«[85]

Die Konkurrenzangst des Internationalen PEN vor der amerikanischen Neugründung sollte sich als überflüssig erweisen. Die New Yorker Gruppe stellte langfristig keine Konkurrenz für die Londoner Gruppe dar, sondern löste sich einfach auf, als ob sie nie gegründet worden wäre. Als sich Friedenthal Ende 1941 an Stefan Zweig mit der Bitte um Auskunft über deutsche PEN-Zentren im Ausland wandte, antwortete ihm Zweig am 15. Januar 1942 aus Petropolis, was den PEN betreffe, so wisse er darüber nicht mehr, als dass »in der Mitte des großen Krieges noch ein Kleinkrieg ausgebrochen«[86] sei zwischen den verschiedenen Zentren. Jules Romains, der damalige Präsident des Internationalen PEN, möge einige technische Fehler begangen haben,[87] aber er könnte bezeugen, dass Romains sein Bestes getan habe, all die verschiedenen Gruppen in New York zusammenzubringen und eine provisorische Einheit daraus zu bilden: »Ich selber bin außer Kontakt mit ihm im Augenblick, seit er nach New York ging, und ich glaube, daß, seitdem er von dort fortgegangen ist, kein Zentrum der Exil-Literatur in New York besteht.«[88] Er, Zweig, habe, wie Friedenthal wisse, nie an eine andere wirksame Propaganda geglaubt als an militärische Erfolge. Eine siegreiche Schlacht sei eindrucksvoller als fünfzehn Kongresse und zweihundert Propagandabücher. Das Buch und Werk werde wieder in seine Rechte eintreten, wenn der Krieg zu Ende sei. –

Friedenthal hatte sich während der Londoner Tagung des Internationalen PEN im September 1941 im Hintergrund gehalten. Er sollte aber schon bald, zunächst als *»Assistant Secretary«*, dann, seit Ende 1942 als Sekretär (neben Friedrich Burschell) in der deutschen Londoner Gruppe eine entscheidende Rolle spielen, denn er trug die Hauptlast der anfallenden Arbeit. Am 4. September 1942 fand die erste Mitgliederversammlung statt, in der Alfred Kerr als Präsident, Friedrich Burschell und Friedenthal als Sekretäre und Leon Zeitlin als Schriftführer und Kassenwart bestätigt wurden. 1945 wurde Wilhelm Sternfeld Kassierer. 1946 wählte man jedoch wegen der schweren Erkrankung Alfred Kerrs einen neuen Vorstand: Hermann Friedmann wurde Vorsitzender, Richard Friedenthal blieb Sekretär und Wilhelm Sternfeld Kassierer (1950 wurde er Nachfolger Friedenthals als Sekretär). Friedrich Burschell und Karl (Charles) Wolff wurden als »Beisitzer« gewählt. Alfred Kerr setzte auf der Mitgliederversammlung vom 7. Januar 1947 durch, dass er, neben dem Vorsitzenden, weiterhin Präsident mit Stimmrecht im neuen Vorstand blieb. Ehrenpräsident wurde Thomas Mann. Hilde Spiel berichtet, als man nach dem Tode Alfred Kerrs – er starb am 12. Oktober 1948 in Hamburg – nach einem neuen Präsidenten Ausschau hielt, habe Friedenthal bestimmt erklärt, nun sei es aber genug mit den »dämonischen Greisen«: »Da er selbst alles andere als ein solcher war, wurde er folgerichtig und zu Recht [1950 zum Präsidenten (bis 1952)] gewählt.«[89]

Der Club hielt nicht nur Mitgliederversammlungen ab, sondern er führte auch eine ganze Reihe anderer Veranstaltungen durch, wie Vortragsabende und Gedenkfeiern, zu denen Friedenthal als Sekretär einlud, so zu einer Veranstaltung im British Austrian Club am 12. Mai 1942, auf der ein Appell deutscher Schriftsteller in Moskau (Johannes R. Becher, Friedrich Wolf, Erich Weinert u.a.) debattiert wurde, Gabriele Tergit aus einem in Arbeit befindlichen Romanmanuskript vorlas und Leon Zeitlin über »Ideologische Voraussetzungen des Wiederaufbaus« sprach. Bei anderen Treffen hielt Alfred Kerr mehrere Vorträge, u.a. zum Thema »Nietzsche und die Romantik«, und er ehrte Jubilare und Verstorbene, wie Robert Musil, Carl Sternheim, Franz Werfel und Alfred Wolfenstein.

Dabei war der Umgang mit Kerr nicht immer ganz einfach. Einerseits gab es Mitgliederversammlungen, in denen gemeinsam beraten und demokratisch abgestimmt wurde, aber Kerr war eine zu starke Persönlichkeit, um solche demokratischen Gepflogenheiten nicht als Einengung zu empfinden. Es fehlte ihm wohl zumindest an Konzilianz, an der Fähigkeit, »in der durchaus nicht homogenen Gruppe ausgleichend zu wirken, sie zu integrieren, bei Versammlungen zu moderieren«.[90] Sein Führungsstil war nicht nur für heutige Begriffe

aus, wobei sie von ihrem in Schweden tätigen Mitglied, Professor Walter A. Berendsohn, vertreten wurde, der sich damals schon wissenschaftlich mit der deutschen Exilliteratur befasste. Dabei ging es hier zunächst nur darum, »die Möglichkeit einer Wiedererrichtung des deutschen PEN in Deutschland zu ergründen«.[93]

Zu diesem Zweck wurde auch Kontakt zu nicht ausgewanderten, integer gebliebenen Autoren in Deutschland aufgenommen, u.a. zu Werner Bergengruen, Erich Kästner, Johannes Tralow und Ernst Wiechert. Der aus dem Moskauer Exil nach Berlin zurückgekehrte Johannes R. Becher nahm von sich aus Kontakt mit der Londoner Gruppe auf.

Bei der Jahresversammlung vom 8. November 1946 beschloss man, sich eine neue Satzung zu geben, da sich die alte mit ihrem antinazistischen Kriterium nur auf die Zeit des Dritten Reiches anwenden ließ. Die neuen Statuten wurden am 7. Januar 1947 von der Mitgliederversammlung angenommen. Wie Friedenthal am 7. Januar 1947 an Erwin Magnus schrieb, sollte »die Londoner Gruppe zu einem Sammelpunkt für alle deutsch schreibenden Autoren im Ausland« ausgebaut werden.[94] Dies drückte er auch in einem Rundschreiben an die zahlreichen deutschen, im Ausland lebenden Autoren aus, die er in dem neu orientierten Londoner PEN sammeln wollte. In einem derartigen Brief vom 2. Dezember 1947 heißt es:

> »Wir halten den Augenblick fuer gekommen, unseren Kreis, der durch die Kriegsverhaeltnisse notgedrungen beschraenkt sein musste, zu erweitern und die Gruppe zum Zentrum aller deutschen oder deutschsprachigen Autoren in der Welt zu machen, die nicht die Absicht haben, nach Deutschland zurueckzukehren. Auf absehbare Zeit hinaus wird ein wesentlicher Teil der deutschen Literatur von Rang im Ausland vertreten sein. Fuer diese Schriftsteller, unbeschadet ihrer frueheren oder jetzigen Staatsangehoerigkeit, wollen wir als Sammelstelle und Vertretung dienen. Entscheidend fuer die Aufnahme ist lediglich die Qualifizierung als Autor von Ruf, wie sie dem Rahmen des Internationalen PEN-Klubs entspricht.« (DLA)

Gleichzeitig hatte man aber nicht die Absicht, damit dem Wiederaufbau des PEN-Zentrums in Deutschland im Wege zu stehen, sondern strebte vielmehr die enge Zusammenarbeit mit einer solchen Gruppe an und brachte dies auch auf den Internationalen PEN-Kongressen zum Ausdruck. So wurde bereits auf dem XIX. Internationalen PEN-Kongress in Zürich (2.-6. Juni 1947), an der Ernst Wiechert, Erich Kästner und Johannes R. Becher als Gäste teilnahmen, über den Antrag der deutschen Exil-Gruppe auf Wiedererrichtung eines innerdeutschen PEN diskutiert.[95] Thomas Mann setzte sich nachdrücklich für die Deutschen ein, »doch die Belgier protestieren, und Vercors will sie nur zulassen, wenn sie noch eine Weile unter internationaler Kontrolle stehen. [...] Beim Schlußbankett verbürgt sich Erich Kästner für Anstand und Moral in dem neu zu errichtenden deutschen P.E.N.«[96] Man einigte sich auf die Einsetzung einer vorbereitenden und überwachenden Kommission. Die Sekretärin des Exil-PEN (ab 1957) Gabriele Tergit stellte später fest: »Die rasche Wiedererrichtung eines PEN-Zentrums auf deutschem Boden ist der Initiative Alfred Kerrs und Richard Friedenthals zu danken und dem Auftreten Thomas Manns und Professor Hermann Friedmanns [...] auf dem Kongress in Zürich 1947.«[97]

Die Teilnahme an dem PEN-Kongress in Zürich als einer der Vertreter des Exil-PEN war für Friedenthal auch insofern ein Gewinn, als er hier Erich Kästner kennen gelernt hatte. Während der Plenarsitzungen war viel von der damals heiß diskutierten »inneren Emigration« die Rede gewesen. Daraufhin schickte Friedenthal Kästner ein Exemplar seiner Gedichtsammlung *Brot und Salz* von 1943 mit der handschriftlichen Widmung: »Erich Kästner/diesen Gruß eines äußeren Emigranten/Richard Friedenthal/London Juli 1947.«[98] Gleichzeitig schickte er ihm am 10. Juli einen Brief, der die persönliche Freundschaft begründete, indem er das Eis zwischen dem Daheimgebliebenen und dem Emigranten brach. »Wir hatten leider in Zürich im Drang der hochwichtigen Kongressgeschäfte nur sehr flüchtig Gelegenheit«, schrieb Friedenthal,

> »uns etwas näher persönlich kennenzulernen. Das war mir eine Enttäuschung, denn der rein menschliche Kontakt mit ›denen da drüben‹ war eigentlich das, worauf ich mich bei der Reise vor allem gefreut hatte. Es ist ein ›da drüben‹ von beiden Seiten aus, und wir können uns darüber nicht hinwegtäuschen. Aber ich hatte doch auch das Gefühl, dass die geographische und zeitliche Trennung nichts Endgülti-

ges darstellt. Bitterkeit und Ressentiment ist genug in der Welt. Das hat die Tagung wieder zur Genüge bewiesen. Wir brauchen diese Stimmungen nicht noch zu vermehren. [...] Umso erfreuter war ich, als ich nach meiner Rückkehr aus Ascona Ihren Reisebericht in der Neuen Zeitung sah.[99] Ich entnahm mit Befriedigung daraus, dass auch Ihnen die Unterschiede zwischen äusserer und innerer Emigration nicht so als rocher de bronce stabilisiert erscheinen, wie das manche unverbesserliche Preussenseelen wahrhaben wollen.« (DLA)

Dass Kästner es vorgezogen hatte, nicht zu emigrieren und in Deutschland zu bleiben, tat damit der Freundschaft zwischen beiden keinen Abbruch und so meinte auch Kästner, von solchen modischen Unterscheidungen sei seitdem zwischen ihnen nicht mehr die Rede gewesen. Gerade im PEN-Club hätten sie sich nicht zuletzt, sondern in erster Linie durch Friedenthal, durch seine unermüdliche Aktivität, durch seine bloße Existenz erübrigt.[100]

Die Reise nach Zürich war damit auch in menschlicher Hinsicht ein Erfolg. Am 10. Juli 1947, dem Datum des Briefs an Kästner, erhielt Friedenthal von einem Oskar Jancke in Ammerland am Starnberger See den – vielfach korrigierten – Aufruf zur Gründung einer Akademie für Dichtung und Sprache mit der Aufforderung zur Beteiligung. Die Tatsache, dass im Text die letzte Hälfte des Satzes »So sprechen wir für alle Einsichtigen, deren es viele gibt« gestrichen war, lockte Friedenthal ein Lächeln ab und ließ ihn kommentieren: »Mit Recht, mit völligem Recht.«[101] In die Deutsche Akademie für Sprache und Dichtung in Darmstadt wurde Friedenthal 1960 als Mitglied gewählt. –

Beim XX. Internationalen PEN-Kongress (31. Mai bis 5. Juni 1948) in Kopenhagen, an dem Hermann Friedmann und Richard Friedenthal als Delegierte der Londoner Gruppe teilnahmen, gelang es Friedmann, die Delegierten von der Berechtigung der Neugründung eines PEN-Zentrums in Deutschland zu überzeugen. Friedenthal würdigte diese Leistung später, indem er am 20. März 1955 von München aus an Wilhelm Sternfeld schrieb: »Friedmann: müßte eigentlich noch den erblichen Adel für seine Verdienste um die Aufrechterhaltung des deutschen PEN-Klubs in der Emigration und die Wiedererrichtung des deutschen Zentrums erhalten.«[102] Peter de Mendelssohn hatte im Namen des englischen PEN die entsprechenden Anträge unterstützt. Der Londoner Exil-PEN »hatte eine [Mitglieder-]Liste vorgeschlagen, der Kästner, Langgässer, Sternberger ebenso angehören wie die Seghers, Becher, Friedrich Wolf und Ludwig Renn«.[103] Nach langen Debatten im internationalen Exekutiv-Komitee und dem vorbereitenden Ausschuss wurde in Kopenhagen die Wiederaufnahme des PEN in Deutschland in den internationalen Verband einstimmig beschlossen. »Zwischen Kästner und Kerr, zwischen Sternberger und de Mendelssohn, zwischen Edschmid und Wilhelm Unger gab es keine ideologischen Unterschiede. Das sahen auch die Herren und Damen von der Internationalen Exekutive ein.«[104] Eine grundsätzliche und dauernde Bedingung war, dass der deutsche PEN-Club sich verpflichtete, »keinen Schriftsteller aufzunehmen, der zu irgendeiner Zeit in der Nazi-Propaganda-Organisation, insbesondere in einem der vormals von Deutschland besetzten Länder, tätig gewesen ist.«[105] Zwanzig Namen von Schriftstellern mussten in Kopenhagen als Gründungsmitglieder des neuen PEN-Clubs in Deutschland eingereicht werden; dies waren u.a.: Johannes R. Becher, Hermann Friedmann, Hans Henny Jahnn, Erich Kästner, Hermann Kasack, Elisabeth Langgässer, Theodor Plievier, Ludwig Renn, Reinhold Schneider, Anna Seghers, Dolf Sternberger, Günther Weisenborn und Friedrich Wolf. Vom 18. bis 20. November 1948 fand dann in Göttingen die konstituierende Versammlung zur Neugründung des deutschen PEN-Clubs statt, der sich »P.E.N.-Zentrum Deutschland. Sitz München« nannte. Der neue gesamtdeutsche PEN hatte drei Präsidenten: Hermann Friedmann, Johannes R. Becher und Erich Kästner. Schatzmeister war Johannes Tralow. Die Scheidung in eine ost- und westdeutsche Literatur war zu diesem Zeitpunkt noch nicht vollzogen. Im Gegenteil: In Göttingen proklamierte Hermann Friedmann als die »Politik« des PEN »die *Nichtexistenz einer Ost-West-Spannung im deutschen Schrifttum*«; in seiner Autobiographie fügt er hinzu: »Schon in Zürich [1947] hatte ich dem Einwande, daß die Zonenspaltung Deutschlands der Etablierung eines einheitlichen deutschen Schrifttums im Wege stehe, den Satz entgegengestellt: ›Gott sei Dank steht der Unüberschreitbarkeit der politischen Grenzen die Unabsperrbarkeit der geistigen gegenüber.‹«[106] Das machte sich damals sehr gut, ging aber,

Richard Friedenthal mit Erich Kästner (Mitte) und Ernst Penzoldt (links) im Gespräch. 1952.

wie sich schon bald zeigen sollte, an den Tatsachen der politischen Ost-West-Spaltung völlig vorbei.

An dem nächsten Internationalen Kongress, der 1949 in Venedig stattfand, durften die Schriftsteller aus Deutschland voll anerkannt teilnehmen; Erich Kästner gelang es hier, dem deutschen PEN-Zentrum seine volle Autonomie zu gewinnen:[107] »Deutsches Zentrum endgültig aufgenommen«, notiert denn auch Friedenthal in seinem Notizbuch (DLA). Auch er, der damals noch in London lebte, nahm als Vertreter der Londoner Gruppe an dem Kongress teil.

Er sah bei dieser Gelegenheit auch noch einmal Alfred Döblin (1878-1957). Döblin sei »doch schon sehr klapprig und sehr mürbe« gewesen, erinnerte er sich später und berichtete folgendes anekdotische Erlebnis: Da Döblin von der Stadt nichts kannte, erbot sich Friedenthal, ihn ein wenig zu führen. Dabei kam es zu einer leicht peinlichen Situation, die sich dadurch ergab, dass Döblin als Jude 1941 zum Katholizismus übergetreten war. »Aber ich wurde dann doch etwas nervös«, erinnert sich Friedenthal,

»als wir die Markuskirche betraten. Denn da bekreuzigte er sich nicht einmal am Eingang und Ausgang, sondern vor jedem Weihwasserkessel, halb verlegen und erschreckt, und mit so ungeübten und unsicheren Händen, die das neue Vokabular eben noch nicht beherrschten. Fast war ich versucht, ihm die Hand auf die Schulter zu legen und leise zu sagen: Döblin, alter Jude, so macht man das doch nicht! Ich beherrschte mich aus Respekt vor dem grand old man, und das war er ja auch.«[108]

Der anekdotische Bericht sagt genauso viel über Döblin und seine Unsicherheit nach der Konversion aus wie über die aus Spott und Respekt gemischte Haltung des aus einer vor über hundert Jahren getauften jüdischen Familie stammenden Friedenthal. Heißt das, dass er der Taufe von Juden skeptisch gegenüberstand, weil sie für ihn, den skeptischen Aufklärer, nur durch die Euphorie der nachnapoleonischen Reformen bedingt war? Doch wohl nicht, denn Friedenthal war auch Nachfahre evangelischer Pfarrer und sah sich selbst sicher nicht als Jude, sondern als aufgeklärten Menschen, für den die Zugehörigkeit zu einer bestimmten religiösen Gruppe unwesentlich war. –

Mit der Neugründung des PEN in Deutschland ergab sich die Frage, ob der Exil-PEN damit nicht eigentlich überflüssig geworden war. Sie wurde dadurch geklärt, dass auf der Mitgliederversammlung vom 26. August 1948 beschlossen wurde, ihn umzubenennen in »P.E.N.-Club Deutscher Autoren im Ausland, Sitz London.« Der Club, der weiterhin ein Sammelbecken all derer blieb, die in ihrem Asylland Wurzeln geschlagen hatten und sich nicht entschließen konnten, nach Deutschland zurückzukehren, hatte damals immerhin über 80 Mitglieder; Mitte der neunziger Jahre waren es ca. 140, nun allerdings vor allem deutsche Autoren, die freiwillig im Ausland lebten.

Bei der Aufnahme neuer Mitglieder überlegte man sich sehr genau, ob sie durch Engagement für das Nazi-Regime oder Kollaboration mit ihm belastet waren, war aber im Zweifelsfall großzügig. So hatte Kästner Ende 1957 bei Friedenthal angefragt, ob man Walter von Molo in den PEN aufnehmen sollte. Von Molo war einerseits Mitbegründer des deutschen PEN gewesen, hatte während der Hitler-Zeit zurückgezogen in Oberbayern gelebt und war von den Nazis bereits im

Frühjahr als »undeutsch, marxistisch, liberalistisch, pazifistisch« angegriffen worden, andererseits hatten seine völkisch-patriotischen Schriften und Reden, vor allem seine Friedericus-Trilogie (urspr. 1918-21; neubearb. 1936,; verfilmt 1921, 1933, 1937) zur Untermauerung der nationalsozialistischen Ideologie gedient. Von Molo war *der* Vertreter der »Inneren Emigration«, die er in seinem Briefwechsel mit Thomas Mann (*Ein Streitgespräch über innere und äußere Emigration*; 1946) verteidigt hatte. Friedenthal stellte sich seiner Aufnahme in den PEN nicht entgegen. Er fragte sich, was denn gegen von Molo Ernstliches vorliege: »Ein Nazi dürfte er wohl kaum gewesen sein. Und irgendwie ist dies schlecht geschriebene, oder vielmehr diktierte Buch, rührend.[109] Man hat das Gefühl: eine ehrliche Haut, ein Polterer, oft ein alter Esel, und wie all solche Esel recht aktiv um sich schlagend mit den Beinen.«[110] Der 1880 geborene von Molo starb weniger als ein Jahr später am 27. Oktober 1958.
Friedmanns in Göttingen proklamierte »Politik« der »Nichtexistenz einer Ost-West-Spannung im deutschen Schrifttum«[111] sollte sich als Illusion erweisen. Schon am 6. Juni 1951, rund zwei Wochen *vor* dem Internationalen PEN-Kongress in Lausanne (22. - 29. Juni) schrieb Friedenthal an Hanns Arens: »Der PEN macht mir nichts als Sorge und Unannehmlichkeiten, und es sieht ja fast so aus, als ob das deutsche Zentrum, das ich mit so grosser Muehe in seinen ersten Anfaengen (als es noch keinen Friedmann gab) in den Sattel zu setzen suchte, nun auseinanderbricht.« (DLA) Das geschah in Lausanne noch nicht, jedoch beinahe: es wurde nämlich den Delegierten aus etwa 50 Staaten auf Initiative der Oststaaten eine Friedensresolution vorgelegt, die »an die Erklärung von Stockholm [erinnerte], welche den Begriff der Freiheit der Meinungsäußerung nicht klar herausarbeitete, jedenfalls nicht so, daß Friede und Freiheit unlösbar verbunden seien«.[112] Bei der Abstimmung ergab sich Stimmengleichheit, wobei die Deutschen aus Ost und West gegeneinander stimmten; der Präsident der Tagung, ein Belgier, entschied sich gegen die Resolution des Ostens, womit diese erledigt war. Die Spaltung des deutschen PEN war damit noch einmal verschoben worden, aber nicht für lange. Zur Spaltung kam es nämlich bei dem PEN-Kongress vom 23.-25. Oktober 1951 in Düsseldorf, wobei Friedenthal als Präsident des PEN-Klubs

deutscher Autoren im Ausland (seit September 1951) zugegen war. Eine große Zahl der Friedenthal zufolge »vernünftigen« Mitglieder war zu Hause geblieben, »da eine große Kampftagung erwartet wurde«,[113] während die Leute Johannes R. Bechers »diszipliniert anzutreten hatten, ob sie Lust dazu hatten oder nicht«,[114] und so eine Zufallsmajorität bildeten, die ihnen eigentlich nicht zukam. Dieser ostdeutschen Mehrheit gelang es zwar nicht, die Lausanner Friedensresolution durchzubringen, doch wurden Friedmann und Kästner als Präsidenten des PEN-Zentrums Deutschland nicht wieder gewählt, sondern stattdessen Johannes R. Becher, Johannes Tralow und Günther Weisenborn. Der als Generalsekretär wiedergewählte Kasimir Edschmid nahm die Wahl nicht an, da seine Freunde nicht wiedergewählt worden waren. Daraufhin zogen sich die meisten westdeutschen Mitglieder zurück und gaben folgende Resolution heraus:

> »Wir bedauern, daß von den etwa fünfzig westdeutschen Kollegen nur eine geringe Zahl erschienen war, trotz des ausdrücklichen Hinweises auf die Bedeutung dieser Tagung, während aus dem Osten acht von vierzehn Mitgliedern gekommen waren. Obwohl die vom Osten befürwortete Lausanner Friedensresolution von der Versammlung abgelehnt wurde, hat die Diskussion ergeben, daß zwischen den beiden Gruppen eine Verständigung über den Begriff Freiheit nicht möglich ist. Um die geistig schon längst bestehende Trennung auch organisatorisch zum Ausdruck zu bringen, werden die unterzeichneten Mitglieder eine selbständige deutsche Gruppe innerhalb des Internationalen PEN bilden.«[115]

Am 3. und 4. Dezember 1951 wurde in Darmstadt das »P.E.N.-Zentrum Bundesrepublik Deutschland« gegründet, mit Erich Kästner als Präsident und Kasimir Edschmid als Generalsekretär. Hermann Friedmann wurde Ehrenpräsident. Friedenthal war bei der Gründung anwesend und somit einer der Mitbegründer. Im März 1952 wurde das Zentrum »auf der Delegierten-Versammlung in Paris gegen einige Länderstimmen legitimiert und im Juni 1952 auf dem Internationalen Kongress in Nizza einstimmig ratifiziert. Der PEN der Bundesrepublik zählte im Jahr darauf etwa hundert Mitglieder.«[116] Die Mitglieder aus dem Osten formierten sich später als »P.E.N.-Zentrum Ost und West«, das sich seit 1967 »P.E.N.-Zentrum Deutsche Demokratische Republik« nannte. Die Kontakte zwischen dem westdeutschen PEN und der Londoner Gruppe waren in den fünfziger und sechziger Jahren durch die Personalunion mehrerer führender Mitglieder hergestellt: Richard Friedenthal, Wilhelm Unger, Wilhelm Sternfeld und Hermann Kesten waren in beiden Zentren Mitglied.[117] Bei seiner ganzen Arbeit für den PEN zeichnete sich Friedenthal immer durch Gewissenhaftigkeit, Zuverlässigkeit, pedantische Genauigkeit und ein ausgesprochenes Organisationstalent aus, wie er es schon in den dreißiger Jahren als Schöpfer des Knaur-Lexikons und als Verlagsleiter bewiesen hatte. Das Erstaunliche ist, dass er sich, im Gegensatz zu Neumanns Unterstellung, nie in den Vordergrund drängte: Er blieb der bienenfleißige Arbeiter, während andere sich mit dem Glanz ihrer Würden umgaben.

Familie in Deutschland – Ehe in England

Während des Krieges war der Kontakt Friedenthals zu seiner Familie in Deutschland nur über eine Dienststelle des Roten Kreuzes in Genf möglich, wobei auf einem Formular höchstens 25 Worte eingetragen werden durften. Auf diese Weise schrieb er am 14. November 1941 an die Mutter:

»ICH BIN GESUND HOFFE SEHR DASS ES EUCH ALLEN GUT GEHT
ALLERHERZLICHSTE GRÜSSE UND DIE BESTEN WÜNSCHE
RICHARD« (DLA)

Und die Mutter antwortete ihm auf der Rückseite des Formulars am 19. Februar 1942:

»Alle Hocherfreut und wohlauf, auch Lilli grüsst, malt fleissig. Vater und Käthe hüten Deine Bibliothek. Walter Organist bei Wittenberg.
Innige Grüsse Muttchen« (DLA)

Im Mai 1942 sandte sie ihrem Sohn folgende Notiz:

»Alle senden innige Geburtstagswünsche. Was macht Lotte [Zweig]? Kannst Du arbeiten und hast die nötigen Bücher? Hier alles wohlauf. Lilli malt gute Bilder, gruesst herzlich,
Mutter« (DLA)

Am 18. Mai 1943 schrieb Friedenthal auf demselben Weg zurück:

»BIN WOHL UND KANN MEINE ARBEIT WEITERFUEHREN LOTTE UND MANN STARBEN IN AMERIKA LEBE IN HERZLICHEM KONTAKT MIT IHREN ANGEHOERIGEN ALLERHERZLICHSTE GRUESSE AUCH AN LILLI RICHARD.« (DLA)

Auf der Rückseite des Briefformulars findet sich die Antwort der Mutter:

»VATER [Hans F.] AUGUST 42 SANFT ENTSCHLAFEN
ALFRED [Vierkandt] VERÖFFENTLICHT
KÄTHE BERÜHMTE ÄRZTIN
WALTER GLÜCKLICHER MUSIKER
UND VATER
LILLI ERFOLGREICHE KÜNSTLERIN[118]
WIR LEBEN AM BODENSEE
INNIGSTE GRÜSSE
MUTTER
Datum: 1.8.43« (DLA)

Die Mutter hatte sich inzwischen mit ihrem Mann, Alfred Vierkandt, für einige Jahre in Überlingen am Bodensee einen Zweitwohnsitz genommen.[119] Am 20. November 1943 schickte sie ihrem Sohn im Namen der ganzen Familie herzliche Weihnachtsgrüße. (DLA) Die Schwester Käthe werde nun Landärztin und Lilli lasse herzlich grüßen; sie male viel. – Ähnlich schrieb sie, wie immer durch das Rote Kreuz, am 17. Februar 1944 (Stempel) an ihren Sohn: Die Häuser in Berlin seien unversehrt. Käthe sei seit dem 1. Dezember 1943 Ärztin in Rheinsberg. (DLA) Diese in Form von Telegrammen übermittelten Kurzbriefe waren der ganze Kontakt, den Friedenthal während des Krieges mit seinen Verwandten in Deutschland hatte.

Nach der Kapitulation Hitler-Deutschlands im Mai 1945 und dem ersten Atombombenabwurf in Hiroshima am 6. August durch die Amerikaner notierte Friedenthal in seinem *Tagebuch Kriegsende 1945*:

»Ein neues Zeitalter beginnt, alle Zeitungen schreiben das, es ist eine Platitüde, aber deshalb nicht weniger wahr. [...] Ich glaube, nicht einmal die Flieger, die die Bombe abwarfen, fühlten sich wohl. ›Mein Gott!‹ sollen sie gesagt haben, als die Rauchwolke aufstieg. Ich muß im B.B.C. die ersten Berichte übersetzen über den entsetzlichen Versuch. [...]

> Noch immer hängt die Rauchwolke über Hiroshima. Keiner jubiliert. Keiner jubiliert.« (DLA)

Es sollte aber trotz des Kriegsendes bis zum 13. Februar 1946 dauern, bis Friedenthals Mutter wieder die Möglichkeit hatte, ihrem Sohn einen längeren Brief zu schreiben. Sie hätten viel erlebt und doch müssten sie dankbar sein, dass sie in ihrem Haus wohnen könnten und wenigstens *ein* warmes Zimmer hätten. Alle anderen seien mit Brettern zugenagelt:

> »Wir kamen Dezember 44 nach Kohlhaasenbrück zurück, erlebten hier den furchtbaren Zusammenbruch und die letzte Schlacht dieses wahnsinnigsten aller Kriege; in Wannsee sassen die S.S., in Kohlhaasenbrück die Russen, die nicht nach Berlin hinein konnten, weil alle 5 Brücken hinter unserem Hause gesprengt waren. [...] Walter starb im Februar, seine Frau [Amalie] im Juni an Blutvergiftung, das 3jähr. schöne, sehr musikal. Kind (nach mir Martha genannt), bei Käthe, die es innig liebt. [...] Durch Frau Ollens hatte ich übrigens von Deiner Rede im Rundfunk gehört, so wusste ich, dass Du lebst!! Ich hatte seit 2 Jahren nichts mehr von dir gehört. [...]
>
> Mutter« (DLA)

Nach dem Kriege nahm Friedenthal auch mit Lilli wieder Kontakt auf. Sie teilte ihm mit, dass sie seit dem 4. Dezember 1945 von ihrem amerikanischen Mann geschieden sei, obendrein mit einer anständigen Apanage. Wenn er Lust und Zeit habe und wenn sich die Welt beruhigt habe, könnten sie wieder zusammen reisen ... (DLA) Lilli dürfte von Friedenthal noch keine Antwort erhalten haben, als sie ihm am 17. Dezember 1945 auf Französisch schreibt, sie habe die ganze Zeit über mit seiner Familie, vor allem mit seiner Mutter, in Verbindung gestanden, und fortfährt: *»Et toi, est tu marié? Veux tu m'écrire, je le souhaite de tout mon cœur. J'habite toujours mon appartement à Paris. Je t'expliquerai ma situation dès que j'aurais de tes nouvelles. Répond mois bien vite. Je te souhaite une bonne Noël et une heureuse nouvelle année.«* (DLA)[120]

Mit dem gemeinsamen Reisen wurde es wohl, trotz fortgesetzter, sehr persönlich gehaltener Korrespondenz in den nächsten Jahren, nichts mehr, denn inzwischen war Friedenthal in London mit der am 30. Oktober 1898 in Nürnberg geborenen Lisa (Liselotte, eigentlich

Elisabeth Charlotte) Bach eng befreundet, die er am 2. Oktober 1951 heiraten sollte.[121] Sie hatten schon während des Krieges eine Lebenspartnerschaft begründet, wobei Friedenthal aber lange Zeit sein Zimmer und Lisa ihre eigene Wohnung behielt.

Wer war Lisa Bach und wie hatte Friedenthal sie kennen gelernt? Die Geschichte ihrer Familie allein ist jüdisches Schicksal par excellence: Die Ehe von Lisas Eltern war geschieden worden. Der Vater lebte in Hamburg, ein Bruder aus dieser Ehe konnte während des Dritten Reiches nach Südamerika emigrieren, wo er verstorben ist. Die Mutter ging eine zweite Ehe mit einem Karl Gütermann ein, mit dem sie in Nürnberg lebte. In dieser zweiten Ehe wurde noch eine Tochter, Annette, geboren, also eine Halbschwester Lisas. Die Mutter starb dann relativ früh, so dass Lisa, zusammen mit Annette, von ihrem Stiefvater erzogen wurde. Karl Gütermann war Kaufmann, ein außerordentlich geachteter, gebildeter und aufgeschlossener Nürnberger Bürger. Sein tragisches Lebensende sollte für Lisa und ihre Halbschwester zu einer traumatischen Erfahrung werden, denn noch vor Ausbruch des Zweiten Weltkrieges wurde er unter dem Vorwand von Wirtschaftsvergehen verhaftet. Da sich seine Firma in recht bescheidenen finanziellen Verhältnissen befand, wurde ihm vorgeworfen, sein Vermögen ins Ausland gebracht zu haben, wovon aber keine Rede sein konnte. Die Nazis versuchten, von den nach England emigrierten Töchtern, also der leiblichen Tochter Annette und der Stieftochter Lisa, eine immens hohe Lösegeldsumme zu erpressen, die weit über das hinausging, was diese je hätten zusammenbringen können. Als diese Summe nicht gezahlt werden konnte, wurde Karl Gütermann in einem Scheinprozess zum Tode verurteilt und in Nürnberg im Gefängnis hingerichtet. – Nach dem Kriege gab es eine förmliche Rehabilitierung. Diese Ereignisse waren verständlicherweise das große Trauma in Lisas Leben, ein Trauma, das sie nie überwunden hat. Darüber hinaus sind fast alle anderen Verwandten Lisas (und Annettes) im KZ umgekommen.

Karl Gütermann hatte seine beiden Töchter das Abitur machen lassen, was damals durchaus noch nicht dem üblichen weiblichen Bildungsweg entsprach. Er hatte allerdings nicht die Absicht, sie damit auf einen akademischen Beruf vorzubereiten, sondern für ein Leben als gebildete Ehefrau. Lisa wollte aber unbedingt studieren und so begann sie gegen das anfängliche Widerstreben, dann aber mit Unterstützung ihres Stiefvaters nach dem Ersten Weltkrieg in München Kunstgeschichte zu studieren. Gleichzeitig studierte ja auch Friedenthal in München, und zwar u.a. ebenfalls Kunstgeschichte. Bewusst wahrgenommen haben sich die beiden damals allerdings nicht. Lisa schloss das Studium der Kunstgeschichte nicht ab, zumal sie es ohnehin als ein Bildungsstudium und nicht als auf einen Beruf ausgerichtet aufgefasst hatte. Im Studium hatte Lisa Curt Benedikt kennen gelernt, den Sohn eines Berliner Kunsthändlers und ehemaligem Mitschüler Friedenthals. Benedikt etablierte sich in den zwanziger Jahren ebenfalls als Kunsthändler. Lisa und er heirateten, aber die Ehe wurde in den zwanziger Jahren geschieden. Beide blieben trotzdem befreundet und Benedikt hat Lisa bis in die Emigrationszeit hinein in einem gewissen Umfang finanziell unterstützt. Er selbst emigrierte schließlich nach Paris, wo er überlebte. Lisa ihrerseits gelang es, von Berlin aus mit zumindest einem Teil ihres Haushalts, mit Bildern und Möbeln – noch vor Friedenthal – nach London zu emigrieren, ein Glücksfall, den sie sich selbst auch nie hat voll erklären können. Um sich einen Lebensunterhalt in der Emigration zu verschaffen, hatte sie noch in Berlin einen Kurs als Masseurin, Kosmetikerin und Krankenpflegerin absolviert. Da sie einen hervorragenden Geschmack und eine ausgesprochen kreative Begabung hatte, arbeitete sie in London dann teils als Innenarchitektin und teils als Krankenpflegerin und Masseurin. Zusätzlich war sie aber auch gezwungen, einen Teil der mitgebrachten Bilder und Möbel zu verkaufen.

Durch ihre Tätigkeit als Krankenpflegerin lernte Friedenthal Lisa kennen, denn Lisa hatte Mireille, die kleine Tochter von Miette Dernbach, während deren offenbar sehr langwieriger Masernerkrankung gepflegt und Miette machte beide miteinander bekannt.

Lisa war eine Frau von Intelligenz und Witz. Sie war sehr belesen und war von treffsicherem, nicht konventionellem, gelegentlich auch scharfem Urteil. Sie verfügte über einen sehr guten Geschmack, verstand es, sich feminin und elegant zu kleiden und hatte gesellige und gesellschaftliche Talente. Sie kochte hervorragend, selbst mit bescheidensten Mitteln. Auch als noch sehr wenig Geld da war, also vor dem

Friedenthals spätere Frau Lisa.

großen Erfolg von Friedenthals Goethe-Biographie, verstand sie es, bei größter Sparsamkeit aus jeder Mahlzeit etwas Besonderes zu machen. Leute einzuladen, war ihre große Leidenschaft. Sie hatte eine große Begabung für das Dekorative, es war ihr wichtig, wie bei jeder Mahlzeit der Tisch gedeckt war, dass immer Blumen da waren usw.:

> »Richard hat diese große Kultivierung des Alltags bewundert und geschätzt, obwohl er selbst eigentlich einen geradezu schlichten Stil hatte und vielleicht auch mehr oder weniger spartanisch glücklich gelebt hätte. Lisa hätte in einer anderen Zeit und unter anderen Umständen einen Salon führen können. Wenn Richard krank war – er hatte mehrmals Lungenentzündungen – pflegte sie ihn mit professionellem Können und vollem Einsatz. Man traute ihr das bei nur oberflächlicher Bekanntschaft nicht zu.«[122]

In den Jahren vor ihrer Eheschließung wechselten Lisa und Friedenthal, vor allem, wenn er auf Reisen war, Briefe in deutscher, englischer und französischer Sprache miteinander. Was Friedenthal an ihr von Anfang an sehr schätzte, waren ihre Harmonie und Toleranz im Umgang mit anderen, insbesondere ihm selbst. Schon am 22. Mai 1942 sieht sich der Vielbeschäftigte genötigt, sich ihr gegenüber zu verteidigen, dass er zu beschäftigt sei und deshalb zu wenig Zeit für sie habe. (DLA) Am 29. Oktober 1944 macht er ihr zum Geburtstag das Kompliment, Harmonie sei wohl ihre wesentliche Eigenschaft. Sie sei ein harmonischer Mensch und darin liege wohl ihre Anziehung für ihn wie für die vielen Menschen, die sie bewunderten und in irgendeiner Form lieb hatten. Die meisten Menschen seien sehr unharmonisch; er selbst sei auch ziemlich disparat zusammengesetzt, aber sie habe von einer guten Fee die Harmonie mitbekommen und sie außerdem in sich entwickelt: »Hier in der Emigration, und im Umgang mit den drei oder vier schwierigen Friedenthals harmonisch zu bleiben, ist wirklich eine Leistung. Dazu, und nicht eigentlich zu Deinem Geburtstag, der ja immer ein willkürliches Datum ist, muss ich Dir gratulieren.« (DLA) Interessant, weil aufschlussreich für den Charakter Friedenthals, ist ein undatierter Brief an Liselotte auf Französisch. Er macht deutlich, dass der sonst so eloquente Friedenthal Scheu hatte, seine persönlichsten Gefühle zu artikulieren, und beweist diese Scheu gleichzeitig dadurch, dass er es indirekt auf Französisch und nicht in seiner Muttersprache versucht:

»Ma chère Lisa,
Merci beaucoup pour Votre lettre. Je suis un peu embarrasseé de dire des choses tendres; le ›parlez-moi d'amour‹, était toujours chose presque affreuse pour moi. Peut être je n'ai pas le vocabulaire nécessaire à ma disposition. Je suis trop scrupuleux; je hâte les mots communes, et je ne peux pas employer des mots artificiels; en somme, je suis un écrivain, – personnage honteuse en chaque regard. La possibilité d'exprimer la plus facile pour moi est tout simplement de parler des gestes … Voilà … je reviendrai vers 3 heures au lundi. Puissiez-Vous donnez la clef à Madame Reiss? J'espère qu'elle sera dans la maison – autrement je pourrai venir à Votre maison et disposer de ma baggage à la laiterie.
Mille baisers
Votre
[R.]« (DLA)[123]

Da mit dem Erfolg der Goethe-Biographie sich Friedenthals finanzielle Situation erheblich gebessert hatte, konnte er seiner Frau nun gelegentlich das gepflegte Leben ermöglichen, das sie aus ihrer Kindheit und Jugend kannte. Wenn er nun mit ihr reiste, stiegen sie nur in den wirklich schönsten Hotels ab. »Danach kehrte sie ganz zufrieden wieder [in ihr bescheidenes Haus] nach Burgess Hill zurück.«[124] Lisa hat die schwere Zeit des Exils mit Friedenthal durchgestanden.

Leider wurde bei ihr im Jahre 1971 Krebs diagnostiziert, und sie musste sich operieren lassen. Nach drei Operationen war sie im Herbst des Jahres zur Erholung im Kurhaus und Sanatorium »Bühlerhöhe« in Sand/Schwarzwaldhochstraße, wo Friedenthal sie besuchte. Sie starb nach langer Krankheit am 26. November 1973 in London. »Es war leider ein langer Prozess, der vor zwei Jahren begann«, schrieb Friedenthal am 11. Dezember 1973 an Erich Kästner,

> »mit immerhin noch einigen Gnadenfristen, die wir aber schon im Sanatorium verlebten. Gottlob hat sie zum Schluss nicht leiden müssen. Das war meine grösste Sorge, und wenigstens diese ist mir abgenommen worden. Die gute Lisa war nicht zum Leiden gemacht, aber sie hat sich sehr tapfer gehalten und so oft wie möglich gelächelt, auch als sie nicht mehr sprechen konnte.« (DLA)

Kinder waren aus dieser Ehe nicht hervorgegangen.

Als der Krieg zu Ende war oder: Die Rückkehr, die keine war.

Nachkriegsannäherungen

Das Ende des Krieges trat für die kämpfenden Armeen auf dem europäischen Kontinent zwar abrupt ein, auf den britischen Inseln blieben die Kriegsverhältnisse jedoch noch eine ganze Weile wirksam. So wurde die Rationierung von Lebensmitteln und Bekleidung noch erheblich länger fortgesetzt als im besetzten Deutschland. Auch der Briefverkehr Friedenthals mit seinen Angehörigen in Deutschland funktionierte erst allmählich wieder problemlos: »Ich erfuhr erst auf Umwegen, daß meine Mutter noch lebte, daß mein Vater durch Selbstmord geendet hatte, daß mein jüngerer Bruder durch einen alliierten Fliegerangriff ums Leben gekommen war.«[1] (*»... und unversehens ist es Abend«*, 58) Der Vater hatte am 15. August 1942 in Friedenthals Wohnung in der Mommsenstraße Selbstmord begangen, um der Deportation zu entgehen.[2] Ferner erfuhr Friedenthal, wie viele seiner Freunde und Bekannten im Krieg ums Leben gekommen waren.
Bis Anfang Mai 1950 war Friedenthals Adresse 352, Finchley Road, London, NW 3, in dem nördlichen Londoner Vorort Hampstead. Ende 1949 hatte er mit einem hohen Kredit, der ihm als Mitarbeiter der BBC mit einem Beamtenvertrag gewährt wurde, gemeinsam mit Lisa[3] in Hampstead, 15, Burgess Hill, London NW 2, ein unauffälliges Haus gekauft, das er zunächst für seine Zwecke in Stand setzen musste. Hampstead war damals zu einer Art Zentrum der intellektuellen deutschen Emigranten geworden, doch es wohnten dort auch zahlreiche, schon lange ansässige britische Juden und Künstler sowie Angehörige der Mittelschicht. Die Nichte Stefan Zweigs, Eva Alberman, wohnte ebenfalls in der Nähe und auch ein Kindergarten, den

Anna Freud begründet hatte, befand sich im selben Viertel. Das Haus der Friedenthals lag in diesem gutbürgerlichen Stadtteil und Straßenzug von Hampstead, an der Grenze zu Golders Green, wenige Schritte von der relativ lauten Finchley Road entfernt. Von dort bog man in die kurze, ruhigere und mit Bäumen gesäumte Straße ein, wo in den Vorgärten im Sommer Ginster und Rosen blühten. Martha Friedenthal-Haase schreibt, Lisa habe das Haus eigentlich etwas langweilig gefunden und hätte etwas mehr künstlerisches Flair bevorzugt. Es war in der Tat von außen mehr oder weniger unauffällig und reizlos, innen aber sehr schön und mit viel Geschmack gestaltet. Die beiden oberen Stockwerke waren damals noch vermietet – sonst wäre der Kauf finanziell nicht zu leisten gewesen – und Friedenthal und Lisa lebten in größter Bescheidenheit im Parterre. Dort war Friedenthals Arbeitszimmer, – gleichzeitig Studio und Schlafzimmer –, dann Lisas Zimmer – gleichzeitig Salon – und eine Wohnküche, die einige Stufen tiefer in eine Art Souterrain führte. Ein winziges Badezimmer, ein WC mit Vorraum, der Friedenthal als Schrankzimmer diente, vervollständigten die gesamte Wohnung. Das sehr hübsche Entree war gleichzeitig allgemeiner Durchgang für die beiden Mietparteien von oben. Eine Zentralheizung gab es nicht, sondern jedes Zimmer musste auf andere, abenteuerliche Weise geheizt werden, so dass Friedenthal den ganzen langen Londoner Winter über immer mit der Koks-Schütte unterwegs war. Wenn Besuch kam, beispielsweise die Nichte Martha, so wurde das Gästezimmer der Mieterin von oben abgemietet. Um das Haus herum wurde zunächst viel gebaut und renoviert, da zahlreiche Häuser nach dem letzten Luftangriff wieder in Stand gesetzt werden mussten.

Erst am 9. Mai 1950 erwähnt Friedenthal in einem Brief an den Literaturkritiker Hanns Arens, den er durch Stefan Zweig kennen gelernt hatte, am folgenden Tage finde endlich der Umzug statt. (DLA) Friedenthal und Lisa zogen ein und begannen mit dem Ausbau des Hauses. An Baumaterialien war schwer heranzukommen, da sie noch lange streng rationiert waren. Friedenthal organisierte sich von allen möglichen Stellen her Bretter und baute sich selbst einen Gartenschuppen, in dem er Küchenregale installierte. In diesem Schuppen und dem kleinen Keller (das Haus war nicht vollständig unterkellert) sammelte er Handwerkszeug, Geräte und Schrauben, die er vor dem Ordnungssinn seiner Frau zu retten versuchte. Martha Friedenthal-Haase berichtet, dass Friedenthal sich stets gründlich und sachverständig mit den ins Haus kommenden Handwerkern unterhalten habe und manchmal der Schrecken nachlässiger Handwerker gewesen sei: »Wenn die sich den Schaden besehen hatten und erklärt hatten, sie müßten erstmal wieder fort, um das richtige Gerät zu holen, konnte Richard nicht selten aus seinen Sammlungen eben dieses oder etwas ähnliches hervorholen und somit den ganzen Vorgang und Ablauf straffen.«[4]

Das Reparieren und Selbermachen, in der Kindheit schon in seiner »Tischlerlehre« geübt, machte Friedenthal Spaß; das handwerkliche Arbeiten gab ihm Entspannung und entsprach zugleich auch seinem Sinn für Nützlichkeit und sparsamem Umgang mit brauchbaren Dingen. Schon als Wandervogel hatte er eine enge Beziehung zur Natur gehabt und er schätzte praktische und angewandte Vernunft. Diese praktische Ader in ihm sollte sich jetzt als sehr nützlich erweisen. Am 6. März 1950 schrieb er an Hanns Arens, das Haus mache weiter viel Arbeit und er lese jetzt statt der neuesten deutschen oder englischen Lyrik Handbücher über Tischlern und Löten. Neben vielem anderen habe er – als Kind – auch einmal regelrecht Tischlern gelernt, was ihm jetzt sehr zustatten käme. Wenn er Zimmermann geworden wäre, hätte er sogar in Deutschland bleiben und Beiträge für die Arbeitsfront bezahlen dürfen. (DLA) Und in dem oben zitierten Brief an Arens vom 9. Mai, am Tage vor dem Einzug, heißt es mit leicht romantisch-poetischer Übertreibung:

> »Meine Finger sind mit Resten von Oelfarbe dekoriert, am Rande leicht angesplittert vom vielen Nageln, Haemmern und Saegen; in meinen Haaren sitzt der Staub von unendlichen Buechern, und mein Anzug hat voellig die Umzugsfarbe angenommen. Es ist kaum zu glauben, was fuer Tuecken des Objektes in so einem Hause schlummern koennen. Jetzt sind sie alle begeistert und schwaermen herum.« (DLA)

Das Haus hatte einen kleinen Garten, den Friedenthal mit viel Freude pflegte. Weil er völlig verwildert war, erforderte er anfänglich viel Arbeit und das Gras musste zunächst mit einer Sichel geschnitten

Richard und Lisa Friedenthals Haus in Londons Stadtviertel Hampstead, Burgess Hill, in dem sie ab 1950 leben.

Rückseite des Hauses mit Friedenthals geliebtem Garten.

werden. Aber allmählich richtete sich das Paar ein und das Haus blieb Friedenthals Wohnung bis zu seinem Lebensende, auch als er in den fünfziger Jahren wieder eine Zeitlang in München arbeitete und lebte.

Erst etliche Jahre später, nach dem Tode der Mieterin, richtete sich Friedenthal in der oberen Wohnung des Hauses zusätzlich ein schönes, großes Zimmer als weiteres Bibliothekszimmer ein. In seinem eigentlichen Arbeitszimmer im Parterre stand, hinter einem Vorhang, ein Klappbett, so dass es Arbeitszimmer und Schlafzimmer in einem war. Der Journalist Nino Erné, der ihn Mitte der siebziger Jahre besuchte, um ihn zu interviewen, beschreibt dieses Arbeitszimmer:

»Sein Arbeitszimmer, das ist ein großer, etwas dunkler Raum, voll mit Partituren, Klavierauszügen, Pfeifen, Möbeln und vor allem mit Büchern – von Erstausgaben der Werke Hölderlins und Novalis' bis zur gesamten Literatur von und über Karl Marx, seinem derzeitigen ›Apparat‹. Unter den Bildern an den Wänden gibt es ein Porträt von ihm aus der Zeit im Internierungslager auf der Isle of Man, gemalt von Kurt Schwitters, und ein anderes, recht frühes Jugendbildnis, nämlich an der Brust der Mutter, von der Stirnwand über dem Sofa herab diese ganze Friedenthalsche Welt in der Nußschale seines Zimmers überwachend.«[5]

Das Zimmer war eine richtige Studierstube, mit Bücherwänden hinter Glas, vielen Mappen, Ordnern und Ringbüchern. Der nicht allzu große Schreibtisch war mit einer Schreibmaschine fast ausgefüllt. Braune Balken durchzogen die Decke, Tabakschwaden hingen in der Luft. Rauchen war Friedenthals größtes Laster …

Bereits 1945 (bis 1949) hatte ihn der Bermann-Fischer Verlag in Stockholm mit der Londoner Redaktion der *Neuen Rundschau*, der alten literarischen Hauszeitschrift des früheren S. Fischer Verlags, betraut.[6] Die Zeitschrift war 1945 die erste bedeutende literarisch-politische Revue der Deutschen, die bewusst an die Zeit vor der Nazi-Herrschaft anknüpfte. Friedenthals Freund Joachim Maass war sein Pendant in New York.[7] Als verantwortlicher Redakteur musste er auch unangenehme Entscheidungen treffen. So hatte ihm Hanns Arens einen Aufsatz über den österreichischen Schriftsteller Karl Heinrich Waggerl eingereicht, der nicht nur gegen Ende des Krieges Bürgermeister seines Heimatortes Wagrain (im Salzburger Land) gewesen war, sondern auch durch den Blut- und Boden-Geist seiner Romane dem Nationalsozialismus nahe gestanden hatte; außerdem hatte er 1938 Hitler in hymnischen Tönen in Österreich willkommen geheißen. Friedenthal schreibt in seinem Absagebrief vom 2. August 1948 an Arens, er müsse ihn leider enttäuschen. Waggerl stehe, zumindest vorläufig, auf der Liste der Unerwünschten und sie könnten nicht gut etwas über ihn bringen, ohne Diskussionen hervorzurufen, die Waggerl selber nur schädlich sein würden. Er selbst beherberge gar keine »Rachegedanken« in seinem Busen, aber das seien nun einmal Dinge, die berücksichtigt werden müssten: »Ich glaube, das beste wäre, wenn Waggerl sich eine Weile stille verhielte. Mehr möchte ich über dieses peinliche Thema nicht sagen.« (DLA) Diesen Rat hätte er allerdings auch Arens selbst erteilen können, dessen Publikationen über Waggerl ebenfalls die Terminologie des Dritten Reiches verwenden.[8] Rückblickend meinte Gottfried Bermann, Friedenthal hätte bei der Redaktion der *Neuen Rundschau* nur nominell mitgewirkt. Sofern sich dieser über diese Bemerkung geärgert hat – was wahrscheinlich der Fall war –, so ließ er sich das nicht anmerken, sondern hat zumindest versucht, Bermanns Darstellung als ein Missverständnis hinzustellen. Am 30. Januar 1974 schreibt er an Wolfgang Grothe in Knivsta (Alsike) in Schweden, Bermanns Aussage könnte sich vornehmlich darauf beziehen, dass er aus Rücksicht auf dessen bedrängte Lage niemals ein Redaktionshonorar für seine fünfjährige Tätigkeit oder für seine zeitweise recht umfangreichen Korrespondenzen im Interesse des Verlags Bermann-Fischer erhalten habe. Nicht einmal seine eigenen Beiträge zur *Neuen Rundschau* seien alle finanziell honoriert worden:

> »Sein [Bermanns] Verlagsleiter besuchte mich einmal und sass in der Halle des Dorchester Hotels mit mir beim Tee und schob mir verstohlen ein kleines sorgfältig verpacktes Paketlein zu, besorgt, dass der Kellner es nicht sehen sollte. Es enthielt, als ich es zu Hause auspackte, ein halbes Pfund bacon [Speck], der sehr willkommen war, da wir damals noch streng rationiert waren.« (DLA)

Wieder einmal, wie im Falle seiner Tätigkeit für den PEN, wurde Friedenthals Arbeit nicht anerkannt. Er war wieder der Mann im Hintergrund, der die Kärrnerarbeit leistete. Vielleicht wird ja unbezahlte Arbeit weniger anerkannt, weil sie nicht entsprechend »beziffert« werden kann …

Die Redaktionstätigkeit für die *Neue Rundschau* vollzog sich vielfach noch korrespondenzlos in persönlichen Kontakten, beispielsweise mit T.S. Eliot und Harald Nicolton »sowie mit dem sehr schwierigen Peter Suhrkamp«,[9] den Friedenthal in Berlin schon lange vor Bermann aufsuchen konnte, da er damals bei seinen Informationsreisen für die BBC in den streng unter Besatzungskontrolle stehenden Zonen wesentlich mehr Bewegungsfreiheit hatte als Bermann.

Gottfried Bermann hatte sogar Schwierigkeiten, die *Neue Rundschau* in Deutschland frei zu vertreiben: Die alliierten Besatzungsbehörden, die er sich ursprünglich als Förderer erhofft hatte, gestatteten aus generellen Erwägungen die Einfuhr der alt-angesehenen Zeitschrift in die besetzten Zonen Deutschlands zunächst nicht. Gedruckt wurde sie in Stockholm und in Holland. Bermann hatte ähnliche Erfahrungen mit seinem Verlag machen müssen, der sich noch eine ganze Weile um Deutschland herum etablieren musste, ehe er in Frankfurt wieder Fuß fassen konnte.[10]

Beträchtliche Probleme hatte Friedenthal bei einer besuchsweisen Rückkehr nach Deutschland, denn einen einheitlichen deutschen Staat gab es ja nicht mehr, sondern nur die vier Besatzungszonen und Berlin mit seinem Sonderstatus und vierfacher Verwaltung. Folglich gab es in England keine deutsche Institution, die einen Pass ausstellen konnte. Friedenthal hatte sich dort zwar um die britische Staatsbürgerschaft beworben, aber der Prozess dauerte lange, wollte nicht recht vom Fleck rücken. Schon bei seiner Reise zum XIX. Internationalen PEN-Kongress (2.-6. Juni 1947) in Zürich, für den er vom PEN-Club-Vorstand zum Delegierten bestimmt worden war, hatte er die größten Schwierigkeiten. Er musste um Reisepapiere ersuchen, was er hasste; er brauchte ein *Travel Document* vom britischen *Home Office* (als Pass-Ersatz), ein Einreisevisum der Schweiz, ein französisches Durchreisevisum, eine Bankgenehmigung, »um seine guten englischen Pfunde auch bei den Schwyzern ausgeben zu dürfen«, wobei er nicht etwa einfach Schweizer Franken bekam, sondern hauptsächlich Hotelgutscheine und nur etwas Taschengeld, und eine »Sondererlaubnis der BBC für die Reise nach dem Kontinent«.[11] Dann musste er dem *Home Office* noch Mitteilung machen, für welche Zeit er von den britischen Inseln abwesend sein würde, und schließlich brauchte er noch ein Billett. Es war das reinste Geduldsspiel mit viel Laufereien und Schlangestehen.

Endlich, am 9. August 1947 – also erst nach seiner Rückkehr aus Zürich –, bekam er sein Naturalisierungs-Zertifikat zugeschickt und war damit ein *»British Subject«*. Die Naturalisierung wurde im Pass ausdrücklich vermerkt: *»by naturalization, Imperial certificate no. …«* Man hatte ihn darauf aufmerksam gemacht, dass sich nach den amtlichen Bestimmungen der Schutz der englischen Regierung nicht auf

sein Ursprungsland erstrecken würde, wobei unklar war, wie weit sich dieses Ursprungsland Deutschland denn überhaupt erstreckte. Einen Friedensvertrag, eine genaue, permanente Festlegung der Grenzen und einen deutschen Staat, bzw. deutsche Staaten gab es zu diesem Zeitpunkt ja noch nicht. Friedenthal meinte selbst, dass man Engländer nicht durch Naturalisierung werde, sondern als solcher geboren werden müsse. Aber ein Londoner sei er geworden, meinte Peter de Mendelssohn, und er habe seiner Adoptivstadt in seinem »brillant geraffte[n] unerschöpflich kurzweiligen«[12] Buch *London zwischen Gestern und Morgen* (München, Wien: Wilhelm Andermann 1960) seinen Dank abgestattet.
Es ist in der Tat ein flüssig geschriebenes Buch von etwas mehr als 300 Seiten Umfang, mit zahlreichen historischen Abbildungen, eine Kulturgeschichte Londons von der römischen Zeit bis zur Gegenwart von 1960. In zahlreichen, kurzen Kapiteln informiert Friedenthal seine Leser aus seiner langjährigen Kenntnis der Stadt über Themen wie: »London unter Elisabeth I.«, »Die Banken«, »Das schwere Essen und das schwere Trinken«, »Das Stadthaus und die Prozession des Lord Mayors«, »Dickens, der Dichter Londons«, »Die Suffragetten«, »London im zweiten Weltkrieg« und »Die Pubs«. Die Widmung des Buches lautet: »Meiner Mutter zur Erinnerung an ihre Londoner Jahre«.
Friedenthal hasste den Umgang mit den Behörden, mit den englischen genauso wie mit den deutschen. Am 12. August 1947, nach Erhalt der Naturalisierungsurkunde, musste er zur Fremdenpolizei, um auch dort seinen Status in den Akten zu ändern:

> »Der Raum gedrängt voll, gehe wieder fort, voll Ingrimm, der eigentlich läppisch ist. Trotzdem: dieses Warten, demütig anstehen, sich ›abfertigen‹ lassen müssen – es ist vielleicht die schlimmste Degradierung unserer Zeit. Rede mir vergeblich zu, es nicht wichtig zu nehmen. ›Es liegt ja jetzt sowieso hinter dir.‹ Es hilft nichts. Die Atmosphäre der Wartenden nimmt mich gefangen. Ich bin immer noch ›so einer‹. Ich stehe noch im Fremdenbuch der Polizei.« (Tagebuch 1947/48; DLA)

Immer noch fühlt er sich als Bittsteller, als nur geduldeter Emigrant. Erst zwei Tage später, am 14. August geht er wieder zur Behörde, nachdem er sich vorher, gewissermaßen zum Trost, in der Faringdon Road auf einem Bücherwagen einen dicken Band alter Haydn-Sonaten gekauft hat. Er liest sie, während die Schlange langsam vorrückt:

> »Es dauert eine gute Stunde. Der Beamte holt aus dem Blechkasten meine Karte, vergleicht sie mit dem Zertifikat, nimmt ein Lineal und zieht quer einen roten Strich hindurch. Das hat etwas ungemein Beruhigendes. Es ist der weitaus eindrucksvollste Moment der ganzen nun ein Jahr dauernden Prozedur der Engländerwerdung. Dann löst er aus meiner Registrierung die Photographie ab und händigt sie mir aus. Es ist das einzigste, was aus dieser neunjährigen *Refugee*-Epoche zurückbleibt. Das Heft zerreißt er und wirft es in den Papierkorb.« (Tagebuch 1947/48; DLA)

Im Spätherbst 1947 fuhr Friedenthal mit einem Auftrag der BBC zu einem ersten Besuch nach Deutschland, der ihn nach Berlin, München, Frankfurt a.M., Marburg und Hamburg führte. Nach dreieinhalb Stunden Flugzeit kam er mit einem Kurierflugzeug von London kommend in Berlin an. In Croydon, wo er fast zehn Jahre zuvor mit einem deutschen Pass und einem fragwürdigen englischen Visum gelandet war, war er wieder abgeflogen und in Gatow stieg er aus, diesmal mit seinem neu ausgestellten britischen Pass und verschiedenen Militärpapieren:[13]

> »Wir setzen auf und rollen über die dichtgesetzten und fein geriffelten roten Klinker, die den märkischen Sand bedecken, vorbei an märkischen Kiefern, vorbei an kleinen schwarzweißen preußischen Fähnchen, die den Kurs der Landebahn bezeichnen. Hat man wirklich diese preußischen Fähnchen hier belassen? Und sind wir tatsächlich schon hier? Man muß die Uhr umstellen. Sie sind in Deutschland um eine Stunde zurück. Wenn man will, kann man das symbolisch ausdeuten und dieser Stunde beliebige Dimensionen zuschreiben.«[14]

Die prominenteren Mitreisenden werden gleich von ihren eigenen Limousinen abgeholt, die normalen Sterblichen wie Friedenthal müssen in einen alten, klapprigen Omnibus mit einem deutschen Fahrer steigen. Dann geht es zwischen den kleinen märkischen Bauernhäusern an der Havel entlang und Friedenthal wundert sich, wie viele Bauwerke aus der wilhelminischen Zeit den Krieg heil überstanden haben. Viele alte Erinnerungen werden in ihm wach: Man kommt auch an der Brauerei Pichelsdorf vorbei, wo er sich im Dezember 1918 mit den Mitgliedern des Soldatenrates Spandau getroffen hatte ... Auch den Reichskanzlerplatz gibt es noch und das Funkhaus. Dann aber kommen die Trümmerfelder, die großen Schutthalden. Zwei Jahre nach Kriegsende wachsen Gras und viele Wildpflanzen auf ihnen. An den Rändern sind Steine aufgeschichtet, die Straßen sind gefegt und der Asphalt ist geebnet und ausgefüllt. Die fleißigen Deutschen haben aufgeräumt, so gut es ging. Auf dem Kurfürstendamm, rechts und links zwischen Ruinen, fahren Straßenbahnen mit Pappscheiben. Als Friedenthal beim Anhalten seines Autobusses hineinsieht, blicken ihm graue, schmale, verhärmte Gesichter entgegen. Das Elend, der Jammer, von dem er gelesen hat, der ihm aber nun so unmittelbar entgegentritt, lässt ihn erschüttert wegsehen. Die vormals so

> »helle, etwas spöttische, sehr belebende [Berliner] Luft [...] ist dick geworden und schwer, so wie bei Hungerödemen die Glieder bekanntlich ungesund anschwellen. Sie riecht nach Schutt, nach aufgebrochenen Häuserleibern, und – täusche ich mich? Aber man hat darin doch wohl noch eine feine Nase – Verwesung. Es ist eine verwesende Stadt, dieses Berlin, oder doch zum mindesten eine Stadt, in der vieles verwest.«[15]

Friedenthal bezieht ein bescheidenes Zimmer in einem bescheidenen Hotel und beginnt zu telefonieren. Als Erstes nimmt er Kontakt zu seiner Mutter auf, hört zum ersten Mal nach zehn Jahren wieder ihre Stimme. Da sie ganz weit draußen, am Rande des von den Alliierten verwalteten Stadtgebietes wohnt, kann er am selbem Tage nicht mehr zu ihr hinausfahren, zumal »ihr« Bahnhof bereits in der sowjetisch besetzten Zone liegt, eine zusätzliche Schwierigkeit. Die Mutter weiß von diesen Problemen:

> »So wirkt sich die heutige politische Weltkonstellation selbst auf ein Wiedersehen zwischen Mutter und Sohn aus. Mit ihrer unverändert klaren Stimme, die im Alter wieder einen ganz leichten braunschweigischen Heimatton angenommen hat, sagt die alte Frau: ›Laß nur. Ich will jetzt auch ganz geduldig sein. Morgen kommst du ja dann heraus.‹ Es klingt ganz leise wie ›läss‹ und ›gedöldig‹.«[16]

Friedenthal geht in der Stadt noch eine Weile spazieren. Auf der Joachimsthaler Straße, auf dem Wege zum Bahnhof Zoo ist der Bürgersteig hier und da aufgerissen und er muss aufpassen, wohin er tritt. Es gibt eine Art Feldbahngeleise parallel zur Straße auf behelfsmäßigen Holzschwellen. Die Ruine der Kaiser-Wilhelm-Gedächtnis-Kirche tritt ihm gleichsam schwankend entgegen, »wie von Kinderhand mit einem Zimmermannsbleistift schief hingemalt«.[17] Viele Menschen treiben vorbei, im Gegensatz zu früher vorsichtig auftretend, schleichend. Friedenthal erfährt es als beängstigendes Lemurentreiben; dazwischen immer wieder die Scheinwerfer der Militärautos …

Über seinen ersten Nachkriegsbesuch bei der Mutter berichtet er leider nichts. Stattdessen beschreibt er, wie ihn ein grau gestrichenes altes Taxi vom Hotel zu seinen alten Freunden, dem als Architekten verfremdeten Patentanwalt Günter Ottens mit seiner Frau Gerda in Berlin-Schmargendorf (er schreibt: Wilmersdorf) bringt, mit denen er in den folgenden Jahren eine umfangreiche Korrespondenz führte. Man redet, versichert sich, wie wenig man sich verändert habe, versucht, sich wieder aneinander heranzutasten, durch die Schichten der letzten zehn Jahre hindurchzustoßen zum Bekannten. Alles ist ihm fremd, die doch relativ großen deutschen Wohnungen, die breiten, großen deutschen Einrichtungen, die riesigen Buffets, Sofas, die enormen Doppelbetten, gewaltigen Kleiderschränke und schweren Regale, alles aus gutem Holz sorgfältig gearbeitet. Er hat sich eben völlig an englische Lebensbedingungen gewöhnt, sie auch emotional übernommen. Für den Freund gibt es als Architekt keine Arbeit, es wird nur abgerissen, und im Kriege hat er bei der Organisation Speer nur Bunker gebaut und vergeblich versucht, Widerstandsgruppen zu organisieren. Die Freunde übergeben Friedenthal die Folioausgabe von Hans Sachs' Werken vom Anfang des 16. Jahrhunderts, ein Werk aus seiner eigenen Bibliothek, das sie für ihn gerettet haben und das, mit einigen anderen Kostbarkeiten in eine Blechkiste eingepackt, die Zerbombung ihres Hauses überstanden hat.

Schon am 13. Februar 1946 hatte ihm seine Mutter geschrieben: »Deine Bücher sind z.T. gerettet, z.T. verbrannt, z.T. im Keller beschädigt, aber an einem Teil wirst Du noch Freude haben.« (DLA) Sie schickte ihm noch im selben Jahre einen geringen Rest seiner Bücher- und Musiksammlung mit Erstausgaben und Partituren, die aus seiner Berliner Wohnung gerettet worden waren – die Wohnung selbst war bei Kriegsende noch vorhanden –, nachdem das Gros auf dem Speicher verbrannt, im Keller vermodert und der Rest der Plünderung zum Opfer gefallen war. Dass Friedenthal die Verluste bedauerte, ist nicht verwunderlich. Später, am 8. August 1950, nachdem er sich in seinem kurz zuvor bezogenen Haus eingerichtet hatte, schrieb er an Hanns Arens: »An Kritiken und Aeussserungen, die ich frueher zahlreich besass – wenn ich sie auch nie systematisch gesammelt habe – ist mir wie von meinem ganzen Material nichts geblieben. Es tut mir besonders um die Briefe Hofmannsthals leid, Thomas Manns, Arno Holzens, Bindings usw. Aber was hilfts. Sie sind dahin wie auch all meine Dedikationsexemplare und sonstigen Bücher.« (DLA) Über 6000 Bücher und noch mehr Noten hatte er verloren. »Wahrscheinlich wurde das alles im Kältewinter 45 verheizt.«[18] Eine Entschädigung bekam er dafür nicht, weil es sich bei der Plünderung nicht um »Naziraub« handelte.[19]

Überhaupt hatte er mit der Wiedergutmachung geradezu groteske Probleme, die, wie er am 2. Oktober 1962 an Hermann Kesten schrieb, »aus der höchst komplizierten Zusammensetzung meines ›Blutes‹« (DLA) stammten. In seiner Wiedergutmachungsfrage, in der er bisher nicht einen roten Heller gesehen habe, müsse er mit dem Problem kämpfen, wie er seine *jüdischen* Vorfahren nachweisen solle, nachdem es ihm unter den Nazis nicht gelungen sei, seine »arischen« in genügender Menge »unterzubringen«. Taufscheine habe er eine ganze Menge, auch väterlicherseits, bis zu den Urgroßeltern!

> »Aber erst der ehrwürdige Markus Beer Friedenthal (1769-1830) war ein unzweifelhafter Jude und steht als solcher auch im schlesischen Schriftstellerlexikon mit einem Dutzend frommer, zuweilen hebräischer Werke. Es müsste also nun der Stammbaum zu diesem Urgrossvater, den ich besitze, aber nun amtlich dokumentiert! vorgelegt werden. Genug davon, es ist eine lästige Alfanzerei.« (DLA)

Friedenthals Verhältnis zur Bundesrepublik war aber trotz solcher lästigen Probleme mit der Bürokratie durchaus positiv und sollte es bleiben. Schon 1954 war er in einem ersten Gespräch mit seinem späteren Verleger Klaus Piper bei einer Tagung des Deutschen PEN-Zentrums in Darmstadt angesichts der politischen Situation diesem in einem »›kontrollierten‹ Optimismus nahe: die Weichen schienen besser gestellt für das junge, zweite Unternehmen einer deutschen Republik, deren erster Versuch so schrecklich gescheitert war.«[20] Noch 1962 (am 27. Dezember) schrieb er an Hermann Kesten, dem er gleichzeitig für den von Kesten herausgegebenen Band *Ich lebe nicht in der Bundesrepublik* (1964)[21] einen Beitrag mit dem Titel »Wanderungen und Wandlungen« zuschickte, es sei seine ehrliche Überzeugung, dass »dieses provisorische Gebilde [die Bundesrepublik] doch sehr viel besser ist als man oft hört, besonders von jungen Intellektuellen, die gar nicht mehr wissen, wie es anders sein könnte.« (DLA)

Dabei war sich Friedenthal Ende der vierziger Jahre gar nicht sicher gewesen, ob er nach Deutschland zurückkehren oder gar ganz Europa den Rücken kehren wollte. Im März 1948 – die Berliner Blockade hatte eben begonnen – meinte er in seinem Tagebuch, es rieche nach Krieg. Eine Menge verängstigter Gemüter flüchte, nicht nur naturalisierte Juden. Lisas Hausbesitzerin, eine stockkonservative Engländerin, ging mit ihrem Sohn nach Irland. Auch in der BBC gab es fortlaufend Gespräche, wo man hingehen solle. Nach Kanada? Wie kommt man da hinein? Diesmal wollte man nicht wieder bis zum letzten Augenblick warten wie seinerzeit in Deutschland, sondern sich rechtzeitig in Sicherheit bringen. Auch Lisa wurde von dieser Panik erfasst. »Schreib nach Amerika!«, drängte sie ihn.

> »Veranstalte eine Vortragsreise! Sieh dich nach einem Posten bei einer Universität um! Du bist zu langsam, zu indolent. Man müsste sich wenigstens hier irgendwo auf dem Lande, weit in der Provinz, ein Häuschen kaufen, wo man dann hinflüchten kann. Aber vielleicht ist es dafür schon zu spät. Die Häuserpreise auf dem Land sind bereits phantastisch gestiegen.« (Tagebuch 1948; DLA)

Um sie zu beruhigen, verspricht ihr Friedenthal, nach Amerika zu schreiben. Aber er fühle sich als Europäer und wenn der europäische Kontinent untergehen solle, dann wolle er mit ihm krepieren. Man könne nicht immer fliehen. Man gewöhnte sich selbst an die Verschärfung des Kalten Krieges.

Im September 1948 nahm sich Friedenthal von der BBC Urlaub und reiste über Mailand und Paris nach Venedig, wobei er in Paris auch seine alte Freundin Lilli wieder sah. Auf der Fahrt durch Frankreich wurden ihm die alten Namen von 1915 in Erinnerung gerufen, Städte, in denen er als junger Soldat gewesen war: Lille, Valenciennes. Er versuchte eine der Städte oder einen der Bahnhöfe wiederzuerkennen: ohne jeden Erfolg. Hier und da erkannte er die Atmosphäre von 1915 wieder, wurde aber durch die Preise schnell wieder in die Gegenwart zurückgerufen. In Venedig beeindruckte ihn vor allem das enorme Warenangebot, aber genauso die hohen Preise. Auch hier ruft er sich seinen früheren Venedig-Aufenthalt von 1936 in Erinnerung:

> »Raumgefühl des Markusplatzes; immer wieder gewaltiger als ich es in der Erinnerung hatte. Der Glanz der Geschäfte in der Merceria. Die Würste, Schinken, Käse, alles zu unerschwinglichen Preisen selbst für den reisenden Ausländer. Die Juwelierläden, berstend von Schweizer Uhren.
>
> Nachmittags am Lido. Parzelliert bis auf den Quadratmeter. Hütte bei Hütte. Sie verkaufen die Sonne und die Meerluft nach Gewicht; man kann den Strand vor Capanne nicht sehen, ein neues, hässlich smartes Casino. Das alte Hotel des Bains. Mit Räumen für russische Aristokraten mit Diener.
>
> Excelsior, neues, grösser und womöglich noch hässlicher. Ich erinnere mich an 1936 und wie trostlos es im November wurde.« (Notizbuch 1948; DLA)

Ein Jahr später, am 9. September 1949 war er wieder in Venedig, diesmal, um am Internationalen PEN-Kongress teilzunehmen. Untergebracht war er im Hotel des Bains, »dem grossen weissen Kasten, um den ich bisher immer einen Bogen machte«. (DLA) Am nächsten Morgen ging er zum Sitz des Kongresses in der Ca' Giustiniani am Canale Grande, sonst Sitz der Museumsverwaltungen, und holte sich seine Karten, Einladungen, Ausweise ab. Unterwegs kaufte er sich vorsorglich einen Regenschirm und lief immer wieder auf dem Markus-Platz hin und her. Herrlich, diese Offenheit nach der Londoner Enge und dem Sitzen in luftlosen Büros. In der neuen, doch altbekannten Umgebung fühlte er sich schnell wieder wohl: »Der geliebte Kitsch, der schon die Grosseltern bezauberte, tut seine Wirkung. [...] Da sind die allbeliebten Tauben, fett, gierig, zänkisch, und doch wie auf das Pflaster gestreute Schatten der gotischen Zierate über den Bogen der allerchristlichsten Moschee.« (Tagebuch 1949, DLA) Am Abend gab es einen Empfang im Munizipio, nahe dem Rialto, man

drängte sich herum, trank einen Wermut und winkte sich über Köpfe und Hälse hinweg zu. Am 11. September wurde der Kongress im Palazzo Ducale, Sala Del Maggior Consilio, eröffnet. Da saßen die Herren Autoren nun unter den schweren kannelierten Golddecken mit den berühmten Allegorien auf langen Reihen, »als seien sie wahrhaft der große Rat der Welt. Der italienische Erziehungsminister Gonelli spricht und lässt eine Unmenge grosser italienischer Namen über das Auditorium herunterflattern als verteile man Handzettel zur Propagierung der einheimischen kritischen Industrie.« (Tagebuch 1949, DLA) Zum ersten Mal sah er einen solchen Saal in Aktion, nicht nur als Besucher, der schnell hindurchgeschleust wird. »Es sind zwar nur Schriftsteller, die hier tagen, aber man fühlt sich doch geehrt, als Mitglied eines Gran Consilio.« (Tagebuch 1949, DLA)
Ende der vierziger Jahre veröffentlichte Friedenthal mehrere Bücher in englischer Sprache, die ihn als Vermittler deutscher Sprache und Kultur in England ausweisen: *A Goethe Chronicle* mit Holzschnitten von Helmut Weissenborn kam 1949 heraus (London: The Acorn Press), ein kleines Buch, das die, wenn auch bescheidene, Grundlage für seine spätere, provozierende Beschäftigung mit Goethe wurde. Es handelt sich um ein Bändchen von nur 68 Seiten Umfang, in dem knapp, aber exakt die Fakten von Goethes Leben zusammengestellt sind, zuerst mit zahlreichen Direktzitaten in fortlaufender Prosa, anschließend in tabellarischer Übersicht. Auf das englische Lesepublikum zugeschnitten sind die Zitate von Thackerey und Carlyle am Ende des ersten Teils. Im selben Jahr 1949 gab Friedenthal einen *German Study Guide. German. How to speak and write it.* By Joseph Rosenberg. (London: Odhams Press [1947] 1949) heraus. Im Jahre 1953 erschien – in umgekehrter Richtung englische Kultur in Deutschland vermittelnd – *Die englische Kultur. Eine Übersicht* als Sonderdruck (Beilage) der *Englischen Rundschau* (Bad Godesberg: Publications Branch. British Information Services). Es war eine kurzgefasste Broschüre von 96 Seiten mit zahlreichen Abbildungen und ein paar Dutzend Lyrikübertragungen, die zum Teil von Friedenthal stammen. Er gibt darin einen knapp und genau formulierten Abriss der englischen Kulturgeschichte von der Vorgeschichte bis zur Gegenwart. Karl Heinz Wocker schrieb darüber später in der *Stuttgarter Zeitung*:

»Sie begann mit Stonehenge und endete mit [A.J.] Toynbee, und man wunderte sich über die Kühnheit des Mannes, der die Kulturgeschichte eines so komplexen Volkes auf solchen Raum zusammendrängte. Aber das hatte Hand und Fuß, war mit Wärme ohne Schwärmerei geschrieben, keine Emigrantenliteratur, es hielt souverän die Mitte zwischen der kühlen Skepsis des Fremden und der kritiklosen Begeisterung dessen, der eine Wahlheimat gefunden hat.«[22]

Das Büchlein wurde in 70 000 Exemplaren verteilt; Friedenthal bekam ein Honorar von Insgesamt 90 englischen Pfund dafür ...[23]

1950 kam Friedenthals Novellensammlung *Das Erbe des Kolumbus. Fünf Novellen* im Bechtle Verlag (Stuttgart, Esslingen) heraus. Sie enthielt die bereits früher veröffentlichten Novellen *Marie Rebscheider*, *Arcangeli*, *Der Heuschober*, die Titelnovelle sowie *Das Spießrutenlaufen*, eine Novelle, die 1949 in den *Deutschen Beiträgen* (Heft 4. München: Nymphenburger Verlagshandlung) im Vorabdruck erschienen war.

Die Novelle *Das Spießrutenlaufen* spielt im westfälischen Hamm zur Zeit Friedrichs des Großen. Hier wird der Schweizer Handwerksbursche Ulrich Hatzinger, der von den Preußen aufgegriffen und in den Militärdienst gepresst wurde, wegen mehrmals versuchter Fahnenflucht durch Spießrutenlaufen bestraft, das in dem von Friedenthal herausgegebenen *Knaurs Konversations-Lexikon* scheinbar harmlos definiert ist als »militär. Strafe im 18. Jh., Verurteilter läuft durch Doppelreihe v. Soldaten, die ihm Rutenhiebe geben«.[24] Dem ungerecht-harten preußischen Kommandanten, Generalleutnant von Wolffersdorff, dessen Befehl zur vollen Ausführung der Strafe den Tod Hatzingers bedeutet hätte, tritt schließlich die Geistlichkeit unter Führung des Pastors Wiebecke, einem »kleinen Mann mit einer schiefen Schulter«,[25] im Namen der Menschlichkeit entgegen, und es gelingt ihm, Wolffersdorff zur Begnadigung des Schweizers zu bewegen. Auch hier wiederum eine Novelle mit sehr indirekter politischer Bedeutung, in der sich Friedenthal für Zivilcourage, den Widerstand gegen das »Sinnlos-Zerstörerische«[26] einsetzt. Man könnte meinen, dass das kleine Werk ein paar Jahre zu spät gekommen ist, aber nach 1933 wäre es sicherlich nicht mehr veröffentlicht worden.

Dass es sich bei der neuen Anthologie mit dieser einen Ausnahme um Novellen handelt, die schon während der Weimarer Republik veröffentlicht worden waren, wäre biographisch nicht besonders interessant, wenn nicht folgende Begleitumstände zu berücksichtigen wären: Der Verleger Bechtle wollte, wie es dann auch geschah, die Novelle *Habakuk* aus der Sammlung *Marie Rebscheider* auslassen. Friedenthal war außer sich, da er darin Antisemitismus vermutete, zumindest seitens des Verlegers, des Schwaben Bechtle, bei dem er Angst vermutete, dass ein Name wie Friedenthal manche deutsche Leser vom Kauf des Buches abhalten könne. Er schrieb am 6. März 1950 an Hanns Arens:

> »Ganz offen und klar gesprochen: Bechtle hat sicher gar nichts gegen mich persoenlich. Ich bin ueberzeugt, er findet mich recht nett. Er ist sehr dafuer, dass ich ihn beim Aufbau seines Verlages unterstuetze. Es waere ihm nur sehr viel lieber, wenn ich statt Friedenthal Junghammel hiesse. Das kann ich aber nicht aendern. Ich habe nie daran gedacht, meinen Namen zu aendern, auch hier [in England] nicht, wo es einem eigentlich schon aus phonetischen Gruenden recht naheliegen wuerde. [...] Ich habe mich nie jemand angetragen oder aufgedraengt, weder im Verlagsleben noch sonst. Ich habe in literarischer Beziehung vielleicht – oder sogar sicher – viel eher zu wenig als zu viel fuer mich getan. Wenn jemand mich verlegen will, gut. Wenn jemand meinen Rat und meine Beziehungen fuer sich nutzbar zu machen wuenscht, à la bonheur. Er soll sich dann erkenntlich erweisen, entweder in bar oder auf andere Weise. Aber unter keinen Umstaenden moechte ich in Lagen kommen, wo ich mich gewissermassen zu ›rechtfertigen‹ oder zu entschuldigen haette.« (DLA)

1976 kam im Herbig Verlag (München, Berlin) eine Neuauflage der in *Das Erbe des Kolumbus* enthaltenen Novellen unter dem Titel *Große Erzählungen* heraus, eine Ausgabe, die aber nun sämtliche Novellen umfasste, also auch *Habakuk*.

Ein anderes Problem bei der Veröffentlichung von *Das Erbe des Kolumbus* ließ sich leichter lösen: Friedenthal hatte die Befürchtung, zu sehr als Schüler Stefan Zweigs angesehen zu werden. Deshalb vermied er es, eine Widmung an den verstorbenen Freund an den Anfang des Bandes zu setzen, damit er nicht zu sehr nach einer Kopie des Zweig gewidmeten Insel-Buchs *Marie Rebscheider* aussah. »Zweitens«, schrieb er am 8. August 1950 an Hanns Arens, habe er die Erfahrung gemacht, »dass die ahnungslosen Gesellen, die das Rezensionshandwerk betreiben, dann unfehlbar Stilähnlichkeiten entdecken, während in Wirklichkeit davon auch nicht entfernt die Rede sein kann. Es gibt vielmehr kaum Autoren, die sich stilistisch so fern stehen wie wir beide [Zweig und Friedenthal].« (DLA)

Deutsches Zwischenspiel

1951 notierte Friedenthal unter dem 26. Juli in seinem Notizbuch: »Angebot Droemers als Verlagsleiter: 40 000 M. [Jahres-] Gehalt. Finanzierung eines Hauses«. (DLA) Friedenthal akzeptierte dieses Angebot, das für die damaligen Verhältnisse vom finanziellen Standpunkt aus durchaus verlockend war, und kehrte mit seiner Frau nach Deutschland zurück, nachdem beide »mit Rücksicht auf die in der deutschen Gesellschaft damals üblichen gesellschaftlichen Erwartungen und Formen«[27] geheiratet hatten. Erst im folgenden Jahr kam es jedoch zur Übersiedlung, denn Friedenthal schreibt erst unter dem 8. Mai 1952 in seinem Tagebuch, nach einem lateinischen geflügelten Wort bezeichnenderweise in Englisch: »*Incipit vita nuova* [Ein neues Leben beginnt.] Ich verlasse mein Haus, 15, Burgess Hill.[28] Ich weinte fast. ›Zurückkehren‹ hatte bisher die Rückkehr nach London bedeutet; jetzt bedeutete es vielleicht für einige Zeit nach München.«[29] Die Wahl der englischen Sprache allein verrät schon, wie sehr England für Friedenthal zur Heimat geworden war. Hier war nun sein Lebensmittelpunkt und Deutschland war ein fremdes Land geworden. Konnte er dort einfach wieder an dem Punkt anknüpfen, an dem er es verlassen hatte?

Man sollte meinen, dass damals die zurückkehrenden Emigranten in Deutschland willkommen waren, denn die alten, zu Hause gebliebenen Schriftsteller waren zum großen Teil durch ihre Haltung und ihr Verhalten während des Dritten Reiches kompromittiert und der Nachwuchs meldete sich eben erst ganz vorsichtig zu Wort. Doch der rote Begrüßungsteppich wurde ihnen nicht gerade ausgerollt. Das Verhältnis der heimkehrenden Emigranten zu den in Deutschland gebliebenen Schriftstellern war damals und auch in den darauf folgenden Jahrzehnten noch in vieler Hinsicht schwer belastet. »Es erwies sich, daß es keineswegs so leicht war, die Fäden wieder anzuknüpfen«, schrieb Friedenthal später rückblickend:

»Ein alter Seemann hatte mir beim Abschied vor vielen Jahren den Matrosenspruch mitgegeben: ›Abschiednehmen ist einfach, wiederkommen ist schwer.‹ Ich lernte auch diese Weisheit erst noch erkennen. Es war ja zu Anfang keineswegs so, daß wir ›Emigranten‹ mit offenen Händen aufgenommen wurden; vielmehr bleiben die Arme meist über der Brust gekreuzt. Die ›innere Emigration‹ hieß die Formel, und die ›bloße äußere‹ wurde eher als ein Glücksfall angesehen und als eine beneidenswerte Sache, wobei etwa das Schicksal Thomas Manns das Leitbild abgab.« (*»... und unversehens ist es Abend«*, 58f.)

Am 28. Dezember 1964 schrieb er an seinen Freund Hermann Kesten, die *Welt* bemühe sich – verständlicherweise ohne viel Erfolg –, für das Schicksal der Emigranten Verständnis zu verbreiten, und fährt fort:

»Wir [die Emigranten], das heisst soweit wir noch da sind, und womöglich sehr aktiv, haben aber den unverzeihlichen Fehler begangen, zu überleben. Die Pearl Buck, glaube ich, hat einmal das weise Wort gesprochen: die Deutschen werden es den Juden nie vergeben, was sie ihnen angetan haben! Das ist in nuce das ganze Problem.« (DLA)[30]

Am 20. Januar 1965 meinte er in einem Brief an Kasimir Edschmid, in der Frage der »Verlängerung der Strafzeit« für NS-Autoren wolle er sich als ehemals Verfolgter nicht äußern, weil das einfach als Rachsucht ausgelegt werden würde: »Das müssen die Deutschen untereinander ausmachen. [...] Hier handelt es sich um langjährige, immer wieder und mit Behagen geübte Grausamkeiten und Gemeinheiten schauerlichster Art, und sie sind ebenso schäbig am Schreibtisch wie im KZ durchgeführt worden.« (DLA) Dass man mit solchen Leuten friedlich zusammenleben wolle, als ob »nichts gewesen wäre«, sei ihm unverständlich. Die »Strafen«, die dann verhängt würden, seien meist lächerlich. Man sollte diese Leute überhaupt nicht »bestrafen«, denn es gebe doch gar keine Strafe für Taten dieser Art. Man solle sie aber gründlich separieren, ausscheiden aus der Gemeinschaft. Rund zehn Jahre später meinte Friedenthal, sehr viel versöhnlicher klingend, er habe unter dem belasteten Verhältnis der zurückgekehrten Emigranten zu den Daheimgebliebenen vielleicht weniger zu leiden gehabt, als so mancher andere.[31]

Nach ihrer Ankunft in München wohnten Friedenthal und seine Frau zunächst in der Pension Biederstein, bis sie in München in der Maria Josephastr. 2b eine Wohnung gefunden hatten.

Warum ist Friedenthal nach Deutschland zurückgekehrt? Angeblich wollte er sich anschauen, was aus Deutschland geworden war. In Wirklichkeit spielten zumindest auch ganz konkrete materielle Überlegungen eine Rolle dabei. In einem an Manfred George, den damaligen Herausgeber der New Yorker Emigrantenwochenzeitung *Aufbau*, gerichteten Brief vom 15. November 1956, also kurz nach seiner Rückkehr nach London, schreibt er:

> »Was nun mein Hin und Her anbetrifft, so ist das eigentlich ein ›weites Feld‹ um mit Fontane zu sprechen. Ich ging, um das kurz abzustecken, nach München zu dem früheren Knaur Verlag, in dem ich so lange Jahre tätig gewesen war, auf dringende Einladung des Inhabers und um mir auf diese Weise meine inzwischen verfallenen Ansprüche auf eine Pension zu sichern, die ich im ach so kümmerlichen Wiedergutmachungswege nie hätte durchsetzen können.« (DLA)

Diese simple wirtschaftliche Überlegung kann man Friedenthal, der zum Zeitpunkt seiner Rückkehr immerhin ein Mittfünfziger war, nicht verübeln, andererseits darf man aber auch nicht einfach nur irgendwelche idealistischen Gründe anführen.

Er nahm also seine alte Arbeit bei dem Verlag Th. Knaur, der sich nun Droemer-Knaur nannte und seinen Sitz in Friedenthals Geburtsstadt München hatte, wieder auf und arbeitete dort als Verlagsleiter bis 1955. Er betreute die Neuauflagen der Knaurschen Nachschlagewerke und schuf erneut ein einbändiges Lexikon, *Knaurs Jugendlexikon* (München: Droemersche Verlagsanstalt 1953), als Pendant zu dem früheren, so erfolgreichen einbändigen Konversationslexikon. Er arbeitete diesmal mit einem Stab von ganz jungen Leuten zusammen und konnte viele technische Neuerungen einbringen. Besonders stolz war er darauf, dass er die eine oder andere Zeichnung über handwerkliche Verfahren selbst um so viel verbessern konnte, dass sie dadurch praktisch zu seinen eigenen wurden.[32] Der Verlagseigentümer Willy Droemer berichtet in seinem Brief zu Friedenthals 80. Geburtstag:

Richard Friedenthal Anfang der fünfziger Jahre.

»Ruhig und behutsam und mit sicherer Hand leiteten Sie das Redaktions-Team, und noch um die kleinste Kleinigkeit sorgten Sie sich. Unvergeßlich ist mir, wie Sie, beim Rauch der geliebten Pfeife, die Porträts der großen Männer, die Ihrem Herzen besonders nahestanden, eigenhändig kolorierten. Denn dieses Lexikon für die Jugend war – wiederum ein Novum! – durchgehend farbig illustriert. Und es erschien 1953 mit einer Erstauflage von 100 000, Preis DM 9,80!«[33]

Das Buch wurde vom Börsenverein des Deutschen Buchhandels sogar als eines der »schönsten Bücher des Jahres« prämiert, und wieder wurde das Lexikon zum langjährigen Bestseller und auf seinem Gebiet ein Standardwerk. Mitte 1954 betrug die Auflage bereits 200 000 und Mitte der siebziger Jahre lag die Gesamtauflage immerhin schon bei über 1 600 000.

Bei Droemer betreute Friedenthal aber nicht nur die zahlreichen Nachschlagewerke des Verlages, sondern er gab auch die ursprünglich 1932 von ihm in der Reihe »Knaur Klassiker« herausgegebene zweibändige Goethe-Jubiläumsausgabe (mit einem Vorwort von Gerhart Hauptmann) 1953 in erweiterter Ausgabe heraus.

Die Münchner Jahre waren jedoch nicht nur Jahre der Arbeit, sondern boten Friedenthal auch die Gelegenheit, in engen Kontakt zu seinen Berufskollegen zu treten, alte Freundschaften wieder aufzufrischen und neue zu schließen; vor allem mit Erich Kästner und dessen Lebensgefährtin Luiselotte Enderle, mit Ernst Penzoldt, Hermann Kesten, Horst Lange und Oda Lange-Schäfer, mit Kasimir Edschmid und vielen anderen. Die Verbindungen kamen durch den PEN-Club zustande, durch den man sich automatisch regelmäßig traf und im Freundeskreis lange, kameradschaftliche Gespräche über literarische Themen führte.

Die Friedenthals machten in München aber auch außerhalb des Schriftstellerkreises eine ganze Reihe wertvoller Bekanntschaften bzw. erneuerten solche, die sie von nun an ungern vermisst hätten. Es waren humanistisch orientierte Menschen, die in der Politik des Landes nichts zu sagen hatten, Menschen, wie es sie immer gab und gibt. »Sie leben isoliert, und sind meist Emigranten im eignen Lande (was nicht das gleiche ist wie die von Frank Thiess hochtrabend verkündete ›innere Emigration‹).«[34] Da war zunächst Kurt H. Schmidt, ein älterer Herr, den Friedenthal in der Bibliophilengesellschaft kennen lernte. Er war ein Weltmann, der lange in London und in den USA gelebt hatte, Aufsichtsratsvorsitzender der Papierfabriken Schoellern-Hosch und eines Dutzend anderer Unternehmen. Er nahm Friedenthal und seine Frau mit sich nach Hause, einer großen Villa in der Möhlstraße, die er ganz allein bewohnte:

> »Seine Sekretärin erscheint (nachts um ½1), bringt Sekt und holt, sobald ein Name oder Titel fällt, wie ein apportierendes Hundchen [sic!] das Gewünschte aus einem der vier riesigen, mit Bücherregalen gefüllten Räume. Sein Ehrgeiz ist, Alles von Allen zu besitzen, Luxus-

> ausgaben, Broschüren, illustrierte Bücher der Romantiker, Gesamtausgaben, Gedichte und Romane der Neuesten.« (Tagebuch 1956/57; DLA)

Wenn irgendein Buch nicht vorhanden ist, muss es die Sekretärin sofort zur Bestellung notieren. Man plaudert über Chelsea, wo er ein paar Jahre gewohnt hat, über Dünndruckpapiere, die er für die Encyclopedia Britannica geliefert hat, über Handeinbände und bei diesem Stichwort bringt die Sekretärin auf Schmidts Geheiß einen sehr schönen Handeinband eines Dover Press Druckes von Frieda Thiersch, den Friedenthal gebührend bewundert. Sofort befiehlt er, dass der Band für den Gast eingepackt wird. Widerspruch wird nicht geduldet. Um halb vier morgens gehen die Gäste nach Hause. Friedenthal besucht Schmidt noch ein paar Mal mit seiner Frau. In seiner liebenswürdig-diktatorischen Art bietet er Frau Lisa sogleich Marmorplatten aus seinem Marmorwerk an, als sie einen Tisch mit schwarz-weißer Steinplatte bewundert.

Friedenthals Frau hat bei Bekannten eine wohlhabende Dame namens Valerie Hohenlohe kennen gelernt. Ihr Vater war ein bekannter Kunstsammler, der u.a. ein herrliches Selbstbildnis Rembrandts besaß. Sie ist geschieden, ist noch immer hübsch, eine große Jägerin. Sie ist in Afrika auf Safari und in Ungarn und Oberschlesien auf die Jagd gegangen und sie lädt Lisa verschiedentlich auf ihre eigene Jagd am Attersee bei Weißenbach ein.

> »Daneben sehr musikalisch; protegiert einen mittelmässigen österreichischen Klavierspieler Egge, der zugleich wohl ihr Geliebter ist. […] Sie selber von feinsten Manieren und vollendetem Takt; wir verkehren zeitweilig viel zusammen, fahren im Wagen nach Wasserburg, Fürstenfeldbruck, ins Isartal […]. Es ist ein denkbar angenehmes Verhältnis: wie ganz guter, sehr trockener Sherry. Lisa besucht mit ihr auch, bei Gelegenheit eines Umzuges, das Schloss der Hohenlohes und lernt den Fürsten kennen, einen vierschrötigen Flaps.« (Tagebuch 1956/57; DLA)

Unter dem 12. Juni 1954 notiert Friedenthal in seinem Notizbuch: »Abends mit Valerie Hohenlohe und ihrer ältesten Tochter in Hexenjagd von Arthur Miller. Erregendes Stück« und am 20. Juni: »Mit Valerie Hohenlohe nach Wasserburg am Inn.« (DLA)

Ein guter Bekannter wird auch ein älterer Herr namens Käufer, der Leiter der Meisterschule für Buchdrucker in München und ein Handwerker alten Schlages, dem man bei seinem Ausscheiden aus dem Beruf noch den Professorentitel verliehen hat. Er überreicht Friedenthal scheu und beinahe ängstlich seine Autobiographie mit der Erzählung seiner Lehrlings- und Wanderjahre. Er möchte in seiner Schule auch gerne Friedenthals Gedichte drucken, kommt aber nicht dazu, weil er pensioniert wird und sich um seine Nachfolge ziemlich unangenehme Kabalen und Kämpfe entspinnen.

Und schließlich gibt es in Friedenthals Bekanntenkreis den Anglistikprofessor Levin Schücking, den er für seine zweibändige Shakespeare-Dünndruckausgabe bei Droemer heranzieht und in seinem altmodischen Häuschen in Farchant in der Nähe von Garmisch-Partenkirchen besucht. Sie freunden sich an und Schücking kommt des Öfteren zu den Friedenthals zum Tee:

> »Ein westfälischer Riese, Nachkomme des Droste-Schücking, von dem er auch seinen Vornamen geerbt hat; im Anzug noch ganz die alte Professorengeneration mit weit über die derben Schnürstiefel herabhängenden Wollstrümpfen und Unterhosenenden. Dabei literarisch von feinstem Geschmack; mit Kippenberg befreundet in Leipzig, wo er lange Ordinarius war.« (Tagebuch 1956/57; DLA)

Friedenthal und Schücking brauchen nicht viele Worte auszutauschen, sie verstehen sich auf Anhieb.

Friedenthal erlebt dabei einmal wieder, dass er mit solchen Männern der »oberen Ränge« (Tagebuch 1956/57; DLA), wie er sie nennt, auf denkbar leichte Weise in Kontakt kommt, auch bei erheblichem Altersunterschied, während er bei kleineren Geistern eher Probleme hat: Sie wittern Hochmut bei ihm, der bei ihm seinem eigenen Eingeständnis nach auch vorhanden ist, ganz gleich wie konziliant er sich im Umgang gibt. Dabei versucht er seine eigene Haltung und die Reaktion anderer auf ihn zu analysieren:

> »Manche hassen mich direkt wie etwa der verquere Erich Franzen, der mir im PEN-Club fortwährend in die Flanke fährt, mit verbissenem Gesicht und gelegentlich geradezu mit groben Ungezogenheiten. Ich versuche mir gelegentlich vorzustellen, wie sich mein Bild in so einem Kopf malen mag. ›Ein unausstehlicher Streber und Angeber.

Friedenthals Schwester Käthe Bischoff, geb. Friedenthal, Mitte der fünfziger Jahre.

Richard Friedenthal mit seiner Schwester Käthe und den Nichten Susanne und Gundel.

Wie hat er es eigentlich zu seiner Stellung gebracht? Was hat er im Grunde geleistet? Gesellschaftlich gewandt, sicherlich; damit macht er es wohl zum grössten Teil...‹ oder so ähnlich. Gefahr: sich durch übertriebene Selbstkritik zu lähmen. Eine gewisse gesunde Verachtung von Wanzenseelen ist notwendig zur geistigen Dialektik.« (Tagebuch 1956/57; DLA)

Man könnte hinzufügen: Und zur Bewahrung des Selbstwertgefühls. Die Tatsache, dass sich Friedenthal Gedanken darüber macht, wie er auf andere wirkt und sich selbst in Frage stellt, zeigt, dass man ihm gerade Snobismus, Arroganz und Angebertum nicht vorwerfen kann. 1952 hatte er Grund, sich um seine Familie zu sorgen: Seine Schwester, die Ärztin Käthe, war aus ihrer Stellung als Abteilungsleiterin an der Berliner Charité plötzlich entlassen worden. Damit war auch das Studium ihrer Tochter Gundula (Gundel), seiner Nichte, plötzlich in

Frage gestellt. So hatte er »plötzlich, auch ohne eigene Kinder, eine ganze Menge Familiensorgen«.[35] Ähnlich kümmerte sich Friedenthal 1961 um die Tochter Martha Renate (geb. 24. Mai 1942 in Wittenberg) seines Bruders Walter, für die er am 10. Oktober an den mit ihm befreundeten Politologen Dolf Sternberger schrieb:

> »Darf ich meine Nichte, Martha Renate Friedenthal, bei Ihnen einführen, die nach einem Semester an der Freien Universität Berlin ihr Studium der politischen Wissenschaft in Heidelberg weiterführen will. Da Martha keine Eltern mehr hat, haben meine Frau und ich gewissermassen Elternstelle für sie übernommen.« (DLA)

Einige Jahre lang fuhren er und Lisa mit ihr in die Ferien nach Ascona und später nach Locarno im Tessin. Während dieser frühen Jahre hat sich Friedenthal immer wieder geduldig mit seiner Nichte in Gesprächen auseinandergesetzt und so einen großen Einfluss auf sie ausgeübt. Martha Friedenthal-Haase studierte später an der London School of Economics. Während dieses Studienjahres war sie pro Woche meist mehrmals bei Friedenthal zu Hause und darüber hinaus unterstützte er sie finanziell, da ihr Stipendium bei den hohen Londoner Mietpreisen nicht ausreichte. Sie war mit ihrer damals dreijährigen Tochter Antoinette in London, zu der Friedenthal ein sehr nettes, großväterliches Verhältnis hatte. Er »lehrte sie« schreibt Martha Friedenthal-Haase,

> »mit absoluter Sicherheit Unkraut in seinem Garten zu identifizieren und zu entfernen und war sehr rührend stolz auf sie. Er war überhaupt ein Psychologe und Pädagoge höherer und nicht vordergründiger Art, [...]. Das eigentlich Pädagogische lag darin, daß er ein zutiefst anständiger, ein außerordentlich fairer Mensch war, ein echt ritterlicher Mensch, der nie, und ich glaube niemandem gegenüber, einen Machtvorteil ausnutzte und letzten Endes verstand, warum der andere war, wie er war.«[36]

Friedenthal hatte ein außerordentliches Talent im Umgang mit Kindern, jüngeren und älteren, wie man es von einem Mann von seiner Intellektualität kaum erwarten würde. Eine kleine Anekdote aus dem Jahre 1973 mag diese kaum bekannte Seite von ihm belegen: Friedenthals Nichte Martha und ihre damals achtjährige Tochter Antoinette waren nach dem Tode seiner Frau Lisa für etwa zehn Tage zu ihm nach London gekommen. Wie Martha Friedenthal-Haase berichtet, hatte die kleine Antoinette »einen bestimmten Eierbecher, den sie in Burgess Hill benutzen durfte, besonders bewundert. Nach unserer Rückkehr hat er ein Päckchen gepackt und ihr diesen Eierbecher geschickt, dazu ein Gedicht mit kleiner Notenkomposition und einem selbst gezeichneten Bildchen von Nachbars Katze:«[37]

Hier sitzt Familie Friedenthal
in fifteen Burgess Hill beim Mahl

Die Großen trinken ein Glas Wein,
Annettchen schenkt Rebena ein.

Nur Tante Lisa ist nicht mehr
bei uns am Tisch; die fehlt uns sehr.

Sie schläft bei einem Rosenstrauch
und denkt zuweilen an uns auch.

Das Onkelchen erzählt so schön;
Annettchen möchte noch nicht gehn.

Der gute Onkel Friedenthal
braucht Vorrat noch fürs nächste Mal.

Er schickt – ich hoffe nicht entzwei –
zunächst den Becher für das Ei.

Es grüßt auch außerdem von hier
vom Garten her das Katzentier.

Es ist recht traurig und miaut
weil keiner ihm den Rücken krault.

Friedenthal besuchte regelmäßig seine Schwester Käthe, die nun in Hamburg wohnte, und seine Mutter in Berlin, die bis ins hohe Alter rüstig und aktiv war. 1960 erlitt sie einen ersten Oberschenkelhalsbruch, gab aber schon bald wieder Sonntagtees für zehn Personen. Nach dem Bau der Berliner Mauer im August 1961 verließ sie in aller Eile Berlin. Vor allem Lisa Friedenthal befürchtete damals, so Martha Friedenthal-Haase, »dass die Verkehrswege nach Berlin abgeschnitten werden könnten und dass Richard seine Mutter künftig nicht mehr besuchen könnte.«[38] Die Mutter verbrachte etwa ein dreiviertel Jahr bei ihrer Enkelin Gundula Foerster in Radolfzell am Bodensee. Sie wartete dort, bis Käthe auf einem neu erworbenen Heidegrundstück in Wedel bei Hamburg ein kleines Holzfertighaus hatte erstellen lassen, in dem die Mutter bis zu ihrem Tode am 28. Mai 1966[39] die letzten Jahre ihres Lebens verbrachte. »Sie hat die Entwurzelung aus ihrem Haus und Berliner Freundeskreis mit bewundernswerter Fassung und Haltung ertragen und war glücklich, daß sie in unmittelbarer Nachbarschaft bei ihrer Tochter Käthe wohnte, die sie wenigstens täglich sehen konnte.«[40] Käthe wiederum verbrachte ihren Lebensabend von 1974 bis zu ihrem Tod 1983 bei ihrer Tochter Gundula und deren Mann am Bodensee.[41]

Vom 28. bis 31. Oktober 1954 machte Friedenthal eine Reise nach Irland. Mr. MacCallum Walker, der Bibliothekar der kleinen Universität Londonderry in Nordirland, hatte ihn eingeladen. Walker arbeitete seit längerem an einer Zweig-Bibliographie, die er als seine Lebensaufgabe ansah. Es folgte eine freundliche Einladung des Präsidenten des College und außerdem kam, offensichtlich ebenfalls von Walker veranlasst, eine Einladung des PEN-Zentrums in Belfast. So setzte sich Friedenthal ins Flugzeug, »um die grüne Insel zu entdekken« (DLA). Nach der Ankunft in Belfast hielt er zunächst einen Vortrag an der Universität Londonderry und danach in Belfast, wo sich der nordirische PEN zu einem freundschaftlichen Lunch mit ihm traf.

Schon Mitte 1954 war ihm klar geworden, dass seine Tage als Verlagsleiter des Droemer-Verlags gezählt waren. Seine Beziehung zu Willy Droemer und dessen zweiter Frau war derartig gespannt und das Arbeitsklima seinem Empfinden nach so unerträglich, dass er dort nicht länger arbeiten wollte. Wie aus einem Brief vom 20. Juli 1954 an Hannah und Manfred Altmann hervorgeht,[42] sah er die Situation so, dass der Verlag in den letzten beiden Jahren vor allem aufgrund seiner, Friedenthals, Arbeit beispiellose Erfolge zu verzeichnen gehabt hätte. Diese Erfolge hätten, wie er meinte, Droemer »völlig den Kopf verdreht und ihn grössenwahnsinnig gemacht«. Dazu komme der Einfluss von Droemers zweiter Frau, die durchaus selbst im Verlag mitarbeiten wolle und des Abends bis 11 Uhr mit ihm jeden Brief und jede Rechnung durchgehe. Sie habe naturgemäß einen Hass auf alles, was aus der Zeit der ersten Frau stamme, worunter er, Friedenthal, selbst inbegriffen sei, und sie versuche außerdem, ihren Mann in seinem stets sehr wackligen Selbstgefühl zu stärken. So äußere er jetzt immer häufiger die Worte, er könne das »alles sehr gut auch machen« oder »allein machen« und ähnliches, aus dem hervorgehe, dass er einfach auf ihn, Friedenthal, neidisch sei. Zum Überfluss habe er von den verschiedensten Seiten zu hören bekommen, wie glücklich er doch sein müsse, dass der Verlag in den letzten beiden Jahren einen solchen Aufschwung genommen und dass er Friedenthal habe. Als dann noch obendrein die Urkunde eintraf, dass das Jugendlexikon vom Börsenverein als eines der »schönsten Bücher des Jahres« prämiert worden sei,

> »was man normalerweise zum Anlass für eine Gratifikation nehmen würde, – da schnappte er vor Ingrimm über. Es ist zum Teil fast komisch, was sich da alles abgespielt hat, von Überwachungen meiner Telefongespräche, Zettelmeldungen über mein Kommen und Gehen, Berichten über meine Besuche und Anhalten der an mich gerichteten Briefe.[43] Der ausgesprochene Krach kam dann, als sich herausstellte, dass meine Honorarkonten völlig in Unordnung waren und dass er mir erhebliche Rückstände schuldete.« (DLA)

Hinzu sei wohl noch gekommen, dass Droemers Kalkulation zufolge Friedenthal im Grunde den größten Teil seines Nutzens für ihn erschöpft hätte. Abgesehen von den Erfolgsbüchern der beiden vergangenen Jahre, hätte er, Friedenthal, Anfang 1954 ein detailliertes Verlagsprogramm aufgestellt und schon größtenteils eingeleitet, das bis etwa 1956 reichen würde. 1956 aber wäre sein Vertrag ohnehin abgelaufen und die Pension hätte einzusetzen, da die Jahre der erzwungenen Abwesenheit auch bei den Pensionsansprüchen mitgezählt werden müssten!

> »Zu Ende dieses Jahres«, fährt Friedenthal fort, »müsste er mir auch, dem üblichen Brauch zufolge, anlässlich des 25. Jubiläums meines Eintritts in die Firma eine beträchtliche Gratifikation von mindestens einem halben oder eigentlich ganzen Jahresgehalt zahlen. Es empfahl sich also [für Droemer] aus verschiedenen Gründen, einen Krach zu provozieren.« (DLA)

In Wirklichkeit kam Friedenthal der Krach aus den verschiedensten Gründen nicht einmal ungelegen. Er hatte sich in den vorangegangenen Jahren mit geradezu fanatischer Energie in die Verlagsarbeit gestürzt, war jeden Tag um halb acht morgens in seinem Büro gewesen, hatte meist auch an Sonn- und Feiertagen und sogar in seinen Ferien gearbeitet. Er hatte jedoch nicht die Absicht, in diesem halsbrecherischen Tempo weiterzumachen, da er sich selbst noch andere Aufgaben, nämlich seine eigene schriftstellerische Tätigkeit vorgenommen hatte: »Im Kampf mit einem Hysteriker und in der Kleinarbeit an Klassikerausgaben oder Gebrauchsbüchern mich aufzureiben, dazu ist mir mein Kopf doch zu schade. [...] Ich bin nicht nur ein Lexikograph oder Klassikerfabrikant, sondern habe noch allerhand zu sagen und zu schreiben.« (DLA) Ohnehin seien ihm seine besten Arbeitsjahre in der Tätigkeit für recht undankbare Auftraggeber vergangen. Er könne leicht etwas zu alt werden, ehe er an die literarischen und geistig entscheidenden Dinge herankomme. So wolle er also diese Gelegenheit mit einem gewissen inneren Vergnügen benutzen, sich – durch Ausscheiden aus dem Verlag – unabhängig zu machen:

> »Meine Verträge und Abmachungen sind – mein Anwalt war da sehr positiv – ganz eindeutig. Der Gute muss zahlen, wenn nicht den vollen Betrag des noch ausstehenden Gehaltes bis 56, so doch allermindestens die Hälfte. Nebenher laufen die Tantièmen für das Lexikon und das Jugendlexikon weiter, und an den Pensionsansprüchen ist angesichts meiner 25jährigen Tätigkeit und der Tatsache, dass ich meine BBC-Pension aufgegeben habe, gar nicht zu rütteln. So werde ich in Zukunft mit Bezügen rechnen können, die es mir erlauben, in Ruhe zuzusehen, wie Herr Droemer es ›allein macht‹ oder ›mit ein paar fixen Jungen aus der Industrie‹.« (DLA)

In seinem Tagebuch 1956/57 (DLA) berichtet Friedenthal rückblickend, erst nach und nach sei zu Tage gekommen, wie Droemer ihn ständig, und zwar von Anfang an, benachteiligt habe. Keine Kontokarte stimme; es sei hin- und hergebucht, zusammengezogen, anscheinend sogar radiert worden (wobei es sich natürlich auch um Richtigstellungen handeln kann). Für 6000 Mark fehlten überhaupt alle Belege und es sei ihm lediglich treuherzig versichert worden, dass ihm diese Summen doch »gewisslich zugeflossen« seien. Beträge von fast 1000 Mark für Eisschrank, Staubsauger usw. waren ihm angelastet worden. Glücklicherweise fand er noch die Quittungen, dass er das Geld zurückgezahlt hatte, und der Posten wurde verlegen korrigiert. Gleichzeitig sah Friedenthal jedoch auch deutlich seine eigenen Fehler und Versäumnisse: seine Nonchalance und geradezu Liederlichkeit in Geldsachen, sein Ausweichen vor peinlichen Diskussionen und seinen Hochmut (»Das reicht doch an mich nicht heran«). Immerhin hatte er während seiner Zeit bei Droemer bis zur Erschöpfung gearbeitet, oft sein eigenes Geld dazugegeben, indem er in allen Nebenausgaben und Spesenabrechnungen nicht einmal einen Bruchteil seiner tatsächlichen Ausgaben zurückgefordert hatte. Das Sekretariat musste ihm – einigermaßen verlegen – bestätigen, dass er 1953, im Jahre der letzten vollen Zusammenarbeit, lediglich 120 Mark für solche Spesen ersetzt bekommen hatte.

Am 31. Juli 1954 war es dann so weit. Friedenthal notiert in seinem Notizbuch: »*Last day in the office. Good bye to all that. Distributed DM 120.- among the staff* [Letzter Tag im Büro. Sage dem allen auf Wiedersehen. Verteilte DM 120 unter dem Büropersonal].« (DLA)

Im Jahr 1956 erinnert er sich belustigt an seinen Abgang:

> »Gar nicht stört mich die Aussicht auf den sicherlich besorgt in seinem Garten umherstorchenden Urheber meines Weggangs, der mit gefurchter Stirn das ständige Klettern seiner Umsätze bedenkt, statt sich an seiner Clematis zu freuen. Es kommt mir vor, als läge die Droemerei so weit hinter mir wie die Berliner Zeit, die ja auch lange genug – vielleicht zu lange – in Droemerei bestand. Nur dass der Alte immerhin ein Kerl war. Ein Viechskerl, aber ein Kerl. Genug auch hiervon.«[44]

Ganz so schlecht kann Willy Droemer seinen Verlag auch nach Friedenthals Weggang nicht geführt haben, denn er gehörte weiterhin zu den angesehenen Adressen in Deutschlands Verlagswesen.

Vergessen wir auch nicht, dass die obige Darstellung Friedenthals Interpretation und Überlegungen zu seiner Situation sind, die er sicherlich aus der persönlichen Bitterkeit und Enttäuschung des Augenblicks angestellt hat. Wenn Willy Droemer noch lebte, könnte er bestimmt eine andere Darstellung aus seiner Sicht geben! Tatsache ist, dass die Trennung nicht mit einem derartigen Eklat endete, der ein späteres Gespräch ausgeschlossen hätte,[45] sondern es wurden in den nächsten Jahrzehnten noch eine ganze Reihe freundlich gehaltener Briefe gewechselt und es kam zu freundlichen Begegnungen.[46]
Nach seinem Abgang bei Droemer stürzte sich Friedenthal in die eigene Arbeit. Ein Projekt, dem er sich damals bevorzugt widmen wollte, war nicht nur die weitere Bearbeitung des Zweig-Nachlasses, sondern auch eine Biographie Stefan Zweigs, die er leider nicht vollendet hat. Er hatte sich dazu schon mit Hilfe seiner tüchtigen Sekretärin, Frau Dr. Kochen, eine ganze Menge Material aus den Tagebüchern und Briefen zusammengestellt. Daneben skizzierte er einige Essays, über Lope de Vega, Racine, Pindar, Diderot und den Abbé Galiani. Wenn ihm eine gute Zeitschrift zur Verfügung stünde, meinte er, könnte er jetzt allerhand beitragen. (Tagebuch 1956/57; DLA) Aber sich anzubieten habe er immer wieder größte Hemmungen, die wahrscheinlich auf einem sehr problematischen Hang zum Perfektionismus beruhten. Sein Essay über Samuel Butler in der *Neuen Rundschau*[47] habe ein wenig Sensation gemacht; er sei von den verschiedensten Seiten darauf angesprochen worden, so auch von der Redaktion des *Merkur*. Aber kein Mensch dachte daran, ihn ernstlich zu Beiträgen aufzufordern.
Es gab allerdings auch Positives zu berichten. So hatte sich ein neuer, persönlich angenehmerer Verlagskontakt für Friedenthal ergeben. Klaus Piper, der nach dem Tode seines Vaters Reinhard 1953 den Münchner Piper Verlag übernommen hatte, hatte ihn schon verschiedentlich zu sich eingeladen und ihn auf freundlichste Weise gebeten, doch seine eigenen Arbeiten bei ihm zu verlegen. Nun hatte Friedenthal schon eine Reihe von Buchprojekten im Auge, die er Piper gerne gegeben hätte, was natürlich nicht ging, solange er an Droemer gebunden war. Jetzt war es möglich geworden und so wurde Klaus Piper Friedenthals neuer Verleger, ein Wechsel, den weder Friedenthal noch

Richard Friedenthal mit seinem Verleger Klaus Piper Ende der sechziger Jahre.

Piper je bedauert haben. »Der Verlag ist gut«, meint Friedenthal in seinem Tagebuch von 1956/57,

> »er [Klaus Piper] selber ein sehr sympathischer jüngerer Mann, der es ungemein ernst mit seiner Aufgabe nimmt. Die Frau hübsch, intelligent, kultiviert; auch diese Milieufrage ist mir wichtig nach der unmoeglichen Droemerei mit ihrer nouveau-riche-Atmosphäre, dem Spitzelwesen im Verlag, der verlogenen Katzenfreundlichkeit im Umgang und dem ganzen Drum und Dran von Schieberei und Betrug. Ich erhole mich erst allmählich von dieser Malaria-Luft und werde durch die sich lange hinziehenden Abrechnungen immer wieder an sie erinnert.« (DLA)

Klaus Piper wurde zu einem Freund Friedenthals und viele Jahre hindurch war er, oft in Begleitung seiner Frau Lisa, unter den Gästen Pipers auf der Frankfurter Buchmesse zu sehen.

Auch der alte Rudolf Ullstein (1873-1964), dem Friedenthal zu seinem 80. Geburtstag gratuliert hatte, hatte sich an ihn gewandt. Eigentlich müsse er Friedenthal ja böse sein, dass er seinerzeit nicht zu ihm, sondern zu seinem alten Freund Knaur gegangen sei, aber er sei nicht nachtragend und hoffe immer noch, dass sie eines Tages in gute Geschäftsverbindungen kommen würden.[48]

An ein neues festes Anstellungsverhältnis dachte Friedenthal damals nicht mehr, denn er fühlte sich durch seine Pensionsansprüche finanziell abgesichert. Ihm schwebte stattdessen eine Tätigkeit als *»roving editor«*, eine Art fliegender Herausgeber, vor, wobei er seine Ideen, seine Organisationsgabe und seine Verbindungen nutzbar machen konnte. Dennoch arbeitete er nach Beendigung seines Arbeitsverhältnisses beim Droemer Verlag noch ein Jahr lang bei S. Fischer, um dessen neues 24-bändiges Lexikon-Unternehmen im Rahmen der Fischer-Bücherei in die Wege zu leiten.[49] Er entschloss sich aber, diesem Unternehmen nicht seine ganze ihm verbleibende Energie zu opfern.

> »Dann noch [nach der Zeit in München] ein Jahr in dem ›Haus Bienenkorb‹ Fischers«, schrieb er am 12. November 1956 an Lutz Weltmann, »und ich war vor die Entscheidung gestellt, mich *ad majorem gloriam pescatoris* [zum größeren Ruhm des Fischers] zu ruinieren. Ich beschloss kurzerhand, dies nicht zu tun und lieber auf etwaige Tantiemen zu verzichten, die dann nur meine garnicht vorhandenen Erben hätten einkassieren können.« (DLA)

Er wollte sich stattdessen lieber wieder den eigenen schriftstellerischen Plänen zuwenden und dazu kehrte er 1956, inzwischen 60 Jahre alt, nach London zurück. Hier war er in der Tat bis in die frühen sechziger Jahre als eine Art *roving editor* tätig, und zwar für seinen späteren *Goethe*-Verleger George Weidenfeld & Nicolson Ltd., für den er sich bemühte, ein *Dictionnary of Comparative Religion* und eine siebenbändige *History of Manners* zusammenzustellen.

In seinem autobiographischen Abriss *»... und unversehens ist es Abend«* erwähnt Friedenthal seine Querelen mit Willy Droemer nicht, sondern begründet seine Entscheidung, nach London zurückzukehren, nur damit, nun statt der organisatorischen Verlagsarbeit wieder selbst schreiben zu wollen. Das ist auch insofern richtig, als das ohnehin schon lange sein geheimer Wunsch war. Er schreibt:

»Dann fand ich jedoch, daß es nun an der Zeit sei, ernstlich an das ›Eigentliche‹ zu gehen, das ich mir ohnehin schon überlang vorbehalten hatte, soweit es mir nicht von anderer Seite vorgehalten worden war. Ich ging nach London zurück und begann wieder zu schreiben. Ich fühlte mich nun sicher genug in der Sprache, der ›Frau Muttersprache‹, wie Schopenhauer sie nannte. Ich hatte das Gefühl, daß ich wohl auch genug gelernt hätte und nun daran gehen sollte, vom Gelernten etwas mitzuteilen.« (*»... und unversehens ist es Abend«*, 60f.)

Trotzdem ist anzunehmen, dass ihm das Arbeitsklima in Deutschland aufgrund seiner eigenen negativen Erfahrungen nicht behagte und dass das bei seiner Entscheidung eine Rolle gespielt hat, denn auch in Deutschland hätte er ja selbst schreiben können. Aber er fand das Leben dort zu hektisch: »Die Menschen sind hypernervös, besessen von der Idee, in ein paar Jahren ›alles nachzuholen‹, und sich womöglich auf Vorrat etwas Speck zuzulegen.«[50] Die Friedenthals hatten zwar in München einen sehr netten Freundeskreis, zum Teil aus alten Bekannten bestehend, gefunden,

»aber sonst geht einem natürlich, besonders wenn man so lange in England gelebt hat, das ständige Sichselbstbedauern und die Rastlosigkeit, von allem anderen abgesehen – sehr auf die Nerven. Ich kann mich nicht erinnern, dass mich auch nur einmal jemand gefragt hätte, wie es mir denn wohl ergangen sei und wie ich mich durchgeschlagen hätte. Die Mitteilung, dass man in London drei Mal ausgebombt worden sei (›was, Sie, in London?‹) erregte stets ungläubiges Staunen. Nur die eignen, und nur die letzten Schicksale gelten.«[51]

Anlässlich seines 70. Geburtstags am 9. Juni 1966 in München von der *Abendzeitung* in einem Interview befragt, warum er wieder nach London zurückgekehrt sei, antwortete er, er sei Großstädter und brauche die Großstadt. München sei zweifellos eine reizende Stadt, doch zu klein. Berlin sei leider nur ein Rumpf dessen, was es einst gewesen war. »Überdies ist es mir hier zu hektisch. In London hat man mehr Ruhe, man ist viel gelassener. Ich glaube nicht, daß die Goethe-Biographie entstanden wäre, wenn ich zum Beispiel in dieser Zeit in Deutschland gelebt hätte.«[52]

Das ist sehr gut möglich, aber spielte bei seiner Entscheidung nicht noch etwas anderes eine Rolle? Nämlich die Tatsache, dass für den zurückgekehrten Emigranten – und nicht nur auf Friedenthal trifft dies zu – eine völlige Wiedereingliederung in das Nachkriegsdeutschland schwierig war? Friedenthal war nicht mehr derselbe, der er bei seiner Emigration 1938 gewesen war; er war zweifellos in vieler Hinsicht »anglisiert«, hatte sich, wie die Wahl der englischen Sprache in manchen Tagebuchnotizen belegt, in vieler Hinsicht an die englische Mentalität angepasst. Auch war das Deutschland von 1952 nicht mehr dasselbe wie das von 1938. Es war durch den Krieg gegangen und befand sich mitten in der Periode der Adenauer-Restauration, die aber nur beschränkt eine Restauration sein konnte: Die Erfahrung des Dritten Reiches ließ sich nicht ignorieren. Und gab es nicht vielleicht selbst seitens eines so aufgeklärten und toleranten Emigranten wie Friedenthal ein gewisses Misstrauen gegenüber vielen Deutschen, zumal wenn er auf das Misstrauen der Deutschen gegenüber ihm, dem Emigranten stieß? Haben nicht etwa die Emigranten Recht, die sagen: Man kann nicht zurückkehren? Mir scheint, dass sich auch Friedenthal dieser Erkenntnis nicht verschließen konnte, wenn er am 8. August 1957 an seinen alten Freund Joachim Maass schrieb:

> »Rückkehr, dauernde, gab es nicht. Ich habe das zur Genüge in München erfahren, so reizend der engere Kreis war, den wir uns dort aufgebaut hatten. Es kommt alles auf die ›weiteren Kreise‹ an, im Leben wie auch in unserem Berufsgebiet. Die wollen uns nicht so recht.« (DLA)[53]

Friedenthal war von Deutschland und seinen Menschen nicht eigentlich enttäuscht, denn er hatte sich von vornherein keinen Illusionen darüber hingegeben. Da er nun seine Pension sichergestellt hatte, hatten sich die Jahre in Deutschland in materieller Hinsicht ganz sicher gelohnt und das ist für einen freien Schriftsteller schließlich auch nicht unwichtig.

Und einen weiteren Aspekt darf man nicht vergessen: Friedenthals Frau Lisa hatte sich von vornherein nur für einen begrenzten, mehrjährigen Gastaufenthalt in Deutschland entschlossen und hatte immer wieder erklärt, dass sie nie wieder »für immer« in Deutschland leben wollte. Wie Martha Friedenthal-Haase berichtet, ist sie

> »dann auch von München aus direkt nach London zurückgekehrt, und wenn Richard sich für ein Bleiben in Deutschland entschieden

hätte, so hätte das ein Getrenntleben von Lisa impliziert. Lisa hat immer wieder noch später betont, daß sie um Richards willen mit nach München gegangen sei, aber dass für sie nie eine dauerhafte Rückkehr möglich gewesen wäre. (Das hat nichts, aber auch gar nichts mit ›Deutschenhass‹ zu tun.) Man wird also auch in dieser Hinsicht nicht sagen können, daß Richard völlig frei war in der Entscheidung, ob er in Deutschland bleibt oder nach London zurückkehrt.«[54]

Nachdem ihm im Januar 1956 in London eine sehr hartnäckige Bronchitis zugesetzt hatte, machte Friedenthal im Februar zusammen mit seiner Frau eine Kur in der Klinik Dr. Amelung in Königstein/Taunus. »Es ist eine richtige Klinik mit evangelischen Schwestern und Kurbetrieb«, berichtete er seinem Freund Kästner, »wir werden gemessen von Kopf bis Fuss, die Bluttröpfchen und andere Tröpfchen werden unters Mikroskop gelegt und wir selbst auf die Massagebank. Hoffentlich hilft es nun auch wirklich.«[55] Der alte Arzt, ein Dr. Wolf aus Hamburg, hatte noch Stefan George gekannt und behandelt. Leider half die Kur nicht wirklich; der fast sechzigjährige Friedenthal begann seine Jahre zu spüren. Zwei Monate später berichtete er Kästner, er habe sich trotz Sanatorium und Kur mit Tiefatmung und unbeschreiblich langweiliger Kost noch immer nicht ganz erholen können und vor allem ein sehr lästiges Asthma entwickelt. So werde er sein reichlich ambulantes Leben nicht weiterführen und erst einmal in seinen vier Wänden sitzen und sein Buch – den Roman *Die Welt in der Nußschale* – fertig schreiben, nach dem Klaus Piper immer wieder ängstlich frage.[56]

PEN-Freuden – PEN-Querelen

Nach seiner Übersiedelung nach Deutschland im Jahre 1952 gab Friedenthal den Vorsitz des Londoner Exil-PEN an Hans Flesch-Brunningen ab und wurde nun in den Vorstand des bundesdeutschen PEN gewählt. Mit der gleichen Ruhe und Effizienz, die er vorher in den Geschäften des Exil-PEN an den Tag gelegt hatte, betrieb er nun dessen Geschäfte.

Seit dem Kriege hatte Friedenthal auch möglichst an allen jährlichen

Internationalen PEN-Kongressen teilgenommen, obwohl diese nicht immer ganz friedlich abliefen. So berichtet Hilde Spiel über den PEN-Kongress in Lausanne (22.–29. Juni 1951), an dem das ostdeutsche Zentrum durch Johannes R. Becher, Arnold Zweig und Stephan Hermlin, das Zentrum der Bundesrepublik durch Erich Kästner und Kasimir Edschmid vertreten waren, es sei dort wieder einmal zum Eklat gekommen. Das ostdeutsche Zentrum hätte unter der Führung von Arnold Zweig versucht, den Internationalen PEN zur Unterstützung der fragwürdigen und von Moskau gelenkten »Stockholmer Friedenserklärung« zu bewegen.

> »Friedenthal und einige andere hatten, indem sie den gutgläubigen Amerikanern und Engländern die Hintergründe auseinandersetzten, den Plan verhindert, worauf sie von den Delegierten aus der DDR vor deren Betreten gewarnt, ja als neue ›Kriegsverbrecher‹ bezeichnet wurden. Eine Drohung, die ernstzunehmen durchaus ratsam war.«[57]

An anderer Stelle sagt sie ganz deutlich, es sei Stephan Hermlin gewesen, der diese Drohung gegen Friedenthal und sie selbst ausgestoßen habe, und Robert Neumann habe »aus reiner Lust an der Intrige, in geheimer Wühlarbeit die Sache der Kommunisten zu fördern versucht«. Hilde Spiel fügt gleich darauf noch hinzu: »David Carver, Nachfolger von Hermon Ould als Generalsekretär, sagt allen, die es hören wollen, lachend: ›*Robert was the snake in the grass*‹ [›Robert war die Schlange im Gras‹].«[58]

1952 kam Friedenthal anlässlich einer PEN-Tagung zum ersten Mal nach Wien zurück, wo er sich u.a. mit Stefan Andres und Hans Werner Richter traf. Schon am Flugplatz wurde er von Radioreportern als eine V.I.P. interviewt. Am Abend des 13. Mai gab der österreichische PEN einen Empfang im Palais Schwarzenberg, das Friedenthal für die kleine dort versammelte Gruppe als etwas zu pompös empfand. Nach dem Abendessen hielt er einen Vortrag über Stefan Zweig, der sehr warm aufgenommen wurde. Felix Braun, Friedrich Torberg, Stefan Andres und ein Professor Fiechtner waren dabei zugegen sowie der »Staatsopernsänger« Willimsky, der über Friedenthal etwas in der Zeitung gelesen hatte und nun glaubte, dieser sei so etwas wie ein »großer Mann« geworden. Eine öffentliche Lesung aus seiner Novelle *Das Spießrutenlaufen* folgte am nächsten Tag.

Wien hatte für Friedenthal damals eine ausgesprochen unwirkliche Atmosphäre. Noch gab es die Vier-Mächte-Regierung. Patrouillen aller vier Mächte fuhren durch die Straßen, früher in Jeeps, die Amerikaner jetzt in großen amerikanischen Straßenkreuzern, wobei die Russen sich bemühten, mit ihren eigenen Limousinen die Amerikaner noch zu übertrumpfen. Gegenüber dem Palais Schwarzenberg fiel Friedenthal das große russische Mahnmal *»Le père inconnu«* (»Der unbekannte Vater«) auf, mit einem russischen Soldaten in Bronze, der eine Flagge trug. Daneben ein großer Panzer. Statt dagegen zu protestieren oder sich zu beklagen, hatten die Wiener schrittweise begonnen, um das Denkmal herum Sträucher und Bäume zu pflanzen. Es war dahinter schon fast verschwunden und sah in Friedenthals Augen eher wie eine öffentliche Bedürfnisanstalt aus als wie ein Siegerdenkmal. Das war nun schon wieder typisch altwienerisch. Aber abgesehen davon, deprimierte ihn die Stadt. Sie wirkte auf ihn wie eine leere Hülle, und obendrein eine sehr merkwürdige. Alle früheren architektonischen Gräuel, wie er meinte, waren sorgfältig repariert: die Oper, die Burg, Stein um Stein, mit ihrem Gitterwerk, ihren Skulpturenverzierungen usw. Es faszinierte ihn, wie innerlich stark diese alten Städte waren. Auf dem Papier hätten sie auf viele Jahre hinaus tot sein sollen:

> *»But the shops are full, the theatres too, some business is done, some taxes are paid, and many officials (with very poor salaries) are living in the ›capital‹ with a very small c. If some political turn of the screw would happen, Vienna could be a very big town again. It might, however, go the way of Venice.«*[59]

So dachte Friedenthal 1952. Glücklicherweise sollte sich die politische Schraube ein wenig drehen, indem 1955 durch den Staatsvertrag die Besatzungstruppen abgezogen und die Unabhängigkeit Österreichs wieder hergestellt wurde.

Leider kam es bei den PEN-Kongressen auch hier und da zu persönlichen Zusammenstößen. So gab es auf dem Wiener Kongress 1955 einen peinlichen Auftritt mit dem Schriftsteller und Literaturkritiker Erich Franzen, der Friedenthal seiner Meinung nach in geradezu grotesker Weise anpöbelte. Als Erich Kästner, Arnold Bergsträsser und Franzen im Sitzungssaal zusammenstanden, fragte Kästner Franzen, ob er Friedenthal schon begrüßt habe. Franzen drehte daraufhin Friedenthal ostentativ den Rücken zu und sagte: »Kenn' ich nicht; ich kenne diesen Herrn nicht.« Als Friedenthal fragte, was das denn heißen solle, sagte Franzen zu den beiden anderen gewandt: »Der soll ja, wie mir aus München berichtet worden ist, erklärt haben, er werde erst aufatmen können, wenn Franzen endlich in Amerika ist.« Angesichts der zahlreichen Zuhörer verzichtete Friedenthal darauf, die Angelegenheit im Sitzungssaal weiterzuverfolgen.

> »Sowohl Bergsträsser wie Kästner waren konsterniert über dies Benehmen. Zu Grunde liegen mag Franzens Flegelei irgendeine Aeusserung, die ich bei unseren Münchner Zusammenkünften getan habe, etwa des Sinnes, dass Franzen nicht da sei und dass ich ihn nicht eben vermisste. Das dürfte stimmen.«[60]

Bei anderen PEN-Kongressen kam es besonders bei Personaldiskussionen zu heftigen Auseinandersetzungen. Das blieb schon deshalb nicht aus, weil immer wieder über die Aufnahme neuer Mitglieder entschieden werden musste, über deren charakterliche Integrität oder ideologische Vergangenheit Zweifel bestanden. So wurden auf der Frankfurter PEN-Tagung von 1957 ca. 20 neue Mitglieder aufgenommen und gleichzeitig etwa 19 abgelehnt, unter ihnen Harry Pross, gegen den Hermann Kasack »ganz rabiat protestiert[e]«; er habe »unerhörte Indiskretionen« bei der Darmstädter Akademie für Sprache und Dichtung verübt. (Tagebuch 1957; DLA) Näheres berichtet Friedenthal nicht, außer dass die Aufnahme von Pross daraufhin vorläufig zurückgestellt wurde. Ansonsten herrschte ziemliche Einigkeit. Eine erbitterte, lange Debatte, bei der es ohne Taktlosigkeiten nicht abging, gab es abends noch über Bertolt Brecht, den Peter Suhrkamp gegen einen Vorwurf Bernard von Brentanos verteidigte, Brecht sei ein kommunistischer Horst Wessel. Suhrkamp sah Brecht als den *einzigen* Emigranten, der nicht an die These der Kollektivschuld geglaubt habe (wobei er zumindest Carl Zuckmayer außer Acht ließ). [Gottfried] Bermann[-Fischer] protestierte mit Recht dagegen und Hermann Kesten wandte scharf ein, Brecht sei ein Lump, und brachte dann allerhand biographische Details aus Paris und New York bei, die Friedenthal wenig glaubhaft schienen. Kesten sprach in Bezug auf Brecht von einer »Mischung von politischer Drohung, ja Erpressung, und Bestechung oder feigem Zurückziehen.« (Tagebuch 1957; DLA) Die ästhetische Wertschätzung Brechts bei den jüngeren PEN-Mitgliedern war jedoch so groß, dass Friedenthal meint, mit ihnen sei nicht zu reden gewesen. Das Gespräch führte zu keinem Ergebnis, auch wenn Brecht schließlich mit dem Hitler-begeisterten Knut Hamsun kontrastiert wurde:

> »*[Joseph Caspar] Witsch* sehr laut, landsknechthaft robust, erfrischend *Kesten* mephistophelisch, anekdotisierend, *Hering* romantisch-Brecht-begeistert. [Hans Wilhelm] Eppelsheimer mit einem guten Einwand: [Knut] Hamsun war ungefährlich, trotz seines ›Verrats‹, ein Anarchist, ein Einzelgänger. Brecht ist etwas anderes. Hinter ihm steht der ganze furchtbare Machtapparat des Kommunismus. Wenn er sagt: nicht genug K.Z., so hat das Konsequenzen. Bei Hamsun war es das unverbindliche Gebell eines armen Steppenwolfes.« (Tagebuch 1957; DLA)

Bei der Arbeitstagung am nächsten Tag war es wieder Erich Franzen, der Friedenthal fürchterlich auf die Nerven ging: »Belangloses, aber lange aufhaltendes Gestänker«, berichtet er,

> »ausgehend von Franzen, der eine kleine Partei gesammelt hat: [Ernst] Kreuder, [Karl] Krolow (den Franzen vorschlug!)!
> Kasack hält sich zurück. Am Ende geht alles aus wie das Homburger Schiessen. Kästner wieder Präsident, Edschmid und ich Vizepräsidenten, [Walter] Schmiele Sekretär, [Fritz] Usinger Schatzmeister.
> Franzens Anträge auf Satzungsänderung sämtlich zurückgezogen.
> Satyrspiel nach der Sitzung.
> Die Fernsehleute. Da pirscht sich Franzen heran und spricht eifrig mit, als sei er eine der Hauptpersonen, innig befreundet mit Kästner und mir. Vorher hatte er noch die wunderliche Courage zu fragen, warum lediglich Bücher und nicht auch Aufsätze und Beiträge in Zeitungen aufgenommen würden. Er hat nie ein Buch produziert.« (Tagebuch 1957; DLA)

Am Abend gab es einen Empfang im Frankfurter Römer durch den stellvertretenden Bürgermeister Liedke, der in einer grotesken Rede anregte, die Amerikaner sollten das Frankfurter Opernhaus wieder aufbauen und zum allgemeinen Entsetzen der PEN-Mitglieder diese aufforderte, doch zu diesem Zwecke ihre Verbindungen mobil zu machen …

Friedenthals umfangreiche Korrespondenzen mit Erich Kästner und Kasimir Edschmid, die sich im Deutschen Literaturarchiv in Marbach befinden, zeigen, wie aktiv er vor allem in den fünfziger und sechziger Jahren an den Diskussionen über alle den bundesdeutschen PEN betreffenden Fragen, sei es die Wahl von Vorstandsmitgliedern, sei es seine Beziehung zum ungarischen oder ostdeutschen PEN, teilnahm. Diese Briefwechsel lassen hinter die Kulissen und tief in die personellen Empfindlichkeiten der PEN-Mitglieder blicken, die aus heutiger Warte reichlich übertrieben erscheinen. –

Friedenthal war sich darüber im Klaren, dass er nach seiner Rückkehr nach England selbstverständlich als aktives Vorstandsmitglied des bundesdeutschen PEN-Zentrums würde ausscheiden müssen, er blieb aber weiterhin Vizepräsident auf Lebenszeit, wozu er 1957 trotz seines Londoner Wohnsitzes gewählt worden war, und gleichzeitig Repräsentant in der Internationale des PEN. 1968 wurde er vom Vize- zum Ehrenpräsidenten »befördert«. Offensichtlich war sein Freund Kästner dafür verantwortlich, bei dem er sich infolgedessen bedankte.[61] 1975 wurde er gar zum Vizepräsidenten des Internationalen PEN gewählt. Auch nach seiner Rückkehr nach London nahm er möglichst an den jährlichen Treffen des bundesdeutschen PEN teil.

Was für die Nazi-Zeit galt, als es wichtig war, dass der PEN politisch Farbe bekannte und sich gegen die Unterdrückung des freien Wortes in Deutschland und die Verfolgung der Schriftsteller einsetzte, galt für Friedenthal nicht mehr für den bundesdeutschen PEN. Für ihn war der PEN »ein *Club*, eine freundschaftliche, gesellige Vereinigung, keine Plattform mit gewaltigem Schallboden.«[62] Dass es ihm bei der Teilnahme an PEN-Kongressen weiterhin vor allem um das Wiedersehen und Zusammensein mit Freunden und Kollegen ging, wird deutlich, wenn man seine Tagebuchnotizen zu einem derartigen PEN-Treffen liest, zum Beispiel seine Notizen zum Treffen in Frankfurt a.M. im Juli 1959:

> »19. Mittags Frankfurt Frankfurter Hof. Nachm. 3 Exekutivsitzung. Abends im histor. Museum [...] Empfang. Gerührte Begruessung durch die Koreaner, die sogar meinen Namen richtig aussprechen.[63]
> 20. [...] Abends im Römer schlichtes Essen, im offnen Hof, Kassler,

Bier; grausame Hitze. Zusammen mit Christian Wagner und seiner charmanten Frau, die ich auch in Tokyo getroffen hatte. Angenehmste hanseatische Atmosphäre. [...]
23. 3. [...] Abends mit Christian Krull und Frau im Schloss Kronberg im Taunus. Wir trinken zwei gute Flaschen Mosel und blicken in den Park, in dem weiland die Geheimpolizisten Wilhelms II. der Kaiserin Friederike auflauerten. [...]
25. Heidelberg. Schlussakt in der Universität
Abschiedsrunde mit Kästner, [Hans] Flesch[-Brunningen], Hilde Spiel« (DLA)

Friedenthal ging es vor allem darum, die politische Unabhängigkeit des PEN zu bewahren. Er wandte sich deshalb immer wieder dagegen, dass der PEN laufend irgendwelche staatlichen finanziellen Unterstützungen akzeptierte. »Das Hauptproblem jedoch ist: soll der PEN eine subventionierte Angelegenheit werden? Das gilt nicht für Kongresse und dergleichen, aber laufend?«[64] Er hatte deshalb seinem Freund Erich Kästner als dem Präsidenten des bundesdeutschen PEN vorgeschlagen, stattdessen die Zahl der Mitglieder zu erhöhen, den Kreis der in Frage kommenden weiterzuziehen, hundert neue Mitglieder zu gewinnen »aus den Verlagen, der Presse, dem Rundfunk, und auch der Schreiberei«.[65] In seinem Briefverkehr mit Kasimir Edschmid, dem Vize-Präsidenten des bundesdeutschen PEN, kommt Friedenthal immer wieder darauf zu sprechen, dass viele Mitglieder ihren Jahresbeitrag – Mitte der fünfziger Jahre DM 50,00 – einfach nicht bezahlten, und er beschwört Edschmid wiederholt, sein Amt nicht niederzulegen. Wer solle denn sonst den Vorsitz übernehmen? Denn »schliesslich ist es [der PEN] doch eine gute Sache, und es lohnt sich schon, sich dafür einzusetzen (bis zu einem gewissen Punkt).«[66]
Nicht immer war die Arbeit für den PEN angenehm. Wie schon Friedenthals Bericht über die Begegnungen mit Erich Franzen zeigt, gab es oft persönliche Eifersüchteleien und Auseinandersetzungen zwischen den Mitgliedern, die alle von ihrer eigenen Wichtigkeit überzeugt waren und sich, ihre eigenen Werke und ihre Meinungen allzu wichtig nahmen. Vor allem mit Robert Neumann hatte der immer auf Fairness bedachte Friedenthal seine Schwierigkeiten. Sein Ärger über ihn ging auf Neumanns Memoirenbuch *Ein leichtes Leben* (1963)

zurück, »in dem er sich auf das Schäbigste über Stefan Zweig auslässt, den er zu Lebzeiten umschwänzelte, und dann noch seine Auslassungen über dessen Erben, die Familie Altmann.«[67] Dies sei auch der Grund gewesen, weshalb er Neumann in Locarno, wo er sich 1963 mit seinem *Goethe*-Übersetzer Nowell getroffen hatte, nicht besucht habe. Das nahm dieser ihm wiederum übel usw. Dann war Neumann, der inzwischen Ehrenpräsident des österreichischen PEN geworden war, zu einer Vorstandssitzung des Bundes-PEN eingeladen worden und hatte, wie Friedenthal meinte, versucht, »in die Angelegenheiten eines Klubs, dessen Gast er war, mit seinen Tintenpfoten hineinzutappen und sich quasi als Oberinstanz zu gerieren, die ›nach dem Rechten sehen müsse‹«.[68] Und das, fand Friedenthal, hätte man ihm entschieden zurückweisen sollen. Leider stellte sich der PEN nicht nachdrücklich auf Friedenthals Seite. Rudolf Krämer-Badoni, der von 1962 bis 1966 Generalsekretär des bundesdeutschen PEN war, hatte ihm zwar beim bundesdeutschen PEN-Kongress 1964 in Heidelberg versprochen, er würde David Carver vom Internationalen PEN ausdrücklich einen Brief in der Angelegenheit Neumann schreiben und dabei klarstellen, dass der Bundes-PEN ihn künftig nicht mehr zu seinen Sitzungen einladen werde; das, hatte er Friedenthal versichert, sei das mindeste, was man für ihn tun könne. Dolf Sternberger hatte ihm Ähnliches telefonisch zugesichert, aber nichts dergleichen erfolgte. Ein Sturm im Wasserglas? Sollte man das Verhalten Neumanns überhaupt ernst nehmen? Auch Friedenthal fragte sich das und gestand sich ein, dass die Angelegenheit im Grunde unwichtig war.

> »Aber schliesslich handelt es sich ja nicht um eine Berufsvereinigung, sondern um einen Club, und da gelten gewisse gesellschaftliche Konventionen. Jedenfalls für mich. Ich habe keine Lust, jemand, der mich anpöbelt, dann mit freundlich fletschendem Gesicht zu begrüssen, und ebenso wenig kann man dann ja trotzig aneinander vorbeigehen. Das Unangenehme ist, dass Neumann sich eine Art Oberaufsicht und Recht zum Eingreifen angemasst hat, und dass man ihm das nicht mit aller Schärfe zurückgewiesen hat. So kommt es darauf hinaus, dass ich nun gewissermassen als überflüssig gekränkt erscheine, während die eigentliche Spitze abgebogen wird.«[69]

Die Spannung zwischen Friedenthal und Neumann sollte anhalten. Friedenthal war 1969 nicht beim PEN-Kongress in Wien gewesen. Einer der Gründe dafür war, dass er Robert Neumann nicht begegnen wollte.

Was war geschehen? Friedenthal fühlte sich von dem Parodisten Neumann in dessen »Tagebuch aus einem andern Jahr« *Vielleicht das Heitere …* (München 1968) auf unverschämte Weise angepöbelt. In diesem Tagebuch eines Jahres – er sagt nicht, welches, aber wahrscheinlich handelt es sich um 1963 – schreibt Neumann unter dem 8. März: »[Hans Josef] Mundt schickt mir einen herzlichen Verriß der Autobiographie [*Ein leichtes Leben*] in ›Christ und Welt‹, es ist ein Blatt provinziellst feinsinnigen Obskurantentums, Friedenthal schreibt dort als Ehrenjud', wer wollte da nicht getadelt sein.«[70]

Nach der Spaltung des gesamtdeutschen PEN in eine bundes- und eine ostdeutsche Gruppe in Düsseldorf (Oktober 1951) – Neumann meint irrtümlich, es wäre in Heidelberg gewesen, ist sich aber nicht sicher – hätten sich beide Spaltprodukte nicht zum Besseren entwickelt. Becher und Brecht seien gestorben, Kästner habe sich zurückgezogen: »Damit sahen ehrgeizige Leute, die bisher ein wenig im Schatten gestanden hatten, für sich endlich das grüne Licht, im Osten der oder jener von der Tafelrunde gestern, im Westen an sich treffliche Leute wie etwa Richard Friedenthal. Wer war dieser Treffliche?«[71]

Neumann zufolge habe Stefan Zweig wachsende kapitalistische Interessen am alten Insel-Verlag gehabt und habe dort einen Vertrauensmann gebraucht. Das sei Friedenthal gewesen:

> »Ich [Robert Neumann] traf ihn zum erstenmal bei der Frau meines Arztes [Hannah bzw. Manfred Altmann], als die den Versuch machte, einen literarischen Salon zu kreieren.[72] Die mit Zweigschen Copyrights Überregnete empfing mich auf einem Sofa sitzend, es hatte wie alles andere Zweig gehört und vorher vielleicht Marie Antoinette – und jetzt saß eben auf diesem Sofa zur Rechten der Zweigschen Erbin ihr Dackel, zu ihrer Linken saß Friedenthal. Sie sagte: ›Er wird die unvollendeten Manuskripte zu Ende schreiben.‹
>
> Eine erfreuliche Gestalt. Hochgewachsen, ein an Tageshelle gezerrter Grottenolm, der sich im Zuge eines perversen Wunders der Natur einer lebendigen Stimme bemächtigt hat – nein, der Geisterstimme

eines zu seinen Vätern versammelten Grottenolms, ein Hörspielregisseur produzierte sie über Hall aus dem Nebenraum, es klingt, als läse von dort, aus dem Jenseits, der Angestellte einer Leichenbestattungsfirma aus dem Jenseits das Telefonbuch der Toten vor.«[73]

Geschrieben waren diese Zeilen anlässlich des PEN-Kongresses 1963 in Berlin, zu dem die von Friedenthal geladenen DDR-Vertreter nicht gekommen waren, weil er diese, so Neumann, brüskiert hatte: In der Einladung an Arnold Zweig habe er den Leninpreis und das »Professor h.c., Doktor h.c.« vergessen und die Einladung nur an »Herrn Dr. Arnold Zweig« adressiert: »[...] was heißt da vergaß, es war kaltkriegerisch ausgeklügelte Sabotage und ein Schlag ins koexistentielle Gesicht, man frage nur [Heinz] Kamnitzer.«[74] – Willi Bredel und Kamnitzer fassten dies angeblich als offensichtliche Provokation und bewusste Beleidigung auf, damit die DDR-Autoren nicht wirklich nach West-Berlin kommen würden.[75] An dem Podiumsgespräch am 10. Mai 1963 über »Koexistenz verschiedener Freiheitsbegriffe« habe auch »der stets fesselnde Friedenthal« teilgenommen und mitgeteilt,

> »er habe ›damals‹ mit einem prominenten Nazi Umgang pflegen zu dürfen die Auszeichnung genossen, und der habe ihm das große Geheimrezept anvertraut: den Kommunisten Programme entgegenzusetzen sei ein Weimar-spießbürgerliches Vorurteil – man haue sie auf den Kopf!
>
> Ich [Neumann] fragte ihn – meine einzige Intervention –, ob er uns diese Geschichte zur Nacheiferung erzählt habe? Darauf schweigt er bedeutungsvoll.«[76]

Neumann veröffentlichte auch einen entsprechenden Bericht über diese Podiumsdiskussion in der *Zeit*. Am 29. Mai notiert er in seinem Tagebuch, Krämer-Badoni habe ihm gesagt, Friedenthal fühle seine politische Ehre durch Neumann in den Kot gezerrt, und ihm vorgeschlagen, er solle erklären, Friedenthal habe damals bei der Podiumsdiskussion bloß einen glänzenden Witz gemacht.[77] Neumann geht auf diesen Vorschlag nicht weiter ein. Unter dem 10. September notiert er: »Freundschaftliche Zeile an Friedenthal zu schreiben versucht. Geht nicht – er nähme es als Ironie und nackten Hohn. Wieder zerrissen.«[78]

Es ist mehr als zweifelhaft, dass sich Friedenthal so geäußert hat, wie es Neumann berichtet, denn hier spricht der Polemiker, Satiriker und Parodist Neumann und nicht etwa ein objektiver Berichterstatter, und es ist offensichtlich, dass es ihm darum geht, Friedenthal als bösen kalten Krieger zu verunglimpfen. Friedenthal schreibt denn auch in einer unveröffentlichten Stellungnahme zu Neumanns Vorwürfen, das sei alles Unsinn; er habe die Einladung zur Podiumsdiskussion in Ost-Berlin gar nicht versandt, und bezüglich seiner angeblichen Äußerung bei der Diskussion sagt er:

»Das ist natürlich reine, und unverschämte Verdrehung dessen, was ich sagte. Ich wies lediglich darauf hin, nach Erinnerungen von 1932, dass man nicht immer von ›Programmen‹ der Nazis sprechen dürfe – wie andere Diskussionsredner taten – und gab dies Beispiel eines offenherzigen Nazis. Dass ich mich damit identifiziert hätte, wie Neumann andeutet, ist seine Erfindung.« (DLA)

Friedenthal empfand Schimpfworte wie »Ehrenjud'« und »Grottenolm« gar nicht als lustig. Dazu kamen Neumanns, wie Friedenthal meinte, gänzlich entstellte Ausführungen über den bundesdeutschen PEN, in dem er sich Neumann zufolge vorgedrängt habe, während Kästner sich vornehm zurückzog. Friedenthal beschwerte sich bei Dolf Sternberger und David Carver darüber und protestierte, dass ein internationaler Vizepräsident wie Neumann sich in solcher Weise, noch dazu mit irreführenden Behauptungen in die Angelegenheiten eines Bruderklubs einmischte. Er belegte seine Anschuldigungen mit Zitaten aus Neumanns Buch, das »auch so geistvolle Wendungen enthielt wie Zurl Cackmayer für Zuckmayer und andere Kapriolen«.[79] Neumann wollte sich daraufhin mit Friedenthal in Mentone treffen, um sich auszusprechen. Friedenthal lehnte ab. Daraufhin schrieb Neumann an Friedenthal eine Art Entschuldigungsbrief, in dem er zugab, er habe in Friedenthal einen

»›friedlichen Mann bösartig attackiert‹. Das wickelt er aber in neue Aggressionen ein: ich sei humorlos, selbstgerecht und hätte vielmehr *ihn* angegriffen, nämlich in meinen Briefen an Carver und Sternberger. ›Wir verfolgen uns doch alle‹, meint er und somit seien wir quitt. *Cet animal est très méchant, quand l'on attaque, il se défend* [Wie bösartig ist doch dieses Tier, wenn man es angreift, verteidigt es sich.] Unter Humor versteht er anscheinend, dass jemand sich beruhigt anpissen lässt und dazu freundlich applaudiert: wie geistreich plätschert doch der Neumann da.«[80]

Verschiedene Leute hätten angeblich auf dem Prozessweg gegen Neumanns Buch protestiert. Friedenthal hatte wenig Lust dazu, wollte ihn aber andererseits auch nicht gerade mit fröhlichem Handschlag begrüßen. Auf keinen Fall wollte er sich aber mit ihm auf eine öffentliche Kontroverse einlassen. Der Schriftstellerberuf sei genügend gefährdet von außen her und müsse nicht noch durch Fehden von innen diskreditiert werden, bei denen das Publikum ohnehin nicht wisse, worum es gehe. Am 30. Oktober 1969 schrieb Neumann aus Locarno an Hilde Spiel: »Den bundesdeutschen PEN hätte ich gern in Wien getroffen, womöglich einschließlich Friedenthal, der mir eben einen langen und für seine Verhältnisse nicht unbedingt feindseligen Brief geschrieben hat, um mir zu sagen, was er alles gegen mich auf dem Herzen hat.«[81] Und am 26. April 1970 kommt er noch einmal auf Friedenthal zu sprechen: »Der PEN kotzt mich an. Es ist so sehr nicht der Mühe wert, sich über den verwundeten Friedenthal und dergleichen aufzuregen.«[82]

Besonders in einer Hinsicht muss man Friedenthal Neumanns scharfzüngigen Bemerkungen gegenüber in Schutz nehmen: Friedenthal war trotz seiner Stellungnahme in Lausanne kein »kalter Krieger«. Noch nach dem Beginn der Berliner Blockade (März 1948) war er am 5. Juni 1948 vom PEN-Kongress in Kopenhagen über Hamburg nach Berlin geflogen und hatte an der Ost-Berliner Humboldt-Universität einen Vortrag über das Thema »Stefan Zweig und der humanitäre Gedanke« gehalten.

Der Vortrag und die Reise nach Berlin waren ein gleichzeitig bewegendes und abenteuerliches Erlebnis für Friedenthal. Der Name und die Person Zweigs bedeuteten den Studenten unmittelbar nach dem Dritten Reich wenig, da ihnen seine Werke unbekannt waren, und schon die äußeren Vortragsbedingungen waren seltsam. Es waren nur wenige männliche Studenten anwesend und davon die meisten Krüppel, der Eingang zu dem alten Hegel-Haus der Universität, wo der Vortrag stattfand, war halb zertrümmert und nur auf zwei Planken und über eine Art Schützengraben zu erreichen. Vor dem Nebenhaus standen zwei russische Posten mit aufgepflanzten Bajonetten.

»Von den Schwierigkeiten[,] dort ueberhaupt hinzukommen, selbst unter Foerderung der entsprechenden Dienststellen, will ich gar nicht sprechen. Der Verteilungsschluessel der Militaerpapiere wies 14 Behoerden aus, die eine Abschrift erhalten mussten, und fuer den Flug aus Hamburg erhielt ich noch eine in russischer Sprache abgefasste ›propuska‹, fuer alle Faelle.«[83]

Anschließend gab es für ihn einen Empfang im »Kulturhaus«, wobei Johannes R. Becher den Vorsitz führte. In einem Brief an Nino Erné vom 12. November 1975 berichtet Friedenthal darüber ironisch rückblickend:

»[N]ach der Ansprache gab der selig/unselige Erbecher [sic] einen Empfang für mich, bei dem er mir einen ganz unglaublich scheusslichen ostzonalen eigengebrauten giftgrünen Schnaps oder vielmehr Liqueur servierte, statt eines redlichen Wodka, und ausdrücklich bemerkte, dass der nur für besondere Ehrengäste kredenzt würde und die anderen Teilnehmer, etwa 100, tranken Bier.« (DLA)

Später, 1964, bemühte sich Friedenthal auf dem Internationalen PEN-Kongress in Budapest mit Erfolg, einen vom Plenum gewünschten paritätisch besetzten Verbindungsausschuss zu schaffen, um durch gemeinsame oder parallele Veranstaltungen eine Zusammenarbeit zwischen den Zentren der Bundesrepublik und der DDR herzustellen. Auch Hilde Spiel hat ihn vehement gegen den Vorwurf verteidigt, ein »kalter Krieger« zu sein. Er sei es keineswegs gewesen, schreibt sie, nur jene unaufrichtigen Manipulationen wären ihm zuwider gewesen. In den frühen sechziger Jahren, und längst vor der offizielle Détente, habe er sich für eine vernünftige Annäherung der beiden Lager eingesetzt.

»Parallelveranstaltungen wurden geplant. Er selbst hielt 1963 in Ostberlin einen ersten Vortrag, über Goethe. Nach ihm trat Kästner in Dresden auf. Dann wurde diese Verbindung von drüben abgebrochen – sie paßte nicht mehr in die Konzeption zweier selbständiger Staaten und der Aufgabe aller gesamtdeutschen Kulturprojekte.«[84]

Wenn Friedenthal auch demonstrierte, dass er kein kalter Krieger war, der mit der DDR nichts zu tun haben wollte, so heißt das nicht, dass er den ostdeutschen Staat mit seiner Atmosphäre gegenseitiger Bespitzelung guthieß. Die Parallelen zum Dritten Reich waren für ihn zu offensichtlich. So war er Ende der fünfziger Jahre mit seiner Mutter auch im Ost-Sektor Berlins und sah dort

> »im Kulturklub oder wie das Ding heisst einige der Professoren und Funktionäre. Die Aengstlichkeit, die verstohlenen Blicke, das vorsichtige Gerede so wie weiland als man eine Decke über den Telefonhörer breitete, ›Feind hört mit‹, – es war peinlich und entwürdigend. Fast jeder würde ganz gerne ausrücken, wenn eben nicht ... Familie, Haus, gute Stellung, die Kinder, die Pension usw. usw. [...] Das Schlimmste ist wohl die Petzerei, wie in einer ganz korrupten Schulklasse. Das wird in Jahrzehnten nicht herauszubringen sein. Nun, wir werden es nicht erleben.«[85]

Nun, Friedenthal hat es nicht mehr erlebt. Er hat auch nicht mehr erfahren, wie weit die gegenseitige Überwachung in der DDR tatsächlich ging.

Friedenthal war gegen jegliche Bespitzelung, Überwachung und Terror, egal ob von rechts oder links. Interessant sind in diesem Zusammenhang seine Bemerkungen zum Internationalen PEN-Kongress 1968 (16./17. bis 20. Januar) in Luxemburg, wo es um Nazismus, Widerstand, Exil und ihre Bedeutung für die Gegenwart ging. Die geladenen Teilnehmer der Tagung, u.a. Jean Améry, Willy Brandt, Max Horkheimer, Golo Mann und Hans Mayer, hatten zu diesem Thema zweifellos etwas zu sagen. Bei manchen Reden schwangen auch die gleichzeitig ablaufenden Studentenunruhen mit. Was dazu gesagt wurde, erschien Friedenthal fast durchweg apologetisch-generell. Er plädierte deshalb in seinem Schlusswort energisch dafür, »dass *ein* Unterschied scharf gemacht werden sollte: alle, die für Gewalt und Machtanwendung eintreten, stehen auf gleicher Seite, ganz gleich ob sie sich ›rechts‹ oder ›links‹ nennen.« (DLA) Als er zur Frühjahrstagung der Darmstädter Akademie für Sprache und Dichtung in Saarbrücken (2.–5. Mai 1968) fuhr, machte er in Frankfurt Station und aß mit seinen Freunden Eberhard und Brigitte von Heusinger, zu Mittag.[86] Dabei kam man ebenfalls auf die Studentenunruhen zu sprechen, »die alle unruhig machen, ohne dass irgendeine Lösung oder Front – weder pro noch contra – deutlich erkennbar ist.« (DLA) –

Im Laufe der Jahre wurde Friedenthal dem PEN gegenüber zunehmend skeptischer. Schon 1961 hatte er gemeint, dessen »große Zeit«

sei vorbei, und das gelte nicht nur für den deutschen PEN. Der Internationale PEN wachse und wachse ins »Ungemessene«, bestehe aus fast 50 Zentren, in denen aber keineswegs die Blüte der internationalen Schriftstellerschaft zentriert sei. »Die Kochbuchautorinnen nehmen zu, die Leute von internationalem Gewicht ab. Die Resolutionen häufen sich, und ihre Bedeutung wird ständig minimaler.«[87] In Deutschland gebe es allgemach so viele Akademien und sonstige Gremien, meist noch subventioniert und mit reichlichen Tagegeldern, dass keiner der PEN-Brüder mehr rechte Lust habe, ohne Entlohnung irgendwohin zu fahren. Der Spesenmensch, reif zu einer derben Komödie, sei auch in die Literatur eingezogen.
Ähnlich klagte er auch 1968 über die Entwicklung des Internationalen PEN: Der Club werde immer mehr, wie die UNO oder UNESCO, durch hemmungslose Inflation an neuen Mitgliedern verwässert. Die Franzosen hätten, nicht zufrieden mit ihrem neuen provenzalischen Zentrum, noch eins in Monaco!! aufgestellt und durchgebracht. »Was für Schriftsteller da leben sollen, abgesehen von Autoren über die Fachgebiete Steuerflucht oder Spielgewinne, ist schleierhaft. Und so geht es rund um den Globus. Während allerdings in Paris, wo ehedem die führenden Autoren dabei waren, nur noch kleine Funktionäre zu erkennen sind.«[88] Friedenthals Ansicht blieb auch in den siebziger Jahren dieselbe. Aus steigendem Unbehagen an der Entwicklung der PEN-Institution, sowohl in der Bundesrepublik als auch international, nahm er an den PEN-Tagungen nicht mehr teil, zumal seiner Gesundheit das viele Hin- und Herfahren nicht zuträglich war. In einem Brief vom 5. April 1977 an Dolf Sternberger fragt er sich:

> »Trifft man da, und das war doch der Sinn, überhaupt Schriftsteller, geschweige solche von Rang? Nein. Das gesamte Personal ist von erschreckender Dürftigkeit und man lebt nur noch vom Kapital. Es ist allerdings erstaunlich, wie hoch dieses Kapital, trotz PEN-Inflation an schlechten Mitgliedern, immer noch ist, und wir, die wir daran mit-thesauriert haben, könnten uns ein kleines Reis an den Hut stekken. Aber der Hut wird schon gar nicht mehr getragen. Der nackte Dickkopf herrscht auch, wenn er mit ungepflegten Zusseln garniert ist. Was tut man da? Man zieht sich zurück.« (DLA)

Das Leben sei zu kurz, einer verlorenen Sache noch seine schwindenden Kräfte zu widmen. Man brauche sie, er jedenfalls, für die eigene Arbeit. Das heiße aber nicht, dass er auszutreten gedenke, was die Antagonisten wohl hofften und zu bewirken suchten. Er bleibe, aber nicht aus »Daffke«, was nie seine Reaktionsweise gewesen sei. Man könne einen gewissen Eklat auslösen, wenn er und Sternberger gemeinsam austräten. Er, Friedenthal, sei ohnehin seit fast 40 Jahren Mitglied des englischen PEN. Den Ausweg, sich dem Schweizer PEN anzuschließen, halte er allerdings für verfehlt, da man dort doch nur widerwillig geduldet sei. Es gäbe noch die Möglichkeit, den Exil-PEN deutscher Autoren aufzufüllen, aber auch das würde nur auf eine sehr kurzfristig wirkende Demonstration hinauslaufen und bald versanden. Er sei vielmehr dafür zu bleiben und dafür zu sorgen, dass die »Vernünftigen« nicht zu bloßen »Protestanten« würden. Die momentane Minorität bestehe aus Mitgliedern,

> »die als Schriftsteller und Persönlichkeiten Gewicht haben. Was der Bundespen noch an Ansehen besitzt, verdankt er diesen; mit [Peter O.] Chotjewitzen und dergleichen ist er doch ein Nichts. Also: ich plaidiere für Bleiben. Für energisches Protestieren. Ja gegebenenfalls sogar für Einwände beim Registerrichter.« (DLA)

In diesem Ton ging es im Briefwechsel mit Sternberger weiter. Am 6. Mai 1977 schreibt er, das Ansehen des PEN sei nur noch sehr *»dim«* (schwach), auch die Zentrale in London habe kein rechtes Gewicht mehr, geschweige denn irgendwelche angesehenen Autoren aufzuweisen (DLA) und am 28. September seufzt er: »Ach der PEN!« Er wüsste bei Gott keinen rechten Kandidaten für die Präsidentschaft zu benennen und wisse überhaupt nicht recht, wie die Kräfteverteilung auch nur ungefähr aussehe.

> »Dass [Walter] Jens sich selber nicht wohl fühlt in seiner Rolle, ging aus seinen Verlautbarungen hervor. Das bedeutet freilich nicht, dass er bereit ist, ohne Gerangel zurückzutreten. Und soll ich mir eine solche Reise antun, um mich scheckig zu ärgern? Da komme ich doch vielleicht eher einmal wieder zu einer Akademietagung, wo es doch noch mehr im alten Stile zugeht.« (DLA)

Schon einige Jahre zuvor hatte sich Friedenthal vom PEN weitgehend zurückgezogen und führte »die hochtrabende Bezeichnung ›Ehren-Präsident‹ nur noch aus Traditionsgründen«.[89] Dennoch sah er seine Arbeit für den PEN rückblickend nie als vergeblich an. Er bereute die Zeit und die Mühe nicht, die er an die Sache gewandt hatte, und betonte immer wieder die menschliche Seite, den Gewinn von Freundschaften durch den Klub:

> »Man hat immerhin eine ganze Menge guter Leute und Kameraden oder Kollegen kennengelernt, und diese Kontakte, die sich zu echten Freundschaften, wie mit Kästner und Edschmid, oder Schäfer, Horst Lange und vielen anderen ausgewachsen haben, und zwar bis zur vollen Statur des Begriffes Freundschaft: das war es, was den PEN auszeichnete und wertvoll machte und was ja auch seiner Gründung und englischen Klub-Natur nach das war, was ihn von blossen Berufsgenossenschaften oder Vereinen unterschied.«[90]

Zu Hause in London

Nach seiner Rückkehr nach England arbeitete Friedenthal zunächst an einem Roman. Die »Lexikonmacherei« habe ihn lange genug in Atem gehalten, meint er in dem Brief an Erich Kästner vom 12. April 1956. »Das sollen jetzt jüngere Leute in die Hand nehmen, und ich werde mich beratend als *›elder Statesman‹* [graue Eminenz] im Hintergrund halten.« (DLA) Am 18. Mai entschuldigte er sich bei Kästner dafür, dass er nicht geschrieben habe. Es habe daran gelegen, dass er »in den letzten Wehen« mit seinem Roman lag, »der nun endlich geboren ist und schon bei seiner Wehmutter Klaus Piper in der Wiege liegt.« (DLA) Noch im selben Jahr war es dann so weit: 27 Jahre nach seinem Cortez-Roman, präsentierte Friedenthal die literarische Verarbeitung seiner Internierungszeit in Form eines Romans: *Die Welt in der Nußschale* (München: R. Piper & Co., 1956), den einzigen romanhaften Bericht über die Internierung der Deutschen auf der Isle of Man. Wie Peter de Mendelssohn schreibt, war es »eine tiefsinnige Exil-Dokumentation, die nur in Walter Hasenclevers Schilderung aus Frankreichs Lagern eine gleichgewichtige Entsprechung hat. Mit diesem Buch kam er […] zu seinem […] Verleger Piper und in die deutsche literarische Welt zurück.«[91] Es war seit der Veröffentlichung des Cortez-Romans nach rund drei Jahrzehnten die erste umfangreichere buchliterarische Arbeit Friedenthals. Klaus Pipers Lektor Albrecht Knaus war der ursprüngliche Initiator. Friedenthal hatte ihm bei einem Privatbesuch in seiner Wohnung angeblich ganz ohne Nebenabsicht von seinem Lagerleben erzählt. Man muss dazu nochmals betonen, dass Friedenthal, wie mehrfach bezeugt, ein glänzender Erzähler war. »Man muß Richard Friedenthal erlebt haben, wenn er sich in einem bequemen Stuhl niederließ«, berichtet beispielsweise Willy Haas,

> »und bei einem Glase Wein den ganzen humoristischen und tragischen Kosmos eines Zivilinternierungslagers in England um 1940/41 aufrollte. Er erzählte drei Stunden, es duftete und schmeckte so trefflich wie der gute Wein. Dann erhob er sich, sagte einfach: ›Soviel für heute‹, und verschwand ohne weiteres Aufsehen. Er erzählt mindestens so gut, wie er schreibt: also wirklich ein geborener Erzähler.«[92]

Jedenfalls bat ihn Knaus nach einer derartigen »Erzählvorstellung« gleich um ein Probekapitel, das auch auf Klaus Piper starken Eindruck machte. Er drängte gleich auf eine feste, vertragliche Bindung und Friedenthal ließ sich gerne drängen, denn: »Es schreibt sich besser, wenn man Termine und feste Ansichten für den Druck vor Augen hat.« (Tagebuch 1956/57; DLA)

Friedenthal hat sein Buch ausdrücklich als Roman deklariert und es lässt sich daher nur mit äußerster Vorsicht als autobiographische Quelle verwenden. Die Hauptereignisse, die Beschreibung der Lokalitäten und das Atmosphärische stimmen, aber man sollte es nicht als Schlüsselroman lesen. Zwar haben zweifellos eine Reihe von Personen, denen er in den Lagern begegnet ist, für die Romangestalten Pate gestanden – drei Gestalten, ein Schriftsteller, ein Ingenieur und ein Chronist, der nur aufschreibt, wie es war, tragen Züge des Autors –, andererseits sind sie aber auch so stilisiert, dass sie bestimmte Typen, bestimmte Verhaltens- und Reaktionsweisen auf die Situation der Internierung repräsentieren. Die Welt des Lagers, die Friedenthal darstellt, ist für ihn ein Spiegelbild der Welt draußen, der »normalen« Welt, und schon das deutet auf den symbolischen Stellenwert der Gestalten hin; es ist eine »Welt in der Nußschale«.

Die Welt des Lagers wird hier zur sozialen Grundsituation, zum staatlichen Mikrokosmus; sie entfaltet sich, wie sich jede Gesellschaft entfaltet, mit den menschlichen Stärken und Schwächen, wie es sie in jeder Gemeinschaft gibt: »So soll diese Welt in der Nußschale«, schreibt Friedenthal in seinem »Vorspruch«, »das Leben unserer großen Welt widerspiegeln, getreu und versöhnlich, in Idylle und Terror, in den wunderlichen, oft recht komischen oder auch kleinlichen Zügen der Menschennatur wie der Großartigkeit, die sie zuweilen annehmen kann bei ihrer Wanderung über unsere tief aufgepflügte und unzerstörbare Erde.«[93] Ja, die *Welt in der Nußschale* ist, wie Hans Sahl meint, »der erste, bedeutsame Versuch [...], eine Soziologie des Exils, vorerst in der eingekleideten Form des Romans«; der Roman sei »gelebte Soziologie«.[94]

Es ist keine KZ-Umgebung, die Friedenthal hier beschreibt, denn verglichen mit Lagern in anderen Ländern boten die hier geschilderten zumindest einen äußerlich gefahrlosen Aufenthalt. Englische Anständigkeit verbot jede Art von Terror und jegliches psychische Leiden der Internierten resultierte eher aus dem Unvermögen des Aufsichtspersonals, das Wesen eines politischen Flüchtlings oder rassisch Verfolgten zu begreifen.[95] So sind Friedenthals »leiser, elegischer Humor«,[96] sein Witz und sein Mitgefühl der Beschreibung dieser paradoxen Welt en miniature durchaus angemessen.

Friedenthals Hauptgestalt ist der in England exilierte Diplomingenieur Konrad Gärtner, geboren am 12. Juli 1890 in Berlin, der im Herbst 1938 nach England eingereist und »vom Ausländer-Tribunal in Hampstead, London NW3, als Flüchtling vor dem nationalsozialistischen Regime anerkannt und in die Klasse C eingereiht«[97] ist. Er ist fraglos das Alter Ego Friedenthals selbst; wie dieser wird er in seiner ruhigen, sachlichen, zuverlässigen Art bereits im Zeltlager auf der Heide und dann wieder auf der Isle of Man zu einem der drei so genannten Reihenleiter/väter gewählt. Friedenthal macht uns mit einer Reihe von typischen Lagerinsassen bekannt: mit dem Fabrikanten Elzbacher, dem ehemaligen Senatspräsidenten Krohnert, dem Schriftsteller Lesser (wahrscheinlich Heinrich Fraenkel, der im Lager sein Buch *Help us Germans to Beat the Nazis*, London 1941, beendete), dem Altkommunisten Mochow und seinem Freund, einem Schreiner, dem ostpreußischen Reihenleiter Hoppenheit, dem arroganten, aber kläglich versagenden Campleiter Ithamar sowie dem Kabarettisten Peter Pojarski. Friedenthal stellt uns ferner den Pater Haschka vor, den Pfarrer Agricola und den Rabbiner Wittnitz, den Dirigenten Traeg, den Bildhauer Groterjahn, den Dadaisten Lebrecht Bitter (offensichtlich der später in England verstorbene Kurt Schwitters) und seinen Jünger Grimme; er beschreibt Nazis wie den ehemaligen Erfinder und Hersteller von Telefonabhörgeräten Schlick und ehemalige KZ-Insassen; auf englischer Seite den Feldwebel Monihan, im Zivilberuf Portier, und den Major Hicks, einen ehemaligen Kolonialoffizier. Da gibt es eine Lageruniversität, in der Professoren Vorträge halten, aber auch den vielwissenden Tannenbaum, der, wie sich herausstellt, kostbare Manuskripte gestohlen hat, und es gibt eine technische Hochschule im Lager. Den Höhepunkt des Romans bildet wohl die Szene, als der Dirigent Traeg die Achte Symphonie Beethovens dirigiert, stumm »gespielt« von Musikern und Musikliebhabern ohne Noten und Instrumente, wobei die »Musiker« nur auf den Zusammenklang ihrer inneren Stimmen horchen; eine gleichzeitig etwas gespenstische, aber trotzdem ergreifende Szene. »Wenn es eine Episode gibt«, meint Hilde Spiel, »die das Festhalten jüdischer Exilanten an ihrem deutschen Kulturgut versinnbildlicht, dann ist es diese: [...].«[98] Rudolf Alexander Schröder schrieb Friedenthal in einem Brief über den Roman:

> »Wie klug ist alles, wie verhalten und wie zart trotz der ja gegebenen Herbheit des Humors. Man lebt von Anfang bis zu Ende und hat hernach allerhand gelernt. Das Leichte ist das Schwerste, und Sie haben nach Lage der Dinge eine zusätzliche Herkulesarbeit zu bewältigen gehabt. [...] Das Schöne an dem Buch ist der Ernst, der sich's verbietet, ›schwerer‹ Ernst zu werden angesichts dessen, das nun eben doch mit Ernst getragen und, soweit möglich, überlebt werden muß.«[99]

Im Gegensatz zu solchen ermutigenden Zuschriften war der Roman kein buchhändlerischer Erfolg. Ja, in England fand sich kein Verleger für eine Übersetzung. Für Friedenthal war er eine der großen Enttäuschungen seiner Schriftstellerkarriere. Die Gründe dafür glaubte er darin zu finden, dass das Buch seinem Herzen nahe stand, dass es eben keine bittere, Deutschland anklagende Emigrantenliteratur war und dass die Art von Humor und Ironie, die er darin verwendet, nicht populär war.[100] –

Neben solchen größeren literarischen Arbeiten war Friedenthal nun aber auch als Journalist tätig: Kurz nach seiner Rückkehr nach London hatte der damalige Leiter des Kulturteils der Tageszeitung *Die Welt*, Georg Ramseger, ermutigt durch Friedenthals Mitstreiter im Londoner PEN, Wilhelm Sternfeld und Martin Beheim-Schwarzbach, Kontakt mit ihm aufgenommen, da er einen England-Korrespondenten für den Kulturteil der *Welt* suchte. Ramseger hatte zuerst gar nicht an Friedenthal zu denken gewagt, weil er ihm zu sehr nur Literat zu sein schien, zumal er im Internationalen PEN eine große Rolle spielte. Dennoch gelang es ihm ohne weiteres, Friedenthal den Journalismus schmackhaft zu machen, obwohl die Honorare damals wirklich nicht sehr verlockend waren. Ramseger hatte sogar das Gefühl, es mache Friedenthal Spaß, für eine Tageszeitung über Tagesdinge zu schreiben, im Gegensatz zu seiner Abneigung gegen journalistische Tätigkeit in der Weimarer Republik. »Er war für eine Zeitung ein Glücksfall«, berichtet Ramseger, »Er schrieb ein schön sinnfälliges Deutsch, beherrschte – vielleicht durch zwanzigjährigen Umgang mit der englischen Sprache – die Griffigkeit des small talk bei Beibehaltung eines berlinischen Räsonniertons, der die Lektüre seiner Artikel zum Vergnügen machte.«[101] Friedenthal erwies sich obendrein als diszipliniert: Er gab seinen Artikeln immer die richtige, seitengerechte Länge, obwohl er, nicht gerade ein Kurzschreiber, dabei gern bis an die oberste Grenze ging. Er schrieb über alle möglichen kulturellen Ereignisse, über Musik, bildende Kunst, Literatur und Theater:

> »Er schrieb über eine Picasso-Ausstellung in London, über eine Wesker-Premiere, über die Deutschland-Nummern der ›Times‹, über die Versteigerung des Beerbohm-Nachlasses, über [Carl] Brinitzers Heine-Biographie, über eine Ausstellung irischer Handschriften, über Golo Mann in London, über die neue englische Bibel und 150 Jahre Dickens. Und immer hatte man das Gefühl, daß es sich hier um das wichtigste gegenwärtige Kulturereignis in London handelte.«[102]

Dabei muss man Friedenthals Geschmack in Fragen, die die zeitgenössische Dramatik betreffen, als konservativ bezeichnen. Eugène Ionesco war für ihn einfach ein »gerissener Frechdachs«. Es sei jetzt, meint er am 17. April 1958 in einem Brief an Erich Kästner, eine ganze Schule von solchen Kecklingen auf die Bühne getreten, mit schlaksigen Beinen und stecknadelgroßem Hirn: »Sie profitieren von der grenzenlosen Verwirrung, die Surrealismus und Existentialismus gestiftet haben, und auch von dem erstaunlichen Ansehen, das sich posthum für die Dadaisten, die Drahtkäfigplastiker und Nudelrollen-Bildhauer herausgebildet hat.« (DLA) Seine These sei, dass die *Mittelsmänner*, die Kunst- und Literaturschreiberlinge dafür verantwortlich seien, die einen furchtbaren Haufen ausmachten:

> »Jährlich stossen die Seminare aller Hochschulen hunderte solcher Jüngelchen aus, die alle *über* etwas orakeln wollen und nicht selber schreiben können. Dazu kommt noch die Hilflosigkeit des pseudobürgerlichen Publikums, das sich überhaupt nicht mehr getraut, irgendjemand für einen Faxenmacher zu halten, nachdem man sich, angeblich, mit Gauguin, van Gogh, Picasso und einigen mehr blamiert hat.« (DLA)

Was ihn irritiere, sei nicht der Nonsens oder die Ungezogenheit, sondern der Mangel an Einfällen, an Grazie, an Witz, Ironie und tieferer Bedeutung. Das sei alles so trocken, langweilig, öde, ein wirkliches »*waste* Land« (Ödland). Und mit Eliot habe es schon angefangen. Es werde nur das Etikett »Avantgarde« aufgeklebt und das genüge anscheinend. »Nun, um ›neun ist alles aus‹, wie Fontane sagte, und vielleicht schon früher. Dann kommen freilich die Literarhistoriker und verewigen all den Kohl und lassen Dissertationen schreiben. *Habeant sibi* [meinetwegen].« (DLA)

Für T.S. Eliots Werke der fünfziger Jahre konnte sich Friedenthal ohnehin nicht begeistern.[103] So war er, kurz nachdem Kästner den obigen Brief geschrieben hatte, im Sommer 1958 in Edinburgh bei einer PEN-Tagung, wo er sich »mit dem recht sterilen neuen T.S. Eliot plagen« musste.[104] Dabei handelt es sich offensichtlich um Eliots Drama *The Elder Statesman* (1958; dt. *Ein verdienter Staatsmann*).

Kurz vor Weihnachten 1956 erhielt Friedenthal in London das Bundesverdienstkreuz I. Klasse. Der deutsche Botschafter von Herwarth hielt eine kleine Rede mit einem Glas Sekt in der Hand, wobei Friedenthal an den dem Alkohol nicht abgeneigten Erich Kästner denken musste. Aber auch sonst dachte er an Kästner, denn er brachte in seiner Erwiderung zum Ausdruck, dass er diese Auszeichnung wohl in erster Linie seinen Freunden in Deutschland zu verdanken

habe. Es sei ihm eine große Freude gewesen, mit diesen, nach einer gewissen Unterbrechung von einigen Jahren, so rasch und herzlich wieder den Kontakt zu finden und wenn dabei auch einiges Ersprießliche für die weitere Allgemeinheit herausgekommen sei, so möchte er das vor allem dieser kameradschaftlichen Zusammenarbeit anrechnen, die auch jetzt, da er wieder nach London zurückgekehrt sei, weiter bestehen bleiben solle. Bei der nachfolgenden Konversation konnte sich Friedenthal nicht enthalten zu bemerken, dass dies nicht der erste Orden sei, den er sich an die Brust heften könne, sondern der fünfte, wobei damit nichts über seine Klassifizierung – die ja als erstklassig gelten solle – gesagt sein solle. Er erwähnte nicht, was aus den anderen vier Orden geworden war, – die er vor seiner Abreise von Berlin im Wannsee versenkt hatte ...[105]
In den fünfziger und sechziger Jahren hielt Friedenthal außerdem zahlreiche Vorträge im Rundfunk. Anfang 1957 vereinbarte er gleich mehrere Sendungen mit dem Westdeutschen Rundfunk in Köln. Sein Kontaktmann war der 1904 geborene Gerd Thennison, der sich von 1929-32 in London aufgehalten hatte und den Friedenthal als »recht anglophil; Anti-Antisemit, hastig, nervös, aber sehr aufgeschlossen, energisch« charakterisiert. Er verstand sich mit ihm »auf Anhieb«. (Tagebuch 1956/57; DLA) Als Themen waren für eine jeweils fünfzehnminütige Sendung im Gespräch: »Die Entwurzelten in aller Welt«, »Die zwanziger Jahre, Legende und Wirklichkeit« und »Das deutsche kulturelle Leben, von aussen und innen gesehen.« Als Honorar erwähnte Thennison von sich aus ca. 1500 bis 1800 DM für die volle Stunde. Im Endeffekt bekam Friedenthal jedoch nicht so viel Geld. Als er am 21. Mai 1957 wieder in Köln war, erfuhr er, dass Thennison offenbar einen schweren Nervenzusammenbruch erlitten hatte; Friedenthal konnte nicht einmal die Adresse des Sanatoriums erfahren. Als Thennisons Stellvertreter begrüßte ihn Roland Wiegenstein, der bisher den Kirchenfunk geleitet hatte, ein jüngerer, würdiger Mann mit blondem Bärtchen, der Friedenthals *Welt in der Nußschale* gelesen und in den *Frankfurter Heften* besprochen hatte. Vormittags um 11 Uhr wurden dann die »Entwurzelten« gesendet. Für den fünfzehnminütigen Vortrag erhielt Friedenthal ganze DM 200,00. Am Nachmittag besprach man die Sendung über die

zwanziger Jahre. Als Friedenthal im Sommer desselben Jahres in Zürich war, sprach er auch mit dem Verleger Peter Schifferli über das Kölner Projekt der »Zwanziger Jahr, Legende und Wirklichkeit«. Schifferli zeigte sich sehr interessiert daran und wollte gern ein reich illustriertes Bändchen darüber bringen, ein Plan, der offensichtlich im Sande verlaufen ist.

Seiner Position im PEN-Club verdankte es Friedenthal, dass er 1957 (28. August bis 1. Oktober) eine Reise in den Fernen Osten machte, indem er als Delegierter am »XXIX. Internationalen PEN-Kongress« in Tokio teilnahm. Es war noch nicht die Zeit der Jumbo-Jets und der Non-Stop-Langflüge, sondern man flog in Etappen. Am 28. August flog er in London ab, war nachmittags in Paris-Orly und abends in Rom. Von dort ging es im Nachtflug weiter nach Teheran: Man stieg aus, frühstückte im sehr bescheidenen Flughafen, umgeben von Männern in schäbigen Uniformen. Das Land selbst zeigte sich von oben gesehen als Steinwüste mit vielen Ruinen und verlassenen Dörfern. Kaum ein Grünstreifen war zu sehen:

> »Teheran – Karachi: die trostloseste Landschaft, die ich bisher gesehen habe.
>
> Mondlandschaften, Staubgraben, nackter, abgetragner Fels. Kein Weg, Steg, Strauch, Baum auf vier Flugstunden. Großartige Variationen der Öde: Strecken wie aus Elefantenhaut, alle Schattierungen von Grau-Gelb-Chamois. Dann im Sand verstreute Felsbrocken wie das Rückgrat eines Vorwelttieres. […]
>
> Karachi: noch keine Stadt, ein Lager. […]
>
> Nachtflug nach Bangkok über Calcutta.« (DLA)

In Bangkok gab der deutsche Botschafter in seiner Residenz einen Empfang und anschließend machte man eine Besichtigungstour. Spätabends war man in Saigon und von dort ging es mit einer letzten Zwischenlandung in Manila nach Tokio weiter.

Der Aufenthalt in Tokio und eine Reise nach Korea brachten Friedenthal nicht nur einen großen persönlichen Erfahrungszuwachs, sondern fanden auch ihren literarischen Niederschlag in dem Reisebericht *Die Party bei Herrn Tokaido. Begegnungen im heutigen Japan* (München: R. Piper & Co. Verlag 1958), der uns im Folgenden als autobiographische Quelle dienen mag, ist er doch aus Tagebuchaufzeichnungen entstanden. Wie Friedenthal in der Mitte des Buches enthüllt, ist der Titel dabei symbolisch zu verstehen:

> »Herr *Tokaido* hat uns zu einer Party eingeladen, die uns den ganzen Reichtum des Landes vorführen soll. Tokaido: das heißt wörtlich ›der östliche Weg‹. Es bezeichnet die Straße, die von der neuen östlichen Hauptstadt Tokio nach Kioto führt, der alten Kaiserresidenz. Ich übersetze es mir freier, etwa mit ›Lebensart des Ostens‹, und sehe in Herrn Tokaido unseren Gastgeber schlechthin.«[106]

Die Teilnahme am PEN-Kongress in Tokio wurde ihm nun zum Anlass, sich mit Japan und seinen Menschen vertraut zu machen und seine Begegnungen mit diesen Menschen und mit der Kultur des Landes zu schildern. Friedenthal, der hier zum erstenmal in der Ichform erzählt, stellt sich hier nicht als Tourist dar, der sich auf Stadtrundfahrten die Sehenswürdigkeiten zeigen und mechanisch erklären lässt; er will mehr als das Übliche über Japan erfahren, will voller Neugierde hinter die Kulissen schauen, und was er mit Hilfe seiner beiden Cicerones, der Herren Tadao und Ken-ichi, erfährt, schildert er mit Charme, Witz und Humor im Plauderton. Friedenthal berichtet über Essen und Trinken in Restaurants, Teehäusern und Bars, über die Gartengesellschaft eines Milliardärs, einen Abend mit Geishas, den Besuch eines Noh- und eines Puppenspiel-Theaters. Er besucht mit uns ein Museum für die Kunst japanischer Farbholzschnittmeister, mehrere Töpfer-Werkstätten und ein Kaufhaus. Er macht eine Eisenbahnfahrt nach Kyoto und Nara, zur Hafenstadt Osaka und einen einwöchigen »Abstecher« nach Korea, wo er nicht nur Seoul, sondern auch interessante Kunstwerke im Inneren des Landes aufsucht. Immer wieder kommt es zu Gesprächen mit seinen beiden Cicerones, die ihm zu Freunden werden: dem Nationalökonomen Tadao, den er nur mit diesem Vornamen nennt, und dem jungen germanistischen Hochschullehrer Ken-ichi; der eine ein liberaler Atheist und weltläufiger Nachtschwärmer, der andere ein vorsichtiger, eher konservativer Familienvater, dessen leicht japanisiertes Deutsch Friedenthal wörtlich wiedergibt. Beide führen ihn in die verschiedensten Lebensbereiche ein und bemühen sich, ihm die japanische Geschichte, Kultur und Lebensauffassung zu erklären. Was er auf diese Weise erfährt, betrachtet Friedenthal immer wieder in Parallele oder im Kontrast zu

Deutschland und zur deutschen Geschichte. Durch diese Vergleiche und gezogenen Parallelen werden »seine Begegnungen im heutigen Japan zu einer wirklichen Begegnung von Ost und West. [...] Er baut sein Japan einprägsam auf, indem er die amerikanisierte Fassade als Kulisse erkennt und manche klischeehafte Japanoiserie als Produkt der Fremdenindustrie entlarvt.«[107] Da die verschiedensten Lebensbereiche abgedeckt werden, wird dem Leser ein Japan-Bild vermittelt, wie es sich ein aufgeschlossener, gebildeter Mensch durch einen relativ kurzen Besuch erwerben kann. Das Ganze war »zwangsläufig nur ein ›Blick durch den Nebel‹«,[108] ein ungenauer, flüchtiger Eindruck. Gerade das aber machte für Friedenthal den Reiz aus. Ein Reisebuch sollte es ohnehin nicht sein, sondern nur die Darstellung einer Begegnung, vor allem mit den Menschen Japans und Koreas. Am 19. Januar 1959 bedankte sich Richard Hertz, der deutsche Gesandte in Seoul, für die Übersendung des Buches. Es sei erstaunlich, wie Friedenthal das »Parfüm des Fernen Ostens« mit einer »durch viele Einfühlungsvorgänge und geistige Penetrierungen gereiften Phantasie gewissermaßen im Fluge aufgefangen« habe: »Es ist Ihre besondere Begabung, gerade die in einer abstrakten Zusammenfassung des Grundsätzlichen fortfallenden Launen des Ukiyo, der ›fliessenden Welt‹ mit unfehlbarer und dabei charmanter Akuratesse festzuhalten.« (DLA)

Aber es geht uns hier weniger um die Bedeutung des Buches als literarisches Werk, als vielmehr um das, was uns darin über Friedenthals Reise, seine Begegnungen mit Menschen und Kulturen mitgeteilt wird. Ergänzend, und hier und da korrigierend, müssen dazu auch seine tagebuchartigen Aufzeichnungen und Notizen herangezogen werden: Nach der letzten Zwischenlandung in Manila nähert sich das Flugzeug Japan, das sich dem Besucher zu seinem Erstaunen als grüne, wald- und bergreiche Insel präsentiert. Vor der Landung umfliegt das viermotorige Flugzeug den Fudschijama, den schönsten und meistfotografierten und -gemalten Vulkanberg der Welt. Man steigt in einem großen, von einem amerikanischen Architekten gebauten Hotel – offensichtlich dem Hotel Imperial – gegenüber dem Festungsviertel mit dem riesigen Kaiserpalast mit seinen Wallgräben ab, das Zimmer ist schön und bequem, die Klimaanlage macht die feuchtheiße Atmosphäre erträglich. Friedenthal versucht, sich zumindest ansatzweise die Riesenstadt zu Fuß vertraut zu machen und stellt immer wieder den Gegensatz zu romantischen Beschreibungen der Reiseliteratur und der japanischen Kunst einerseits und der Realität der – damals – Neunmillionenstadt andererseits fest.

Der PEN-Kongress in Tokio war der erste auf asiatischem Boden und folglich waren die asiatischen Teilnehmer in der Mehrzahl. Präsident war ein Franzose, der Generalsekretär ein Engländer. Warum der Aufwand? Friedenthal meint:

> »Man kann sehr wohl der Meinung sein, daß Kongresse überflüssig seien. Ich habe an vielen teilgenommen. Man kann den Standpunkt vertreten, solche internationalen Schriftstellervereinigungen wie der PEN-Klub hätten wenig Sinn. Ich bin seit 25 Jahren Mitglied. Ich halte die Sache für gut und habe ihr eine ganze Menge Zeit geopfert. Und dann habe ich auf solchen Kongressen die reizendsten Bekanntschaften gemacht. Ich habe Freunde wiedergetroffen und neue gewonnen. Wir haben des Abends zusammengesessen, beim Wein, Bier oder Kaffee, und diskutiert über alle Dinge unseres Metiers, die Honorare, den Existentialismus, die Ehe, den Krieg.«[109]

Die Atmosphäre des Kaffeehauses – und diese Kongresse seien wandernde Kaffeehäuser gewesen – habe mehr Freiheiten gegeben als alle feierlichen Verfassungen, in denen sie auf dem Papier ständen.

Friedenthal nimmt pflichtbewusst an allen Sitzungen des Kongresses teil. Es wird hitzig debattiert über die Ungarnfrage und die Suezkrise, damals die beiden aktuellsten großen politischen Fragen. »Ein ›Symposium‹ genanntes Rednerprogramm zum Thema ›Ost und West in ihren gegenseitigen kulturellen Beziehungen‹ wird abgewickelt, auf dem hohen Podium, und mit hohem geistigen Niveau.«[110] Und zahlreiche Empfänge gibt es während der einen Woche des Kongresses, in Gartenlokalen und im Kasino. Der japanische Außenminister lädt ein und der Erziehungsminister. Der deutsche Botschafter gibt ein Mittagessen, zu dem auch japanische Gäste geladen sind. Dazu kommen Aufführungen des Noh-Theaters und Kabuki, im Ganzen ein riesiges Programm, bei dem die Gäste kaum zum Verschnaufen kommen. Auch an einer Diskussion von vier Europäern mit zwei Japanern, alles Schriftsteller, einer Art west-östlichem Gespräch, das eine große Zeitung arrangiert hat, nimmt Friedenthal teil.

Er lernt einen Professor für Nationalökonomie kennen, der, wie erwähnt, zu einem seiner beiden ständigen Begleiter wird. Der Professor spricht fließend französisch, englisch und deutsch, ja er beherrscht sogar verschiedene deutsche Dialektformen. Hinter der Person Tadao verbirgt sich Friedenthals neu gewonnener Freund Toshiro Ueda, wie wir aus seinen Aufzeichnungen erfahren.
Tadao ist es auch, der ihm – nach Aussage des Reiseberichts – die Erfahrung mit einer Geisha vermittelt. Es ist eine ziemlich komplizierte Prozedur, bis diese Begegnung zustande kommt: Tadao muss erst mit einem Freund telefonieren, der sich in solchen Dingen auskennt. »Der Freund telefoniert mit einem Geishawirt oder einer Geishawirtin, diese mit den Geishas. Dann wird mit einem Teehaus oder Restaurant telefoniert, das wieder an anderer Stelle liegt. Im Ganzen dürften etwa zehn Gespräche über die Leitung in Kioto gehen.«[111]
Dann ist es endlich so weit. Die Geishas sind bestellt, man trifft sich in einem Teehaus. Tadao und Friedenthal essen dort zunächst eine große Languste, dann kommen die beiden Geishas durch einen bespannten Schieberahmen ins Zimmer. Neben ihrem Familiennamen haben sie besondere »Künstlernamen«, übersetzt als »Weißer Schnee« und »Pflaumenkern«. Letztere setzt sich zu Friedenthal. Es ist interessant, wie tändelnd-ironisch er die Begegnung allein durch die Namengebung beschreibt und sie durch diese Ironie distanzierend verfremdet: »Weißer Schnee setzt sich zu Tadao, Fräulein Pflaumenkern zu mir. [...] In Fräulein Pflaumenkern hat man für den haarigen Barbaren eine etwas größere und rundlichere Geisha gewählt.«[112] Man beschnuppert sich eine Zeitlang, wird miteinander vertraut. Eine Samisenspielerin kommt und Schneeweißchen tanzt ein wenig, zeigt, was sie gelernt hat: »Die Bewegungen sind alles andere als leichtfertig oder gar aufreizend. Wahrhaftig, ein Pensionstöchterlein könnte sie nicht delikater aufführen. Es ist wie eine gelernte Lektion, Händchen-Füßchen, einszweidrei, der Fächer wird geschüttelt und kreist, sie avanciert und retiriert [...].«[113] Die Herren nehmen ein brühendheißes Bad, dabei bis zu den Schultern im Wasser stehend, und dann ziehen sie sich mit den beiden Mädchen in separate Zimmer zurück. Fräulein Pflaumenkern entkleidet sich und Friedenthal zählt dabei immer-

hin etwa zwanzig verschiedene Kleidungsstücke, die abgelegt werden müssen; das japanische Gewand ist kompliziert, der so genannte Obi, ein breiter Brokatgürtel mit Kordeln, Bändern und ganz bestimmten Knoten, Unterteile, ein schneeweißes Pikeeleibchen, Röcke, die nur aus einem Stück bestehen – ein Höschen sieht Friedenthal nicht ... Allerdings hat Fräulein Pflaumenkern keinen überzüchteten Filmstarkörper: »Pflaumenkern ist rundlich und untersetzt [...]; der Unterkörper ist wesentlich kürzer als wir es gewöhnt sind. Aber sie ist ungemein wohlproportioniert für ihren Typus, und ihre hellbraune Haut ist wie das allerfeinste Sandpapier.«[114] Man legt sich auf die Matratze am Boden zwischen die beiden Umschlaglaken. Fräulein Pflaumenkern

> »rückt mich zurecht, ordnet die Decke, die gemeinsame, ordnet ihr gebobbtes Köpfchen auf ihrem Separatkissen [...], streckt sich aus und blickt mich an. Wir lächeln beide, kein japanisches oder europäisches Lächeln, sondern ein ganz einfaches Menschenlächeln, das überall zu Hause ist. [...] Die Geheimnisse des Ostens? Asiens uralte Künste? Die Resultate jahrhundertealter Geisha-Kultur? Die Touristen werden euch davon erzählen. Pflaumenkern ist ein einfaches Menschenkind, und fast geht sie ein wenig zu weit in der Richtung des Naiv-Hausfraulichen, als kenne sie mich seit Jahren und nicht erst seit heute.«[115]

Anschließend planscht man zusammen lustig im Bad ... Beim Weggehen verbeugen sich die beiden Mädchen tief, der finanzielle Teil ist bereits diskret geregelt:

> »›Und morgen‹, so sage ich zu Tadao [Toshiro Ueda], ›wollen wir ein paar kleine Ohrringe kaufen.‹
> ›No‹, meint er kurz, ›das ist eigentlich nicht nötig. Aber es wird sie freuen.‹«[116]

In Friedenthals im Nachlass des Deutschen Literaturarchivs vorhandenem Japan-Büchlein liest sich die ganze Szene um einiges nüchterner. Der weniger poetische Charakter der Beschreibung wird schon dadurch bewirkt, dass die beiden Geishas keine poetischen Namen tragen. Auch hier kommen zwei Mädchen, »eine derbere, ländliche, eine schwächlichere, westlicher zurechtgemachte« und Friedenthal geht mit dem ländlicheren Mädchen ins japanische Chambre séparée.

»Ihre Liebe ist ganz unkompliziert«, berichtet er, »›nach Hausfrauenart‹ könnte man sagen. Wahrscheinlich ist sie verheiratet. [...]. Sie ist 23, hat eine Schwester von 18, die noch zur Schule geht. Sie [...] geht mit ihrem kleinen roten Necessaire aus Plastik [...] nach Haus zu ihrem Mann, nach den obligaten Verbeugungen.«[117] Keine Samisenspielerin, kein Bad vorher, kein lustiges Wassergeplansche nachher, kein japanischer Striptease aus komplizierten Gewändern. Hier geht die Wirklichkeit der Literatur voraus, wird mächtig in dem Hinweis auf die Tatsache, dass die Geisha sicherlich verheiratet ist und anschließend zu ihrem Mann nach Hause geht. Sie hat einen konkreten Namen, ihr Alter ist angegeben, die Tatsache, dass sie eine achtzehnjährige Schwester hat. Aber das alles soll nicht heißen, dass Friedenthals Buchbericht nicht stimmt; vielleicht diente die prosaischere Aufzeichnung nur als Gedächtnisstütze. Aber im Buch hat er das Erlebnis sicherlich literarisch überhöht und stärker ironisch distanziert als mit dem Speisekartenetikett der »Liebe nach Hausfrauenart«.

Als Friedenthals Cicerone Toshiro Ueda ihn 1960 auf einer Weltreise in London besucht, führt er ihn durch Soho mit seinen »Peeperamas«. Offensichtlich hält London in dieser Hinsicht den Vergleich mit Tokio nicht aus, denn Friedenthal kommentiert: »Das Panorama, das sich schon auf der Strasse in Photos erkennen lässt, stimmt melancholisch mit den traurig hängenden Busen und den vermuffelten Gesichtern der armen British Geishas.«[118]

Warum ist die Geisha-Szene für die Biographie Friedenthals bedeutsam? Ein einschneidendes Ereignis in seinem Leben war sie nicht, aber sie zeigt uns einen anderen Friedenthal, nicht den, der in seiner Klause sitzt und Bücher schreibt, nicht den korrekten, wenn auch liebenswürdigen PEN-Sekretär oder Verlagsleiter, nicht den Mann, der den einen als preußisch streng oder als britischer Colonel erschien, sondern als Menschen, der – auch im fortgeschrittenen Alter noch – weltlichen Freuden durchaus nicht abgeneigt und kein Moralapostel ist und nicht zögert, sein eigenes unkonventionelles Verhalten öffentlich darzustellen.

Zahlreiche Tempel und Paläste besucht Friedenthal auf seiner Fahrt nach Nara, Osaka und Kyoto. Er ist fasziniert von dem berühmten »Goldenen Pavillon«, eigentlich der Kinkakuji-Tempel, im Nordwes-

Im Garten von Friedenthals Freunden Nobuo und Michi Jizuka.

Treffen mit Cicerone Toshiro Ueda im Imperial Hotel, Tokio, am 2. September 1957.

ten Kyotos, der kurz zuvor, 1955, wieder aufgebaut worden, nachdem er 1950 einem Brand zum Opfer gefallen war. Mit Recht meint er, er sehe wie ein Teepavillon am See aus und habe architektonisch keinerlei Spur eines Gotteshauses: »Elegant, fast ironisch in den spitz geschwungenen Konturen. Sehr schön in die Landschaft eingebaut, schräg, nicht frontal. Das Spiegelbild im Wasser berücksichtigt.«[119] Noch begeisterter zeigt er sich bei der Besichtigung einer Palastanlage. Er besucht das Teehaus eines Prinzen, wobei es ihm sofort gelingt, sich in die Absicht des (unbekannten) japanischen Baumeisters hineinzuversetzen. Die Architektur selbst ist einfach, die Form des Hauses ist simpel und traditionell; wichtig ist vielmehr seine Platzierung im Raum, im Garten. All das ist so japanisch gedacht, dass es europäischem Denken und Verhalten widerspricht: »Und man kann es eigentlich mit europäischen Schuhen nicht abschreiten. Es sind Sandalen dazu nötig.«[120] Friedenthal stellt sich den Besitz so vor, wie er eigentlich gedacht war, als Besitz mit einer großen Dienerschaft, und dann führt ihn der Genius loci zu einer schwärmerischen Träumerei:

> »Ein leises Klatschen in die Hände: sie [die Diener] laufen. Man sieht die bunten Gewänder im Wasser gespiegelt. Man hört das Pizzikato der Holzsohlen, pianissimo, pianissimo. Man bringt Erfrischungen, darunter ein Mädchen, Musik wird gereicht, […].
> […] Man könnte träumen, in einem der Teehäuser sitzen, auf den Teich blicken, ein Gedicht machen, das nicht übertrieben originell zu sein braucht, sondern aus uralten Formstücken bestehen kann: Teich, Zweige überhängend, der Mond kommt, mit einem Gesicht wie meine Geliebte, die etwa Sono-Ko heisst. ›Lustgartenschönheit‹«.[121]

Bereits vor Antritt der Japanreise war beim PEN-Zentrum der Bundesrepublik in Darmstadt ein Brief vom koreanischen PEN eingegangen, in dem von dem Plan der Koreaner die Rede war, nach dem PEN-Kongress in Tokio Schriftsteller aus Westdeutschland, Frankreich, England, Amerika, Griechenland, der Türkei, von einem anderen asiatischen PEN-Zentrum sowie exilierte Schriftsteller zu einem achttägigen Besuch nach Korea einzuladen.[122] Friedenthal entschloss sich aus einer gewissen Abenteuerlust heraus, in das Land mitzufahren, das als Resultat des Korea-Krieges geteilt war wie Deutschland und das damals wirtschaftlich noch am Boden lag. Nur 16 Schriftsteller nahmen das Wagnis auf sich, in ein Land zu fahren, in dem noch »lauwarmer bis mittelheisser Krieg«[123] herrschte. Am 13. September flog man von Tokio aus nach Korea.

Dort wurde den ausländischen Schriftstellern in der Tat ein großes Programm geboten. Zuerst besuchten sie die südkoreanische Hauptstadt Seoul, wo die Kriegsschäden das Stadtbild noch beherrschten. Untergebracht waren sie im hochmodernen Bando-Hotel mit Klimaanlage und einem glasgedeckten Dachgarten, aber auf dem Markt wurden noch Nägel und gebrauchte Zementsäcke (aus Papier, in Japan hergestellt) angeboten. Friedenthal sah Schuster, die nur Gummisohlen hatten, Leder sah er nirgends. Auf dem Feuer geröstete Kartoffeln und Maiskolben galten als Leckerbissen. Nach 11 Uhr abends war es in der Stadt dunkel und es herrschte Ausgangssperre. Man besichtigte den Palast der letzten koreanischen Könige und besuchte den südkoreanischen Präsidenten Singman Rhee in seiner Residenz, die mit starken Netzen getarnt war. Friedenthal hatte vor Singman Rhee eine Ansprache zu halten, in der er über die Parallelen zwischen dem Schicksal Koreas und Deutschlands sprach. Dann besuchte man den Bischof der katholischen Kirche und den Präsidenten der National University. Im Stadttheater hielten die Delegierten Vorträge über die Literatur ihrer Länder. Die Lernbegierde der bildungshungrigen Koreaner war überwältigend: Im Auditorium und auf den Gängen saßen 1500 Zuhörer. Ein junger Professor holte Friedenthal in seinem Hotel ab und führte ihn zu seinen Studenten. Bei einem der zahlreichen Empfänge war sein Tischnachbar der Vorsitzende des außenpolitischen Ausschusses des Parlaments, Professor Sche Hyong Kang, der sich als Schüler seines Stiefvaters Alfred Vierkandt in Berlin entpuppte: »[…]; wir sprachen ohne die kleinste Sprachhemmung über deutsche Soziologie und Philosophie, über Nikolai Hartmann, Karl Jaspers, der im Osten überall besonderes Ansehen genießt, über Max und Alfred Weber.«[124]

Eine menschlich bewegende Begegnung hatte er mit Verwandten des in Deutschland exilierten Koreaners Mirok Li, der als junger Medizinstudent nach Deutschland gekommen und am 20. März 1950 in München verstorben war. Er war in Deutschland als Übersetzer, Auslandskorrespondent und Schriftsteller tätig gewesen und hatte kurz vor seinem frühen Tode noch seine Autobiographie *Der Yalu fließt* (1956) bei Piper veröffentlichen können. Da man in Seoul das Buch nicht kannte, hatte sich Friedenthal von Klaus Piper ein Archivexemplar per Luftpost schicken lassen. Der Begleitbrief Pipers über Li wurde Friedenthal von koreanischen Journalisten buchstäblich aus der Hand gerissen und sofort publiziert. Das Buch war gerade rechtzeitig angekommen, denn eines Spätnachmittags klopfte es an der Tür seines Hotelzimmers im Bando-Hotel in Seoul. Eine alte koreanische Frau stand dort in schneeweißer Nationaltracht, mit weißen, in der Mitte gescheitelten Haaren und einer langen, auf der linken Seite herabhängenden Schleife. Neben ihr stand ein kräftiger, etwa dreizehn oder vierzehn Jahre alter Junge, ihr Enkel, der ein paar Worte Englisch konnte. Die Frau erwies sich als die Schwester von Mirok Li. Friedenthal bat beide herein und die Frau setzte sich sehr vorsichtig auf die Kante eines Stuhles, während der Junge neben ihr stehen blieb. Sie weinte und tupfte sich die Tränen mit einem Tüchlein auf. Dreißig Jahre lang hatte sie nichts von ihrem verschollenen Bruder gehört. Sie hatte ebenfalls ihre Heimat im Norden verlassen müssen und lebte nun als Flüchtling in Seoul. Nur vom Tode des Bruders hatte sie irgendwie erfahren, aber sie hatte keine Nachricht, kein Bild von ihm, den sie nur aus ihrer Kindheit kannte. Da fiel Friedenthal rechtzeitig das Buch ein, das er im Koffer hatte und das er eigentlich koreanischen Schriftstellerkollegen hatte schenken wollen. Nun gab er es der Schwester Mirok Lis, die hastig danach griff und es an sich presste. Man verabschiedete sich, verbeugte sich immer wieder vor einander:

> »Ihre [der Frau] Augen strahlten. Langsam, mit großer Würde schritt sie zur Tür, den langen Korridor hinab, klein, schmal, aufrecht, in ihrem schneeweißen fließenden Gewand, der Farbe der Trauer des Ostens, das Buch an die Brust gedrückt, das blaßgelbe, auf dem Holzpapier der ersten Nachkriegszeit gedruckt.«[125]

Es ist ein Zeugnis für Friedenthals uneigennützige Hilfsbereitschaft, dass er nach seiner Rückkehr in Deutschland nähere Nachforschungen über Hinterbliebene Mirok Lis anstellte, um der einfachen Frau in Korea zu helfen: Franz Thierfelder vom Institut für Auslandsbeziehungen gab ihm Auskunft; weitere Informationen erhielt er durch

Leserbriefe, nachdem er einen längeren Aufsatz mit dem Titel »Korea könnte eine Brücke sein« in der *Welt* veröffentlicht hatte. Auf diese Weise fand er heraus, dass von der Familie Lis noch eine Tochter in Stuttgart und ein Sohn mit seiner Familie in Backnang, nordöstlich von Stuttgart, lebte. Er teilte dies den Verwandten Lis in Korea mit. Im Piper Verlag fand sich auch ein Foto Mirok Lis, von dem man weitere Abzüge herstellte und an seine Schwester schickte, die sich mit Hilfe eines Übersetzers überschwänglich bedankte.
Das Hauptinteresse des auch kunsthistorisch interessierten Friedenthal scheint in Korea der fernöstlichen Kunst gegolten zu haben. An einem Sonntagmorgen fuhr er mit dem deutschen Gesandten in Seoul, Richard Hertz, dessen Sekretärin und einem amerikanischen Offizier – trotz seines sehr deutschen Namens, von Witzleben, sprach er kein Wort Deutsch – im Jeep über Land, um eine urtümliche Buddha-Skulptur zu finden. Man suchte und fand schließlich hoch auf einem Felsen, dem Mount Toham, Kyungfu, eine Art Buddha-Familie, bestehend aus Vater, Mutter und Kind, kräftige Gestalten mit breiten, kantigen Gesichtern, mit Hüten auf dem Kopfe, wie man sie eben noch im nahe gelegenen Dorfe gesehen hatte. Nach seiner Rückkehr versuchte Friedenthal – leider vergeblich –, seinen Verleger Klaus Piper dafür zu interessieren, einen kleinen Band über diese Skulpturen in der Piper Bücherei zu veröffentlichen, und ebenso versuchte er, durch die Vermittlung von Hertz u.a. vom Direktor des koreanischen Nationalmuseums in Seoul dafür gute Fotos von den Skulpturen zu bekommen.
Nach dem Aufenthalt in Seoul führte ein Sonderzug aus drei schönen, bequemen Wagen, mit Militär im vordersten Waggon, die Schriftsteller durch ganz Südkorea. Auch koreanische Schriftstellerkollegen fuhren mit, für viele von ihnen die erste Gelegenheit, ihr eigenes Land kennen zu lernen. Auf den Bahnhöfen, großen und kleinen, standen Schulkinder mit Blumensträußen und mit Bannern »Willkommen, Schriftsteller der Welt!«. Bürgermeister, Journalisten und ein Gutteil der Bevölkerung der Orte waren zur Begrüßung der illustren Gäste des Landes angetreten. Sie fuhren weiter nach der alten Hauptstadt Kyong-ju, zum Pantheon in der Höhle von Bul-kuk an der Ostküste von Korea mit einer Skulptur Buddhas aus hellem Granit, der wie

Marmor schimmerte, sowie einer Frauengestalt mit fünfzehn lebensgroßen Flachreliefs zu beiden Seiten, vergleichbar den Skulpturen der europäischen Antike oder der Romanik. Sie fuhren zum Hafen von Pusan im Süden und nach Panmunhon vor dem Niemandsland am 38. Breitengrad, der Demarkationslinie zwischen Norden und Süden, also dem Eisernen Vorhang Asiens. Zehn Kilometer breit war der Ödlandstreifen, an dem sich Nord- und Südkoreaner mit den verbündeten Amerikanern gegenüberlagen.

Nach einer Woche in Korea ging es in einem vierstündigen Flug zurück nach Tokio, wo Friedenthal noch eine weitere Woche blieb. Dann flog er wieder nach London zurück, dieselbe beschwerliche Route über Manila und Saigon. Wieder zu Hause, hielt Friedenthal eine Reihe von Vorträgen über Korea bei deutschen Radiosendern und auch bei der BBC.

Das Fazit der Reise war für ihn ein immenser Zuwachs von Erfahrungen, ein Abstreifen von Vorurteilen, von vorgefassten Meinungen und Angelesenem:

> »[...] die Freude am Entdecken und Erleben wird mir niemand nehmen, den Gewinn, der mir zugewachsen ist, die Erfahrung, wie groß und wie klein, wie weit und wie nahe diese unsere Welt ist. Herr Tokaido, der ›östliche Weg‹, hat mich eingeladen, zu einer Gesellschaft, einer Party. Ich bin Menschen begegnet, und dafür habe ich zu danken.«[126]

Friedenthal hatte bei der Veröffentlichung seines Japanbuches verständlicherweise Bedenken wegen der Geisha-Szene, denn vergessen wir nicht, man schrieb in Deutschland das Jahr 1958 und noch nicht 1968. So teilte er am 9. März 1958 Erich Kästner mit, er sei allerdings auch durchaus darauf gefasst, dass »irgendeiner aus der Ecke hervorgefranzt kommt, der findet, es sei unerhört, dass ich auf Bundeskosten die Geishas frequentiert und obendrein daraus noch ein Buch gemacht hätte.« (DLA) Das stimme nun nicht ganz, denn die Reise habe ihn gut und gern noch den gleichen Betrag aus der eigenen Tasche gekostet.

Die Rezensionen waren zum Teil kritisch, aber im Ergebnis lobend: Es werde in dem ganzen Buch ein bisschen viel getafelt, meinte Theo Sommer in der *Zeit* und zwischen den Gängen würden die historischen und soziologischen Aperçus serviert. Und der Kreis der Begegnungen habe, schaue man genauer hin, nur einen winzigen Radius. Aber: »Sei's drum: die stille, der Welt der Maschinen und Bomben abgekehrte Seite Japans ist so schön schon lange nicht mehr beschrieben worden. Wer sie liebt, wird sie hier mit Genuss aufs Neue entdecken. Wer sie nicht kennt, wird sie lieben lernen.«[127]

Die Zeit der Ernte

Die Arbeit am »Eigentlichen«: Biographien

1. »Fingerübungen«

1958 arbeitete Friedenthal wieder an seinem Gesellschaftsroman über das Berlin von 1913, der sehr umfangreich geworden wäre – hätte er ihn beendete. Ja, noch 1970 antwortete er in einem Interview, nach seinen weiteren Buchplänen befragt: »Ich arbeite schon lange an einem Zeitroman über die zwanziger Jahre, die eine Quasi-Entmythologisierung ja auch sehr nötig haben.«[1] Vorausgehen sollte der Roman *Berlin 1913,* den er damit in die zwanziger Jahre ausdehnen wollte.[2] Bereits am 15. September 1959 hatte er darüber an seinen alten Freund Joachim Maass in New York geschrieben:

> »Der ›grosse Zeitroman‹, oh Gott, schwebt mir vor, und ich versuche mich an dem Thema der Zwanziger Jahre, mit einer mutigen Frau als Mittelpunkt, die sich den Ehrgeiz gesetzt hat, der Welt zu zeigen, dass man einen Mann, Kinder, einen Freund, auch eine lesbische Freundin, wissenschaftliche Tüchtigkeit und gesellschaftlichen Ehrgeiz in *einer* Person sehr wohl vereinigen kann. Sie scheitert damit, wie es sich versteht, und wie auch jene ganze Zeit scheiterte. Eine Art weiblicher Faust also [...]. Und als Vorläufer ist ein ›Berlin 1913‹ geplant.« (DLA)

Die inhaltlichen Angaben weisen auf seine alten Freundinnen Margarete Kaiser und Lilli als reale Vorbilder hin.[3]

Es ist erstaunlich, an wie vielen Projekten er in den verbliebenen Jahrzehnten seines Lebens in London arbeitete. Seine schöpferische Kraft schien geradezu zu explodieren. Um nur ein einziges Beispiel zu geben, sei aus seinem Arbeits- und Tagebuch 1964 der Eintrag »*Projekte Februar 1964*«, zitiert:

»GEDICHTE
Salz und Brot, neue, erheblich erweiterte Ausgabe
Oder, Media in Vita, als neuer Band.
Englische Lyrik in deutscher Übertragung
La Folie, ein episches Gedicht
NOVELLEN:
Der Umsteigebahnhof, Novelle aus der Zeit
Das Spiessrutenlaufen, historische Novelle
Dr Pygmalion
Mutter und Tochter
Der letzte Junker (Stuelpnagel)
Eine literarische Detektivarbeit
ROMAN:
Der verkaufte Soldat
1913
DRAMA:
Der Rosengaertner
Das Kinderspiel der Politik
Roehm, eine Haupt- und Staatsaktion
ESSAYS:
Paul Valéry
Band französischer Essais: Valéry, Balzac, Stendhal, Baudelaire;
Die Enzyklopädie
Englische Lyrik der letzten Zeit
Weiterleben des Kunstwerks
Vom schoepferischen Irrtum
Das Phaenomen Luna
Anerkennung und Ablehnung der Zeitgenossen, eine Zusammenstellung
ANTHOLOGIEN UND BUCHPROJEKTE
Englische Rebellen und freie Geister, eine Anthologie englischer Publizistik
Englische Literatur der Gegenwart in Bildern

Bibliographisches Handbuch der Weltliteratur; eine Uebersicht (Titel: Weltliteratur oder Bibliotheca Mundi).

Shakespeare-Ausgabe, fuer Phaidon, in 3 Baenden

Bernard Shaw, ebenda

HERAUSGABE:

Stefan Zweig, Balzac

Briefwechsel Zweig – Rolland« (DLA)

Natürlich hat er nur einen Bruchteil von solchen jährlich aufgestellten Plänen realisieren können. Zahlreiche Manuskripte von angefangenen oder unveröffentlichten Arbeiten, umfangreiche Vorarbeiten auch zu größeren Projekten sind im Nachlass im Deutschen Literaturarchiv in Marbach vorhanden. Friedenthal veröffentlichte in den sechziger und siebziger Jahren zunächst einmal eine Reihe von kleineren Sachen, so 1960 einen Beitrag für eine Festschrift für Hermann Kesten, in der er dessen unermüdliche Hilfsbereitschaft für hilfsbedürftige Schriftstellerkollegen rühmte: »Der Menschenfreund Hermann Kesten hat sich nicht nur auf dem Papier bewährt«, lautet sein Resümee.[4] 1964 verfasste er den Beitrag »Wie England es sieht« zu dem von Gert Kalow herausgegebenen Taschenbuch *Sind wir noch das Volk der Dichter und Denker. 14 Antworten* (Reinbek bei Hamburg: Rowohlt), Essays, u.a. von Hans Mayer, Robert Minder, Ernst Bloch, Hermann Kesten und Hildegard Hamm-Brücher, die in leicht veränderter Form den Inhalt einer vom Hessischen Rundfunk im Winter 1963/64 veranstalteten Sendereihe wiedergaben. Friedenthal verfolgt darin die wechselnde Einstellung der Engländer gegenüber den Deutschen und ihren Geistesgrößen. Sein Schlussresümee angesichts der in England herrschenden Vorbehalte formuliert er wie folgt:

> »Also wäre das ›Sind wir noch das Volk der Dichter und Denker?‹ wohl so gut wie unwiederbringlich dahin. Und das ist vielleicht kein Schade. Es gibt kein Zurück. Die bescheidenere und dauerhaftere Fassung sollte vielleicht lauten: Die Deutschen, ein Volk, das immer wieder große Dichter und Denker oder auch Schriftsteller und Talente hervorgebracht hat und hervorbringen wird.«[5]

1966 verfasste er das Vorwort zu dem von Ernst-Peter Wieckenberg herausgegebenen Band *Die Welt erzählt. Vierundvierzig Beispiele unserer Zeit aus dreißig Ländern* (Frankfurt: G.B. Fischer), der zumeist aus Taschenbuchausgaben der Fischer Bücherei entnommene Erzählungen enthält. Friedenthal liefert sozusagen eine Geschichte der Erzählkunst in Kurzfassung, vom Jäger der Eiszeit über die Novellistik Boccaccios bis zur Gegenwart, wobei er die Ausweitung des Erzählens und des Schriftstellerpublikums vom Einzelnen bis zum Millionenpublikum von Funk und Fernsehen, vom nationalen zum weltweiten in einer durch Technik immer kleiner gewordenen Welt unterstreicht. 1974 schrieb er schließlich das Nachwort zu einer Sammlung von Gedichten seines gleichaltrigen Klassenkameraden aus dem Berliner Wilhelmsgymnasium, Walter Mehring, das unter dem Titel *Großes Ketzerbrevier. Die Kunst der lyrischen Fuge* (München, Berlin: F. A. Herbig) erschien. Es war eine Würdigung der Leistung des fast Vergessenen.[6]

Aber dies war nicht das »Eigentliche«, das Friedenthal nun zu seinem Hauptanliegen machen sollte. Wenn er seine Rückkehr nach London damit begründete, dass er von dem Gelernten nun auch etwas mitteilen wollte, so verstand er darunter keine Vor- und Nachworte, keine Essays oder lexikalisches Faktenwissen, sondern das Schreiben von Biographien. Biographien galten in Deutschland lange als Sachbücher und nicht als Literatur, ein Missverständnis, das Friedenthal selbst immer wieder auszuräumen versuchte. So hielt er 1971 an der Deutschen Akademie für Sprache und Dichtung in Darmstadt, deren Mitglied er war, einen Vortrag über das »Thema Biographie«.[7] Entscheidend wichtig, so sagte er darin, sei für den Biographen das Detail. Es sei gewiss nicht das einzig Wichtige, aber es gebe die Farbe, die Haut, den Geruch. Es müsse sortiert und eingeordnet und an die richtige Stelle gebracht werden; das sei der Prozess der künstlerischen Komposition, die sich freilich nicht nur auf die Details beziehe.[8] Der Biograph als Porträtist möge das Wort Cromwells an seinen Maler beherzigen, er wünsche sein Bildnis: *»warts and all«* – mit allen seinen Fehlern. Es sei überflüssig zu sagen, dass damit nicht nur die Hornhautknötchen an der Nase verstanden sein sollten, sondern ebenso die »Knoten« in der Seele, von denen Luther im Kloster gesprochen habe. »Ich halte es nicht für nötig, die Biographie oder Autobiographie zu verteidigen; sie ist da, seit langem, in den verschiedensten Erscheinungsformen, die sich wandeln mögen oder in Wiederaufnahme früherer Übung bestehen.«[9] Sie sei ebenso wenig verschwunden wie die Kunst des Erzählens, mit der sie innig zusammenhänge. Offenbar habe es sich herumgesprochen, schreibt er am 8. Oktober desselben Jahres ironisch an Hanns Arens, »dass auch diese Buch-Gattung zur Literatur zu zählen ist und nicht nur unter ›Sachbuch‹ einrangiert werden kann, wie die [...] Bestsellerlisten es tun.« (DLA)

Die Frage eines Journalisten, ob ihm die Bücher von Stefan Zweig, *Joseph Fouché*, *Marie Antoinette* oder *Baumeister der Welt* nachahmenswerte Vorbilder gewesen seien, beantwortete Friedenthal verneinend, Zweig habe eine ganz andere, essayistische Form gewählt; eine Biographie zu schreiben, sei ihm, Zweig, schwer gefallen. Was ihm selbst dagegen als Vorbild vorschwebe, sei Carl Justis *Winckelmann*, ein Buch, das er für die beste deutsche Biographie halte.[10] Vorbilder seien ihm daneben aber auch die großen deutschen Musikerbiographien: Kein deutscher Dichter sei ja so gut behandelt worden wie Mozart, Händel oder Haydn: »Die Germanistik hat nie zustande gebracht, was der Musik gelungen ist – die große Biographie.«[11]

Friedenthal hatte in England sehr viele Biographien gelesen, die dort »zum eisernen Stand der Literatur«[12] gehörten, u.a. die Biographie des Dr. Johnson von James Boswell. Auf die Frage, ob England mit seinen zahlreichen, zum Teil großen Lebensbeschreibungen ihn beeinflusst habe, antwortete er, dort tue man auf dem Gebiet der Biographie des Guten schon wieder zu viel. Da gebe es die *»Life and Letters«* (»Leben und Briefe«), in denen der Nachlass aufbereitet werde, gefolgt von *»Life and Time«* (»Leben und Zeit«) und schließlich komme es zum *debunking*, zur Desillusionierung – von allen drei Arten wolle er etwas lernen: »Was mir aber hier in England gefällt und was mir wichtig ist: daß man über die Großen der Vergangenheit offen sprechen kann, auch über Shakespeare, auch über Milton. In Deutschland dagegen hat man Angst vor diesem offenen Wort, [...].«[13]

Was er also in England kennen und schätzen gelernt hatte, war eine unkonventionelle, unvoreingenommene Art der Menschenbetrachtung, auch berühmten Persönlichkeiten gegenüber. »Also das hat mich auch sehr stark beeinflußt und immer sehr angeheimelt und interessiert«, sagte er rückblickend in einem Interview, »weil es eine vollkommen andere Optik von Haus aus war, als in Deutschland üblich.«[14]

Worum es Friedenthal bei seinen in den nächsten beiden Jahrzehnten verfassten Biographien ging, war, einerseits nüchtern und klar das Leben der von ihm ausgewählten Gestalten zu beschreiben, andererseits bei aller Hochachtung vor ihrer Leistung jedoch mit einem kritischen Auge ihre menschlichen Schwächen nicht zu verschweigen. Dadurch wurden sie statt zu Heroen zu Menschen, wurden vom Sockel ihres Denkmals herabgestoßen, gewannen aber an Fleisch und Blut. Dazu kam die Einordnung in ihre Zeit, in ihr gesamtes, genau dargestelltes geistiges, politisches und soziales Umfeld, ja ihn interessierte in erster Linie eine Zeit, eine Epoche, die er in einer lebendigen Persönlichkeit repräsentiert sah. Friedenthal war Realist und Positivist; er schrieb nüchtern, mit einem Sinn für dokumentarische Treue, doch gleichzeitig so lesbar und fesselnd, dass er dank seiner großen Biographien zu einem der meistgelesenen deutschen Autoren der zweiten Hälfte des 20. Jahrhunderts wurde.
Friedenthals Freund, sein Londoner Mitemigrant und Mitstreiter im PEN, Peter de Mendelssohn, gibt eine Poetik der Friedenthal'schen Biographie, wenn er schreibt:

> »Das Wort Biographie heißt genau genommen: Lebensbeschreibung, nicht mehr und nicht weniger. Es bezeichnet die Schilderung eines Menschenlebens im umfassenden Sinn, mit allem, was dazugehört, sowohl hinsichtlich seiner äußeren Umstände und Ereignisse, als auch seiner geistigen und seelischen Entwicklung, und das schließt auch die größeren Zusammenhänge ein, innerhalb derer dieses Menschenleben sich vollzogen hat, die gesellschaftlichen, politischen, religiösen etwa, ohne die eine solche Schilderung im leeren Raum stünde und nicht schlüssig oder auch nur einsehbar sein könnte.«[15]

De Mendelssohns Frau, Hilde Spiel, setzte Friedenthal in ihrem Nachruf in der *Frankfurter Allgemeinen Zeitung* vom 22. Oktober 1979 positiv von anderen großen deutschen Biographen ab: Was Emil Ludwig in den dreißiger Jahren für sich beanspruchte, mit mehr pompösem Aufwand als stiller, geduldiger Akribie, was Friedenthals Freund und Mentor Stefan Zweig in höherem Maße zugebilligt werden konnte – Vermittler und Verdeutlicher genialer Existenzen zu sein –, das habe Friedenthal durch ein Zusammenwirken von stupendem Wissen und einem einzigartigen Einfühlungsvermögen in historische Figuren,

Gegebenheiten und Prozesse in seiner Reifezeit erreicht. Ernst Johann zieht dieselben Vergleiche, indem er sich dabei fragt:

> »Wäre er [Friedenthal] ein bloßer Zweig-Epigone? Natürlich nicht, und wie Emil Ludwig sich von Stefan Zweig unterscheidet, so unterscheidet sich Friedenthal von Zweig. Und doch gehören sie selbdritt zusammen, wenigstens in der Reihe der Bestseller ihrer Zeit. Geht Emil Ludwig, wie in seiner glänzendsten Fehlleistung, dem Buch über Wilhelm II.[,] von Vor-Urteilen aus, so Stefan Zweig von Zeit-Urteilen – und Friedenthal? Nun, vom Mit-Urteilen, um seine Methode auf einen so allgemeinen Nenner zu bringen. Seine Helden schildert er als Entdecker ihres eigenen Ichs, und diesen Lebens-Prozeß läßt er im Beisein des Lesers vor sich gehen. Dabei breitet er das Material so unbefangen aus, daß es jeweils zu (Max Webers) ›Entzauberung‹ des Helden kommt.«[16]

Friedenthal erprobte seine in England erlernte Auffassung unbefangener Menschenbetrachtung zunächst in zwei Werken geringeren Umfangs: Die Kurzbiographie *Georg Friedrich Händel in Selbstzeugnissen und Bilddokumenten* (Hamburg: Rowohlt Taschenbuch Verlag 1959), die als Band 36 in der Reihe Rowohlts Monographien erschien, war das erste Produkt seiner neuen biographischen Orientierung. Händel war ein altes Lieblingsthema Friedenthals und in England hatte er besonders viel Material gerade zu Händel zur Verfügung. Händel war für ihn »gewissermaßen ein Nachbar«;[17] »[...]; das Thema lag mir nahe«, schreibt er, »da ich Mr. Handel, Brookstreet London, als einen entfernten Schicksalsgenossen empfand, und übrigens besaß ich eine Sammlung seiner Originalpartituren.« (*»... und unversehens ist es Abend«*, 61) Friedenthal beschreibt hier das Leben eines Großen der Musikgeschichte, der Buchreihe entsprechend, mit zahlreichen Zitaten aus seiner Korrespondenz sowie aus zeitgenössischen Quellen. Die Würdigung der Leistung Händels wäre ihm nicht möglich gewesen ohne seine eigenen fundierten musiktheoretischen Kenntnisse und seine Fertigkeit im Partiturenlesen. Offensichtlich hat er seine Arbeit *con amore* geleistet. Schon hier zeigt sich andeutungsweise die Tendenz, mit althergebrachten Legenden aufzuräumen, wenn er mehrfach betont, dass die Liquidierung der Händelschen Opernunternehmen nicht etwa einen völligen finanziellen Bankrott bedeutete.

Auch hat er sich, wie er am 7. Oktober 1960 an Hermann Kasack schreibt, »an verschiedenen Stellen [...] gegen das liebe deutsche Ideal vom ach so unglücklichen, ach so bedauernswerten grossen Mann gewandt, das mich immer verdrossen hat«. (DLA) Kritik an Händel, an seinen Kompositionen oder an seiner Person liegt dem ehrlichen Bewunderer Friedenthal fern. Mangels entsprechender persönlicher Äußerungen, etwa in Briefen oder Tagebüchern, enthält das Büchlein ohnehin relativ wenig über den inneren Menschen Händel, über die Psyche des Ehe- und Kinderlosen. Es betont jedoch einerseits sein aufbrausendes Temperament, andererseits seine Wohltätigkeit, sein Bemühen um die Wahrung enger Beziehungen zu seinen deutschen Verwandten sowie seine Großzügigkeit und seinen Sinn für Gerechtigkeit, wie er sie in seinem sorgfältig abgefassten Testament bewiesen hat. Für eine Einordnung in das politische, soziale und kulturelle Umfeld boten die vorgeschriebenen Grenzen der Reihe wenig Raum. Das Hauptgewicht liegt somit auf dem Leben Händels und der Entwicklung seiner Kunst als Komponist.
Es folgte *Leonardo da Vinci. Eine Bildbiographie* (München: Kindler Verlag 1959), die in der Reihe »Kindlers klassische Bildbiographien« publiziert wurde. Die im Text vorhandenen Anspielungen und Beschreibungen von Gemälden und Zeichnungen Leonardos werden durch zahlreiche Abbildungen ergänzend belegt. Die Quellen, Briefe, Aufzeichnungen von Zeitgenossen, frühe Biographien usw., werden im Text ausführlich zitiert.
Friedenthal charakterisiert Leonardo als »homo universale«, als »Universalmenschen, der das Ideal seiner Zeit war und nur damals, ehe die Wissenschaften und Künste sich als streng geteilte Spezialdisziplinen aufspalteten, noch existieren konnte.«[18] Das sei seine Größe und sein Schicksal. Friedenthal betont immer wieder, wie Leonardo in seinen Entwürfen und Erfindungen die Entwicklung späterer Jahrhunderte vorweggenommen habe, sagt aber gleichzeitig, dass diese Einfälle des Künstlers damals einmal wegen ihrer technischen Undurchführbarkeit, zum anderen wegen Leonardos Charakter noch Utopie blieben und bleiben mussten:

> »Alle Bewunderung für Leonardos so weit über seine Zeit hinausgreifende Gedanken darf uns nicht darüber täuschen, dass ihm ein

entscheidendes Element des wahren Erfinders abgeht: die zähe Beharrlichkeit, die eine, oft nur eine einzige Idee, zuweilen eine fixe Idee, verfolgt bis in ihre letzten Schlupfwinkel hinein. Leonardo hat nicht eine Idee gehabt, sondern Tausende.«[19]

So scheint Friedenthals Urteil in der Schwebe zu bleiben, obwohl er mit Lob über Leonardos Erfindungsgeist und seine wirklichen künstlerischen Leistungen nicht spart. Leonardo sei zwar ein »Niezufriedener«, aber das »Abendmahl« stelle als »das größte seiner Werke«[20] eine Ausnahme dar: »Es ist nicht nur eine Komposition, obwohl von einer Größe und Geschlossenheit, die eine neue Epoche der Malerei einleitete.«[21] Und er lobt »seine unvergleichliche Gabe, wissenschaftliche Gedanken mit freier künstlerischer Gestaltung zu einem leicht, ungezwungen und überzeugend dastehenden schöpferischen Werk zu verbinden.«[22] Die Leonardo-Biographie hätte Friedenthal zweifellos nicht schreiben können, wenn er nicht auch Kunstgeschichte studiert hätte und über ein enormes historisches Hintergrundwissen verfügte, das in diesem textlich relativ schmalen Werke – der Umfang war offensichtlich durch das Format der Buchreihe vorgegeben – natürlich nur in konzentrierter Form zum Tragen kommen konnte.

Das biographische Element ist ihm auch in seinem nächsten Werk wichtig, das ihn auf das Gebiet der Kunstgeschichte führte; es handelt sich dabei um eine Ausgabe von Briefen großer Künstler von der Frührenaissance bis zur Gegenwart: *Letters of the Great Artists*. Bd. 1: *From Ghiberti to Gainsborough*; Bd. 2: *From Blake to Pollock* (beide Bände: London: Thames & Hudson 1963; New York: Random House 1963). Friedenthal hat jedoch nicht einfach die Briefe ediert, sondern den Text mit zahlreichen Abbildungen (Gemälden, Zeichnungen usw.) – je Band über 200 – belegt und illustriert: Für den zweiten Band, der im frühen 19. Jahrhundert einsetzt, standen ihm sehr viel mehr Briefe zur Auswahl und diese Briefe waren nun auch von persönlicherem Inhalt. Er sagt deshalb in seiner Einleitung zu Band 2: »Auf diesen Seiten wurde das Hauptgewicht auf die persönlichen Äußerungen der Künstler gelegt, in dem Versuch, den höchstwichtigen Einfluss der Erfahrungen, die sie in ihrem Leben gemacht haben, hervorzuheben.«[23]

Richard Friedenthal in den sechziger Jahren.

2. Goethe

Waren die ersten biographischen Arbeiten Friedenthals eher »Gelegenheitsarbeiten«, die im Rahmen etablierter Buchreihen erschienen, so war dies bei seinen großen Biographien der folgenden Jahrzehnte anders. Obwohl leicht der Eindruck entstehen könnte, dahinter stehe ein geheimer, auf zehn und mehr Jahre berechneter, vorgefasster Plan, war das nicht der Fall. Doch war es wohl Friedenthals geheime Absicht, »die möglichst markanten und mit ihrer Zeit am stärksten verbundenen Personen, Persönlichkeiten biographisch zu behandeln.«[24] Eine Biographie über Goethe habe sich da ganz organisch angeboten, denn er habe seine Zeit zwar nicht beherrscht, aber doch repräsentiert. Die vielen Wandlungen seines Lebens gäben sehr genau die Etappen wieder, in denen sich die deutsche Entwicklung von der Aufklärung bis zur Romantik vollzogen habe.

Indirekt war Friedenthals große Goethe-Biographie, *Goethe. Sein Leben und seine Zeit* (München: R. Piper & Co. 1963), jedoch auch das Resultat seiner »Lehrzeit« in England. Seine Beschäftigung mit Goethe reichte weit in seine Jugend zurück. Er besaß damals die Goethe-Ausgabe des Insel-Verlages, später auch die 143 Bände der Weimarer Sophien-Ausgabe, die er allerdings mit den übrigen in Deutschland zurückgelassenen Büchern verloren hatte. In den zwanziger Jahren hatte er in ausführlichen Gesprächen mit seinem Insel-Verleger Anton Kippenberg, einem »der größten und leidenschaftlichsten aller Goethe-Kenner«, für dessen umfangreiche Goethe-Sammlung er selbst einen Teil seiner eigenen Goethe-Sammlung stiftete, »viel gelernt, was nicht in den Büchern stand«.[25] Neben der erwähnten zweibändigen Goethe-Ausgabe für Knaur bzw. Droemer (1932 bzw. 1953) und dem englischsprachigen *Goethe Chronicle* (1949) hatte Friedenthal *Goethes Englische Werke* mit dem Impressum: »Für die Maximiliansgesellschaft Oktober 1961 von den in England ansässigen Mitgliedern gestifteter Privatdruck in 500 Ex. | Druckanordnung von Hans Schmoller« herausgegeben – ganze 16 Seiten. Gleichzeitig (seit 1959) arbeitete er an seiner großen Goethe-Biographie, wobei er das Buch ursprünglich nicht etwa für einen deutschen Verlag schrieb, sondern für den englischen Verleger George Weidenfeld & Nicolson. Erst im

August 1962, also drei Jahre später, erwarb der Piper Verlag die deutschen Rechte direkt von Friedenthal, der sie sich vorbehalten hatte. Klaus Piper hatte sogar lange gezögert und hatte ursprünglich vorsichtig ganze 5000 Exemplare für die erste Auflage geplant.
Warum angesichts ganzer Bibliotheken von Literatur über Goethe überhaupt noch eine Goethe-Biographie? Hatte man doch den Eindruck, dass in dessen Leben alles, aber auch alles mit positivistischer Genauigkeit erforscht war. Mitnichten! Friedenthal schaute sich um und fand, dass in der deutschen Goethe-Literatur überhaupt noch nie der Versuch unternommen worden war, Goethes Leben im Rahmen seiner Zeit darzustellen. Sicher, es gab unendlich viele Werkdeutungen, wie Emil Staigers dreibändiges Werk *Goethe* (Zürich 1952-59), »eine volkstümliche Goethe-Vita jedoch war seit der pathetischinnigen und vielgehöhnten ›Geschichte eines Menschen‹, die der historisierende Monumental-Belletrist Emil Ludwig 1920[26] veröffentlichte, nicht mehr erschienen.«[27] Einerseits war alles Mögliche publiziert worden, nicht nur alle Werke Goethes, sondern auch alle Briefe, alle seine Äußerungen anderen gegenüber, sogar seine Wäscherechnungen und Weinbestellungen. Aber andererseits sprach man immer von der Goethezeit und vom Zeitalter Goethes, worunter man die Literatur der Klassiker verstand, oder auch ›Alt-Weimar‹, das bis in jede Ecke durchleuchtet und erforscht worden war, aber da gab es schließlich auch

> »Kriege und Revolutionen, die letzten davon kurz vor Goethes Tod, die ihn zu der düsteren Prophezeiung veranlaßten, ›verwirrte Lehre zu verwirrtem Handeln waltet über der Welt‹. [...] Da ist nicht nur Alt-Weimar, sondern auch Alt-Deutschland und Alt-Europa, das sich umformt von Jahrzehnt zu Jahrzehnt, bis es sich selbst kaum wiedererkennt.
> Darüber fand ich wenig in der Goethe-Literatur. Es schien mir wohl der Mühe wert, das einmal darzustellen, und den Dichter, den Weisen, den Naturforscher und Staatsmann einzubeziehen in diese größeren Zusammenhänge ...«[28]

So hat Friedenthal mit seiner Goethe-Biographie tatsächlich etwas Neues geschaffen, nämlich so etwas wie ein geistesgeschichtliches »Sachbuch«:

»Meine Goethe-Biographie wurde das erste Werk größeren Stiles, schon dem Umfang nach, und mehr noch der Absicht, nun eine, wie mir schien, neue Form der Biographie einzuführen und das Leben eines Großen in innigem Zusammenhang zu seiner Zeit aufzuzeigen. Neu war das an und für sich nicht; es gab des Typus des *›life and times‹* hier in England schon vielfach. Neu war es in Deutschland, besonders für Goethe, bei dem immer mehr, und in letzter Zeit sehr betont, das ›bloße Leben‹, geschweige denn die Zeitgeschichte bewußt zurückgestellt worden waren zugunsten der Werkanalyse und Werkbetrachtung.« (*»… und unversehens ist es Abend«*, 61)

Friedenthal gelang es nun tatsächlich, Goethe in den Zusammenhang seiner Zeit mit all ihren bedeutenden geistigen, politischen und sozialen Umwälzungen zu stellen. So erhalten wir ein anschauliches Bild von der Reichsstadt Frankfurt in Goethes Jugend und lernen viel über das Verlagswesen der Zeit sowie das Leben an einem kleinen Fürstenhof wie Weimar. Unter Friedenthals Führung machen wir die »Campagne in Frankreich« mit und die Belagerung von Mainz, beide viel realistischer und atmosphärisch genauer als sie in der Optik Goethes erscheinen. Dieser »Sinn fürs Atmosphärische, für Milieu und präzises, mitunter absurdes Detail, der sich doch nicht in der Fülle der Tatsachen verliert«,[29] ist eine der Stärken dieses Buches.

Friedenthal wollte den »ganzen Goethe« darstellen, und er meinte damit nicht nur den »›vollendeten‹, gelassenen, olympischen Greis«, sondern »Mephistopheles und Faust, Iphigenie und die derbe römische Geliebte, die beide zur genau gleichen Zeit bedichtet wurden, die eine ganz Seele, die andere ganz Leib – und so, in Seele und Leib, müßte Goethe erfaßt werden, wenn man ihn verstehen und – das wichtigste – genießen will.«[30] Er wollte Goethe entmythologisieren, statt des »Übermenschen« »den zwar unvergleichlich genialen, aber doch im humanen Rahmen bleibenden, mit Schwächen und Schatten begrenzten Menschen seiner Zeit« darstellen und das »wenige Jahrzehnte nach dessen entschiedenster und bedeutendster Mythologisierung durch Friedrich Gundolf«.[31]

Vergessen wir nicht: Friedenthal schrieb sein Buch Anfang der sechziger Jahre, der großen Zeit der werk- oder auch textimmanenten Interpretation, auf die er sich hier bezieht. Es war die Zeit der damaligen Literaturpäpste Emil Staiger, Wolfgang Kayser und Benno von Wiese als Hauptvertreter dieser Interpretationsmethode, die »sich ausschließlich auf das zu analysierende Einzelwerk konzentriert, es aus ihm selbst heraus nach seinen eigenen Gesetzen zu verstehen sucht, ihr Untersuchungs- und Beweismaterial nur in ihm findet.«[32] Historische, literaturgeschichtliche, biographische, soziologische, weltanschaulich-politische und stofflich-motivliche Fragen und Traditionen, die über das Einzelwerk hinausgingen, traten dabei ganz in den Hintergrund.

Friedenthals Werk sollte auf heftige Kritik stoßen, denn er, der schließlich auch promovierter Germanist war, hatte den Olympier vom Sockel gestoßen, hatte die Patina der Unnahbarkeit abgekratzt und ihn uns als Menschen mit all seinen Stärken und Schwächen vorgestellt, hatte ihn entmythologisiert und den heutigen Menschen dadurch nahe gebracht, obendrein in einer sprachlichen Form, die für alle verständlich und reizvoll ist. Friedenthal hatte damit das im 19. Jahrhundert gepflegte, von vielen geliebte Goethebild zerstört. Er hatte zahlreiche Tatsachen ausgegraben, die Goethe in seiner Autobiographie *Dichtung und Wahrheit* nicht erwähnt hatte. Zum Beispiel hatte er Goethes patrizische Herkunft angezweifelt, indem er darauf hinwies, dass der aus Lyon nach Frankfurt zugereiste Großvater Goethes väterlicherseits, Friedrich Georg Göthé, – im Gegensatz zu dem Großvater mütterlicherseits, dem Schultheiß Johann Wolfgang Textor, – Damenschneider und Gastwirt gewesen war. Auch Goethes Vater musste Federn lassen durch Friedenthals Information, dass Johann Caspar Goethe, der »Röm. Kayserl. Majestät würcklicher Rath«,[33] sich seinen Titel für 313 Gulden vom Kaiser gekauft hatte. Ferner stellte Friedenthal Goethes Liebesgeschichten als zum Teil doch ziemlich unerquicklich dar. So schreibt er mit Bezug auf die Sesenheimer Pfarrerstochter Friederike Brion, indem er gleichzeitig eine wichtige Aussage zu seiner methodischen Vorgehensweise macht:

> »Wir wollen sie [Friederike] nicht lediglich als die Anregerin von Goethes ersten ganz freien Gedichten sehen oder als ein sehr produktiv wirkendes Erlebnis, das mitsamt den nun einmal damit verbundenen Schuldgefühlen in Faust und Gretchen seinen dichterischen ›Niederschlag‹ gefunden habe, [...]. Wir halten es nicht für ›eingestreute

unzusammenhängende Wirklichkeiten‹, die das Bild für den ›sinnigen Leser‹ stören, wenn wir auch einen Blick auf die Opfer werfen, die Goethes Lebenszug begleiten. Er wird dadurch nicht ›schuldiger‹, nicht kleiner.«[34]

Im Zusammenhang mit Charlotte Buff, dem Vorbild für Werthers Lotte, meint Friedenthal dann, Goethes Herz sei »gänzlich unzerbrechlich«.[35] Die eisige Kälte, die so vielfach an ihm bemerkt wurde, sei »keine Legende. Das Abgetane ist für ihn abgetan, ob es eine Geliebte, ein Freund oder die eigene Mutter ist.«[36] In der Frankfurter Bankierstochter Lili Schönemann sei ihm »zum einzigen Male ein weibliches Wesen begegnet, dem er unterlegen war, dem er sich nicht oder nur sehr schwer entziehen konnte«,[37] »Überwindung jedoch hätte es gekostet, sich nicht nur der heiligen Liebe hinzugeben, sondern dem ganzen Menschen.«[38] Goethe habe seinen Partnerinnen Ungeheuerliches zugemutet, urteilt Friedenthal, »auch seinen Freunden und Mitarbeitern. Das gehört zu seinem Lebenshaushalt, der auf großen Verbrauch eingestellt ist.«[39] Das betrifft u.a. auch das erbarmungswürdige Schicksal von Goethes freudlosem Gehilfen Johann Peter Eckermann: »Er ist wie viele, die in Goethes Bannkreis gerieten, völlig verbraucht worden. Sein Lohn – seine sonstige Entlohnung war nicht der Rede wert – ist eine kleine Unsterblichkeit, wie die Nachwelt zu trösten pflegt; für den lebenden war es ein bitteres Brot.«[40] Er schildert Goethes späte Heirat mit Christiane Vulpius, einer Trinkerin, mit der er nicht am gleichen Tisch aß, und er zeichnet das Schicksal von Goethes labilem Sohn August nach, der das Laster der Mutter geerbt hatte und dem gegenüber er Goethe vom Vorwurf des Egoismus nicht glaubt freisprechen zu können. Im Grunde sei August, vom Vater in eine halbamtliche Stellung als »Assessor« hineinprotegiert, »nichts anderes, als Sekretär, Hausverwalter, Vermögensberater des Hauses Goethe. Und da wird er verbraucht.«[41] Goethe habe »sehr unbarmherzig sein [können] gegenüber Menschen, die ihre Rolle ausgespielt haben in seinem Leben«,[42] seien es Herder, Lavater, Merck oder Frau von Stein. Das Thema vom »Verbrauchen« anderer Menschen wird geradezu zum Leitmotiv für Friedenthal, denn auch gegen Schluss seines Buches schreibt er noch einmal zusammenfassend: »Er [Goethe] hat die Menschen verbraucht, die Frauen, die dienenden Geister, die ›armen Teufel‹, und Schuldgefühle können ihm nur angedichtet werden, er hat sie ebensowenig wie Faust.«[43]

Das in der Goetheliteratur gern idealisierte »Ilm-Athen Weimar« beschreibt Friedenthal zum Zeitpunkt der Ankunft Schillers (1787) als »einzelne Schneckenhäuser, [...], Enttäuschte, Verbitterte, Verfeindete. [...] Es ist eine Kleinwelt, und man begreift, daß Schiller, eben auf der Höhe seines gewaltigen Schaffens, sich dort heraussehnt. Es ist schwerer zu begreifen, daß Goethe dort ausharrt.«[44] Er hatte Weimar damit als das dargestellt, was es war; nicht etwa eine hochkultivierte Residenz mit Musenhof und Hoftheater, sondern eine Anti-Idylle, ein Dorf mit einer mediokren Hofgesellschaft und mühsam ihr Dasein fristenden, in vielen Fällen verbitterten Intellektuellen.

Andererseits ist es durchaus nicht so, dass Friedenthal nur negative Charaktereigenschaften Goethes dargestellt und seine Leistung nicht anerkannt hätte. Das war schon deshalb nicht möglich, weil Goethe für ihn der größte deutsche Dichter überhaupt war, ein Mann, dessen Werk er zutiefst liebte. Zugegeben, es geht ihm nicht um Goethes Werke, und über die (frühe) Lyrik Goethes sagt er herzlich wenig, aber er urteilt äußerst positiv über die späteren Werke. So sei beispielsweise der *Tasso* »Goethes größtes Kunstwerk. Als Kunstgebilde ein Kammerspiel, ein Quintett mit fünf gleichgestimmten Instrumenten und feinster Stimmführung.«[45] Über Goethes Autobiographie *Dichtung und Wahrheit* sagt Friedenthal, keine Darstellung Goethes könne dieses Buch ignorieren. Die Autobiographie sei das eigentliche Denkmal, das Goethe sich gesetzt habe, aber es sei darum nicht weniger großartig.[46] Die *Marienbader Elegie* seien »die stärksten und großartigsten [Verse], die er geschrieben«[47] habe. Und er bezeichnet die Vollendung des *Faust* als »wohl die größte Leistung, die ein Dichter-Greis vollbracht hat«, als »das große Wunder der letzten Lebenszeit Goethes«.[48]

An Friedenthals positiver Einstellung Goethe und seinen Werken gegenüber besteht so nicht der geringste Zweifel. Ja, in einem Interview mit Nino Erné bekannte er, dass Goethe sein »Lieblingsdichter« sei: »Einfach wegen seiner Reichhaltigkeit. Ich meine damit, Goethe ist nicht nur der größte lyrische Dichter, er ist in jeder Beziehung, als Schriftsteller, als wirkende Persönlichkeit, so reichhaltig, daß man in

sein Gesamtwerk […] nur immer mal hineinzuschauen und hineinzutauchen braucht, um sich sehr stark angeregt und bereichert zu fühlen.«[49] Das sei bei keinem anderen Schriftsteller so.
Wenn Georg Ramseger, der Feuilletonchef der *Welt*, Friedenthal in den Jahren vor Veröffentlichung der Goethe-Biographie traf, präsentierte ihm dieser immer eine interessante Goethe-Geschichte, die Ramseger mit Sicherheit unbekannt war.[50] Friedenthals Frau Lisa schaute ihren Mann dabei oft so eigenartig von der Seite an, dass deutlich wurde, dass dieser die Geschichte nicht zum ersten Mal erzählte. Als Ramseger im September 1962 Friedenthal auf der Frankfurter Buchmesse begegnete, wo dieser auf seinen Verleger Klaus Piper wartete, um mit ihm zum Abendessen zu gehen, bemerkte Ramseger anscheinend nonchalant: »Schade, daß man so gar nichts davon [Friedenthals Goethe-Geschichten] lesen kann – vielleicht könnte man sogar ein bißchen vorabdrucken.« – »Wenn das so ist –« entgegnete Friedenthal gedehnt: »Ich hab ein paar Seiten hier … wenn Sie wollen … ich könnte sie Ihnen heute abend noch hereingeben, aber morgen früh müßte ich sie wieder haben.«[51] Da Friedenthal und Ramseger beide in der Pension Marina wohnten, fand Ramseger bei seiner Rückkehr nach seinem eigenen Abendessen einen Briefumschlag mit zwölf Seiten *Goethe* auf englischem Durchschlagpapier in seinem Postfach. Er las das Manuskript sofort. Die zwölf Seiten überzeugten ihn augenblicklich: das ist das Richtige für die *Welt*, obwohl es natürlich riskant war, von den zwölf Manuskriptseiten auf das Ganze zu schließen:

> »Wir hatten uns für den nächsten Morgen um neun in der [Hotel-] Halle verabredet. Ich kam aus dem Fahrstuhl. Friedenthal stand da: Präzis in der Mitte der Halle. ›Von mir aus‹, sagte ich, ›ich mach das; ich druck das vorab, wenn ich mit dem Piper klarkomme und wenn Sie mitmachen, denn das ganze kann ich natürlich nicht durchziehen. ›Herr Ramseger‹ näselte Friedenthal: ›Ich warne Sie.‹ In diesem Augenblick (als sei Regie am Werke) kommt Piper die sehr großzügig geschwungene Treppe ins Foyer hinab geschritten, begrüßt uns morgenfroh, und Friedenthal sagt, völlig lakonisch: ›Dr. Ramseger will den Goethe vorabdrucken.‹ Piper schaut mich, halb zurückweichend, groß, etwas fassungslos an, und dann sagt er: ›Ach – das ist aber erfreulich.‹«[52]

Die Reaktion ist nicht so erstaunlich, wenn man in Betracht zieht, dass die *Welt* damals die größte deutsche überregionale Zeitung war. Der damalige Verlagsleiter, Heinrich Schulte, bewillige sogar das für damalige Zeiten fürstliche Honorar von DM 10.000, auf dem Friedenthal bestanden hatte. Dabei hatte Hans Zehrer, der damalige Chefredakteur der *Welt*, gedroht, den Vorabdruck jederzeit abzubrechen, wenn die Leserreaktion negativ sein sollte. Man fühlt sich dabei an den Vorabdruck des Millionenbestsellers *Im Westen nichts Neues* von Erich Maria Remarque Ende 1928 in der *Vossischen Zeitung* erinnert, wobei auch ein Ersatzroman in Bereitschaft gehalten wurde. Friedenthal selbst verfasste die Einführung für den Vorabdruck in der ungewöhnlichen Länge von 300 Druckzeilen. Unter der Schlagzeile »Wie hat Goethe wirklich gelebt?« stellte er hier die Widersprüche in dessen Zeit dar, das Nebeneinander von Musenhof und Griechenbegeisterung einerseits und brutalem Soldatenhandel und -misshandlung, Feldzügen und großen gesellschaftlichen Wandlungen andererseits:

> »Die Luft, die da weht, streicht auch noch um unsere Beine und Köpfe; es ist kein ›goldenes Zeitalter‹, wie Goethe es in den Griechen erträumte, auch er ist keine Vaterfigur, zu der man sehnsüchtig zurückschauen könnte. Er ist ein Mensch mit seinem Widerspruch, oder vielmehr seinen Widersprüchen; es sind viele. Sein Leben ist nicht nur ein ›Kunstwerk‹, wie man es genannt hat, was nicht weit ab ist vom Denkmal. Es ist ein reiches, buntes, oft irrendes Leben, aus ›polaren‹ Gegensätzen zur Einheit gestaltet. Wer nur die Resultate abschöpfen möchte und sich an den ›Ganzheitsmenschen‹ Goethe halten – oder anklammern will, der verkennt die große Leistung dieses Lebens.«[53]

Der Vorabdruck begann am 4. Mai 1963; es wurden insgesamt 117 Fortsetzungen, die weit über den Erscheinungstermin des Buches Anfang September hinaus erschienen. So etwas hatte es bei der *Welt* noch nicht gegeben. Bereits Ende Juli schickte Ramseger Friedenthal den 210. Leserbrief. Auch Piper wurde nun mutiger und erhöhte seine erste Auflage, als er erleben konnte, welchen Wirbel der Vorabdruck auslöste. Friedenthal hatte zwar ganz deutlich gesagt, was für eine Biographie er schreiben wollte, dennoch schlug sein Buch in Deutschland unerwartet heftig ein und erregte die Gemüter.

Die kritischen Stimmen ließen bereits beim Vorabdruck nicht auf sich warten. Friedenthal erfuhr durch die Leserbriefe zu seiner Verwunderung, dass beispielsweise Goethes »Mailied« oder das »Über allen Gipfeln ist Ruh« doch zumindest eine ausführliche Interpretation hätten erhalten müssen. Sein Freund Peter de Mendelssohn verteidigte ihn später, indem er deutlich machte, dass Leben und Werk eines Dichters nicht dasselbe seien, dass wohl das eine das andere ausschließe, dass es aber untunlich und durchaus nicht im Sinne des Geschilderten wäre, beide in einer einzigen Schilderung zu verflechten:

> »Goethe schuf sein Werk, damit man es lese und nicht damit es von anderen im Zusammenhang seines Lebens mehr oder weniger geschickt nacherzählt werde. Der ›echte‹ Schriftsteller-Biograph wird sich davor hüten, diese beiden Flüsse miteinander zu vermischen, denn er weiß: das gäbe ein trübes Gewässer. Er wird es mit [André] Maurois halten, der wohlweislich ausklammerte, was andere bereits gemacht und sehr gut gemacht hatten, und sein Schiff nicht mit einem Balken beschweren, unter dem es sinken müßte und zu sinken verdiente.«[54]

Auch die Erwähnung von Tatsachen, die nicht in das idealisierende Goethebild seiner deutschen Bewunderer passten, sorgte für Aufregung. Friedenthal musste sich »von der erlauchten Goethegesellschaft durch die Feder eines Neunzehnjährigen vorwerfen lassen, ich hätte doch unzulässige Pikanterien über den grossen Meister verbreitet, um das Publikum anzulocken, das freilich ganz andere Kost gewohnt ist, und auch bekommt.«[55] Oder: »Ich erlebte es, daß die in England selbstverständliche Erwähnung von Tatsachen aus dem Leben eines Großen, wie etwa, daß Shakespeare seine Familie in Stratford ohne große Skrupel verlassen hatte, als er nach London ging, für einen Goethe nur aus bösartigster und skandalösester Schmähsucht vorgebracht werden könnte.« (*»... und unversehens ist es Abend«*, 62) Ganz deutlich also ein Zusammenstoß zweier Kulturen, der englischen, die sich Friedenthal zu eigen gemacht hatte, ja von der er seine kritische Sicht großer Männer übernommen hatte, mit der deutschen, für die eine kritische Betrachtung Goethes einem Sakrileg gleichkam. Zu den bereits beim Vorabdruck Protestierenden gehörte auch Professor Dr. Erich Franz aus Hamburg, der in Friedenthal einen Zerstörer mühsam über die Nazizeit geretteter Ideale sah: »Kaum erholt sich das deutsche Volk und nur mit größter Mühe die Jugend von der verbrecherischen Zerstörung aller Ideale durch das Greuelsystem des Nationalsozialismus. Wahrlich, ihm täten andere echtere und heilkräftigere Bilder not als diese schädlichen, verantwortungslosen und zerstörenden Verzerrungen.«[56] Ein Dr. J. Reimers aus Hamburg erklärte ähnlich: »Alles wird ins Alltägliche und Gemeine herabgezogen. Der Stolz auf unsere großen Männer ist das einzige, was wir noch besitzen. Will man uns auch diese Ehre noch nehmen?«[57] Gefühlvolle ältere Damen beklagten sich über Banalitäten, z.B. darüber, dass Friedenthal Friederike Brions Klavier als »verstimmt« bezeichnet hatte; nichts durfte im Umkreis Goethes verstimmt sein! »Es gab viele Leser«, meint Friedenthal in einem Interview, »die sich nicht darüber beruhigen konnten, daß Goethe die arme Friederike [Brion] verlassen haben sollte. Sie schrieben mir: Er habe sie bis ans Lebensende geliebt. Die Tatsachen sprechen fürs Gegenteil. Man warf mir sogar Geschichtsfälschung vor.«[58] Es wäre Geschichtsfälschung gewesen, wenn er das Gegenteil behauptet hätte.

Auch Antisemiten scheuten sich nicht, schon wieder ihre Stimme zu erheben. Ein angeblicher Professor Dr. Kern aus Bonn, der aber dort nicht nachzuweisen war, schrieb z.B. folgende Karte an den Piper Verlag: »Wie tief sind Sie gesunken mit ihrem Viehjuden Dr. (?) Friedenthal. Pfui! – Wie gemein schreibt er über Goethes Todeskampf. Pfui! Pfui! Pfui!«[59] Friedenthal nahm auch das gelassen hin.

Von einem Professor aus Halle a.S. erhielt Friedenthal schließlich einen Brief, der die Spitze der aufgeregten Opponenten darstellte. Er wünsche sich nichts sehnlicher als eine neue Bücherverbrennung, wobei er mit Wonne und Vergnügen herbeieilen, dies ehrabschneidende Publizistenelaborat ins Feuer werfen und den Bann darüber aussprechen würde.[60]

Was viele Deutsche nicht sahen, war, dass Friedenthal die Leistung Goethes in keiner Weise schmälern wollte, sondern dass er sie als selbstverständlich anerkannte und voraussetzte. Sie aber wollten sich ihr idealisiertes, verklärendes Goethebild einfach nicht zerstören lassen. So heißt es in dem Leserbrief einer Hilde Güssefeld aus Hamburg an die *Welt*: »Wie kommt ein Herr aus London dazu, uns unseren Goethe madig zu machen? Ein richtiger ›Stöber‹, der mit Emsigkeit alles Abfällige zusammengetragen hat.« Gewiss, wir seien alle Menschen mit Fehlern und schwachen Stunden – auch Goethe sei das gewesen, »aber das wollen wir gar nicht in derart tendenziöser Weise geschildert wissen. Wir wollen unseren großen Dichter mit dem Schimmer des Geheimnisvollen und Verklärten behalten.«[61]

Friedenthal war überrascht und erstaunt über derartige Angriffe, hatte er doch das Buch mit Liebe geschrieben, mit Liebe auch zu Goethe. Doch auch positive Leserstimmen erreichten die *Welt*: »Sie erweisen unserer heutigen Jugend einen großen Dienst durch diesen Vorabdruck«, schrieb ein Leser:

> »dadurch bekommt dieses Buch die Resonanz, die man ihm wünscht. Das Goethebild wird in den Schulen nur zu verzerrt dargestellt: Goethe der Weise, der Erhabene; uns wurde Goethe als der Olympier, als die ausgeglichene und vollkommene Persönlichkeit schlechthin bezeichnet. Und die Lehrer merkten gar nicht, daß solch ein Mensch uns Zeitgenossen vor so viel Vollkommenheit nur suspekt werden konnte.
>
> In diesem Bild war Goethe zutiefst unecht, wir haben es alle gefühlt, das zusammenhängende Bild fehlte jedoch.«[62]

Walter Jens nahm in einem grundsätzlichen Artikel der *Welt* zur Leserdiskussion Stellung und lieferte zugleich eine feurige Verteidigung des Buches – Friedenthal hatte das von ihm nicht erwartet –: »Man spürt, der Autor nimmt Goethe sehr ernst, entfernt ihn aus dem Wachsfigurenkabinett der Madame Tussaud und gibt ihm, mit der Leidenschaft eines geborenen Enzyklopädisten den Hintergrund des Dixhuitième. Das ist eine befreiende Tat; [...].«[63]

Auch das Gros der Rezensionen selbst war sehr positiv und bestätigte Friedenthal in dem, was er hier versucht hatte.[64] »Der Respekt, den Goethe verdient«, meinte Rudolf Lange, »bleibt jederzeit gewahrt. Ja, seine Größe zeichnet sich noch deutlicher ab, weil auch die Bedingtheiten seines Wesens offen dargestellt werden.«[65] Und Hans Schwab-Felisch schrieb nach der Buchveröffentlichung in der *Rheinischen Post*, Friedenthal habe unter Verarbeitung einer schier unübersehbaren Goethe-Literatur ein Bild des Dichters und seiner Zeit entworfen, das unbedingt seriös sei »und dennoch so lesbar, so plastisch, so unterhaltsam, ja, geradezu spannend geschrieben, daß es den

Ring der Unnahbarkeit sprengt, der Goethe für viele noch umschließt. [...] Die Kenntnis Goethes und die Erkenntnis seiner Größe wird um so fruchtbarer sein, als die Widersprüche gesehen werden, die ein Genie ausmachten.«[66]

Friedenthal war erstaunt, als ihm in manchen Rezensionen indirekt vorgeworfen wurde, er habe durch die kritischen Aspekte seines Buches auf einen Sensationserfolg hingearbeitet. Denn ein solcher zeichnete sich bald ab, konnten doch die vielen Neudrucke, die sich als notwendig erwiesen, nur mit Schwierigkeiten fertig gestellt werden. Die deutsche Auflage allein betrug schon zu Beginn der achtziger Jahre weit über 500 000 Exemplare. Zahlreiche Übersetzungen erschienen, wobei die ausländischen Rezensionen oft ausführlicher und wohlwollender waren als in Deutschland. Das Buch war ein fast beispielloser Alterserfolg und mit diesem Erfolg wird man unter den deutschen Schriftstellern wohl am ehesten an Theodor Fontane erinnert, der seine großen Romane ebenfalls erst in fortgeschrittenem Alter schrieb.

Neben der deutschen Originalausgabe war die englische Ausgabe besonders erfolgreich. Mit dem Übersetzer John Nowell, der auch Friedenthals nachfolgende Luther-Biographie übersetzen sollte, schloss er im Verlauf der Arbeit Freundschaft. Dabei war die Zusammenarbeit durch äußere Umstände ziemlich erschwert: Als John Nowell Anfang 1962 gefragt wurde, ob er ein großes Buch über Goethe übersetzen wolle, zögerte er zunächst, weil er »gerade im Begriff war, England zu verlassen, um in Südfrankreich zu leben«, und er sich fragte, »ob das die notwendige Zusammenarbeit nicht zu sehr behindern würde«.[67] Friedenthal zerstreute seine Bedenken, indem er versprach, auf alle seine Fragen brieflich zu antworten. Dabei hatte er selbst eine eigene Rohübersetzung zu erstellen und Nowell musste dann den »Marmor polieren«. Friedenthal hielt nicht nur sein Versprechen, auf alle Fragen sofort einzugehen, sondern nachdem die Übersetzung fertig war, traf er sich mit Nowell in Locarno am Lago Maggiore, und die beiden setzten sich zwei Wochen lang bis zu sechs Stunden täglich zusammen, in denen er praktisch jedes Wort prüfte, das Nowell geschrieben hatte. »Als *Goethe: His Life and Times* erschien [1965], war das Ergebnis eine wirklich autorisierte Übersetzung – eines der seltensten Dinge.«[68] Friedenthal hatte innerhalb eines Jahres insgesamt etwa 5000 Seiten »Goethe« getippt, denn, wie er meinte, keine noch so tüchtige Sekretärin könne einem so etwas ja abnehmen.[69]

Als nun ausgewiesener Goetheexperte stellte er für das 1964 erschienene Bändchen *Goethe-Weisheiten im ernsten und heiteren Ton* für den Deutschen Bücherbund (Stuttgart, Hamburg) eine Anzahl von Weisheiten, Gedanken und Betrachtungen Goethes zusammen. Wieder ging es ihm darum, einen Goethe vorzustellen, der nachsinnend, aber auch gereizt, unmutig, ungeduldig sein kann, der die groben Worte »ebenso meisterlich zu handhaben weiß wie die versöhnlichen oder mystisch-feierlichen«.[70] Dies alles zusammen sei erst der ganze Goethe, den man nicht zerlegen und teilen könne, geschweige denn auf eine der beliebten Formeln bringen. Aus Spruch und Widerspruch sei sein Wesen zusammengesetzt, nach seiner eigenen Lebenslehre von den polaren Gegensätzen und zu jener Einheit gestaltet, die wir Goethe nennen.[71] Im folgenden Jahr verfasste Friedenthal für *Goethes Werke in zehn Bänden* des Deutschen Bücherbundes (Text der Artemis-Ausgabe; Stuttgart 1965) ein biographisches Nachwort.

3. Luther

Als Friedenthal 1918 als Soldat in Lille gewesen war, hatte er dort in einer Feldbuchhandlung ein Exemplar von Luthers *Neuem Testament* gekauft, das ihn seither in den verschiedenen Stadien seines Lebens begleitete. Besonders in der Sprachverdunklung des Exils war ihm das Lutherdeutsch ein großer Trost gewesen. Als er sich das Buch jetzt wieder vornahm, entstand der Plan für eine zweite große Biographie, diesmal über Martin Luther: *Luther. Sein Leben und seine Zeit* (München: R. Piper & Co. 1967). Im Herbst 1967 feierte man in Deutschland das 450-jährige Reformationsjubiläum. Man wird allerdings Friedenthal nicht unterstellen wollen, das Buch aus diesem Anlass geschrieben zu haben.

Luther war, ähnlich wie Goethe, so etwas wie ein deutscher Nationalheld. Doch Friedenthal macht auch ihn nicht zum Helden; er stilisiert ihn nicht, sondern zeigt ihn als Kind seiner Zeit mit allen möglichen persönlichen Schwächen, ohne diese in den Mittelpunkt seiner Darstellung zu stellen. Es geht ihm nicht darum, Luthers Denkmal zu beschädigen oder Legenden um ihn als Lüge zu entlarven – wenn er das tut, dann nur andeutend und mit aller Vorsicht –, sondern vielmehr darum, ihn im Spannungsfeld der politischen und sozialen Mächte seiner Zeit darzustellen. Dabei vertritt er die Ansicht, dass der Erfolg Luthers und der von ihm nicht gewollten Reformation mehr von der Tatsache abhing, dass die Zeit dafür reif war, als von der Außerordentlichkeit des Genies dieses einen Mannes. Friedenthal benennt durchaus die Schwächen Luthers, seinen Mangel an Allgemeinbildung, seine Unkenntnis politischer Kräfte und Konstellationen und schließlich seine völlige Fehleinschätzung der Kräfte des Papsttums, das er kurz vor dem Untergang wähnte, während dieses durchaus im Stande war, sich zu regenerieren und in der Gegenreformation zum Gegenschlag auszuholen. Luther ist für Friedenthal ein Mann, dessen verhängnisvolle Charaktereigenschaft sein Trotz war und der wiederholt unter schweren Depressionen und, besonders im Alter, unter allen möglichen psychosomatischen Erkrankungen litt. Friedenthal betont aber auch Luthers persönliche Problematik, die Problematik des kleinen Augustinermönchs, für den die Hauptfrage ist, wie er vor Gott bestehen kann. Aus dieser Frage entwickelte sich für Luther dann sein gesamtes Lehrgebäude. »Es geht Luther im Grunde nicht um das, was in Rom geschieht oder sonst in der Welt, sondern um sein eigenes Seelenheil.«[72] Friedenthal betont den Mut und die Überzeugungskraft des Mannes, der 1522 der Vorladung zum Reichstag zu Worms folgte, der gleichsam in die Höhle des Löwen ging, obwohl er mit Recht fürchten musste, dass ihm Kaiser Karl V. das Versprechen des freien Geleits nicht halten und er als Ketzer festgenommen und verbrannt werden würde. Friedenthal stellt dar, wie Luther Schritt für Schritt aus der Kirche hinausmanövriert wurde, wie sein Fall anfänglich nur ein Streit der Dominikaner mit Luthers eigenem Orden, den Augustinern, gewesen war, »eine akademische Frage […], für Luther ein Gewissensproblem«, dann aber vor die Kurie gebracht wurde und damit »in das Getriebe der Weltpolitik«[73] geriet: »Es ist in Luther eine instinktive Gewalt und Ordnung des Vorgehens, die erst seine Wirkung erklärt: Er schreitet tatsächlich von Position zu Positi-

on in nahezu logischer Folge vorwärts und kommt so zu einem Gipfel, den vorher niemand erreicht hatte.«[74] Ebenso würdigt Friedenthal Luthers Verdienst um die deutsche Sprache mit seiner Bibelübersetzung, verschweigt aber das Grobe in seiner bildhaften Ausdrucksweise dabei nicht. »Luthers Sprachgewalt ist ohne Vergleich und kaum je wieder erreicht worden«, schreibt Friedenthal bewundernd und kurz darauf: »Ausgerüstet mit dieser Sprachmacht, begann Luther nun, das Papsttum zu stürzen.«[75] Er arbeitet das Revolutionäre in Luthers ersten drei großen programmatischen Reformationsschriften des Jahres 1520 heraus (*An den christlichen Adel deutscher Nation*, *Von der babylonischen Gefangenschaft der Kirche* [latein.] und *Von der Freiheit eines Christenmenschen*, 1522), leugnet aber genauso wenig Luthers Fehlurteile und das Agitatorische seiner späteren Schriften (z.B. *Wider die räuberischen und mörderischen Rotten der Bauern*, 1525). Dabei ist es eigentlich erstaunlich, wie wenig er der Versuchung erlegen ist, Luthers, wenn auch zeitbedingte, antisemitische Äußerungen stärker in den Mittelpunkt zu rücken (*Von den Jüden und ihren Lügen*, 1543). Seiner Nichte Martha Friedenthal-Haase gegenüber äußerte er sich gesprächsweise »in dem Sinne, daß Luthers sogenannter Antisemitismus von gänzlich anderer Art als der moderne Antisemitismus gewesen sei, daß er [Friedenthal] keinen Fehldeutungen und falschen Gleichsetzungen Vorschub habe leisten wollen.«[76]
In anderer Beziehung spart Friedenthal durchaus nicht mit eindeutigen Urteilen. So sieht er die endgültige Entscheidung in Luthers Weigerung zum Widerruf bereits 1518 auf dem Reichstag im Verhör vor dem Kardinal Cajetan auf dem Reichstag zu Augsburg und nicht erst drei Jahre später in Worms: »Und dieser Augenblick, allen Beteiligten damals noch unbewußt, war der Bruch Luthers mit der Kirche, der Kirche mit Luther.«[77] Luther hat Friedenthal zufolge bereits mit seiner ersten großen Reformationsschrift den Menschen »mündig gesprochen und verantwortlich gemacht«.[78] Er stellte in *Von der babylonischen Gefangenschaft der Kirche* »das gesamte Gebäude der Kirche in Frage [...], das auf der Verwaltung der Sakramente durch den geweihten Priester beruhte«.[79] Luther wollte »im Grunde Restauration. Er ist Revolutionär. Seine Auffassung vernichtet den gesamten Kultus, wie er in Jahrhunderten aufgebaut worden war, [...].«[80] Die

mittelalterliche Lehre und Grundanschauung von den zwei verschiedenen Völkern, den Geistlichen und den Laien, die erst zusammen eine Einheit bilden sollten, sei durch Luther zerstört worden.[81] Wichtiger als die Verbrennung der päpstlichen Bannbulle ist für Friedenthal die Verbrennung der so genannten Dekretalien, des »Haupt- und Grundbuchs des Papsttums und der Kirche als Institution«; sie »bedeutete das Ende der mittelalterlichen Machtstellung der Kirche, die sich [...] in dieser Sammlung verkörpert sah«.[82] Friedenthals Urteile sind oft von entwaffnender Einfachheit, so sentenzenhaft formuliert, dass sie keinen Widerspruch zuzulassen scheinen, wie folgendes: »Das Papsttum ist nicht durch Luther von seiner Höhe gestürzt worden, die bereits seit langem stark untergraben war. Es hat Selbstmord begangen oder sich selbst verstümmelt.«[83] Strenge Protestanten dürften sich beleidigt gefühlt haben, wenn er apodiktisch urteilt: »Die Reformation, ein Feuersturm und Weltbrand in den Anfängen, scheint im Schatten dieses blutigen Revolutionsjahres 1525 [mit dem Bauernkrieg] eine Kleinstaat- und Kleinstadtangelegenheit zu werden, und Züge davon hat sie ständig beibehalten.«[84] Das Jahr 1525 ist für Luthers Sache »die große Wende. Er ist von da ab nicht mehr der Held einer ganzen Nation, auf den alle ihre Hoffnungen setzen, sondern nur noch das Haupt einer Partei.«[85] Und wenn Friedenthal schreibt: »Die Spaltung Deutschlands wurde in Augsburg entschieden«[86] oder: »Der Streit Luthers mit den Schweizern [Zwingli] ist die große Wende in der reformatorischen Bewegung«,[87] so ist das eigentlich keine neue Erkenntnis, aber er macht durch seine sentenzenhaften Formulierungen solche historischen Einsichten dem Leser zumindest aufs Neue bewusst.

Das Geistliche, der lange, innere Weg Luthers zu seinen reformatorischen Erkenntnissen ist in Friedenthals Darstellung etwas knapp geraten, der Inhalt dieser Erkenntnisse wird fast nur andeutend dargestellt. Wichtiger sind für ihn die anderen Gestalten und Kräfte der Zeit, die die Erfolge und Rückschläge der reformatorischen Bewegung bestimmten. So gelingen ihm phantastische Charakterisierungen von Männern wie Ulrich von Hutten, der für ihn nach seinen zahlreichen Missverständnissen und Fehlkalkulationen »nur noch eine Art Don Quichotte [ist], der gegen Windmühlenflügel ficht«.[88]

Mit dem Ende Franz von Sickingens lässt er »den Anfang der Fürstenherrschaft in ihrer entschiedeneren Form« beginnen.[89] Thomas Münzer ist für Friedenthal »ein Visionär, Rufer, Prophet, Agitator«, ein Unvollendeter, aber, wie Luther, kein Politiker. Philipp Melanchthon, charakterisiert er als »ausgesprochenen Vertreter des Unionsgedankens«,[90] als wesentlich konziliánter als Luther und sympathischer als den sich nicht exponierenden Erasmus von Rotterdam, der sich in der Auslegung der Schrift der kirchlichen Autorität unterwirft. Hinzu kommen viele andere Gestalten, die das Schicksal der Reformation bestimmten: Ulrich Zwingli, den Luther mit den »Schwarmgeistern« und Wiedertäufern in einen Topf warf, Friedrich der Weise, Kaiser Karl V. sowie die Päpste der Zeit, Leo X., Klemens VII. und Hadrian VI. Im privaten Bereich lässt Friedenthal der Frau Luthers, der ehemaligen Nonne Katharina von Bora, in ihrem Fleiß, ihrer Umsicht und ihrem haushälterischen Organisationsvermögen Gerechtigkeit widerfahren.

Wie die Goethe-Biographie, erschien auch dieses neue Buch (ab 1. Juli 1967) im Vorabdruck in der *Welt*. Es wurde ein großer Erfolg und sogar von Fachtheologen gelobt.[91] Schon bis 1969 verkauften sich in Deutschland allein über 150 000 Exemplare und noch heute ist die Biographie, neben den Händel- und Goethe-Biographien, als Taschenbuch erhältlich. »Gegenwärtig interessieren sich ja die Katholiken fast mehr für Luther als die Protestanten«, sagte Friedenthal in einem Interview 1966 [!]: »Ich will nicht in die theologische Diskussion einsteigen, sondern vor allem den geschichtlichen Hintergrund dieser ersten Revolution der Neuzeit darstellen. Und natürlich sehr viele Legenden korrigieren.«[92] Trotzdem fand die Luther-Biographie im Gegensatz zum *Goethe* so gut wie keinen Widerspruch; sogar die katholischen Rezensenten gaben sich überaus freundlich. Heinz Zahrnt schrieb am Tag vor Beginn des Vorabdrucks in der *Welt*, mit dem sicheren Instinkt des Historikers habe Friedenthal sich von den heute modischen kurzschlüssigen psychoanalytischen oder soziologischen Deutungen Luthers fern gehalten. Seine Luther-Biographie bilde inmitten der zahlreichen fachwissenschaftlichen Spezialliteratur über Luther die längst wieder notwendig gewordene, für jeden Nichtfachmann lesbare und verständliche Gesamtdarstellung des Reforma-

tors, seines Lebens und seines Werkes. Er habe eine Lebensbeschreibung Luthers vorgelegt, »als wäre er ein Zeitgenosse des 15. und 16. Jahrhunderts«.[93]
Als anerkannter Luther-Kenner hielt Friedenthal am 22. April 1921 in Worms zum 450. Jahresgedenken an Luthers Auftritt vor dem Reichstag einen Vortrag: »Hier stehe ich ... Luther und das Lutherverständnis.«[94] Dieser Auftritt Luthers ist für Friedenthal »der größte im Leben Luthers und in der Tat eine der bedeutendsten Begegnungen zweier Welten, die Geschichte gemacht haben«. Er sei »charakteristisch für die Haltung und das Wesen Luthers«.[95] Das *Nein* Luthers in Worms sei zur Realität geworden, zur Geschichte, und das *Ja* zur Verantwortung des Einzelmenschen vor seinem Gewissen sei Gegenwart und auch wir seien verpflichtet, uns damit auseinanderzusetzen. Im selben Jahr hielt er bei einer Tagung der deutschen Luthergesellschaft einen Vortrag über »Das evangelische Pfarrhaus im deutschen Kulturleben«.[96]

4. Entdecker des Ich: Montaigne, Pascal, Diderot

Friedenthal suchte den Erfolg nicht, sonst hätte er wohl dem Druck nachgegeben, zum Dürer-Jahr 1971 eine Dürer-Biographie zu schreiben oder, zumal er ein Musikenthusiast war, eine Beethoven-Biographie, wie man ihm nahe legte. Stattdessen beschäftigte er sich in den folgenden Jahren mit mehreren Männern der französischen Geistesgeschichte, die zwischen Goethe und Luther gelebt hatten. *Entdekker des Ich: Montaigne, Pascal, Diderot* (München: R. Piper & Co. 1969) hieß das aus diesen Studien hervorgegangene Buch. »Die Entscheidung zugunsten der Franzosen war die Antwort auf die Gefahr, zum Serienautor zu werden oder in einen Sachzwang zu geraten«, meint Franz Wirth und er zitiert Friedenthal: »Ich wählte die Essayform, weil sie zu noch größerer Disziplin zwingt.«[97] Die Auswahl seiner »Helden« sei seine persönliche Entscheidung, es seien nicht so sehr die Einzelfiguren, es sei die Zeit, in der sie lebten, die ihn fasziniere. Friedenthal selbst schrieb zu seinem neuen Buch, ehe der Mensch einigermaßen mündig werden konnte, habe er damit beginnen müssen, sich selber erst einmal wichtig zu nehmen und genauer zu beobachten. Das sei die große Leistung Montaignes gewesen, »der mit einer bis dahin völlig unbekannten Furchtlosigkeit und einem seltenen ›Mut zum Ich‹ darauf ausging, das einzigartige Phänomen, das Individuum Montaigne zu entdecken und rücksichtslos zu beschreiben, als Beispiel für einen freien und unabhängigen Einzelmenschen; [...].«[98] Von den drei Essays ist der über Michel Montaigne (1533-1592), den Spross einer wohlhabenden Kaufmannsfamilie mit erst kurz zuvor erworbenem Adelstitel, am besten gelungen. In Montaigne stellt Friedenthal einen veritablen Renaissancemenschen vor. Wie die Renaissance es als erste Epoche wagte, den Menschen selbst in den Mittelpunkt zu stellen, markiert Montaigne mit seinen *Essais* den Zeitpunkt, an dem der Mensch es erstmals wagen durfte, sich als Individuum wichtig zu nehmen. Montaigne war für Friedenthal kein Stubengelehrter; seine »Höhle«, das Turmzimmer seines Schlosses, in das er sich nach sechs Jahren der Amtstätigkeit als Gerichtsrat in Périgueux und Parlamentsrat in Bordeaux neun Jahre lang zum Lesen, Schreiben und Nachdenken über sich selbst zurückzog, war kein Elfenbeinturm, sondern ein Ort, von dem aus man weit in die Landschaft hinaus schaute. Auch handelte es sich hier nicht um einen permanenten Rückzug von der Welt, sondern um Ruhepausen. Dazwischen nahm Montaigne durchaus aktiv am Leben teil. Friedenthal zeigt seinen Mut in verschiedenen lebensbedrohenden Situationen in einer Zeit der Bürgerkriege, der Plünderungen und Ermordungen: Zweimal wird er überfallen, einmal in seinem Schloss, einmal im Wald. In beiden Fällen bewirkt er durch seinen Mut und seine Offenherzigkeit, dass seine Feinde von ihm ablassen und sich sogar noch bei ihm entschuldigen. Er reitet täglich aus, unterhält sich gern mit den Bauern, Handwerkern und seinen Dienern und wird immer wieder bei diplomatischen Missionen des königlichen Hofes eingesetzt, um zwischen den Bürgerkriegsparteien, Protestanten, Katholiken, Königlichen und Partikularisten zu vermitteln.[99] Die Verwaltung seines ausgedehnten Besitzes mit mehreren hundert Seelen überlässt er seiner Mutter und seiner Frau, mit der er sechs Kinder zeugt. Eine Liebesheirat war es wohl nicht und er fühlte sich nicht gebunden, sein Leben immerfort in ihrer Nähe zu verbringen. Nach den neun Jahren des Lebens im

Turm und auf diplomatischen Missionen geht Montaigne auf Reisen, begleitet von einem großen Gefolge aus Dienern, Freunden und Verwandten sowie einem Sekretär, der Tagebuch führt. »Kein gerührter Abschied vom Eheweib«, schreibt Friedenthal und er zitiert Montaigne: »›Wir haben im Heiratskontrakt nicht ausgemacht, daß wir ständig aneinandergefesselt sein müssen, wie Hunde, die man mit dem Schwanz zusammenbindet. Eine Frau soll nicht ihre Augen immer leckerhaftig auf die vorderen Teile ihres Mannes heften – sie muß auch notfalls seine Kehrseite sehen können.‹«[100] Vor Sexualität hat der kühle Skeptiker Montaigne ohnehin keine Scheu. Kinder könne er nur vor dem Einschlafen und nicht im Stehen machen. Die Damen, die er während seiner Italienreise besuchte, seien von ihm immer gut bedient worden ... Friedenthal »begleitet« den Nierenleidenden auf dieser Reise zu den Bädern in Deutschland, der Schweiz und Italien, nach Rom, wo der eben erschienene erste Teil der *Essais* eine freundlich-vorsichtige Zensur durch die Dominikaner über sich ergehen lassen muss. Auf den päpstlichen Index kommt das Buch allerdings erst ein Jahrhundert später. In Rom ereilt ihn die Nachricht, dass die Senatoren von Bordeaux ihn einstimmig zum Bürgermeister gewählt haben, nebst königlichem Sendschreiben, das ihn im Falle der Ablehnung des Amtes mit Ächtung bedroht. So muss er sich nolens volens schleunigst auf den Heimweg begeben. Schließlich wird Montaigne Ratgeber Heinrichs von Navarra, der ihn als König Heinrich IV. zu seinem Premierminister machen und an seinen Hof holen möchte. Montaigne lehnt ab. Friedenthal zufolge wollte Heinrich IV. ihn gerade deshalb in seine Dienste nehmen, weil er nichts für sich selbst wollte. Montaigne sieht sich als absolut unabhängigen, aber, wie er selbst meint, ganz gewöhnlichen Menschen, der die Ich-Ergründung zu seinem Thema gemacht hat: »Montaigne ist auf ein Thema gekommen, das noch nie – so sagt er sehr stolz, und mit Recht – jemand etwas gründlicher angepackt hat: den Menschen, und zwar zuerst den Menschen Michel Montaigne.«[101]

»Der zweite Essay ist PASCAL gewidmet«, schreibt Friedenthal, »und das ist ein neues Jahrhundert mit neuen Problemen. Die exakten Naturwissenschaften rücken mächtig heran, und Pascal ist als junges mathematisch-physikalisches Genie einer ihrer frühesten Vertreter.«[102]

Friedenthal beschreibt Blaise Pascal (1623-1662) jedoch in seinem Spannungsverhältnis zwischen mathematisch-naturwissenschaftlichem Genie und leidenschaftlich-religiöser Seele. Er ist ein innerlich verzweifelter, isolierter, selbstquälerischer Mensch, der sich schließlich in die Religion flüchtet. Als rational denkender Naturwissenschaftler steht er Friedenthal zweifellos am nächsten: schon mit zwölf Jahren schreibt er eine wissenschaftliche Abhandlung über die Akustik, mit 16 Jahren entdeckt er den »Pascalschen Satz« über das so genannte mystische Hexagramm, der die nichteuklidsche Geometrie einleitete, und mit 18 Jahren erfindet er eine Rechenmaschine, um seinem Vater, dem Generalsteuereinnehmer von Rouen, zu helfen; er macht erfolgreich einen Barometerversuch zum ersten experimentellen Nachweis des Luftdrucks und ruft kurz vor seinem Tode noch als Unternehmer und Organisator eine »Omnibusgesellschaft« ins Leben, die den Betrieb der ersten Pariser Pferdebahnlinie übernimmt. Sieben Jahre vor seinem Tode wird er aber durch ein mystisches Christuserlebnis, das seinen Glauben an die Wissenschaft erschüttert, zum religiösen Menschen, zu einem radikalen Anhänger der Prädestinationslehre. Er schließt sich nun den Jansenisten an, einer radikalen Gruppe innerhalb der katholischen Kirche. »Mit der glühenden, ständig bedrohten Religiosität Pascals weiß Friedenthal nicht viel anzufangen«, meint Elke Brandt, »dessen sich immer stärker akzentuierende Weltflucht und Leibfeindlichkeit beruht für ihn [Friedenthal] am Ende auf einem Wahn […].«[103] Sympathisch ist ihm stattdessen, dass Pascal mit seinen *Briefen an einen Freund in der Provinz* eine beißende Satire gegen die Jesuiten verfasst hat, ein frühes Beispiel journalistischer Polemik, mit der er die »doppelzüngige Moral«, vor allem die Beichtmoral, der von den Jesuiten beherrschten Kirche angriff.[104] Sein eigener, innerer Gegner war Friedenthal zufolge »ihm unbewußt, das eigne, widerspruchsvolle Ich. Das führte ihn […] in die Einsamkeit der wenigen Jahre, die ihm verblieben.«[105] Diese letzten Jahre sind für Friedenthal »Pascals größte Zeit. In ihnen hat er das Werk der *Pensées* geschaffen, das seinen Weltruhm begründete und erhält.«[106] Diese letzten Jahre waren ein Wettlauf mit dem Tode, wie das ganze Leben Pascals in Friedenthals Sicht voller Hast und Unruhe war.

»Den Abschluß bildet DIDEROT und seine große Enzyklopädie, sein Hauptwerk, das der ganzen Epoche, geistesgeschichtlich gesprochen, den Namen gegeben hat«, kommentiert Friedenthal sein eigenes Buch. Ein enzyklopädischer Geist von seltenem Reichtum stehe hinter dessen Werk, ein Schriftsteller und Meister des Dialogs, des Gespräches mit seinen Zeitgenossen und auch mit uns.[107] Denis Diderot (1713-1784) war allerdings »auf alle Wirklichkeiten dieser Welt auf das fruchtbarste neugierig, auf sich selber und die Subjektivität als solche weniger«.[108] Er leidet nicht unter Ich-Verlassenheit wie Pascal und sucht keinen Halt in der Religion, sondern er verkörpert »den sozialen Humanismus der Aufklärung, den Menschen, der nicht für sich oder an sich zweifelt, sondern der an eine ›schönere Welt‹ glaubt«.[109]

Es ist keine Frage, dass Friedenthals besondere Sympathie Diderot gilt, denn, wie Diderot, nahm er selbst immer wieder Partei für Aufklärung, Liberalität und Rationalität. Diderot stand Friedenthal schon dadurch nahe, dass er in zwanzigjähriger Arbeit eine Enzyklopädie schuf, eine Arbeit, mit der sich der Lexikon-Redakteur Friedenthal identifizieren konnte.[110] 35 zweispaltige Foliobände sollte die Enzyklopädie schließlich umfassen, von denen Diderot 28 redigiert hat. Diese Enzyklopädie, meint Friedenthal, habe – durch ihre Verbreitung praktischen Wissens – die ökonomisch-technische Revolution des Industrialismus mit herbeigeführt.

Für Friedenthal ist Diderot ein »ganz ungemein komplexer Autor und Mensch«.[111] Ausführlich beschreibt er Diderots literarische Anfänge, Arbeiten, die nur dem Broterwerb dienten, sowie seine jugendliche Freundschaft mit Rousseau. Den älteren Roussseau charakterisiert Friedenthal als verbittert und rechthaberisch. Rousseaus Aufenthalt auf dem Landgut der Madame d'Epinay stellt er als Komödie, als Commedia dell'arte dar. – Trotzdem mag man sich fragen, ob Rousseau nicht einer Betrachtung als Entdecker des Ich geeigneter gewesen wäre als Diderot.

Friedenthal schildert Diderots bescheidenen Lebensstil als Bewohner einer engen Wohnung im vierten Stock eines Pariser Mietshauses, mit einem bescheidenen Arbeitszimmer mit einem Stuhl, einem Tisch, einem Bücherbrett und zahlreichen Zettelkästen. Hier schreibt Diderot seine bahnbrechenden Essays über gesellschaftliche und ästhetische

Fragen, sein Drama *Rameaus Neffe*, das Goethe übersetzt und hoch gelobt hat, den zeitkritischen Roman *Die Nonne* und die Geschichte von *Jacques dem Fatalisten*, die erst nach seinem Tod, und zwar zuerst in deutscher Sprache und erst dann in Französisch, erscheinen wird. Friedenthal stellt dar, wie Diderot von seinem Verleger für seine Enzyklopädie ganze 20 000 Francs erhält, während der Verleger selbst zwei Millionen daran verdient. Diderot ist für Friedenthal ein arbeitsbesessener Mann, bescheiden und großzügig gegenüber anderen.

Seine Russlandreise unternimmt Diderot, um seiner kaiserlichen Gönnerin Katharina der Großen Pläne für eine Bildungsreform ihres Reiches vorzulegen. Mit seinen Vorschlägen für eine allen Kindern zugängliche Volksschule erregte er jedoch nur den Unwillen der absoluten Herrscherin. Ein erzählerisches Glanzstück des Essays ist Diderots Audienz bei der Kaiserin, die ihren Schützling dadurch charakterisiert, dass sie zu ihm sagt, er habe manchmal das Gesicht eines Hundert- und manchmal das eines Zwölfjährigen.[112]

»Mit diesen drei Stationen [Montaigne, Pascal, Diderot] haben wir den Weg abgeschritten, der von der ersten Entdeckung des Ich bis zur vollen Entfaltung der Individualität führt«, rechtfertigt Friedenthal seine Auswahl, die von der Kritik immer wieder als nicht voll gerechtfertigt getadelt wurde. »Entdecker des Ich?«, fragt sich François Bondy in der *Zeit* und gibt sich selbst die Antwort: »Nur für Montaigne, den Zweifler, gilt diese Bezeichnung ganz. Pascal hat sich mehr für Gott, Diderot mehr für die Welt interessiert.« Aber er kommt durch diese Frage keinesfalls zu einem Negativurteil über das Buch: »Doch stehen und fallen diese drei Versuche keineswegs mit dem fragwürdigen Obertitel.«[113]

Zugegeben, die Rezensionen zu dem Buch waren gemischt. Hier ging es um keinen deutschen Heroen, sondern um Gestalten, die den meisten deutschen Lesern, auch den gebildeten unter ihnen, nur dem Namen nach bekannt waren. Auch trug man an einen Friedenthalschen Text die in diesem Fall falsche Erwartung heran, er werde hier in epischer Breite, wie in seinen vorangegangenen Biographien, weit ausholend seine Gestalten in das geistige, soziale und politische Umfeld ihrer Zeit einordnen und daraus entwickeln. So schreibt der Göttin-

ger Literaturkritiker Heinz Ludwig Arnold: »Die etüdenhafte Kürze dieser drei Biographien (zwischen 110 und 150 Seiten) versagt es dem Talent Friedenthals, sich neuerlich rundum zu präsentieren.« Der historische Horizont verliere sich in die Nebensätze, werde beiläufig erwähnt: »Informationslücken werden dann durch Spekulationen, historische Bezüglichkeiten durch anekdotische Anzüglichkeiten überbrückt. Der breite Fluß der Geschichte, der gerade diese drei ›Entdecker des Ich‹ trägt, fließt oft ungeachtet dahin.«[114] Arnold verkennt dabei, dass Friedenthal hier keine großen Biographien, sondern ganz bewusst drei Essays geschrieben hat, eine Gattung, die breit ausladende, panoramaartige Schilderungen ihrer Natur nach verbietet. Die Kenntnis historischer Fakten beim Leser kann dabei stillschweigend vorausgesetzt werden.
Auch der Hinweis auf ähnliche Tryptichen von Friedenthals Gönner und Freund Stefan Zweig, der »drei Meister« und »drei Dichter ihres Lebens« nebeneinander gestellt hatte, fehlte in den Rezensionen nicht und führte zu dem Urteil, die »Medaillon-Manier, die historische Miniatur à la Zweig, die lose Reihung unter einem pompösen Titel, dessen Versprechen nicht ganz eingehalten wird«, bedeute einen Abstieg (gegenüber seinen früheren Biographien).[115] Friedrich Weigand zufolge gibt es jedoch einen wichtigen Unterschied zwischen Friedenthal und Zweig: »Der bildungsbegeisterte Preisliedton, der leicht verzückte Geniekult des Wiener Impressionisten geht dem aus Bayern stammenden Berliner Friedenthal ab. Seine Detailmalerei dient der sachlich ernüchternden Desillusionierung. Gerade weil er ›aus der Familie‹ erzählt, kann er sich ›beflissene Huldigungen‹ ersparen.«[116] »Lesefutter also das Ganze«, meinte Walter Hilsbecher in den *Frankfurter Heften*, »beredt, elegant, kenntnisreich und gescheit dargeboten, im Ton eines heiteren Weltmanns.«[117] Und Joachim Günther urteilte in der *Frankfurter Allgemeinen Zeitung* begeistert: »Auch wenn es keinen *Goethe* und keinen *Luther* von Friedenthal gäbe, hätte ihn dieses neue Buch vielleicht nicht so schlagartig, aber doch nach und nach als glänzenden Erzähler von Biographien bekannt gemacht.«[118]

5. Jan Hus

Die ziemlich umfangreichen Vorarbeiten zur Luther-Biographie führten Friedenthal zu einem ähnlichen Werk über den Böhmen Johann Hus und seine Zeit: *Ketzer und Rebell. Jan Hus und das Jahrhundert der Religionskriege* (München: R. Piper & Co. 1972). Noch weniger als im Falle der Luther-Biographie geht es hier um die einzelne Person des Johann Hus, sondern um seine Vorgänger, seine Gegner und die Kriege, die durch seine Verurteilung ausgelöst wurden. »Dies ist keine Hus-Biographie«, betont Friedenthal deshalb, »ich versuche ein Panorama zu zeichnen, das von England bis Böhmen reicht, den beiden Polen, zwischen denen die Kraftströme der Hussiten-Bewegung spielen.«[119] So wird das Werk zu einem breiten Panorama des ausgehenden 14. Jahrhunderts. Es geht Friedenthal nicht um zum Teil haarspalterische Theorien, weder seine eigenen noch jene, um die in Prag und auf dem Konzil zu Konstanz (1414-18) gestritten wurde, sondern um die Taten und Leiden der Menschen.[120] »Wir werden«, schreibt er gleich eingangs, »ringende, irrende Menschen sehen, mutige, feige, listige und sehr viel törichte und alle, oft erschreckend, dem ganz nahe, was wir an uns beobachten können. [...] Es wird erzählt, und es scheint wichtig zu betonen, daß in den Aktionen und Handlungen das Schwergewicht der Darstellung liegt.«[121] Die Lehren und Theorien sollten nicht vernachlässigt werden, aber man müsse sich dabei gewisse Beschränkungen auferlegen, um der Uferlosigkeit zu entgehen, die ein Kennzeichen jener Epoche sei.[122]

Die ersten 173 Seiten des Buches handeln von dem turbulenten, gärenden Zeitalter, dem »Vorfeld« (der Biographie), wie Friedenthal es nennt, dann folgt auf ganzen 125 Seiten die Biographie des Johann Hus, der auf Seite 298 den Märtyrertod stirbt, und der Rest des Buches, rund 150 Seiten, handelt von der verworrenen religiös-sozialen Revolution im Böhmen nach der Verbrennung von Hus (1415), von den Siegen und der gegenseitigen Zerfleischung der lange Zeit so erfolgreichen hussitischen Heere. Da ist die Rede vom großen Schisma der Kirche, der Kirchenspaltung, die von 1378 bis 1417 währte – in dem einen Jahr 1410 stritten sich gleichzeitig drei Päpste um ihre Rechtmäßigkeit und es gab drei verfeindete Könige des Heiligen Rö-

mischen Reichs. Da ist die Rede von Kriegen, von Patriziern, Zünften, Fürsten und Rittern, von städtischen Revolten und Bauernaufständen, so dem Bauernaufstand in England 1381 mit Wat Tayler, von John Ball, von chiliastischen Hoffnungen, Universitätsstreitigkeiten und scholastischen Haarspaltereien, von den Vorläufern des Hus in Böhmen und in England: von Jan Milic, Matej von Janov und vor allem John Wyclif von Oxford und den Prozessen, die zu Wyclifs Lebzeiten und nach seinem Tode gegen ihn geführt wurden. Friedenthal beschäftigt sich ausführlich mit dem deutschen Kaiser (bzw. König) Sigmund aus dem Hause Luxemburg und stellt sich wohl mit Recht auf die Seite derer, die meinen, Sigmund, der Sohn Kaiser Karls IV., habe Hus auf schnöde Weise das Versprechen des freien Geleits zum Konzil zu Konstanz gebrochen. Wesentlich besser wird letztlich Sigmunds unseliger Bruder Wenzel beurteilt, der von den Kurfürsten wegen Trunksucht, Barbarei und allgemeiner Unfähigkeit im Jahre 1400 als römischer Kaiser abgesetzte König von Böhmen, der aus einer Art böhmischem Nationalgefühl »seinen« Prediger Hus geschützt hatte, solange er konnte.
Vorsichtig entwickelt Friedenthal das Drama des um 1370 in dem südböhmischen Flecken Husinec geborenen Johann Hus, der ketzerischen Äußerungen letztendlich deshalb nicht abschwören kann, weil er sie nie getan hat: Angeblich war er der Sohn eines Fuhrmanns. Friedenthal zufolge dürfte er »eher rundlich, untersetzt und mit knappen, festen Gesichtszügen zu denken sein«[123] und nicht etwa so asketisch und abgezehrt aussehend, wie ihn bekannte Darstellungen zeigen. Friedenthal zeichnet seinen Weg nach, vom armen Studenten, für den die geistliche Laufbahn das Gegebene war, zum Magister, zum Seelsorger und 1402 schließlich zum Rektor und Prediger der einzigen Kirche Prags, in der auf Tschechisch gepredigt werden durfte, der Bethlehem-Kapelle, die noch heute als nationale Erinnerungsstätte gilt. Dass seine meisten Anhänger Arme waren, ergibt sich schon aus der Tatsache, dass zu seiner Kirche nur diejenigen kamen, die nur die Landessprache sprachen und kein Latein. Friedenthal lässt Hus zum Volksprediger werden, zum Gründer einer Art »Großfamilie« von treuen Anhängern, einem Mann, der sich weniger um scholastische Dialektik kümmert als um das, was gut und böse, christlich und un-

christlich ist. »Hus' Stärke war die Predigt«, schreibt Friedenthal. »Damit hat er gewirkt, damit seine historische Stellung begründet. Die Predigt und die Schaffung einer Gemeinde, die zu einer Bewegung wurde weit über den Kreis seiner Hörer in der Bethlehemkapelle hinaus.«[124] Seine Anhänger sind die Bauern und kleinen Leute, vielfach Frauen, aber auch der Ritterstand, der sich im Endeffekt nur einen Anteil an enteignetem Kirchenbesitz erhofft. Hus kämpft gegen den Papst und dessen Vorrechte, gegen die Kluft zwischen Priestern und Laien: letztlich um den Laienkelch, der nach seinem Tode eine immer größere Bedeutung annehmen sollte. So wird er vom römischen Papst mit dem Bann belegt, zwei Jahre lang ins Exil in Südböhmen gezwungen, wo er weiter predigt, allerdings unter freiem Himmel, am Waldrand und in den Dörfern, von den Adeligen auf ihren Burgen aufgenommen und geschützt. Obwohl er in Böhmen hätte bleiben können, folgt er der Vorladung nach Konstanz, um sich vor dem Konzil zu rechtfertigen, wohl ahnend, dass es mit ihm dort ein schlimmes Ende nehmen würde, aber er will dort gehört werden, will vor den versammelten Kardinälen und weltlichen Großen predigen; er will über seine Lehren Rechenschaft abgeben, will sich und sein Land, Böhmen, reinigen vom falschen Vorwurf der Ketzerei. In Konstanz kommt es zum Prozess und er wird dort dem Hochmut und der eitlen Gelehrsamkeit des Kanzlers der Universität Paris, Jean Gerson, sowie den Fangfragen der Kardinäle Zabarella und d'Ailly ausgesetzt. Es war Hus' radikale Vorstellung von der Prädestination, die man ihm zum Vorwurf machte, ferner, dass er die römische Kirche nur als Teil einer Gesamtkirche ansah, und schließlich seine Überlegung, dass selbst ein Papst zur Verdammung bestimmt sein könne. Er vertrat die Auffassung, dass ein in Sünden lebender Priester, ganz gleich ob Dorfpfarrer oder Papst, sein Amt nicht wirksam verwalten könne. Solche Ansichten mussten mit der Grundlehre der Kirche zusammenstoßen, wonach Amtshandlungen des Priesters von seiner Person unabhängig und als Sakrament gültig sind. »Hus wurde in letzter Instanz wegen seiner Predigten verurteilt [...]. Hus war im Grunde verurteilt, ehe er sich nach Konstanz gewagt hatte.«[125] Er hätte sich durch Widerruf retten können, selbst dann noch, als ihn die Flammen des Scheiterhaufens umzüngelten. König Sigmund und die Kardinäle wünschten nichts so sehr, als dass er widerrufe. »Höre Hus!«, redete der König auf ihn ein, »was weigerst du dich, alle die irrigen Sätze zu widerrufen, die von den Zeugen – wie du behauptest – fälschlich gegen dich vorgebracht worden sind? Ich wäre bereit, jeden Irrtum zu widerrufen, auch wenn ich ihn gar nicht zuvor vertreten hätte.«[126] Hus wusste genau, dass weder König noch Kirche einen Märtyrer wollten. Er konnte nicht widerrufen, weil er sonst alles desavouiert hätte, was er vorher gepredigt hatte, konnte seine Anhänger, sein Land nicht verraten. Am 6. Juli 1415 wurde er auf dem Konzil zu Konstanz verbrannt: »Er wurde auf einen Schemel gestellt und mit naßgemachten Stricken an den Pfahl gebunden, der Hals wurde außerdem durch eine Kette befestigt, die rostig zu sein hatte. [...] Das Holz und Stroh wurden um ihn aufgetürmt bis zum Kinn. [...] Die Fackel wurde an den Holzstoß gelegt.«[127] Mit einem ersten Prager Fenstersturz, genauer: mit dem Neuhäuser Fenstersturz der vom König ernannten Ratsherren am 30. Juli 1419 begannen die blutigen Hussitenkriege, Friedenthal zufolge zunächst eine Adelsrevolte, dann eine Bauernrevolution, die zur Verwüstung Böhmens und weiter Teile Europas führten.

Friedenthal beschließt sein Buch mit einem Bezug zur Gegenwart. Er habe versucht, Menschen zu beschreiben mit ihren Kämpfen, Siegen und Niederlagen. »Es sind Mutige darunter, die uns Mut machen können, auch wenn sie unterlagen, wie Jan Hus. [...] Es sind Menschen einer entfernten Zeit, die uns durch die Erlebnisse unserer eignen Epoche sehr nahe gerückt erscheint.«[128]

Der Erfolg des Buches lässt sich nicht mit dem der Goethe- oder der Luther-Biographie vergleichen. War der Grund dafür, dass es hier nicht um einen deutsche Nationalheros ging, sondern um einen tschechischen? So sah es jedenfalls der Verleger Klaus Piper, der Friedenthal auf dessen Klage über das »ungerecht schwache Echo« des Buches erklärte, schon mit den Titeln seiner Biographien über Goethe und Luther wäre »von Anfang an das Tor zum Interesse der Leser weit aufgestoßen«.[129] Da Hus kein Sieger im Leben, sondern ein Scheiternder war, habe er offenbar auch nicht zu einer Siegerfigur auf dem Buchmarkt werden können. Die Rezensionen waren dem ungeachtet positiv. Wolfgang Bartsch urteilte in der *Frankfurter Rundschau*, das Buch sei elegant geschrieben, wie es Friedenthals Art sei, präzis ge-

Friedenthal lehnt Gerüchte und Spekulationen ab und arbeitet exakt, aber behutsam nach den Quellen. Er geht historisch vor, weigert sich aber, Züge auszulassen, nur weil sie nicht in ein vorgefasstes Bild passen wollen: »Es ist so naiv wie überheblich, an Menschen der Vergangenheit Forderungen aus späterer Zeit zu stellen und sie daran messen zu wollen. Es geht aber ebensowenig an, wichtige Tatsachen, nur weil sie einem Legendenbild abträglich sein könnten, zu unterschlagen.«[137] Vermutungen spricht Friedenthal höchstens in Form rhetorischer Fragen aus. Das Resultat ist eine unkonventionelle Marx-Biographie, die, wie vorauszusehen, alle diejenigen erboste, für die Marx eine Art Heiliger unseres Jahrhunderts geworden war. Zum geschätzten geistigen Freund oder zumindest sympathischen Menschen ist Marx seinem Londoner Biographen bei der intensiven Beschäftigung sicherlich nicht geworden.

Marx erscheint bei Friedenthal als großer Kritiker von Menschen und gesellschaftlichen Verhältnissen, der nur eines nicht kann: Selbstkritik üben. Marx ist für Friedenthal ein Theoretiker, der fanatisch an seinen Theorien, an der sich mit Notwendigkeit, »wissenschaftlich« aus dem Verlauf der Geschichte ergebenden Revolution festhält: »Es kam fortan, versteht sich, nur noch seine, die Wissenschaft des Dr. Karl Marx, in Frage.«[138] Friedenthal zufolge sah er sich als den Herrscher über ein riesiges Reich der reinen Theorie, das von jedem unverzüglich anerkannt werden müsse, sobald er nur in Heft 1 der *Kritik der politischen Ökonomie* einige Grundgedanken der materialistischen Geschichtsauffassung ans Licht gegeben hatte: »Die Realität aber war, daß er als einsamer Gelehrter und zugleich ungeschickter, erfolgloser Organisator für kleine Zeitungen und Parteigründungsversuche an seinem Londoner Schreibtisch saß.«[139] Für Friedenthal war Marx ein Mann, der es nie verstanden hat, eine Partei zu begründen, die Parteigründungen anderer zu fördern oder auch nur anzuerkennen. Immer und überall witterte er »Abfall« von der reinen Lehre und Kompromisslerei.[140] Als reiner Theoretiker, der selbst nie in die Fabriken gegangen ist und mit Arbeitern kaum Kontakt pflegte, war er »völlig ahnungslos […] in den realen Kräfteverhältnissen«[141] und weltfremd gegenüber den geschichtlichen materiellen Bedingungen seiner Zeit.[142] Er war »ein Philosoph, der im Widerspruch zu den eigenen Ansprüchen immer wieder sein System der Wirklichkeit überstülpt; der angesichts der Inkongruenz immer wieder sagt: um so schlimmer für die Tatsachen.«[143] Friedenthal stellt ihn als einen Autor hin, der sich in uferlose Vorarbeiten für seine Publikationen verzettelte und die größten Schwierigkeiten hatte, ein Manuskript zu vollenden, so dass viele seiner Werke Fragment blieben. Das philosophische Werk von Marx selbst spielt nur eine untergeordnete Rolle und zu einer ausführlichen Behandlung von Marx' Hauptwerk *Das Kapital* ist Friedenthal nicht mehr gekommen, doch abgesehen davon: »Kritik der Marxschen Lehre ist nicht mein Thema; ich habe es mit seinem Leben und seiner Zeit zu tun.«[144] Aber dafür gibt er uns eine originelle Beschreibung des Lebensweges und der Lebensumstände von Marx sowie seiner Beziehungen zu anderen Menschen.

Ohne Polemik und Apologie, aber doch mit einer ganz gehörigen Portion Ironie stellt uns Friedenthal Marx als einen Menschen mit fragwürdigen persönlichen Qualitäten vor. Er ist selbstgerecht, rechthaberisch, undankbar für fremde Hilfeleistungen, sei es durch seine Eltern oder durch seinen lebenslangen Freund Engels, den Friedenthal als menschlicheren Charakter wesentlich positiver beurteilt. Marx war für ihn ein Mann, der große ökonomische Theorien entwickelte, aber »in finanziellen Fragen des eigenen Lebens ein Kind war und blieb. Der Freund Friedrich Engels übernahm später darin die Vaterschaft.«[145] Das ist noch vornehm ausgedrückt. Friedenthal beschreibt das Chaos im privaten Finanzgebaren Marx', seine überhöhten Geldforderungen an seine Eltern, die Selbstverständlichkeit, mit der er sich von Engels großzügig unterstützen lässt, mit der er von vielen Freunden, z.B. Lassalle, Geld borgt, ohne je an Rückzahlung zu denken, mit der er Wechsel ausstellt, die er nicht zu honorieren gedenkt, und wie er immer wieder Zuflucht zum Leihhaus nehmen muss, um seine drückendsten Gläubiger zu befriedigen.

Friedenthal zeigt, dass Marx nicht nur den Theorien, Gedanken und sozialen Entwürfen seiner Zeitgenossen verpflichtet war, nicht nur, wie allseits bekannt, Hegel und Feuerbach, sondern auch der Romantik, der englischen Chartisten-Bewegung, den Saint-Simonisten, Fourier, Proudhon, Cabet und Owens. Ferner stellt er dar, wie die Schüler des utopischen Sozialisten Charles Fourier im 19. Jahrhundert ernsthaft eine alternative Gesellschaft erprobt hatten, allerdings, wie Friedenthal tadelnd anmerkt, mit freiwilliger Prostitution: Fouriers Vorschläge, Extracorps von »Bacchantinnen« zu bilden oder sogar strafweise andere Mitglieder, die gegen die Regeln ihrer »Serie« oder ihres »Typs« gefehlt haben, zu Liebesdiensten abzukommandieren, seien bis an die Grenzen des auch in einer Utopie Erträglichen gegangen.[146] Er beschreibt die Einflüsse des Saint-Simonismus, der, als Marx nach Paris kam, »nach einer Zeit weltweiter Wirkung schon stark abgeblüht« war,[147] aber trotzdem eine enorme Wirkung auf Marx' Theorien hatte. Graf Claude Henri de Saint-Simon (1760-1825) hatte bereits vom »Antagonismus der Klassen« gesprochen; er hatte ein Ende der »Ausbeutung des Menschen durch den Menschen« gefordert. »Verblieben war auch der Satz: ›Jeder muß nach seinen Fähigkeiten gewürdigt und belohnt werden und nach seinen Bedürfnissen leben können.‹«[148] Gerade in der Charakterisierung und im Aufzeigen solcher Einflüsse liegt wohl das Hauptverdienst dieser Biographie. In einem Brief an Dolf Sternberger vom 8. August 1975 (DLA) schreibt Friedenthal, vor allem hätten ihn die zeitgenössischen Gestalten fasziniert, die bei allen Marxbetrachtungen völlig zu kurz kämen, weil sie keine so große Nachfolge gehabt hätten wie Marx. Das Buch solle eher eine Art Panorama werden und da fänden sich eine Menge sehr sympathischer und denkwürdiger Gestalten, die nur den Fehler hätten, dass sie nicht fanatisch genug waren, wie John Stuart Mill, Alexander Herzen und Guiseppe Mazzini. Hinzufügen muss man dieser Liste Ferdinand Lassalle, den Friedenthal im Unterschied zu Marx wiederholt positiv charakterisiert.

In demselben Brief an Sternberger bezeichnet er »den Marx« als »eine crux, ein[en] Mühlstein um den Hals, da alles Material ringsum so manipuliert ist bis zum Kriminellen, dass man ein ganzes Seminar mit 30 tüchtigen Jungmannen brauchte, um erst einmal auszumisten, was gute 10 Jahre dauern würde. Die stehen mir nicht zur Verfügung.« (DLA) Deshalb hält er sich ausschließlich an die Originaldokumente der Zeit. Die Arbeit an der Karl-Marx-Biographie bereitete Friedenthal jedenfalls sehr viel mehr Kopfschmerzen als seine früheren Biographien: Rund zehn Jahre seines Lebens hat er auf sie verwendet, mehr als auf seine Goethe- oder Luther-Biographie. Er hatte nicht geahnt, meinte er, wie ungenau bisher gearbeitet wurde; er habe Arbeit und Zeit aufgewandt, die für drei Bände reichen würden.[149]

Mehrfach war das Erscheinen dieser Biographie angekündigt worden, aber Friedenthal ließ sich nicht drängen. Er wartete nicht auf eine Marx-Konjunktur, ihn kümmerte nicht, dass inzwischen Fritz J. Raddatz' *Marx – eine politische Biographie* (1975) erschienen war. Ganz fertig geworden ist er mit seinem Buch leider nicht mehr, dennoch war es bei seinem Tode »nahezu abgeschlossen. Die wenigen Lücken«, meinte die Redakteurin Christine Soetbeer, der Friedenthal ein »väterlicher Freund und Lehrer«[150] gewesen war, »ließen sich mit Hilfe der vorhandenen umfangreichen Aufzeichnungen schließen.«[151]

Die Kritiken waren nicht enthusiastisch, sind aber auch nicht negativ zu nennen. Für Wolfgang Schirmacher weist die Biographie gegenüber allen bisherigen große Vorzüge auf. Friedenthal habe es meist vermieden, sich auf das philosophische Werk von Marx einzulassen. Er stelle dafür gute Belege und Quellen zur Verfügung, aber enthalte sich weitergehender Urteile. Er habe »die große Materialfülle souverän bewältigt und die ungewöhnlich lesbare Biographie eines Mannes geschrieben, mit dem wir uns heute immer noch auseinanderzusetzen haben.«[152] Dass bei dem Thema Marx etliche Kritiker Friedenthal Einseitigkeit der Darstellung und Interpretation der Marxschen Texte oder gar deren Entstellung vorwarfen, überrascht nicht. Die »Tendenz« des Buches glaubt Ludger Lütkehaus z.B. darin zu erkennen, dass es darum gehe,

> »die Verkrustungen des dogmatischen und doktrinären Kader-Kommunismus mit dem Stifter und der Lehre zu identifizieren. [...] Der ›Diktator‹, der ›Chef der Weltrevolution‹, die ›Partei Karl Marx‹, wie Friedenthal formuliert – das ist natürlich der ganze Stalinismus mitsamt den Folgen in nuce. Allerdings: Wer derart willkommene und wohlverkäufliche Formulierungen als Tenor einer historischen Biographie wählt, der ist auch kaum mehr als – Partei.«[153]

Es gehört schon eine gehörige Portion Dreistigkeit und Missgunst dazu, Friedenthal zu unterstellen, er habe seine Urteile und Formulierungen um der besseren Verkäuflichkeit seines Buches willen gewählt. Umgekehrt könnte man fragen: Ging es vielleicht Herrn Lütkehaus darum, die »reine Lehre« angesichts nicht zu leugnender Tatsachen zu retten?

Ehrungen und späte Freundschaften

Privates ist aus den letzten beiden Lebensjahrzehnten Friedenthals wenig berichten: Er verbrachte die meiste Zeit an seinem Schreibtisch und arbeitete. Aber es war auch eine Zeit der Ernte, der Ehrungen für das Geleistete und eine Zeit alter und neuer Freundschaften, von denen hier nur einige wenige beispielhaft vorgestellt werden sollen.

Zu seinem 65. Geburtstag am 9. Juni 1961 erhielt Friedenthal in London das Große Bundesverdienstkreuz für seine Verdienste um die deutsch-britischen Beziehungen. Dazu notierte er in seinem Tagebuch: »Darüber auch in deutschen Gazetten eine kurze Notiz, sonst nur in der ›Welt‹ und im Berliner Tagesspiegel etwas; in München betontes Schweigen. Zu Haus Cocktail-Party mit 50 Gästen, von denen eine ganze Reihe bis 11 bleiben.« (DLA)

Ende April 1964 fuhr Friedenthal nach Italien; er las in verschiedenen Goethe-Instituten, in Palermo, Rom, Genua und Mailand, aus seiner Goethe-Biographie und stellte sich der Diskussion über sein kontroverses Buch. In Rom verhandelte er mit seinem italienischen Verleger über die italienische Ausgabe. Im Herbst führte ihn eine Vortragsreise nach Lübeck, Berlin, Karlsruhe und Hamburg, wo er aus seinem *Goethe* vorlas und darüber diskutierte.

Als Friedenthal am 9. Juli 1966 in München seinen 70. Geburtstag feierte, überreichte ihm sein Verleger Klaus Piper eine neue Sammlung seiner Gedichte, *Gedichte an meine Freunde. Mit einem Gruß von Erich Kästner* (München: R. Piper & Co. 1966), die neben neuen, u.a. Alter und Tod thematisierenden Gedichten eine Reihe von Gedichten aus der Sammlung *Brot und Salz* (1943) enthielten. Zum 75. Geburtstag gaben ihm die Enkelkinder von Lotte Zweigs Bruder Manfred Altmann und seiner Frau Hannah ein kleines Hauskonzert. »Es war der letzte Tag, den meine Frau noch in scheinbarer Gesundheit verleben konnte.« (*»… und unversehens ist es Abend«*, 54)

Anlässlich seines 80. Geburtstages im Jahre 1976 gingen fast ein halbes Dutzend Sendungen über ihn entweder am Rundfunk oder Fernsehen über den Äther. Die längste Sendung von einer dreiviertel Stunde Länge wurde am 19. April 1977 im 3. Programm des Westdeutschen Rundfunks ausgestrahlt, ein filmisches Interview mit Christine

Soetbeer, einschließlich eines Gesprächs mit Ivo Frenzel und Walter Höllerer. Das Fernsehteam war für eine ganze Woche nach London gekommen und mit Friedenthal sogar nach Bath gefahren, um mit ihm dort Aufnahmen in der früheren Wohnung Stefan Zweigs zu machen.

Im selben Jahre erschien aus demselben Anlass als *Hommage à Richard Friedenthal* der Band *Richard Friedenthal ... und unversehens ist es Abend*, herausgegeben von Klaus Piper (München, Zürich: R. Piper & Co.), eine Sammlung von Essays, Gedichten, Fragmenten, Würdigungen und Autobiographischem. Friedenthals Beitrag *»... und unversehens ist es Abend«*, der bereits vielfach zitiert wurde, ist auf rund 40 Druckseiten ein autobiographischer Abriss des Autors, ein nüchterner und selbstsicher geschriebener Lebensrückblick, zweifellos das Haupt- und Glanzstück des Bandes. Karl Baur-Callwey vom Verlag Georg D.W. Callwey in München schrieb anlässlich des Erscheinens dieser Festschrift in einem Brief an Friedenthal: »Daß ein Mensch mit so außerordentlichen publizistischen Erfolgen so bescheiden und ohne jegliche Selbstbeweihräucherung über sein Leben zu erzählen vermag, ist in der Flut der Memoirenliteratur eine Seltenheit.«[154] Und Ernst Johann drückte es in der *Frankfurter Allgemeinen Zeitung* so aus: »Friedenthal, sein Goethebuch beweist es, scheut Weihrauch und Denkmalpose, beharrt jedoch auf der Leistung. So auch auf der eigenen. Und deshalb hat man noch selten einen Lebensbericht gelesen, der nüchterner, doch auch selbstsicherer geschrieben wäre als Friedenthals Rückblick: ›...und unversehens wird es Abend.‹«[155] Dass der Band erst im Dezember 1976 und nicht, wie vom Geburtstagsdatum her notwendig gewesen wäre, schon im Juni erschien, war geradezu peinlich, und deshalb wird auch in einem anonymen Artikel in *Westermanns Monatshefte*n mit Recht die Frage gestellt: »Hätte es dem Verlag, der ihm immerhin eine Millionenauflage verdankt, nicht gelingen können, seine Geburtstagsgabe ein wenig pünktlicher zu präsentieren?«[156]

In seinem dem autobiographischen Lebensrückblick unmittelbar folgenden Interview mit Nino Erné spricht Friedenthal von dem Plan, eine größere Autobiographie zu schreiben, wobei es ihm – wie in seinen großen Biographien – darum gegangen wäre, die Welt und die

Lisa und Richard Friedenthal. © Karin Voigt, Mannheim.

Zeit, die er erfahren hatte, durch sein eigenes Leben zu spiegeln: »[…] ich glaube, meine Arbeitsintensität würde sich darauf richten, möglichst viel von den charakteristischen, von mir erlebten Ereignissen der Zeit, nun also widergespiegelt in meinem Temperament, einzufangen.«[157] Im Nachlass Friedenthals im Deutschen Literaturarchiv in Marbach am Neckar finden sich bedauerlicherweise weder ein Manuskript noch Vorarbeiten zu diesem größeren Projekt. Offensichtlich ist es bei seiner Kurzbiographie von rund 40 Seiten, *… und unversehens ist es Abend*, geblieben.
Unter den späten Freundschaften sind besonders die mit Carl Zuckmayer, Martin Beheim-Schwarzbach und Dolf Sternberger zu nennen:[158] In den späten sechziger und frühen siebziger Jahren kam es zu einem interessanten Briefwechsel zwischen Friedenthal und dem gleichaltrigen Carl Zuckmayer. Als alternde Männer, beide mit Weltkriegs- und Exilerfahrung, betrachteten sie ihre Umwelt unter ähnlichen Voraussetzungen. So bedankt sich Zuckmayer am 19. März 1968 bei Friedenthal über die Zusendung des »ungewöhnlich schönen Bu-

ches ›Gedichte für meine Freunde‹«, indem er hinzufügt: »Was für ein Trost, dass solche Gedichte überhaupt noch in unsrem antipoetischen Säkulum geschrieben werden!« (DLA) Am 5. Mai 1973 bedankt sich umgekehrt Friedenthal bei Zuckmayer für die Zusendung von dessen Rede anlässlich der Verleihung des Heine-Preises und schickt ihm ein Gedicht mit der handschriftlichen Widmung »Für Carl Zuckmayer« mit dem Zusatz: »Sie [die Verse] gehören als Nachklang zu den ›Gedichten für meine Freunde‹ und haben ausserdem einige Beziehung auf unsere Gemeinsamkeiten als alte 96er.« Das Gedicht ist ein poetischer Altersrückblick mit gewissen Anklängen an Erich Kästners Gedicht »Jahrgang 1899«, dem autobiographischen Rechenschaftsbericht zu Beginn von dessen erstem Gedichtband *Herz auf Taille* (1928): Wegen seines autobiographischen Gehalts sei Friedenthals Gedicht hier vollständig zitiert:

MIT EINEM GLASE WEIN

Es gibt sie noch, einige Altersgenossen,
Nach langen und äusserst verlustreichen Jahren.
Die ersten von uns wurden früh schon erschossen
Als wir Primanersoldaten waren

Mich hatte es damals nur flüchtig erfasst.
Der Durchschuss lag vor dem Lungenrand;
Die Narbe ist nabelartig verblasst
Und meldet nur manchmal den Wetterstand.

»Wo war das?« – »Verdun, Herr Oberst, Fort Vaux!«
Verschollen der Name und kaum noch da,
Wie Vionville oder Waterloo,
Erkennungsmarke die Patina.

Noch andere Narben, vom Landsmann gestiftet,
Sind tiefer gelagert und schlechter geheilt.
Die Gräber der Freunde, erhängt und vergiftet,
Sind auf die entferntesten Zonen verteilt.

Der trank zu viel Wasser, und der zu viel Schnaps;
Bei beiden heisst es »ersäuft« im Rapport.
Bei jenem verzögerte sich der Collaps,
Dann räumten die Drogenschüsse ihn fort.

Wir lebten in mancher Herren Ländern,
Und suchten die Lippe steif zu halten.
Der Mensch soll die Welt, wie man sagt, verändern.
Das Resultat hat verschiedne Gestalten.

Auf reimlose Zeit macht man sich seinen Vers
Und müht sich, Figuren aus Zeilen zu stellen.
Wohltätig enthebt uns des Tagesgeplärrs
Beginnende Härte der Hörgangzellen.

Die Blutkörper mischen sich rot und weiss
Und bilden zuweilen verzückte Ketten.
Ein Sonnenblick macht uns am Kragen heiss.
Die Zunge verspürt im Weine den Letten.

Die letzte Lese wird keiner wissen,
Ob fauledelfeurig, ob mild oder fade.
Ich möchte keinen der Jahrgänge missen.
Geschenkt waren alle. Der Rest ist Gnade.

[Handschriftl.:] Richard Friedenthal
London, im Mai 1973« (DLA)

Mit der Überschrift »Mit einem Glase Wein« hatte Friedenthal bei dem Weinliebhaber Zuckmayer zweifellos eine verwandte Saite angeschlagen … Zuckmayer wollte auf Friedenthals Sendung, so sein Brief vom 10. September 1973, ebenfalls mit einem Gedicht antworten, aber er war nicht in der Stimmung, Lyrik zu schreiben: er »habe [mit der Antwort] gewartet, ob die Muse mich küssen will, aber die wird lieber Jüngere küssen , – kurz, ich bin derzeit total unlyrisch.« Trotzdem grüßte er herzlich mit einem Glase Wein, – »oder gleich mit mehreren«. (DLA)

Der 1900 geborene Martin Beheim-Schwarzbach war wie Friedenthal in London im Exil gewesen, wo er ebenfalls bei der BBC gearbeitet hatte, und er war bereits 1946 nach Deutschland zurückgekehrt. Mit ihm verstand sich Friedenthal schon aufgrund der gemeinsamen Erfahrungen. Ein Beispiel ist die Reaktion auf die Studentenunruhen 1968. Beheim-Schwarzbach schrieb am 21. April 1968 an Friedenthal, er habe früher auch etwas gegen Axel Springer gehabt, d.h. gegen die *Bild-Zeitung*, »aber seitdem ich den mob auf meiner seite sehe[,] habe ich nichts mehr gegen springer, und ich finde es unwürdig, in das, was jetzt zum guten ton gehört einzustimmen, in die springer-hetze, die sich ja in [...] personalunion befindet mit den trägern des gassengeschreis ›ho-ho-ho-tschiminh!‹ [...].« (DLA) Friedenthals Äußerungen zu den Studentenunruhen lesen sich sehr ähnlich. So schrieb er am 23. April 1968 an Beheim-Schwarzbach:

> »Wir leben nun freilich nicht im Biedermeier, sondern unter den Botokuden. Das anti-Springer-Geschrei ist läppisch und nur eine Ausrede, genau wie das vorhergehende ›*Ami go home*‹. Keiner wagt ehrlich dazuzusetzen: ›Russki komm!‹ Nein, das wollen sie denn auch nicht; die Amerikaner sollen vielmehr ihr Geld dalassen und noch kräftig neues dazusenden, Bibliotheken und Mensae stiften, an denen dann die Stipendiaten sich Kraft fressen, zu protestieren gegen so unerhörte faschistische Unterdrückung ihrer Triebe. [...] Das einzige, was sie können, sind Verse wie ›brecht dem Schütz[159] die Gräten, Alle Macht den Räten!‹ Wenn man ihnen dann aber nicht einmal die Gräten bricht, sondern sie nur mit Wasser bespritzt, so winseln sie über unerhörte Brutalität der Polizei.« (DLA)[160]

In der Frage des Terrorismus in der Bundesrepublik hatte Friedenthal ähnliche Ansichten wie der 1907 geborene Dolf Sternberger. Als Sternberger ihm Anfang 1972 einen Artikel aus der FAZ geschickt hatte, kommentierte er in einem Brief vom 14. Februar an den Heidelberger Politologen, er stimme in der Hauptthese ganz mit dem Artikel überein, nämlich dass der Verfassungsstaat (der Bundesrepublik) nicht mit dem Unrechtsstaat von ehedem und heute – gemeint sind offensichtlich der Hitlerstaat und die DDR – verglichen werden könne. Erst recht sei es nicht statthaft, die Verfolgten des Dritten Reiches mit den »Verfolgten« in der Bundesrepublik – von 1972 – in

Parallele zu stellen, soweit sie zu Gewaltaktionen greifen und das Recht beanspruchen sollten, kriminelle Handlungen zu begehen. Das würde bedeuten, dass eine *privilegierte Schicht* statuiert werde, deren einziges Kennzeichen sei, dass sie »höhere Ziele« für sich reklamiere, was ja nun ganz beliebig oder auch als Deckmantel für ganz massiv eigensüchtige Aktionen unternommen werden könne. Diese Frage des Privilegs gelte für Bombenwerfen wie auch für literarische Äußerungen, überhaupt nahezu unbegrenzt; sie reiche fröhlich bis ins Hochkomische hinein. Zugrunde liege ihr eine Art Klassendenken, wobei natürlich die eigene Klasse die richtige sei, ganz gleich, woraus sie bestehe. Friedenthal urteilt in seinem Brief:

> »Was mich als Ex-Verfolgten so besonders stutzig macht, ist das Vokabular, dem Sie ja auch ihre Studien gewidmet haben. Da ist es wieder, das Wort ›System‹ – wann habe ich es doch gehört? Es ist so wohltätig unbestimmt und passt auf alles. Werben um Wohlwollen für junge Leute mit ›besten Idealen‹? So hiess es auch bei den Rathenaumördern und Femehelden, und wieviel Professoren, Schuldirektoren und Publizisten stimmten ein? Allerdings waren sie damals auf der ›anderen Seite‹. Auch Dichter und Dichterlinge waren dabei, auf der anderen Seite, mit den gleichen Argumenten.« (DLA)

Solche Worte machen Friedenthal nicht zum Konservativen, sondern zeigen, dass er die Gegenwart aus seiner persönlichen Erfahrung mit der Gewalt der politischen Rechten heraus beurteilt, dass er Parallelen sieht und weiß, wozu derartige Argumente in der Vergangenheit geführt haben. Natürlich weiß er, dass Geschichte sich nie genau gleich wiederholt und dass es deshalb schwierig ist, aus ihr zu lernen, aber die Mechanik der Argumentation, die logischen Fehlschlüsse und die fragwürdige Stellungnahme der Intellektuellen wiederholen und gleichen sich. Diese Lebenserfahrung fließt in seine Beurteilung ein wie bei Männern wie Zuckmayer und Sternberger.

»Ich weiß, es ist Abend«, schrieb Friedenthal gegen Ende seiner autobiographischen Skizze von 1976,

> »Ich sehe den Winter vor mir, obwohl meine Haare kaum weiß geworden sind und ich den Spaten noch nicht aus der Hand gelegt habe. Aus der schwarzen Gartenerde, die ich sorgfältig von meinem Komposthaufen her angereichert habe Jahr um Jahr, kommen noch immer,

nach so vielen Dekaden, die kleinen Glassplitter zu Tage, die an andere Zeiten erinnern. Ich betrachte sie immer aufmerksam. Sie blitzen in der Sonne, falls die Sonne darauf scheint. Jeder erzählt mir eine Geschichte.« (*»… und unversehens ist es Abend«*, 64)

»Ich lerne noch immer«, sagte Friedenthal in einem Fernsehinterview von 1977, »und ich habe mich bemüht, aus dem Gelernten etwas mitzuteilen. Es sollte nach dem alten Humanistenspruch *prodesse et delectare*, nützen und Freude machen. Und jetzt habe ich das Alter zu lernen.«[161] Mit demselben Satz schließt auch Friedenthals autobiographische Skizze. Ein zweistrophiges Gedicht mit dem Titel »Das Alter« war bereits in den *Gedichten für meine Freunde* (1966) enthalten:[162]

Schön ist es zu denken, daß einmal der Lärm verstummt.
Das Alter kommt, weiß wie der Tod mit gläserner Haut;
Die Hände falten sich leise, das Denken verdummt
Und die Zunge wird müde, auf der Du so gierig gekaut.

Der Sommer war heiß und der Herbst voll bitterer Beeren,
Nun öffnet sich endlich vor Dir das ebene Feld.
Der Weg durch das Korn verliert sich in sanfteren Kehren
Und es weht ein Wind, der, was er verspricht auch hält.

Trotz solcher weisen Alterstöne schien Friedenthal kein Alter zu kennen; seinen Besuchern schien er geradezu alterslos, wie er in seinem Arbeitszimmer in London saß und emsig an seiner Marx-Biographie arbeitete, nach dem Tod seiner Frau Lisa betreut von Haushälterinnen. Seine Freunde, das Ehepaar Heusinger in Frankfurt, hatten ihm eine Haushälterin verschafft, die großen Wert darauf legte, als Haus*dame* angesehen zu werden … Sie war sehr eifrig und machte sich in jedem Winkel mit Staubtuch, Bürste und Wischlappen zu schaffen, zumal durch die lange Krankheit seiner Frau doch manches liegen geblieben war. Sie bekochte Friedenthal regelmäßig und da war sie ihm doch etwas zu sehr »deutsche Hausfrau«, wenn sie gar zu sehr auf das sorgfältige Verwenden von Essensresten für den Abend bedacht war. Aber da er sich um den »häuslichen Kram« nicht zu küm-

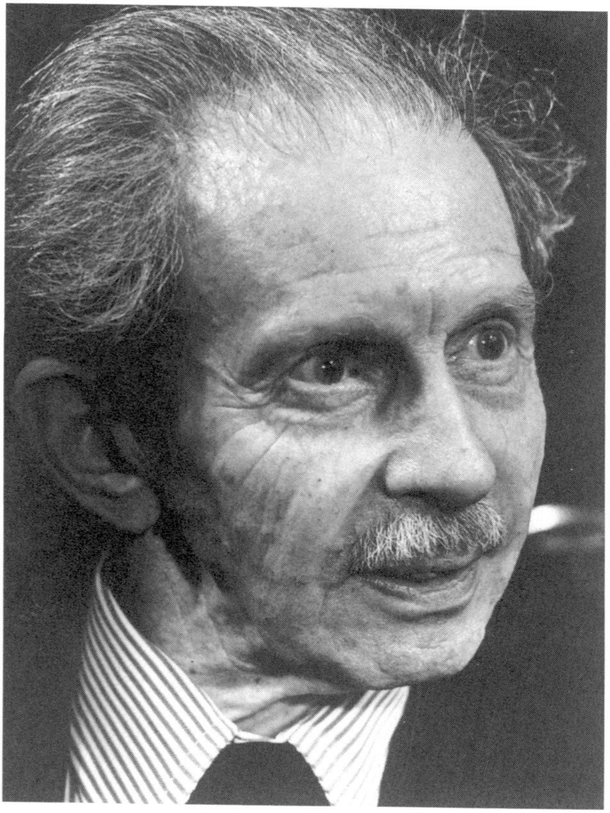

Ein Porträt Friedenthals aus seinem letzten Lebensjahr.

mern brauchte, hatte er umso mehr Zeit, sich seinem »Hauptgeschäft« zuzuwenden, dem Bücherschreiben.[163] In den siebziger Jahren musste er sich mit Au-pair-Mädchen, sei es aus Italien, Jugoslawien oder Kanada, behelfen, die in Sachen Haushaltsführung und Kochen oft ganz unerfahren waren. –

In seiner Freizeit arbeitete er, darin ganz englisch, in seinem Garten, schon um »durch regelmässige Gartenarbeit den alten Kadaver einigermassen in Form zu erhalten«.[164] Der Beruf des Gärtners war ihm »immer als besonders schöne und sinnreiche Tätigkeit erschienen, mit seiner Bindung an die Jahreszeiten, mit dem geduldigen Warten und der freudigen Überraschung, wenn Aussaat oder sorgsames

Pflegen von Schößlingen gelingt.« (*»... und unversehens ist es Abend«*, 58)

In seinen letzten Jahren seines Lebens unterhielt Friedenthal noch eine intensive Freundschaft zu der Kieler Ärztin Dr. Maria Soetbeer. Sie war die – 25 Jahre jüngere – Witwe seines Ende 1971 verstorbenen Kindheitsfreundes, des Schauspielers Volker Soetbeer aus Berlin-Nikolassee.[165] Friedenthal hatte sie im Herbst 1972 bei einer Vortragsreise in Kiel wieder getroffen. »Wir würden ganz gerne unsere Menagen zuammentun«, schrieb Friedenthal an eine Bekannte, »auch ohne die in meinem Alter etwas lächerlich wirkende Heirat, »aber da ist diese Praxis und ein leidenschaftliches Hängen an dem geliebten und so erfolgreichen Beruf, für den ich kein Äquivalent bieten kann.«[166] So begnügte man sich mit viel Hin- und Herreisen und Telefonieren, das Friedenthal sonst nicht gerade sehr liebte, besuchte sich gegenseitig regelmäßig an Wochenenden in Kiel bzw. London und fuhr gemeinsam in die Ferien, so 1976 nach Madeira, wo Friedenthal schon 1908 mit seiner Mutter gewesen war, und Weihnachten 1976 zur Isle of Wight.

Richard Friedenthal starb am 19. Oktober 1979 in der Universitätsklinik Kiel an einer Lungenembolie, wie es in den zahlreichen Nachrufen in den Tageszeitungen hieß, in Wirklichkeit an den Folgen einer Krebserkrankung und der Strahlentherapie. Er war aus London nach Kiel gekommen, um Maria Soetbeer zu besuchen. Die Todesanzeige in der *Welt* vom 25. Oktober 1979 enthielt den Horazischen Spruch, den man mit Recht über Friedenthals gesamtes Werk setzen könnte:

> *»Aut prodesse volunt*
> *Aut delectare poetae.*
> Horaz«[167]

Beerdigt wurde Friedenthal auf dem Friedhof von Berlin-Nikolassee.

Ein *Homme de lettres* von Geblüt

Richard Friedenthals Ruhm hatte erst spät begonnen, doch das sagt nichts über seine Leistung, seine Verdienste. Er war sein Leben lang äußerst aktiv gewesen und der Literatur in allen ihren Erscheinungsformen zugetan: als Lyriker, Epiker, Herausgeber, Essayist, Verlagsleiter und schließlich als Biograph, kurz: ein »Homme de lettres von Geblüt«. *Hommes de lettres* gab es zwischen den beiden Weltkriegen einige, aber kaum einen, der gleichzeitig Polyhistor und Universalist war wie er. Sicherlich war Friedenthal auch Lyriker, Novellist und Romancier, wobei Lyrik nicht seine Stärke war. Seine beiden Romane, der Cortez-Roman und *Die Welt in der Nußschale*, beruhten auf einem vorgegebenen historischen bzw. autobiographischen Substrat. Seine Novellen waren bei aller Genauigkeit der Charakterisierung und dramatischer Straffung – sie haben gleichsam kein überflüssiges Fett – eher der novellistischen Tradition des 19. Jahrhunderts und der frühen Moderne verpflichtet als der literarischen Avantgarde des 20. Jahrhunderts.

Was Friedenthal von den meisten Schriftstellern seiner eigenen Zeit unterscheidet, ist zunächst sein Interesse am Faktischen, am Wissen. Dies kommt vor allem in seiner Arbeit als Lexikograph zum Ausdruck. Dort ist er aber weitgehend auf das rein Faktische, Enzyklopädische beschränkt, auch wenn sich in der Auswahl des Materials und der präzisen Definition sein ausgesprochen logischer und auf Gliederung und Ordnung drängender Geist beweist.

Friedenthals Interesse am Faktischen, Tatsächlichen wird im Laufe der Jahre zunehmend ergänzt durch ein interpretierendes Wie und Warum. So sind seine ersten biographischen Versuche, besonders seine Händel-Biographie noch bestimmt von Materialsammlung und vorsichtiger, tastender Interpretation. In den großen Biographien des Alters entwickelt er jedoch zum einen das Panorama der Zeit, das sich ihm aus einer Kombination der sozialen, wirtschaftlichen und religiösen Kräfte der Zeit mit Einzelbiographien und Charakteristiken von Haupt- und Nebengestalten ergibt, zum anderen aber durch die Nachzeichnung der sympathischen und weniger sympathischen Charaktereigenschaften seiner Gestalten, die er durch genaueste Quellenforschung belegt. Hier wird Friedenthal zum Interpreten von Gestalten und von Geschichte, wenn er die von ihm Biographierten in ein Beziehungsnetz von Zeitgenossen, Freunden, Feinden und historischen Kräften stellt, die die Gestalten teils tragen, teils zum Gegenspieler werden. Immer aber sind seine Arbeiten durch sein ungeheures Faktenwissen und durch seine Fähigkeit geprägt, dieses ungeheure Material auch zu ordnen und für die Biographie eines Einzelnen nutzbar zu machen. Die spezifische Form seiner erfolgreichsten Arbeiten, seiner Biographien, folgte aus seinem eigenen disziplinierten, ordnungssuchenden und scharf urteilenden Charakter. Diese neue Form der Biographie geschaffen zu haben, die den Biographierten in seine Zeit einbindet und ihn im Wechselspiel mit seinen Zeitgenossen denken und handeln lässt, ist wohl sein wichtigstes und bleibendes Verdienst und sein Hauptbeitrag zur deutschen Literatur.

Was alle seine Werke auszeichnet, angefangen mit seinen frühen Novellen, was in seinem *Konversations-Lexikon* genauso deutlich wird wie in seinen großen Biographien,

> »das ist die ausgeprägte Dienstgesinnung von Richard Friedenthal, ein sauberes Werkstück Liefern, das einem Maßstab gerecht wird, das um Qualität Ringen in allem und sich Einfügen in einen Kosmos der Überlieferung. Sein Verhältnis zu Menschen war zu einem nicht unwesentlichen Teil [...] durch etwas wie geistige Kameradschaft, Werkgenossenschaft bestimmt. Er fühlte sich verbunden mit allen, die eine solche uneitle Werkgesinnung hatten, und dieses Verbundenheitsgefühl hatten, und dieses Verbundenheitsgefühl ging über die Grenzen der Nation, der Ethnie, der Generation, der Geschlechtszugehörigkeit und ganz und gar über die Grenzen des Milieus oder aller Arten von sozialer Rangordnung hinaus.«[168]

Was war nun an seinem Leben »normal«, charakteristisch und was außergewöhnlich? Friedenthals Kindheit und Jugend waren in vieler Hinsicht charakteristisch für den Spross einer emanzipierten jüdischen Familie der wilhelminischen Ära, die zum gehobenen und gebildeten Bürgertum der Zeit gehörte. Seine früh geprägten kulturellen Interessen und seine Teilnahme am Ersten Weltkrieg als Freiwilliger gehören dazu genauso wie sein anschließendes Studium der Literaturwissenschaft und Kunstgeschichte. Auch sein mehr oder weniger erfolg-

reiches Bemühen, in der Weimarer Republik als Schriftsteller Fuß zu fassen, unterscheidet ihn nicht von manchen anderen Zeit- und Berufsgenossen. Was ihn von diesen jedoch unterscheidet, ist schon seine während dieser Jahre offenbar werdende praktische Ader. Sie führte ihn nicht nur, gemeinsam mit seinem Vater, in alle möglichen mehr oder weniger erfolgreichen geschäftliche Unternehmungen, sondern ließ ihn schließlich zum äußerst erfolgreichen Verlagslektor und -leiter werden, dem »sein« Verlag einige der größten Bucherfolge der Weimarer Republik verdankte. Wie so viele seiner Berufsgenossen mit jüdischem Hintergrund ging Friedenthal ins Exil, als ihm der Nationalsozialismus die Ausübung seines Berufes unmöglich machte. Trotz seines unaufhörlichen Bemühens, in England seinen Schriftstellerberuf weiterzuverfolgen, gelang ihm das nicht: Er war zur Brotarbeit als Übersetzer für die BBC gezwungen. Aber auch im Exil brach seine »praktische Ader«, seine Lust am Organisieren wieder durch, indem er nach seiner Entlassung aus dem Internierungslager auf der Isle of Man bei der Neubegründung des deutschen Exil-PEN eine entscheidende Rolle spielte.
Sein Schicksal während der Exilzeit lässt sich immer noch als typisch bezeichnen, macht ihn zum Zeitzeugen seiner Generation. Untypisch aber war, dass er für mehrere Jahre nach Deutschland zurückkehrte und versuchte, noch einmal da anzuknüpfen, wo das Hitlerregime sein Leben und seine Karriere gewaltsam unterbrochen hatte. Der Erfolg schien ihm Recht zu geben. Wieder war er als Verlagsleiter in München erfolgreich, und er gewann zahlreiche neue Freunde. Untypisch war diese Rückkehr insofern, als es nur wenigen seiner exilierten Berufsgenossen gelang, in Deutschland beruflich und durch die Neuanknüpfung freundschaftlicher Beziehungen wieder Fuß zu fassen. Dass Friedenthal sich relativ problemlos wieder eingliedern konnte, lag wohl daran, dass er im Gegensatz zu vielen seiner Mitexilanten nicht verbittert war; dass er, bei aller gerechtfertigten Skepsis, kein Deutschenhasser war, der deutschen Boden nie wieder betreten wollte. Aber der Erfolg als Verlagsleiter genügte ihm nicht; er konnte immer noch nicht das tun, was er sich selbst erhoffte und wünschte, worin er seine eigentliche Lebensaufgabe sah: selbst zu schreiben, selbst Literatur zu schaffen. Außergewöhnlich, aber aus diesem Grun-

de verständlich war deshalb seine Entscheidung, in seine Wahlheimat England zurückzukehren und dort den Rest seines Lebens zu verbringen.
Während des Dritten Reiches hatte Friedenthal in England nicht nur persönliche Armut kennen gelernt, sondern auch unter der Unmöglichkeit gelitten, in diesen Jahren seiner wahren Berufung zu folgen, den Beruf eines Schriftstellers auszuüben. Sein Entschluss, mit sechzig Jahren nun endlich zum »Eigentlichen« zu kommen und alles andere zum Nebenzweck zu machen, ist bewundernswert. Seinen wirklichen Erfolg in dem von ihm erwählten Metier hatte er erst jetzt: Der Höhepunkt seiner Karriere war der enorme Erfolg seiner großen Biographien über Goethe, Luther, die »Entdecker des Ich«, Montaigne, Pascal, Diderot, und Hus, die er als Endsechziger und Siebziger veröffentlichte und in denen er seine Fähigkeit der Vergegenwärtigung von Vergangenheit mit geradezu enzyklopädischem historischen Wissen in idealer Weise miteinander verband. Sicherlich gibt es auch andere Beispiele einer späten literarischen Karriere: man denke an die Romane Theodor Fontanes oder an die Fernsehkarriere und den literarisch-verlegerischen Erfolg der Autobiographie Marcel Reich-Ranickis. Wie sie, war auch Richard Friedenthal ein vom Leben Umhergetriebener, der es aufgrund seiner Energie und seines Charakters schaffte, alle Widerstände, die ihm die Politik des 20. Jahrhunderts in den Weg legte, beiseite zu räumen und schließlich sein Leben so zu erfüllen, wie er es sich in seiner Jugend erträumt hatte.
Seine großen Biographien belegen genauso wie seine enzyklopädischen Interessen, dass Friedenthal in die große Tradition europäischer Bildung eingebunden war. Infolgedessen charakterisiert ihn seine Nichte Martha Friedenthal-Haase als einen Europäer:

> »Er war ein Mensch, der politisch, literarisch und künstlerisch in einem weiten, umfassenden Sinn aus den Kräften des Abendlandes lebte, umfassend und tief gebildet war, wie wohl kaum ein Zeitgenosse. Sein Wissen und Verstehen galt zwar auch der nicht-europäischen Welt, aber in seiner geistigen und moralischen Existenz war er durch und durch Europäer, im besten und anspruchsvollsten Sinne des Wortes ein Europäer.«[169]

Dem widerspricht nicht, dass er mit seinem Fleiß und Pflichtgefühl

Friedenthal mit seiner geliebten Pfeife.

die alten preußischen Tugenden verkörperte, die er in seinem Elternhause vermittelt bekommen hatte. »Selbst äußerlich erinnert er an den früheren Offizier, später mit gestutztem Schnurrbart (und die ewige Pfeife im Mund) an einen englischen.«[170] Für Hilde Spiel war er »ein Gegner des Pathos, der genialischen Pose. Ein bewußter Erbe der Rationalisten, [...].«[171] Auch Klaus Piper erinnert sich an ihn als einen

> »hochgewachsenen, natürlich-straff sich haltenden Mann, seine Lust, ›enzyklopädisch‹ – doch immer anschaulich, immer auf den konkreten Gegenstand bezogen – sich mitzuteilen, seine Bereitschaft, auch die Meinung des anderen zu erfahren und dessen Reaktion zugleich als Element des eigenen Weiterdenkens und -sprechens aufzunehmen.«[172]

Christine Soetbeer charakterisiert ihn als »sehr berlinerisch in seiner ganzen Art, knapp, spöttisch, ironisch, ungemein höflich wiederum, humorvoll, sehr souverän, zurückhaltend, abwartend, sehr Fontanisch.«[173] Als einen »eher wortkargen, aber kaustisch witzigen Mann, einen Humanisten und Weltfreund« und »guten Kollegen« würdigt ihn Hilde Spiel in ihrem Nachruf. In seine »zweifellos bis ins Alter empfindsame Seele« hätten wenige geblickt.[174] Auch für uns ist dies schwer, zumal die meisten Menschen, die ihn persönlich kannten, inzwischen verstorben sind. Möglich ist es jedoch, sein Leben nachzuzeichnen, seine literarischen Anfänge, seine durch seine Herkunft und die Politik des Hitlerreiches bedingte Exilerfahrung, seine Energie und seinen Mut zum wiederholten Neubeginn und schließlich seinen großen Durchbruch als Schriftsteller im Alter. Trotz aller Widerstände war es ein volles, von Erfolg gekröntes Leben, »ein Leben für die Literatur«.[175]

Anmerkungen

Vorbemerkung

[1] Friedenthal in dem Fernsehporträt »Zur Ansicht: Richard Friedenthal« von 1977. Buch: Christiane Soetbeer, Regie: Ernst-Günther Seibt. Die Sendereihe »Zur Ansicht« stand unter der Leitung von Ivo Frenzel, der in diesem Porträt auch Friedenthal gemeinsam mit Walter Höllerer interviewte.
[2] Aus einem Prospekt des Piper & Co. Verlags (ohne Datum).
[3] Brief an den Salzburger Literaturkritiker Hanns Arens vom 24. Juli 1965.

Bis die Lichter ausgingen

[1] Richard Friedenthal, *Die Party bei Herrn Tokaido. Begegnungen im heutigen Japan*. München: R. Piper & Co. 1958, S. 32.
[2] Thomas Halbe, »Kindheitserinnerung an Richard Friedenthal«. In: R.F., *... und unversehens ist es Abend. Von und über R.F.: Essays, Gedichte, Fragmente, Würdigung, Autobiographisches*. Hrsg. von Klaus Piper. München, Zürich: R. Piper & Co. 1976. Im Folgenden im Text zitiert als »*... und unversehens ist es Abend*«, gefolgt von der Seitenzahl. S. 213.
[3] Richard Friedenthal, *Karl Marx. Sein Leben und seine Zeit*. München, Zürich: R. Piper & Co. 1981, S. 229f.
[4] Richard Friedenthal, *Goethe. Sein Leben und seine Zeit*. Stuttgart, Hamburg: Deutscher Bücherbund, 1963, S. 657f.
[5] Gabriele Tergit in: *AJR INFORMATION* (Juni 1966).
[6] Richard Friedenthal, »Eine Faust-Karikatur«. In: Klaus Piper (Hrsg.), *Stationen. Piper-Almanach. 1904-1964*. München 1964, S. 184.
[7] Richard Friedenthal, *Goethe*, S. 657.
[8] Undatierte Aufzeichnungen der Mutter, Martha Vierkandt-Friedenthal (DLA – Deutsches Literaturarchiv Marbach).

9 Undatierte Aufzeichnungen der Mutter, Martha Vierkandt-Friedenthal, im Privatbesitz von Friedenthals Nichte, Frau Gundula Foerster, Radolfzell.
10 Ebd.
11 Ebd.
12 Friedenthal dramatisierte Walter Scotts *Der Talismann* und C.F. Meyers *Gustav Adolfs Page*. Brief an Volker Soetbeer vom 12. November 1959. (DLA)
13 Richard Friedenthal/Nino Erné, »Vom Handwerk des Schreibens. Tonbandaufzeichnung eines Gesprächs«. In: Richard Friedenthal, *... und unversehens ist es Abend*, S. 74.
14 Ebd., S. 75.
15 Undatierte Aufzeichnungen der Mutter, Martha Vierkandt-Friedenthal.
16 So Oda Schaefer in einem Brief an Klaus Piper vom 30. November 1976 (DLA).
17 Im Folgenden im Text zitiert als *Tanz und Tod*, gefolgt von der Seitenzahl.
18 Richard Friedenthal, »Berlin 1947«. In: R.F., *... und unversehens ist es Abend*, S. 167-185.
19 Richard Friedenthal/Nino Erné, »Vom Handwerk des Schreibens«. Ebd., S. 100.
20 E-mail von Frau Professor Dr. Martha Friedenthal-Haase vom 29. Oktober 2001.
21 Richard Friedenthal, *Die Party bei Herrn Tokaido*, S. 151.
22 Friedenthal in einem Brief an Hanns Arens vom 11. Mai 1968 (DLA).
23 Richard Friedenthal, »Ricarda Huch«. In: *Die Neue Rundschau* 59 (Sommer 1948), H. 11, S. 288-296.
24 Brief an Christoph Burgauner, Tutor in einem Münchner Studentenheim, vom 7. Januar 1969. (DLA)
25 Brief an Harry Pross vom 1. Juli 1968. (DLA)
26 Brief an Prof. D. Franz Lau vom 5. Oktober 1969. (DLA)
27 Brief an seine Mutter vom 30. Juni 1947 im Besitz von Friedenthals Nichte, Frau Gundula Foerster, Radolfzell.
28 Dem Kriegsroman Remarques, *Im Westen nichts Neues* (1929), war Renns *Krieg* (1928) unmittelbar vorausgegangen.
29 Richard Friedenthal, »Douaumont«. In: R.F., *... und unversehens ist es Abend*, S. 151-156.
30 Richard Friedenthal/Nino Erné, »Vom Handwerk des Schreibens«. Ebd., S. 70.
31 In dem mir vorliegenden Exemplar der Northwestern University Library (Evanston, Illinois) fehlen die letzten drei im Inhaltsverzeichnis aufgeführten Gedichte, obwohl das Exemplar nie zuvor ausgeliehen oder ganz gelesen wurde; mehrere Seiten sind nicht aufgeschnitten.
32 »Demeter-Sonette von Richard Friedenthal«. In: *Insel-Almanach auf das Jahr 1928*. Leipzig: Insel-Verlag 1927, S. 136.
33 Walter Schmiele, »Friedenthal zum Siebzigsten«. Ohne Quellenangabe, Dortmunder Autorendokumentation, Stadtbücherei Dortmund.

[34] Friedenthal in einem Brief an Otto Heuschele vom September 1966. (DLA)
[35] Friedenthal in einem Brief an Otto Heuschele vom 5. April 1928. (DLA)
[36] Stefan Zweig, *Briefe an Freunde*. Hrsg. von Richard Friedenthal. Frankfurt a.M.: Fischer Taschenbuch Verlag 1984, S. 157 (ursprünglich Frankfurt a.M.: S. Fischer Verlag 1978).
[37] Ebd., S. 159.
[38] Ebd., S. 159f.
[39] Ebd., S. 163; leider hat der Herausgeber Friedenthal diese zweite Novelle nicht identifiziert.
[40] Hanns Arens, »Zum 75. Geburtstag von Richard Friedenthal«. In: *Eßlinger Zeitung* vom 25. September 1971.
[41] Stefan Zweig, *Briefe an Freunde*, S. 161.
[42] Ebd., S. 177.
[43] Es kann sich dabei wohl nur um Friedenthals ersten Roman handeln, der allerdings erst zwei Jahre später erschien: *Der Eroberer. Ein Cortes-Roman*. Leipzig: Insel-Verlag 1929.
[44] *Insel-Almanach auf das Jahr 1928*. Leipzig: Insel Verlag, S. 135-138.
[45] *Insel-Almanach auf das Jahr 1929*. Leipzig: Insel Verlag, S. 23-56.
[46] *Insel-Almanach auf das Jahr 1930*. Leipzig: Insel Verlag, S. 150-158. Friedenthal schreibt durchgehend »Cortes« statt Cortez.
[47] Zitiert nach J. Hellmut Freund, »Richard Friedenthal und Stefan Zweig«. In: Richard Friedenthal, … *und unversehens ist es Abend*, S. 209.
[48] Zitiert nach Steffen Steffensen, »Richard Friedenthal als Novellist«. Ebd., S. 274.
[49] Guido K. Brand, *Werden und Wandlung. Eine Geschichte der deutschen Literatur von 1880 bis heute*. Berlin 1933, S. 546.
[50] Steffen Steffensen, »Richard Friedenthal als Novellist«, S. 274.
[51] Richard Friedenthal, »Das Erbe des Kolumbus«. In: R.F., *Das Erbe des Kolumbus. Fünf Novellen*. Esslingen: Bechtle 1950, S. 7.
[52] Joachim Maas, »Neoklassizismus: Der junge Friedenthal«. In: Richard Friedenthal, … *und unversehens ist es Abend*, S. 226.
[53] Ebd.
[54] Richard Friedenthal, *Der Eroberer. Ein Cortes-Roman*. Leipzig: Insel 1929, S. 468.
[55] Joachim Maass, »Neoklassizismus: Der junge Friedenthal«, S. 227.
[56] Richard Friedenthal, *The White Gods*. Übers. Charles Hope Lumley. London: William Heinemann; New York: Harper & Brothers 1931.
[57] Ernst Johann, »Die Welt im Spiegelbild der großen Menschen. Goethe und Luther vom Sockel gestürzt: die Biographie als Kunst der ›Entzauberung‹ / Richard Friedenthal zum achtzigsten Geburtstag«. In: *Frankfurter Allgemeine Zeitung* vom 9. Juni 1976.
[58] Richard Friedenthal, *Die Party bei Herrn Tokaido*, S. 128.
[59] Friedenthal in einem Briefentwurf für Lillis Wiedergutmachungsansprüche vom 28. Dezember 1962 (fälschlich als 28.12.26 angegeben). (DLA)

[60] Sie war immerhin so erfolgreich, dass sie u.a. in der Berliner Sezession ausstellte und später in Paris mit einem Preis ausgezeichnet wurde.
[61] Mit einer seiner Hörerinnen, Eva Schubert, später Eva Kleinsteuber, führte er in den Jahren nach dem Kriege noch einen intensiven Briefwechsel.
[62] Thomas Halbe, Kindheitserinnerung an Richard Friedenthal«, S. 215.
[63] Willy Droemer, »Zum 9. Juni 1976«. In: Richard Friedenthal, ... *und unversehens ist es Abend*, S. 196.
[64] Thomas Halbe, »Kindheitserinnerung an Richard Friedenthal«, S. 215.
[65] Friedenthals Name erschien nicht auf dem Titelblatt, sondern lediglich unter dem zweiseitigen »Vorwort des Herausgebers«.
[66] Ebd., S. 216.
[67] *Knaurs Konversations-Lexikon. A-Z.* Berlin : Verlag Th. Knaur Nachf. 1932, Sp. 603.
[68] Ebd., Sp. 1065.
[69] Zitiert nach der Ausgabe: *Knaurs Konversations-Lexikon. A-Z.* Berlin: Verlag Th. Knaur Nachf. 1936, Sp. 1567f.
[70] Zitiert nach Willy Droemer, »Zum 9. Juni 1976«. In: Richard Friedenthal, ... *und unversehens ist es Abend*, S. 197. Droemer bezieht sich wahrscheinlich auf den Artikel von W. H. »Der Mann, der Knaurs Lexikon schuf. Richard Friedenthal 60 Jahre«. In: *Die Welt* vom 9. Juni 1956, wo es heißt: »Es [das Lexikon] zeichnet sich vor anderen Lexika dadurch aus, dass es kein einziges dummes Wort enthält; [...].«
[71] Ebd.
[72] Aus einem Brief Friedenthals an Hanns Arens vom 6. März 1950. (DLA)
[73] Brief an Erich Kästner vom 18. August 1956. (DLA) Es dürfte sich um eine selbstkreierte Legende handeln. In anderen Briefen spricht er einfach davon, dass die besagte Zigarrenschachtel in Berlin geblieben und spurlos verschwunden sei, so in einem Brief vom 16. 1. 1957 an seine Wiener Freundin Erika Hanel. (DLA)
[74] Ernst Johann, »Die Welt im Spiegelbild der großen Menschen«.

Exil in England

[1] Zu den folgende Angaben vgl. Francis L. Carsten, »Deutsche Emigranten in Großbritannien 1933-1945«. In: Gerhard Hirschfeld (Hrsg.), *Exil in Großbritannien. Zur Emigration aus dem nationalsozialistischen Deutschland*. Veröffentlichungen des Deutschen Historischen Instituts London, Bd. 14. Stuttgart 1983, S. 138ff. Ausführlichere Darstellungen finden sind bei Peter und Leni Gillman, *›Collar the Lot!‹ How Britain interned and expelled its wartime refugees*. London, Melbourne, New York 1980, sowie Ronald Stent, *A Bespattered Page? The Interment of His Majesty's ›most loyal enemy aliens‹*. London 1980.

[2] Vgl. Gerhard Hirschfeld, »Einleitung«. Ebd., S. 7. Insgesamt flohen zwischen Januar 1933 und Oktober 1941 etwa 400 000 Menschen aus Hitler-Deutschland (ohne Österreich und Sudetenland).

[3] Hermann Friedmann, *Sinnvolle Odyssee. Geschichte eines Lebens und einer Zeit. 1873-1950.* München 1950, S. 341. Vgl. auch Bernard Wasserstein, »Britische Regierungen und die deutsche Emigration 1933-1945«. In: Gerhard Hirschfeld (Hrsg.), *Exil in Großbritannien*, S. 61.

[4] Vgl. Gerhard Hirschfeld, »Einleitung«. Ebd., S. 13.

[5] Vgl. John Willett, »Die Künste in der Emigration«. Ebd., S. 186.

[6] Uri Benjamin, »Literatur richtet sich nicht nach dem Paß. Verleger in der Emigration: Richard Friedenthal«. In: *Börsenblatt für den deutschen Buchhandel*, Frankfurter Ausgabe Nr. 65 vom 16. August 1974, S. 1295.

[7] Das Projekt wurde offensichtlich nicht verwirklicht.

[8] 1914 waren schätzungsweise etwa 50 000 Deutsche in England ansässig, von denen etwa 40 000 interniert wurden. Vgl. Bernard Wasserstein, »Britische Regierungen und die deutsche Emigration 1933-1945«. In: Gerhard Hirschfeld (Hrsg.), *Exil in Großbritannien*, S. 45f.

[9] Ronald Stent, *A Bespattered Page*? S. 37, gibt folgende Zahlen an: Kategorie A: 569, Kategorie B – 6782; Kategorie C – 66.002 Personen.

[10] Brief an seine Mutter vom 23. Dezember 1947, im Besitz von Friedenthals Nichte, Frau Gundula Foerster, Radolfzell.

[11] Richard Friedenthal, *Brot und Salz. Gedichte*. London: 1943, S. 46.

[12] Undatierter Brief Friedenthals (1952) an Friderike Zweig zum 70. Geburtstag. In: Harry Zohn (Hrsg.), *Liber Amicorum Friderike Maria Zweig. In Honor of her Seventieth Birthday December Fourth Nineteen Hundred and Fifty-Two*. Stamford, Connecticut 1952, S. 38.

[13] Eva Alberman war nach dem Tod ihrer Eltern die Inhaberin und Erbin der Urheberrechte Zweigs.

[14] Diese Biographie ist offensichtlich nie vollendet worden.

[15] Vgl. Ernst Johann in der *Frankfurter Allgemeinen Zeitung* vom 9. Juni 1976.

[16] J. Hellmut Freund, »Richard Friedenthal und Stefan Zweig«. In: Richard Friedenthal, *... und unversehens ist es Abend. Von und über R.F.: Essays, Gedichte, Fragmente, Würdigung, Autobiographisches*. Hrsg. von Klaus Piper. München, Zürich: R. Piper & Co. 1976, S. 211.

[17] Siehe Richard Friedenthal, »Nachwort des Herausgebers«. In: Stefan Zweig, *Balzac*. Frankfurt a.M.: S. Fischer 1990, S. 538.

[18] Ebd.

[19] Ebd.

[20] Ebd., S. 539.

[21] Tagebuch 1947/48, Eintragung unter 1948.

[22] Peter und Leni Gillman, ›*Collar the Lot!*‹, S. 173.

[23] Francis L. Carsten, »Deutsche Emigranten in Großbritannien 1933-1945«, S. 148.

[24] Michael Seyfert, »›His Majesty's Most Loyal Internees‹: Die Internierung und Deportation deutscher und österreichischer Flüchtlinge als ›enemy aliens‹. Historische, kulturelle und literarische Aspekte«. In: Gerhard Hirschfeld (Hrsg.), *Exil in Großbritannien*, S. 182.

[25] Ebd., S. 165.

[26] Hans Sahl, »Welt in der Nußschale. Zu Richard Friedenthals Internierungs-Roman«. In: *Der Monat* 9, H. 100 (Januar 1957), S. 71.

[27] Zitiert nach Michael Seyfert, »›His Majesty's Most Loyal Internees‹«, S. 164. Max Herrmann-Neisse wurde nicht interniert.

[28] Richard Friedenthal, *Die Welt in der Nußschale. Roman*. München: R. Piper & Co. 1956, S. 38.

[29] Ebd., S. 76.

[30] Miette Dernbach war in Berlin in erster Ehe mit dem Architekten Eckart Muthesius verheiratet, dem Sohn des Architekten Hermann Muthesius aus Nikolassee. Anna Muthesius, Eckarts Mutter, war die engste, lebenslange Freundin von Friedenthals Mutter und Eckart war bei den Eltern Friedenthals wie ein weiteres Kind im Hause gewesen. Miette war also durch die Muthesius-Familie von vornherein eine echte Freundin auch der Familie Friedenthal gewesen und so war es selbstverständlich, dass Richard Friedenthal in London mit ihr in Verbindung trat. Miettes Ehe mit Eckart Muthesius war inzwischen geschieden und sie war jetzt mit dem Maler Jupp Dernbach verheiratet. Diese Informationen zu Miette Dernbach verdanke ich Frau Prof. Dr. Martha Friedenthal-Haase (Brief vom 14. Januar 2001).

[31] Vgl. Michael Seyfert, »›His Majesty's Most Loyal Internees‹«, S. 175. Ein detaillierter Wochenplan mit wissenschaftlichen Vorträgen der verschiedensten Art findet sich bei Ronald Stent, *A Bespattered Page?*, S. 174f.

[32] »Reihenvater« und »ein Mitglied des Dreierrates und fast eine Art Boss unter den Mitinternierten.«

[33] Michael Seyfert, »›His Majesty's Most Loyal Internees‹«, S. 167.

[34] Zweig hatte Vortragsreisen nach Südamerika und in den USA unternommen und benutzte nun in New Haven, Connecticut die Bibliothek der Yale University.

[35] Aus dem Englischen! Stefan Zweig, *Briefe an Freunde*. Hrsg. von Richard Friedenthal. Frankfurt a.M. 1984, S. 324.

[36] Uri Benjamin, »Literatur richtet sich nicht nach dem Paß«, S. 1295.

[37] Aus dem Englischen! Stefan Zweig, *Briefe an Freunde*, S. 324.

[38] Aus dem Englischen! Ebd., S. 333. In einem Brief Zweigs, der vermutlich im Januar 1942 geschrieben wurde, heißt es noch einmal: »Ich hoffe auf Ihr Buch, ich erwarte es! Zögern Sie nicht!« Ebd., S. 340.

[39] Bernard Wasserstein, »Britische Regierungen und die deutsche Emigration 1933-1945«, S. 60.

[40] Ebd., S. 60.

[41] Hilde Spiel, *Die hellen und die finsteren Zeiten. Erinnerungen 1911-1946*. München 1989, S. 163.

42 »=BENOETIGEN FUER VISUMSBEWERBUNG ALLE DEINE DATEN EINSCHLIESSLICH ANKUNFT ENGLAND SCHRIEBEN BRIEF PEN CLUB FUER ENTLASSUNG = ALTMANN + 43 +«.

43 »My things are going slowly, slowly, the Argentine Consulate being not very responsive. The P.E.N Club has made a new application on my behalf, and I hope that this way will led [!] me out earlier than the much-hoped for visa.« (DLA)

44 »Entlassen nach den Bestimmungen von Punkt 20 des Weißen Papiers (berühmter Schriftsteller).« Nach einem undatierten, englischsprachigen Resümee zur eigenen Person, das zwischen 1940 und 1942 geschrieben sein muss.

45 Hermann Friedmann, *Sinnvolle Odyssee,* S. 327.

46 Richard Friedenthal, *London zwischen Gestern und Morgen.* München, Wien: Wilhelm Andermann 1960, S. 247 bzw. 249.

47 Friedenthal in einem Brief an Margarete Kaiser vom 10. September 1941 (DLA).

48 Siehe Richard Friedenthal, *Die Party bei Herrn Tokaido. Begegnungen im heutigen Japan.* München: R. Piper & Co. 1958, S. 94.

49 Gemeint ist das Raketengeschoss V1, das zum ersten Mal in der Nacht vom 15. zum 16. Juni 1944 eingesetzt wurde. Die V2 wurde zuerst am 6. September 1944 abgeschossen.

50 Uri Benjamin, »Literatur richtet sich nicht nach dem Paß«, S. 1296.

51 Martin Beheim-Schwarzbach, »Richard Friedenthals Lyrik«. In: Richard Friedenthal, *... und unversehens ist es Abend*, S. 190.

52 Richard Friedenthal, *Brot und Salz. Gedichte*. London 1943, S. 45.

53 Martin Beheim-Schwarzbach, »Richard Friedenthals Lyrik«. In: Richard Friedenthal, *... und unversehens ist es Abend*, S. 191.

54 Lutz Weltmann, »Richard Friedenthal 50 Jahre«. In: *Aufbau* (New York) vom 10. Januar 1947.

55 Erich Kästner, »Zu Friedenthals 70. Geburtstag«. In: Richard Friedenthal, *... und unversehens ist es Abend*, S. 219.

56 Die folgenden Informationen verdanke ich ebenfalls Frau Prof. Dr. Martha Friedenthal-Haase, Brief vom 14. Januar 2001.

57 Hermann Friedmann, *Sinnvolle Odyssee*, S. 342.

58 »Der waidwunde Penklub«. In: *Neue Zürcher Zeitung* vom 31. Mai 1933, Bl. 6. Zitiert nach *Der deutsche PEN-Club im Exil. 1933-1948*, S. 31f.

59 Aus Hermon Ould, »Der P.E.N.-Klub«. In: *Neue Auslese aus dem Schrifttum der Gegenwart* 1 (1945/46) H.11, S. 125-127. Zitiert nach *Der deutsche PEN-Club im Exil. 1933-1948*, S. 16.

60 »Keine Politik im P.E.N.-Club, unter keinen Umständen.« Originaltext zitiert nach *Der deutsche PEN-Club im Exil. 1933-1948*, S. 225.

61 Gabriele Tergit, *P.E.N. Zentrum deutscher Autoren im Ausland. Sitz London. Autobiographien und Biographien*. London 1959, S. 3.

62 Hanns Martin Elster war ein Verwandter Friedenthals mütterlicherseits. Prof. Dr. Martha Friedenthal-Haase berichtet in ihrer E-mail vom 29. Ok-

tober 2001: »Zum Thema Hanns Martin Elster schreibt mein Onkel am 14.1. 1974 an Dr. Christian Elster in Herford: ›Der einzige Elster, der noch lebt, wäre der Hanns Martin, der jetzt uralt sein muß aber noch immer tätig sein soll. An den möchte ich aber sonst nicht erinnert werden, denn er hat sich in der Nazizeit recht miserabel benommen, obwohl er vorher recht verwandtschaftlich tat, als ich bei Knaur eine große Stellung hatte; dann hörte das mit einem Ruck auf.‹«

63 Aus der Protokollnotiz einer Vorstandssitzung, zitiert nach *Der deutsche PEN-Club im Exil. 1933-1948*, S. 13. Zahlreiche Dokumente zum PEN-Kongress in Ragusa sowie zur »Gleichschaltung« des PEN-Clubs finden sich auch in: Joseph Wulf, *Literatur und Dichtung im Dritten Reich. Eine Dokumentation*. Gütersloh 1963, S. 60-87.

64 William Abbey und Katja Hehn, »Wir kannten einst ein Vaterland, doch dieses nicht. Die deutsche PEN-Gruppe 1933-1945«. In: Fritz Beer und Uwe Westphal (Hrsg.), *Exil ohne Ende. Das PEN-Zentrum deutschsprachiger Autoren im Ausland. Essays, Biographien, Materialien*. Gerlingen 1994, S. 67.

65 »Exil und Rückkehr. Hilde Spiel im Gespräch.« In: Neue Gesellschaft für Bildende Kunst (Hrsg.), *Kunst und Exil in Großbritannien 1933-1945*. Berlin 1986, S. 289.

66 William Abbey und Katja Hehn, »Wir kannten einst ein Vaterland, doch dieses nicht«, S. 68.

67 Zitiert nach William Abbey und Katja Hehn, ebd.

68 Zitiert nach *Der deutsche PEN-Club im Exil. 1933-1948*, S. 287.

69 »No More Ivory Tower«. In: *The New Republic* 99 (24. Mai 1939), S. 59. »Kein Elfenbeinturm mehr«: »Die Versammlung stand unter der allgemeinen Leitung des ›PEN‹, der gemeinhin als eine gemäßigt rechtsstehende Gruppe gilt und der jahrelang versucht hat, sich aus der Politik herauszuhalten. Aber in einem Land nach dem anderen hat die Politik seine Mitglieder eingeholt, von denen Dutzende ins Konzentrationslager geschickt oder ins Exil gezwungen wurden. Den Tenor der Reden auf dem letzten Kongreß hätte man vor ein paar Jahren sicher linksradikal genannt.« Deutsche und englische Fassung zitiert nach *Der deutsche PEN-Club im Exil. 1933-1948*, S. 292f.

70 *Der deutsche PEN-Club im Exil. 1933-1948.*, S. VIII.

71 Ebd.

72 Robert Neumann war bereits seit 1933 in London. Franz Werfel war nach der Annexion Österreichs nach Frankreich geflohen, von wo er bei der deutschen Invasion im Mai 1940 über Spanien und Portugal in die USA weiterflüchtete.

73 Zitiert nach William Abbey und Katja Hehn, »Wir kannten einst ein Vaterland, doch dieses nicht«, S. 74.

74 *Der deutsche PEN-Club im Exil. 1933-1948. Eine Ausstellung der Deutschen Bibliothek Frankfurt am Main*. Frankfurt a.M. 1980, S. 358.

75 Richard Friedenthal, *... und unversehens ist es Abend*, S. 58.

[76] Hilde Spiel, »Verlorene Liebesmüh? Richard Friedenthal und der PEN«. In: Richard Friedenthal, ... *und unversehens ist es Abend*, S. 264.
[77] Ebd., S. 269.
[78] *Der deutsche PEN-Club im Exil. 1933-1948*, S. 358.
[79] Ebd., S. 267.
[80] Zitiert nach: *Der deutsche PEN-Club im Exil. 1933-1948*, S. 371.
[81] Ebd., S. 372.
[82] Brief vom 14. Juli 1942; Original in Englisch. Zitiert nach William Abbey und Katja Hehn, »Wir kannten einst ein Vaterland, doch dieses nicht«, S. 77.
[83] *Der deutsche PEN-Club im Exil. 1933-1948*, S. 362.
[84] Hilde Spiel, »Verlorene Liebesmüh?«, S. 268.
[85] Gabriele Tergit, *Etwas Seltenes überhaupt. Erinnerungen*. Frankfurt/M., Berlin, Wien 1983, S. 56f.
[86] Stefan Zweig, *Briefe an Freunde*, S. 341.
[87] Da sich Jules Romains, der Präsident des Internationalen PEN, in seiner Haltung gegenüber den faschistischen Ländern in der Vergangenheit schwankend verhalten hatte, war er in London abgewählt und durch ein fünfköpfiges Präsidium ersetzt worden. Nicht nur diese Abweichung von den Statuten des PEN wurde anschließend von den Anwesenden kritisiert, sondern auch die Erklärung Alfred Kerrs und Erika Manns, dass nach dem Kriege die »kulturelle Erziehung« des deutschen Volkes durch das Ausland erfolgen müsse.
[88] Ebd.
[89] Hilde Spiel, »Verlorene Liebesmüh?«, S. 270. In einem Brief an Hilde Spiel vom 14. Januar 1976 schreibt Friedenthal unumwunden: »Kerr war, wie ich Ihnen wohl kaum zu sagen brauche, eher eine Belastung als eine Hilfe, aber wir haben ihn getreulich mitgeschleppt.« (DLA)
[90] *Der deutsche PEN-Club im Exil. 1933-1948*, S. 376.
[91] Zitiert nach: *Der deutsche PEN-Club im Exil. 1933-1948*, S. 377.
[92] Zitiert nach: *Der deutsche PEN-Club im Exil. 1933-1948*, S. 377. Die Korrespondenz Friedenthal/Kerr im DLA enthält zahlreiche Briefe, in denen Friedenthal Kerr Vorwürfe macht, und ebenso zahlreiche, in denen Kerr diese Vorwürfe als nichtig und unbegründet zurückweist.
[93] Aus der von Berendsohn eingereichten und einstimmig angenommenen Resolution: »to find out what are the possibilities of re-establishing the German P.E.N. in Germany.« Zitiert nach: *Der deutsche PEN-Club im Exil. 1933-1948*, S. 379.
[94] Zitiert nach: *Der deutsche PEN-Club im Exil. 1933-1948*, S. 382.
[95] Robert Neumann, selbst ehemaliger Präsident des österreichischen Exil-PEN, hatte für den Fortbestand eines deutschen Exil-PEN nach 1945 nicht viel übrig, wenn er schreibt: »Nach 1945 waren die [deutschen Emigranten] zerstoben oder tot; ein paar, sehr wenige, gingen zurück nach Deutschland. Aber im Gegensatz zu allen anderen nationalen Gruppen, die während der Tausend Jahre in England überwintert hatten, weigerte sich der

Rückstand des Rückstands dieser Londoner deutschen Gruppe, sich aufzulösen. Ex-Schriftsteller, oft Ex-Nichtschriftsteller, mehr als einer ohne Zukunft und ohne Vergangenheit, blieben sie in den Nebensträßchen Hampsteads haften und erklärten, sie seien nach wie vor die deutsche Literatur.« Robert Neumann, *Vielleicht das Heitere. Tagebuch aus einem andern Jahr*. München, Wien, Basel 1968, S. 259. Dem ließe sich entgegnen, dass für viele Schriftsteller mit 1945 das Exil noch nicht zu Ende war, dass es zunächst einen deutschen PEN noch nicht gab, und, falls er sich in irgendeiner Weise auf Friedenthal beziehen sollte, er sich grundlegend geirrt hat.

[96] Hilde Spiel, *Welche Welt ist meine Welt? Erinnerungen 1946-1989*. Reinbek bei Hamburg, S. 45.

[97] Gabriele Tergit, *P.E.N. Zentrum deutscher Autoren im Ausland*, S. 5.

[98] Zitiert nach Erich Kästner, »Zu Friedenthals 70. Geburtstag«. Ebd., S. 219.

[99] Kästner war damals Feuilletonchef der von den Amerikanern lizenzierten *Neuen Zeitung*, eines Millionenblattes für die amerikanische Zone.

[100] Siehe Erich Kästner, »Zu Friedenthals 70. Geburtstag«. In: Richard Friedenthal, *... und unversehens ist es Abend*, S. 219.

[101] Brief an Erich Kästner vom 10. Juli 1947. (DLA)

[102] Zitiert nach: *Der deutsche PEN-Club im Exil. 1933-1948*, S. 388.

[103] Ebd., S. 92.

[104] Hilde Spiel, »Verlorene Liebesmüh? Richard Friedenthal und der PEN«. In: Richard Friedenthal, *... und unversehens ist es Abend*, S. 270.

[105] *The International P.E.N. Club/P.E.N.-Club Deutscher Autoren im Ausland. Mitteilungsblatt*. London [vermutl. August/Sept. 1948], Bl. 2-4. Zitiert nach: *Der deutsche PEN-Club im Exil. 1933-1948*, S. 392.

[106] Hermann Friedmann, *Sinnvolle Odyssee*, S. 348.

[107] Ebd.

[108] Brief an Hermann Kesten vom 14. Juli 1963. (DLA)

[109] Gemeint sein dürfte von Molos kurz zuvor (1957) erschienene Autobiographie *So wunderbar ist das Leben. Erinnerungen und Begegnungen*.

[110] Brief an Erich Kästner vom 8. Januar 1958. (DLA)

[111] Zitiert nach *Der deutsche PEN-Club im Exil. 1933-1948*, S. 400.

[112] Kasimir Edschmid, »Lausanne«. In: K.E., *Lebendiger Expressionismus. Auseinandersetzungen, Gestalten, Erinnerungen*. Wien, München, Basel, 1961, S. 41.

[113] Ebd., S. 52.

[114] Friedenthal in seinem Brief an Dolf Sternberger vom 5. April 1977. (DLA)

[115] Zitiert nach Kasimir Edschmid, »Lausanne«. In: K.E., *Lebendiger Expressionismus*, S. 55.

[116] Ebd., S. 54.

[117] Auf die Querelen um die Wiederherstellung eines gesamtdeutschen PEN nach der Wiedervereinigung soll hier nicht eingegangen werden. Der Londoner Exil-PEN spielte auch dabei insofern eine Rolle, als er darauf hinwies, dass er »die Mitgliedschaft von ehemaligen Stasimitarbeitern im PEN

für mit der PEN-Charta unvereinbar« hielt. Siehe Uwe Westphal, »Versuch einer Bestandsaufnahme. Weshalb heute noch ein Zentrum deutschsprachiger Autoren im Ausland«. In: Fritz Beer und Uwe Westphal (Hrsg.), *Exil ohne Ende*, S. 48.

118 Später, am 21. Juni 1947, berichtete Lilli an Friedenthals Mutter, sie sei im »Salon des Tuileries« mit zwei Bildern vertreten und man habe sie eingeladen, für einen anderen Salon »Les vrais indépendents« im kommenden Juli fünf Bilder einzureichen. Brief im Besitz von Friedenthals Nichte, Frau Gundula Foerster, Radolfzell.

119 Frau Professor Dr. Martha Friedenthal-Haase schrieb mir am 29. Oktober 2001 per E-mail dazu: »Der Soziologe Alfred Vierkandt hatte an der Berliner Universität Lehrverbot, und so blieb man gerne auf Distanz. Die Großeltern kümmerten sich am Bodensee auch um ihre Enkelin Susanne, die dort vom großelterlichen Hause aus eine Gärtnerausbildung absolvierte. Das Haus in Berlin-Kohlhasenbrück wurde inzwischen von einer Schwester meiner Großmutter gehütet. Nach deren Tod kehrten die Großeltern in das Haus in Berlin-Kohlhasenbrück zurück und haben darum das Kriegsende und die Besetzung durch die Russen als alte Leute alleine überstanden.«

120 »Und du, bist du verheiratet? Willst du mir schreiben, ich wünsche es von ganzem Herzen. Ich wohne dauernd in meiner Wohnung in Paris. Ich erkläre dir meine Lage, sowie ich deine Neuigkeiten habe. Antworte mir so schnell du kannst. Ich wünsche dir ein frohes Weihnachtsfest und ein glückliches Neues Jahr.«

121 Die folgenden Informationen verdanke ich Frau Professor Dr. Martha Friedenthal-Haase, die mir in ihrem ausführlichen Brief vom 14. Januar 2001 die entsprechenden Mitteilungen machte. Auch die Charakterisierung Lisa Friedenthals geht auf diesen Brief zurück.

122 Ebd. Weiter heißt es in dem Brief: »Noch weniger traute man ihr zu, daß eigentlich ihr größter Stolz bis an ihr Lebensende war, daß die Briten sie, die Emigrantin mit mehr oder weniger doch erkennbar deutschen Akzent, im Krieg mit dem Amt des Luftschutzwarts (Warden) ausgezeichnet hatten. Sie war (das war noch vor [dem später gemeinsam gekauften Haus in Hampstead,] Burgess Hill) in einem Mietblock diejenige, die dafür zuständig war, daß bei Luftangriffen alle in den Keller gingen, sie trug die Kinder in den Keller und trug die Verantwortung für das Wohlergehen und die Vorschriftsmäßigkeit und hatte stets die zu sein, die sich als letzte in Sicherheit brachte. Sie hat das mit großem Einsatz, Ernst und Befriedigung getan und wurde vom Onkel deshalb gelegentlich freundlich geneckt.«

123 »Meine liebe Lisa, vielen Dank für Deinen Brief. Es ist mir etwas peinlich, zärtliche Dinge zu sagen; dieses ›Sprich mir von Liebe‹ war für mich schon immer etwas nahezu Schreckliches. Vielleicht fehlen mir dazu die nötigen Worte. Ich bin zu vorsichtig dazu; ich mag die alltäglichen Wörter nicht und ich kann keine künstlichen verwenden; im Ganzen genommen bin ich ein Schriftsteller – ein in jeder Hinsicht schüchterner Mensch. Die

Möglichkeit für mich, das Einfachste auszudrücken, ist einfach durch Gebärden ... Also ... ich komme Montag gegen 3 Uhr zurück. Könntest Du den Schlüssel Frau Reiss geben? Ich hoffe, dass sie dann zu Hause ist – sonst könnte ich zu Deiner Wohnung kommen und mein Gepäck beim Milchhändler abstellen. Tausend Küsse Dein [R.]«

124 Brief von Frau Prof. Dr. Martha Friedenthal-Haase an H.W. vom 14. Januar 2001.

Als der Krieg zu Ende war oder: Die Rückkehr, die keine war.

1 Friedenthals Bruder Walter war am Bahnhof in Jena durch eine Fliegerbombe ums Leben gekommen, »in gespenstischer Weise, als er sich zur ›Wehrpflicht‹ stellen sollte.« Brief an Otto Veit vom 15. November 1968. (DLA)

2 Die Todesursache konnte mit Rücksicht auf seine Nachkommen verschleiert werden.

3 Diese und die folgende Information verdanke ich Frau Professor Dr. Martha Friedenthal-Haase, die mir in ihrem Brief vom 14. Januar 2001 entsprechende Auskünfte erteilte.

4 Ebd.

5 Nino Erné, »Zwei Begegnungen«. In: Richard Friedenthal, *... und unversehens ist es Abend. Von und über R.F.: Essays, Gedichte, Fragmente, Würdigung, Autobiographisches*. Hrsg. von Klaus Piper. München, Zürich: R. Piper & Co. 1976, S. 205.

6 Friedenthal erscheint als Redaktionsmitglied im Impressum der Zeitschrift zuerst in der April-Nummer 1946 (Bd. 56, H. 3) und zuletzt in der Herbst-Nummer 1949 (Bd. 60, H. 16).

7 In den mittfünfziger Jahren führte er eine umfangreiche freundschaftliche Korrespondenz (im DLA) mit Joachim Maass, in der er dem oft wegen seines Mangels an Erfolg deprimierten Maass Trost zusprach und vor allem das Problem der Exilierung kommentierte.

8 Vgl. hierzu Hans Wagener, »Zwischen Huldigung und Polemik: Die Rezeption Karl Heinrich Waggerls in Wissenschaft und Literaturkritik.« In: Karl Müller (Hrsg.), *»Nichts Komplizierteres heutzutage als ein einfacher Mensch.« Beiträge des Internationalen Karl-Heinrich-Waggerl-Symposiums 1997*. Salzburg, Wien 1998, S. 245-281.

9 Friedenthals Brief an Wolfgang Grothe vom 30. Januar 1974. (DLA)

10 Vgl. ebd.

11 Beide Zitate nach einem Brief Friedenthals an seine Mutter vom 24. Mai 1947, im Besitz seiner Nichte, Frau Gundula Foerster, Radolfzell.

12 Peter de Mendelssohn, »Ach du liebe Zeit. Zum 75. Geburtstag von Richard Friedenthal«. In: *Süddeutsche Zeitung* vom 9./10. Juni 1971.

[13] Die folgende Darstellung von Friedenthals erstem Berlinbesuch folgt seiner eigenen Darstellung »Berlin 1947«. In: R.F., ... *und unversehens ist es Abend*, S. 167-185.

[14] Ebd., S. 167f.

[15] Ebd., S. 170.

[16] Ebd., S. 171.

[17] Ebd., S. 172.

[18] Brief an Hanns Arens vom 2. Dezember 1971. (DLA)

[19] So in einem Brief an Hanns Arens vom 27. April 1971. (DLA)

[20] Klaus Piper, *Lesen heißt doppelt leben. Erinnerungen*. Unter Mitarbeit von Dagmar von Erffa. München, Zürich: Piper 2000, S. 234.

[21] Der Band war ein Gegenstück zu Wolfgang Weyrauchs List-Taschenbuch *Ich lebe in der Bundesrepublik*.

[22] Karl Heinz Wocker zu Friedenthals 70. Geburtstag. In: *Stuttgarter Zeitung* vom 8. Juni 1966. Den Zweck der Vermittlung englischer Kultur hatte auch Friedenthals kenntnisreicher Essay »Samuel Butler«, den er in der *Neuen Rundschau* 64 (1953) H. 4, S. 591-611, veröffentlichte.

[23] Brief an Levin Schücking vom 3. Dezember 1958. (DLA)

[24] Nach der Ausgabe: *Knaurs Konversations-Lexikon. A-Z*. Berlin: Verlag von Th. Knaur Nachf. 1932, Sp. 1570.

[25] Richard Friedenthal, »Das Spießrutenlaufen«. In: R.F., *Das Erbe des Kolumbus. Fünf Novellen*. Esslingen: Bechtle 1950, S. 163.

[26] Steffen Steffensen, »Richard Friedenthal als Novellist«. In: Richard Friedenthal, ... *und unversehens ist es Abend*, S. 279.

[27] Frau Prof. Dr. Martha Friedenthal-Haase in ihrem Brief vom 14. Januar 2001.

[28] Das Haus wurde für die Zeit während des Aufenthalts in Deutschland vermietet, »mit teilweise grässlichen Konsequenzen; einer der Mieter, der sich auf sein Handwerk verstand, zog mit antiquarisch geschultem Griff die Erstausgaben aus meinem Bücherschrank und verkaufte sie.« (Brief an Kurt H. Schmidt vom 12. Dezember 1956. (DLA)

[29] Originaltext: »*1952, May 8. Incipit vita nuova. Leaving the home, 15, Burgess Hill. I nearly wept. ›Coming back‹ so far meant coming back to London; now it may mean Munich for some time.*«

[30] Pointierter drückt sich Friedenthals Mitemigrantin Hilde Spiel aus: »Wir waren nicht schuld daran [am Krieg], die meisten, so will man hoffen, auf der feindlichen Seite waren's nicht, doch fast alle drüben [auf dem europäischen Kontinent] nahmen uns später übel, daß wir zu den Opfern gehört hatten, nicht zur Welt der Täter, und uns unter keinen Umständen die geringste Verantwortung für das jahrelange Grauen anzulasten war. Wie konnte uns dies jemals vergeben werden? Wie konnte man hoffen, daß eines Tages in der fernen Zukunft, wenn man wieder den Boden des Vaterlandes betrat oder gar sich von neuem in ihm niederließ, diese Kluft zwischen den Daheimgebliebenen und den Fortgegangenen, zumeist Fortgetriebenen, nicht jederzeit aufreißen mußte, zum Erstaunen und Entsetzen derer, die etwa

gemeint hatten, die Entfremdung sei jetzt vorüber.« H.S., *Die hellen und die finsteren Zeiten. Erinnerungen 1911-1946*. München 1989, S. 176.

31 Vgl. seinen Brief an Wolfgang Grothe vom 30. Januar 1974. (DLA)

32 Brief von Frau Prof. Dr. Martha Friedenthal-Haase an H.W. vom 14. Januar 2001.

33 Willy Droemer, »Zum 9. Juni 1976«. In: Richard Friedenthal, *... und unversehens ist es Abend*, S. 199.

34 Brief an Manfred George vom 15. November 1956. (DLA)

35 Brief an Hanns Arens vom 30. März 1952. (DLA) Gundula lebt heute, mit dem praktischen Arzt und Maler Dr. Wolfdieterich Foerster verheiratet, in Radolfzell am Bodensee.

36 Brief an H.W. vom 14. Januar 2001. 1977 promovierte Martha an der Technischen Universität Hannover; heute ist sie Inhaberin des Lehrstuhls für Erwachsenenbildung an der Universität Jena. Sie ist seit 1984 mit dem Professor Dr. Wolfgang Haase verheiratet.

37 E-mail von Frau Professor Dr. Martha Friedenthal-Haase vom 29. Oktober 2001, die auch das folgende Gedicht enthält.

38 Ebd.

39 Sie hatte 1966 einen weiteren Oberschenkelhalsbruch erlitten.

40 Ebd.

41 Briefliche Mitteilung von Frau Gundula Foerster an H.W. vom 7. September 2001.

42 Sie kamen beide wenig später, am 3. September 1954, bei einem Autounfall in der Schweiz ums Leben.

43 In einem Brief an Levin Schücking ungefähr von Mai 1955 (nur der zweite Teil ist erhalten) heißt es: »Ich habe nicht mein sehr viel ruhigeres und angenehmeres Leben in London aufgegeben, um mich in eine Atmosphäre zu begeben, die peinlich an nicht so weit zurückliegende Zeiten erinnert.« (DLA)

44 Brief an Erich Kästner vom 18. Mai 1956. (DLA)

45 Professor Dr. Martha Friedenthal-Haase in einem Telefongespräch mit H.W. am 30. Januar 2001.

46 Nach der Scheidung von seiner zweiten Frau renkte sich das Verhältnis zu Willy Droemer offensichtlich wieder ein und Droemer wollte mit Friedenthal wieder zusammenarbeiten. In einem Brief an Erika Hanel vom 1. August 1959 schreibt Friedenthal, Droemers »graessliche Zweite« haben »den ganzen Palawatsch« verursacht. (DLA)

47 »Samuel Butler«. In: *Die Neue Rundschau* 64 (1953) H. 4, S. 591-611.

48 Nach einem Brief an Hannah und Manfred Altmann vom 20. Juli 1954. (DLA)

49 In einem Brief an Ossip Kalenter vom 10. Juli 1955 schreibt Friedenthal, er habe sich »von Bermann zu dem [...] Unternehmen einfangen lassen, *pecuniae causa* [um des Geldes willen].« (DLA)

50 Brief an Manfred George vom 15. November 1956. (DLA)

51 Ebd.

[52] *Abendzeitung* (*Az*-Feuilleton) vom 8./9. Juni 1966.
[53] Joachim Maass hatte ihm am 5. August 1957 geschrieben: »Ja gewiss, wir leben nach wie vor im Exil, das Exil wird so lange dauern wie wir selbst … wobei man allerdings wohl Gerechtigkeits halber [sic] hinzufügen müsste, das dies weniger auf einen Entschluss der Deutschen als auf unsern zurückgeht. Oder ist überhaupt ein Entschluss dabei? *You can't go home again* – wer hätte geahnt, dass der schöne Titel in einem vertieften Sinne über der Geschichte unseres Erlebens stehen würde? Es ist das Tragischste in unserem Schicksal, will mir scheinen.«
[54] E-mail von Frau Professor Dr. Friedenthal-Haase vom 29. Oktober 2001.
[55] Brief an Erich Kästner vom 3. Februar 1956. (DLA)
[56] Brief an Erich Kästner vom 12. April 1956. (DLA)
[57] Hilde Spiel, »Verlorene Liebesmüh? Richard Friedenthal und der PEN«. In: Richard Friedenthal, *… und unversehens ist es Abend*, S. 270.
[58] Hilde Spiel, *Welche Welt ist meine Welt? Erinnerungen 1946-1989*. Reinbek bei Hamburg, 1992, S. 123.
[59] »Aber die Geschäfte sind voll, die Theater ebenfalls, einige Geschäfte werden getätigt, einige Steuern werden gezahlt und viele Beamte (mit sehr niedrigen Gehältern) leben in der ›Hauptstadt‹, einer Hauptstadt mit einem sehr kleinen h. Wenn die politische Schraube nur ein wenig gedreht würde, könnte Wien wieder eine große Stadt werden. Es kann jedoch auch den Weg von Venedig einschlagen.«
[60] Brief an Kasimir Edschmid vom 3. Juli 1955. (DLA)
[61] Brief an Erich Kästner vom 27. Mai 1968. (DLA)
[62] Brief an Erich Kästner vom 10. Juli 1959. (DLA)
[63] Friedenthal war im Herbst 1957 als PEN-Delegierter in Tokio und Korea gewesen, eine Reise, über die im Folgenden ausführlich zu sprechen sein wird.
[64] Brief an Erich Kästner vom 30. Januar 1959. (DLA)
[65] Brief an Erich Kästner vom 10. September 1958. (DLA)
[66] Brief an Kasimir Edschmid vom 10. Februar 1955. (DLA)
[67] Brief an Kasimir Edschmid vom 15. September 1964. (DLA)
[68] Brief an Kasimir Edschmid vom 15. September 1964. (DLA)
[69] Brief an Kasimir Edschmid vom 29. August 1964. (DLA)
[70] Robert Neumann, *Vielleicht das Heitere. Tagebuch aus einem andern Jahr*. München, Wien, Basel 1968, S. 158.
[71] Ebd., S. 260.
[72] Neumann äußert sich auch ironisch-abfällig über Hannah Altmann in seinem autobiographischen Erinnerungsbuch *Ein leichtes Leben. Bericht über mich selbst und Zeitgenossen*. Wien, München, Basel 1963, S. 119, wo er u.a. schreibt: »Er [Zweig] hinterließ sein enormes Vermögen – ›*you can't take it with you*‹ [›man kann es nicht mitnehmen‹] – samt all seinen Copyrights der ihm durchaus nicht nahestehenden, aber energie- und ehrgeizgeladenen Frau seines Schwagers, klugerweise berechnend, daß so die Bemühung um Neuauflagen seiner Bücher am besten gesichert wäre.«
[73] Robert Neumann, *Vielleicht das Heitere*, S. 260f.

[74] Ebd., S. 261.
[75] Ebd., S. 257f.
[76] Ebd., S. 261f.
[77] Ebd., S. 295.
[78] Ebd., S. 467.
[79] Brief an Erich Kästner vom 19. Februar 1970. (DLA)
[80] Ebd.
[81] Hilde Spiel, *Briefwechsel*, hrsg. u. annotiert von Hans A. Neunzig. München, Leipzig 1995, S. 276.
[82] Ebd., S. 286. Der Nachlass Friedenthals im DLA enthält eine umfangreiche Akte mit Briefen Neumanns an Friedenthal, Briefen bzw. Briefentwürfen Friedenthals an Neumann sowie an andere in dieser Kontroverse. Auch zwei Parodien, »Das Neumandl. Kurze Skizze eines literarischen Clowns« und »Eine Selbstparodie oder ›Mit eignen Federn geschmückt‹« sind in dem Konvolut enthalten.
[83] Brief an Hans Carossa vom 15. August 1948. (DLA)
[84] Hilde Spiel, »Verlorene Liebesmüh?«, S. 271. Hilde Spiel wiederholt hier nur, was in Friedenthals an sie gerichtetem Brief vom 14. Januar 1976 steht. (DLA)
[85] Brief an Erich Kästner vom 6. Dezember 1958. (DLA)
[86] Mit Eberhard und Brigitte von Heusinger war Friedenthal nicht nur eng befreundet, sondern er war auch der Patenonkel ihres Sohnes Richard von Heusinger.
[87] Brief an Erich Kästner vom 23. Februar 1961. (DLA)
[88] Brief an Erich Kästner vom 27. Mai 1968. (DLA)
[89] Brief an Hilde Spiel vom 14. Januar 1976. (DLA)
[90] Ebd.
[91] Peter de Mendelssohn, »Ach du liebe Zeit. Zum 75. Geburtstag von Richard Friedenthal«. In: *Süddeutsche Zeitung* vom 9./10. Juni 1971. De Mendelssohn bezieht sich auf Hasenclevers postum veröffentlichten Roman *Die Rechtlosen* (1963). Hasenclever hatte am 21. Juni 1940 im französischen Internierungslager Les Milles (bei Aix-en-Provence) Selbstmord begangen, um der Auslieferung an die Deutschen zu entgehen. Zu erinnern wäre auch an Lion Feuchtwangers Bericht *Unholdes Frankreich* (auch u.d.T. *Der Teufel in Frankreich*; 1942), das allerdings der idyllischen, humorvollen Züge von Friedenthals Roman entbehrt. Von Terror und Willkür berichtet auch Arthur Koestlers Frankreichbuch *Scum of the Earth* (1941).
[92] Nach einem Prospekt des Piper & Co. Verlags (ohne Datum).
[93] Richard Friedenthal, *Die Welt in der Nußschale*. München: R. Piper & Co., 1958, S. 6.
[94] Hans Sahl, »Welt in der Nußschale. Zu Richard Friedenthals Internierungslager-Roman«. In: *Der Monat* 9, H. 100 (Januar 1957), S. 72.
[95] Vgl. Hilde Spiel, »Ein Interniertenroman«. In: *Die Weltwoche* vom 20. November 1956.

[96] Hans Sahl, »Welt in der Nußschale«, S. 72.
[97] Richard Friedenthal, *Die Welt in der Nußschale*, S. 12.
[98] Hilde Spiel, »Poetischer Polyhistor. Zum Tode Richard Friedenthals«. In: *Frankfurter Allgemeine Zeitung* vom 22. Oktober 1979. Symbolisch ist die Szene allerdings, aber sie ist von Friedenthal erfunden, beruht nicht auf eigenem Erleben: »Diese Symphonie habe ich dazugetan«, gab Friedenthal später zu. »Es gab nur ein Gespräch über Symphonien, wobei gegenseitig gefragt wurde, na, wie weit können Sie denn, wenn Sie eine Partitur lesen, [...] das wirklich mitverfolgen und hören?« Richard Friedenthal/Nino Erné, »Vom Handwerk des Schreibens. Tonbandaufzeichnung eines Gesprächs«. In: R.F., ... *und unversehens ist es Abend*, S. 94. Friedenthals Verleger Klaus Piper schrieb seinem Autor bereits am 21. Mai 1958 nach der ersten Lektüre des Manuskripts: »Ein Glanzstück ist für mein Gefühl ›Die Achte‹.« In: K.P.: *Schriften und Briefe*. Hrsg. von Ralf-Peter Märtin und Ernst Reinhard Piper. München, Zürich 1991, S. 178.
[99] Zitiert nach Hanns Arens, »Der siebzigjährige Richard Friedenthal«. In: *Welt und Wort* 21 (1966), S. 189.
[100] Argumente, die er in einem Brief an einen Mr. John Willett vom 7. Juni 1964 anführt (DLA).
[101] Georg Ramseger, »Ein Risiko?« In: Richard Friedenthal, ... *und unversehens ist es Abend*, S. 254.
[102] Ebd., S. 255.
[103] Am 12. 9. 1956 schreibt er an Levin Schücking: »Der phänomenale Erfolg eines T.S. Eliot in unserer Zeit ist meines Erachtens vor allem darauf zurückzuführen, dass er den Tonfall der Zeit trifft: karg, schmallippig, höhnisch, ›rasant‹, wie der Modeausdruck lautet.« (DLA) Anders lässt er sich über den früheren Eliot aus: Er sei »die stärkste Persönlichkeit unter den zeitgenössischen Dichtern«; er habe »das englische Drama um höchst eigentümliche, elegant-tiefsinnige Stücke bereichert«. Richard Friedenthal, *Die Englische Kultur. Eine Übersicht*. Beilage zur *Englischen Rundschau*. Bad Godesberg: Publications Branch, British Information Services 1953, S. 84.
[104] Brief an Erich Kästner vom 10. September 1958.
[105] Nach einem Brief an Erich Kästner vom 25. Dezember 1956. (DLA)
[106] Richard Friedenthal, *Die Party bei Herrn Tokaido. Begegnungen im heutigen Japan*. München: R. Piper & Co. 1958, S. 105.
[107] Lutz Weltmann, »Die Party bei Herrn Tokaido. Richard Friedenthals überaus reizvolle Einblicke in das japanische Leben von heute«. In: *Die Welt* vom 15. November 1958.
[108] Brief an den deutschen Gesandten in Korea, Richard Hertz, vom 22. Juni 1958 (DLA).
[109] Richard Friedenthal, *Die Party bei Herrn Tokaido*, S. 38.
[110] Ebd.
[111] Ebd., S. 119.
[112] Ebd., S. 177.

[113] Ebd., S. 178.
[114] Ebd., S. 181.
[115] Ebd., S. 182.
[116] Ebd., S. 185.
[117] Japan-Büchlein im Nachlass Richard Friedenthal. (DLA)
[118] Brief an Erich Kästner vom 27. August 1960. Sonst berichtet Friedenthal nichts über Uedas Besuch. (DLA)
[119] Japan-Büchlein im Nachlass Richard Friedenthal. (DLA)
[120] Ebd.
[121] Ebd.
[122] »*The plan is that the guests would stay 8 days in Korea from the 13th to the 21st of September. The daily program will be interesting and beneficial for the guests – sightseeing ancient palaces, museums, temples, royal tombs, etc. Not only in Seoul, but in Kyongjoo also, the ancient capital city of Korea two thousand years ago; a panel discussion with Korean writers; a few speeches by the guests, excursions to the southern side of the de-militarized Zone, hot-springs and villages; entertainment including Korean modern plays, classical music, folk songs, and folk dances; parties in restaurants and private houses, and plenty of time free. We also plan to present the guests souvenirs handmade in Korea. […] In-sob Zong. President*« (DLA) Deutsch: »Der Plan sieht vor, dass die Gäste 8 Tage lang, vom 13. bis 21. September in Korea bleiben. Das tägliche Programm wird für unsere Gäste interessant und nutzbringend sein – Besichtigungen alter Paläste, Museen, Tempel, Königsgräber usw. Nicht nur in Seoul, sondern auch in Kyongjoo, das vor 2000 Jahren die alte Hauptstadt von Korea war; eine Podiumsdiskussion mit koreanischen Schriftstellern; ein paar Vorträge unserer Gäste, Exkursionen zur Südseite der entmilitarisierten Zone, heiße Quellen und Dörfer; Veranstaltungen, einschließlich koreanischer moderner Schauspiele, klassischer Musik, Volkslieder und Volkstänze; gesellige Zusammenkünfte in Restaurants und in Privathäusern und viel Zeit zur freien Verfügung. Wir planen ferner, unseren Gästen handgemachte koreanische Souvenirs zu überreichen. […] In-sob Zong. Präsident.«
[123] Brief an Heinz Graumann vom 23. Dezember 1957. (DLA)
[124] Richard Friedenthal, *Die Party bei Herrn Tokaido*, S. 240.
[125] Ebd., S. 242.
[126] Ebd., S. 263.
[127] Theo Sommer, »Die Anti-Reportage. Japan auf den ersten Blick – und aus zweiter Hand«. In: *Die Zeit* vom 10. Oktober 1958.

Die Zeit der Ernte

1 Kläre Eichholz, »Gar nichts tun ist gefährlich ... Der Fall Solschenizyn – Gespräch mit Richard Friedenthal«. In: *Die Welt* vom 16. März 1970.

2 Schon am 12. Juni 1956 hatte er an Willy Haas, der damals Feuilletonredakteur der *Welt* war, geschrieben: »Mein nächster Roman steckt schon in der Maschine: ›Das Wachstum einer Zelle‹, eine Studie zur modernen Bürokratie, die ich ja auch in verschiedenen Abarten studiert hatte. Dann kommt ›1913‹, der erste Band eines grossen Berliner Zeitromans, der mit der Jugendbewegung anhebt und über den 1. Krieg bis zur glorreichen und jetzt schon ach so historisch gewordenen Zeit der zwanziger Jahre führt.« (DLA)

3 Am 16. Dezember 1956 schrieb Friedenthal an Lilli: »Dann kommt BERLIN 1913, wozu auch Du etwas beisteuern sollst.« (DLA)

4 Richard Friedenthal, »Der Menschenfreund«. In: *Hermann Kesten. Ein Buch der Freunde. Zum 60. Geburtstag am 28. Januar 1960.* Überreicht von Verlag Kurt Desch München, Verlag Kiepenheuer & Witsch Köln, Büchergilde Gutenberg Frankfurt a.M. 1960, S. 71.

5 Richard Friedenthal, »Wie England es sieht«. In: Gert Kalow (Hrsg.), *Sind wir noch das Volk der Dichter und Denker. 14 Antworten.* Reinbek bei Hamburg: Rowohlt 1964, S. 77f.

6 Richard Friedenthal, »Nachwort«. In: Walter Mehring, *Großes Ketzerbrevier. Die Kunst der lyrischen Fuge.* München: Deutscher Taschenbuch Verlag 1975, S. 349-356; Erstausgabe: München, Berlin: F.A. Herbig 1974.

7 Richard Friedenthal, »Zum Thema Biographie«. In: *Deutsche Akademie für Sprache und Dichtung. Darmstadt. Jahrbuch* 1971. Heidelberg, Darmstadt: Verlag Lambert Schneider 1972, S. 99-102.

8 Ebd., S. 101.

9 Ebd., S. 102

10 Carl Justi, *Winckelmann. Sein Leben, seine Werke und seine Zeitgenossen.* Bd. 1: Leipzig 1866, und Bd. 2: *Winckelmann in Rom.* Leipzig 1872.

11 »Hans F. Nöhbauer sprach mit: Richard Friedenthal. ›Große Marx-Worte, die gar nicht von Marx stammen ...‹«. In: *Buchreport* H. 33 (18. August 1978), S. 72.

12 Richard Friedenthal/Nino Erné, »Vom Handwerk des Schreibens. Tonbandaufzeichnung eines Gesprächs«. In: Richard Friedenthal, *... und unversehens ist es Abend. Von und über R.F.: Essays, Gedichte, Fragmente, Würdigung, Autobiographisches.* Hrsg. von Klaus Piper. München, Zürich: R. Piper & Co. 1976, S. 78.

13 »Hans F. Nöhbauer sprach mit: Richard Friedenthal«, S. 72.

14 Richard Friedenthal/Nino Erné, »Vom Handwerk des Schreibens«, S. 78.

15 Peter de Mendelssohn, »Ansichten der Biographie. Für Richard Friedenthal«. In: Richard Friedenthal, *... und unversehens ist es Abend*, S. 235.

16 Ernst Johann, »Die Welt im Spiegelbild der großen Menschen. Goethe und Luther vom Sockel gestürzt: die Biographie als Kunst der ›Entzaube-

rung‹ / Richard Friedenthal zum achtzigsten Geburtstag«. In: *Frankfurter Allgemeine Zeitung* vom 9. Juni 1976.

17 Richard Friedenthal/Nino Erné, »Vom Handwerk des Schreibens«, S. 81.

18 Richard Friedenthal, *Leonardo. Eine Bildbiographie*. München: Kindler 1959, S. 32.

19 Ebd., S. 94f.

20 Ebd., S. 72.

21 Ebd., S. 79.

22 Mit Bezug auf Leonardos Pflanzenzeichnungen aus seinen letzten Lebensjahren. Ebd., S. 122.

23 Originaltext: *»In these pages the chief stress has been laid on the artists' personal utterances, in an attempt to bring out the highly important influence of the experiences they went through in life.«* Richard Friedenthal, *Letters of Great Artists from Blake to Pollock*. New York: Random House 1963, S. 8.

24 Friedenthal in dem Fernsehporträt »Zur Ansicht: Richard Friedenthal« von 1977. Buch: Christiane Soetbeer, Regie: Ernst-Günther Seibt.

25 Richard Friedenthal, *Goethe. Sein Leben und seine Zeit*. Stuttgart, Hamburg: Deutscher Bücherbund 1963, S. 658.

26 Emil Ludwig, *Goethe. Geschichte eines Menschen*. Berlin 1920.

27 »Goethe-Biographie. Olympiade im Staub«. In: *Der Spiegel* vom 9. Oktober 1963.

28 Richard Friedenthal, zitiert nach Hanns Arens, »Zum 75. Geburtstag von Richard Friedenthal«. In: *Eßlinger Zeitung* vom 25. September 1971.

29 Marleen Schmeißer, »Richard Friedenthal: Goethe. Sein Leben und seine Zeit«. In: *Neue Deutsche Hefte*, H. 99 (Mai-Juni 1964), S. 149.

30 Richard Friedenthal, zitiert nach Hanns Arens, »Zum 75. Geburtstag von Richard Friedenthal«.

31 Joachim Günther, »Goethe heute. Ein Vortrag von Richard Friedenthal in der Urania«. In: *Tagesspiegel* vom 27. November 1964. Friedrich Gundolfs *Goethe* erschien zuerst 1916.

32 Gero von Wilpert, *Sachwörterbuch der Literatur*. 7. Aufl., Stuttgart 1989, S. 1030.

33 Richard Friedenthal, *Goethe*, S. 6.

34 Ebd., S. 108.

35 Ebd., S. 132.

36 Ebd., S. 270.

37 Ebd., S. 181.

38 Ebd., S. 190.

39 Ebd., S. 250.

40 Ebd., S. 594.

41 Ebd., S. 507.

42 Ebd., S. 282.

43 Ebd., S. 635. Marleen Schmeißer schreibt dazu: »Die ›vielfach bezeugte‹ Kälte und Gleichgültigkeit Goethes, seinen Menschenverbrauch übertreibt

Friedenthal wahrscheinlich im Zuge eines solchen Eigenschaften zuvorkommenden Goethebildes. Aber er begreift diese dann doch als Bedingtheiten einer komplizierten Schöpferexistenz, für deren Größe und Zauber er ein lebhaftes Empfinden hat. Wenn er es auch nur zurückhaltend äußert, bleibt sein Engagement doch immer fühlbar.« M.S., »Richard Friedenthal: Goethe. Sein Leben und seine Zeit«. In: *Neue Deutsche Hefte*, Heft 99 (Mai-Juni 1964), S. 149.

44 Ebd., S. 426f.

45 Ebd., S. 329.

46 Ebd., S. 521.

47 Ebd., S. 582.

48 Ebd., S. 609 bzw. S. 614.

49 Richard Friedenthal/Nino Erné, »Vom Handwerk des Schreibens«, S. 76.

50 Eine solche Miszelle trug Friedenthal auch zu dem Sammelband: Klaus Piper (Hrsg.), *Stationen. Piper-Almanach. 1904-1964* (München 1964), S. 184-191, bei, indem er unter der Überschrift »Eine Faust-Karikatur« von einem Besuch Goethes bei dem Helmstedter Professor Gottfried Christoph Beireis, einem berühmten Original, berichtet.

51 Georg Ramseger, »Ein Risiko?« In: Richard Friedenthal, *... und unversehens ist es Abend*, S. 255f.

52 Ebd., S. 257.

53 Zitiert nach Georg Ramseger, »Ein Risiko?«, S. 259.

54 Peter de Mendelssohn, »Ansichten der Biographie. Für Richard Friedenthal«. In: Richard Friedenthal, *... und unversehens ist es Abend*, S. 247.

55 Brief an Otto Heuschele vom 30. September 1966. (DLA)

56 Leserbrief an die *Welt*, veröffentlicht am 25. Juni 1963.

57 Leserbrief an die *Welt*, ebd.

58 *Abendzeitung* (*AZ*-Feuilleton) vom 8./9. Juni 1966.

59 Zitiert nach *Goethe und die Folgen ... Richard Friedenthals Buch in der Diskussion*. München: R. Piper & Co. [1964], S. 27.

60 Von Friedenthal zitiert in dem Fernsehporträt »Zur Ansicht: Richard Friedenthal« (1977).

61 Leserbrief an die *Welt*, veröffentlicht am 25. Juni 1963.

62 Artikel in der *Welt* vom 13. Juli 1963. Zitiert nach Georg Ramseger, »Ein Risiko?«, S. 262.

63 Ebd., S. 263.

64 In einer Art Zwischenbilanz des Piper Verlags heißt es: »Die Meinung der Kritik zum Buch ist bis heute rein quantitativ etwa wie folgt geteilt: vier Rezensenten beurteilten das Buch ganz negativ, neunzehn verbinden ein eingeschränktes Lob mit mehr oder weniger starken Einwänden, dreiundvierzig Kritiker drücken Zustimmung, Anerkennung und Begeisterung aus.« Ebd., S. 9.

65 Rezension in der *Hannoverschen Allgemeinen* vom 19. Dezember 1963. Zitiert nach: *Goethe und die Folgen*, S. 12. Der Freiburger Romanist Hugo Friedrich schrieb in einem Brief an Friedenthal: »Es ist ein ungewöhn-

liches Buch. Das Ungewöhnlichste, so scheint mir, liegt darin, daß Sie alle Menschlichkeiten, Alltagsgebundenheiten, Anfälligkeiten Goethes aufdecken, ohne daß Goethe im geringsten dadurch destruiert wird. Vielmehr nötigen Ihre Aufdeckungen zum Staunen darüber, welch ein Œuvre aus diesem so gefährdeten Leben hervorgegangen ist, und wie die Weite und Allseitigkeit diese Œuvres die Enge des Milieus überwunden und die Schwankungen seines menschenverbrauchenden Autors vergeistigt und damit unsichtbar gemacht hat.« Ebd., S. 27.

66 Hans Schwab-Felisch, »An Goethe entzündet sich noch immer heftiger Meinungsstreit. Richard Friedenthals Goethebuch in Zustimmung und Ablehnung«. In: *Rheinische Post* vom 4. April 1964.

67 John Nowell, »Richard Friedenthal übersetzen«. In: Richard Friedenthal, *... und unversehens ist es Abend*, S. 251. Originaltext: *»I hesitated to accept because I was about to leave England to live in the south of France and wondered whether this would make the necessary collaboration impracticable.«* (DLA)

68 Ebd., S. 251. Originaltext: *»The result was that when ›Goethe: His Life and Times‹ was published, it was the rarest of things, a truly authorised translation.«* (DLA)

69 Brief an Erich Kästner vom 28. Juli 1963. (DLA)

70 *Goethe-Weisheiten im ernsten und heiteren Ton*. Ausgewählt von Richard Friedenthal. Stuttgart, Hamburg: Deutscher Bücherbund [1964], S. 94.

71 Ebd., S. 94.

72 Richard Friedenthal, *Luther. Sein Leben und seine Zeit*. München: R. Piper & Co 1967, S. 124.

73 Ebd., S. 207.

74 Ebd., S. 242.

75 Ebd., S. 258 bzw. 260.

76 E-mail vom 29. Oktober 2001.

77 Richard Friedenthal, *Luther. Sein Leben und seine Zeit*. München: R. Piper & Co 1967, S. 222.

78 Ebd., S. 263.

79 Ebd., S. 272.

80 Ebd., S. 273. Ähnlich schreibt er schon vorher, ebd., S. 129f.: »Nichts lag Luther ferner, als ein Rebell zu werden. Er war eine von Grund auf konservative Natur und ist das in vieler Beziehung stets geblieben. [...] Aber er lebte in einer rabiaten, rebellischen Zeit und wurde ihr größter Sohn, ein Umstürzler, wie ihn die Welt kaum je gesehen hatte.«

81 Ebd., S. 276.

82 Ebd., S. 303f.

83 Ebd., S. 349.

84 Ebd., S. 523.

85 Ebd., S. 520.

86 Ebd., S. 601.

87 Ebd., S. 608.

[88] Ebd., S. 280.
[89] Ebd., S. 448.
[90] Ebd., S. 598.
[91] Frau Professor Dr. Martha Friedenthal-Haase schreibt in ihrer E-mail vom 29. Oktober 2001: »Es tat meinem Onkel durchaus wohl, daß verschiedene Theologen ihm freundliche Briefe schrieben und ihn dabei mit ›sehr geehrter Herr Kollege‹ anredeten. Ähnliches war ihm von Professoren der Germanistik nie widerfahren.«
[92] *Abendzeitung* (*Az*-Feuilleton) vom 8./9. Juni 1966.
[93] Heinz Zahrnt, »Wir und die Reformation. Von morgen an in der WELT: Richard Friedenthals Luther-Buch«. In: *Die Welt* vom 30. Juni 1967.
[94] Richard Friedenthal, »›Hier stehe ich …‹ Luther und das Lutherverständnis. Vortrag am 22. April 1971«. In: Fritz Reuter (Hrsg.), *1521 Luther in Worms 1971. Ansprachen, Vorträge, Predigten und Berichte zum 450-Jahresgedenken*. Worms: Stadtarchiv Worms 1973, S. 60-72.
[95] Ebd., S. 71f.
[96] Richard Friedenthal, »›Das evangelische Pfarrhaus im deutschen Kulturleben‹. Vortrag zur Tagung der deutschen Luthergesellschaft«. In: *Zeitschrift der Luthergesellschaft*. Hamburg 1971.
[97] Franz Wirth, »Von ihm spricht man«. *Die Welt am Sonntag* vom 20. November 1969. Friedenthal rechtfertigt seine Wahl des Essays auch, wenn er schreibt: »[…]; ich habe die Form von drei Essays dafür gewählt, und nicht aus Bequemlichkeit oder Scheu vor der Arbeit, sondern weil es sich in der Tat, auch bei diesen Großen nur um Versuche handelt, um Anläufe, das gewaltige und bis heute nicht verwirklichte Unternehmen der Freiheit und Selbstverantwortung des Menschen zu verwirklichen.« »Richard Friedenthal über sein neues Buch Entdecker des Ich. Montaigne – Pascal – Diderot, das im Herbst 1969 im Piper-Verlag erscheint.« Informationstext des Piper Verlags. München 1969, o.S.
[98] Ebd.
[99] Vgl. R. J. Humm, »Entdecker des Ich. Richard Friedenthals Essays über Montaigne, Pascal und Diderot«. In: *Die Weltwoche*. Datum nicht ermittelt; Dortmunder Autorendokumentation, Stadtbücherei Dortmund.
[100] Richard Friedenthal, *Entdecker des Ich. Montaigne – Pascal – Diderot*. München: R. Piper & Co. 1969, S. 63.
[101] Ebd., S. 70.
[102] »Richard Friedenthal über sein neues Buch Entdecker des Ich.«
[103] Elke Brandt, »Ohne Perücke. Montaigne, Pascal, Diderot: Wegbereiter des Existentialismus«. 5. Dezember 1969. Erscheinungsort nicht ermittelt; Dortmunder Autorendokumentation, Stadtbücherei Dortmund.
[104] »Biographien. Friedenthal. Dreimal Ich«. In: *Der Spiegel* vom 1. Dezember 1969.
[105] Richard Friedenthal, *Entdecker des Ich*, S. 229.
[106] Ebd., S. 230.

[107] »Richard Friedenthal über sein neues Buch Entdecker des Ich. Montaigne – Pascal – Diderot«.

[108] François Bondy, »Friedenthals Trio. Nach Goethe und Luther nun Montaigne, Pascal und Diderot«. In: *Die Zeit* vom 16. Januar 1970.

[109] »Biographien. Friedenthal. Dreimal Ich«.

[110] Vgl. ebd., S. 348.

[111] Richard Friedenthal, *Entdecker des Ich*, S. 257.

[112] Vgl. ebd., S. 393.

[113] François Bondy, »Friedenthals Trio«.

[114] Heinz Ludwig Arnold, »Nachrichten statt Pointen. Friedenthals neue biographische Porträts«. In *Christ und Welt* vom 5. Dezember 1968; unter der Überschrift »Drei biographische Etüden von Richard Friedenthal« auch in: *Die Tat* vom 24. Januar 1970.

[115] Werner Ross, »Drei auf einen Schlag. Historische Medaillons von Friedenthal«. In: *Süddeutsche Zeitung* vom 13. November 1969.

[116] Friedrich Weigand, »Aus dem Album der Gelehrtenrepublik. Richard Friedenthal über Montaigne, Pascal und Diderot«. In: *Stuttgarter Zeitung* vom 29. November 1969.

[117] Walter Hilsbecher, »Irrationales ausgespart«. In: *Frankfurter Hefte* 26,2 (Februar 1971), S. 140.

[118] Joachim Günther, »Entdeckten sie das Ich? Richard Friedenthal über Montaigne, Pascal, Diderot«. In: *Frankfurter Allgemeine Zeitung* vom 28. Februar 1970.

[119] Richard Friedenthal, *Ketzer und Rebell. Jan Hus und das Jahrhundert der Revolutionskriege*. München: R. Piper und Co. 1972, S. 11.

[120] Vgl. Golo Mann, »Hus oder es konnte kein gutes Ende nehmen. Richard Friedenthals historische Erzählung: ›Ketzer und Rebell‹«. In: *Frankfurter Allgemeine Zeitung* vom 18. November 1972.

[121] Richard Friedenthal, *Ketzer und Rebell*, 1972, S. 10f.

[122] Ebd., S. 11.

[123] Ebd., S. 141.

[124] Ebd., S. 150f.

[125] Ebd., S. 259.

[126] Ebd., S. 280.

[127] Ebd., S. 299.

[128] Ebd., S. 451.

[129] Klaus Piper, *Lesen heißt doppelt leben. Erinnerungen*. Unter Mitarbeit von Dagmar von Erffa. München, Zürich 2000, S. 233.

[130] Wolfgang Bartsch, »Jan Hus stritt um den Kelch. Richard Friedenthals Buch über den böhmischen ›Ketzer‹«. In: *Frankfurter Rundschau* vom 3. März 1973.

[131] Vgl. Golo Mann, »Hus oder es konnte kein gutes Ende nehmen. Richard Friedenthals historische Erzählung: ›Ketzer und Rebell‹«. In: *Frankfurter Allgemeine Zeitung* vom 18. November 1972.

[132] Christine Soetbeer, »Nachwort«. In: Richard Friedenthal, *Karl Marx. Sein Leben und seine Zeit*. München, Zürich: R. Piper & Co. 1981, S. 624.
[133] Ebd.
[134] Zitiert nach Christian Ferber, »Richard Friedenthal, der Hommes de lettres von Geblüt, ist 80 Jahre alt – Ein Besuch in seiner Londoner Studierstube. Auf Spurensuche in der Terra incognita«. In: *Die Welt* vom 9. Juni 1976. An anderer Stelle sagt Friedenthal, er sei durch sein »Interesse am 19. Jahrhundert« zu Marx gekommen: »Das war eigentlich stärker als das Interesse an der Persönlichkeit von Marx. Ob man ihn nun liebt oder haßt, was ich beides für mich ablehnen würde, ich liebe nicht und ich hasse nicht in solchen Fällen – er ist eine der großen Erscheinungen des 19. Jahrhunderts.« Richard Friedenthal/Nino Erné, »Vom Handwerk des Schreibens«, S. 84.
[135] Christine Soetbeer, »Nachwort«, S. 623.
[136] »Hans F. Nöhbauer sprach mit: Richard Friedenthal«, S. 69.
[137] Richard Friedenthal, *Karl Marx*, S. 51.
[138] Ebd., S. 267.
[139] Ebd., S. 450.
[140] Ebd., S. 464.
[141] Ebd., S. 470.
[142] Ebd., S. 485.
[143] Ludger Lütkehaus, »Die Historia vom berüchtigten Dr. Marx. Zur Biographie Richard Friedenthals über den ›Chef der Weltrevolution‹ – Einige kritische Fragen«. In: *Badische Zeitung* vom 8./9. Mai 1982.
[144] Ebd., S. 284.
[145] Richard Friedenthal, *Karl Marx*, S. 17.
[146] Ebd., S. 206.
[147] Ebd., S. 183.
[148] Ebd., S. 183.
[149] »Hans F. Nöhbauer sprach mit: Richard Friedenthal«, S. 72.
[150] Christine Soetbeer gehört dem Jahrgang 1945 an.
[151] Christine Soetbeer, »Nachwort«, S. 624.
[152] Wolfgang Schirmacher, »Karl Marx als Zeitgenosse«. In: *Kieler Nachrichten* vom 10. Mai 1982.
[153] Ludger Lütkehaus, »Die Historia vom berüchtigten Dr. Marx«.
[154] Brief vom 20. Dezember 1976. (DLA)
[155] Ernst Johann, »Ihm selbst genügen vierzig Seiten. Ein Geburtstagsbuch für den Biographen Richard Friedenthal«. In: *Frankfurter Allgemeine Zeitung* vom 22. Januar 1977.
[156] »Am Abend: Richard Friedenthal«. In: *Westermanns Monatshefte* vom April 1977.
[157] Offensichtlich eine Anspielung auf die naturalistische Literaturtheorie Emile Zolas. Richard Friedenthal/Nino Erné, »Vom Handwerk des Schreibens«, S. 100f.

[158] Angesichts von Friedenthals umfangreicher Korrespondenz ließen sich natürlich auch z.B. Otto Veit, Steffen Steffensen und Nino Erné anführen.
[159] Gemeint war der damalige regierende Bürgermeister von Berlin, Klaus Schütz.
[160] Ähnliches schreibt Friedenthal am 1. Juli 1968 an Harry Pross. (DLA)
[161] Fernsehporträt »Zur Ansicht: Richard Friedenthal« (1977).
[162] Richard Friedenthal: *Gedichte für meine Freunde*. Mit einem Gruß von Erich Kästner. München: R. Piper & Co. 1966, S. 26; auch in: R. F., *... und unversehens ist es Abend*, S. 142.
[163] Vgl. Brief an Odette Arens, die Frau von Hanns Arens, vom 28. November 1974. (DLA)
[164] Vgl. ebd.
[165] Volker Soetbeer hatte mit einem Brief vom 10. November 1959 nach vielen Jahren (»Länger als ein Menschenleben hörten wir nichts von einander.«) den Kontakt mit Friedenthal wieder aufgenommen.
[166] Brief an Frau Dagmar Henne vom 8. Januar 1976 (DLA). Dagmar Henne war zeitweilig die Sekretärin Friedenthals in London. Später leitete sie die Literaturagentur »Agence Hoffmann« in München.
[167] »Die Dichter wollen entweder nützen oder ergötzen.«
[168] Frau Professor Dr. Martha Friedenthal-Haase in ihrer E-mail vom 29. Oktober 2001.
[169] Frau Professor Dr. Friedenthal-Haase in ihrer E-mail vom 29. Oktober 2001.
[170] Ernst Johann, »Die Welt im Spiegelbild der großen Menschen.«
[171] Hilde Spiel, »Verlorene Liebesmüh? Richard Friedenthal und der PEN«. In: Richard Friedenthal, *... und unversehens ist es Abend*, S. 269.
[172] Klaus Piper, *Lesen heißt doppelt leben*, S. 234.
[173] Christine Soetbeer in einem Telefongespräch mit H.W. am 26. Februar 2001.
[174] Hilde Spiel, »Poetischer Polyhistor. Zum Tode Richard Friedenthals«. In: *Deutsche Akademie für Sprache und Dichtung. Jahrbuch 1979*. II. Lieferung. Heidelberg 1979, S. 114.
[175] Ebd.

Bibliographie Friedenthals (Bücher)

Lyrik

Tanz und Tod. Berlin: Egon Fleischel & Co., 1918.
Dementer. Berlin: Axel Juncker Verlag 1924.
Brot und Salz. London 1943 (»Die Ausgabe besorgte Jakob Hegner«; Druck: Barnard & Westwood, Ltd., London.)
Gedichte für meine Freunde. München: R. Piper & Co. 1966.

Erzählendes

Der Fächer mit der goldenen Schnur. Berlin: Axel Juncker Verlag 1924 (Orplid-Bücherei, Nr. 53).
Der Heuschober. Novelle. Stuttgart: Deutsche Verlagsanstalt 1925 (Falkebücherei, Nr. 31).
Marie Rebscheider. Vier Novellen. Leipzig: Insel-Verlag 1927 (Marie Rebscheider, Arcangeli, Habakuk, Der Heuschober).
Das Erbe des Kolumbus. Novelle. In: *Insel-Almanach auf das Jahr 1929*. Leipzig: Insel-Verlag 1929. S. 23-56.
Der Eroberer. Ein Cortes-Roman. Leipzig: Insel-Verlag 1929.
Das Erbe des Kolumbus. Fünf Novellen. Stuttgart, Esslingen: Bechtle Verlag 1950 (Marie Rebscheider, Arcangeli, Der Heuschober, Das Erbe des Kolumbus, Das Spießrutenlaufen).
Die Welt in der Nußschale. Roman. München: R. Piper & Co. 1956.
Die Party bei Herrn Tokaido. Begegnungen im heutigen Japan. München: R. Piper & Co. Verlag 1958.
Große Erzählungen. München, Berlin: Herbig-Verlag 1976 (alle in früheren Sammlungen veröffentlichten Erzählungen).

Biographien

Georg Friedrich Händel in Selbstzeugnissen und Bilddokumenten. Hamburg: Rowohlt Taschenbuch Verlag 1959 (Rowohlts Monographien, Bd. 26).

Leonardo da Vinci. Eine Bildbiographie. München: Kindler Verlag 1959 (Kindlers klassische Bildbiographien).

Goethe. Sein Leben und seine Zeit. München: R. Piper & Co. 1963. Taschenbuchausgabe: München: Deutscher Taschenbuch Verlag 1968.

Luther. Sein Leben und seine Zeit. München: R. Piper & Co. 1967. Taschenbuchausgabe: München: Deutscher Taschenbuch Verlag 1975.

Entdecker des Ich: Montaigne, Pascal, Diderot. München: R. Piper & Co. 1969.

Ketzer und Rebell. Jan Hus und das Jahrhundert der Religionskriege. München: R. Piper & Co. 1972. Taschenbuchausgabe: München: Deutscher Taschenbuch Verlag 1977.

»... und unversehens ist es Abend«. In: *»... und unversehens ist es Abend«. Von und über Richard Friedenthal: Essays, Gedichte, Fragmente, Würdigung, Autobiographisches.* Hrsg. von Klaus Piper. München, Zürich: R. Piper & Co. 1976, S. 23-64.

Karl Marx. Sein Leben und seine Zeit. Redaktion: Christine Soetbeer. München, Zürich: R. Piper & Co. 1981.

Kulturgeschichtliches

Die englische Kultur. Eine Übersicht. Bad Godesberg: Publications Branch. British Information Services 1953 (Beilage der *Englischen Rundschau*).

London zwischen Gestern und Morgen. München, Wien: Wilhelm Andermann 1960.

Herausgebertätigkeit

Knaurs Konversations-Lexikon. A-Z. Berlin: Verlag von Th. Knaurs Nachf. 1932 (eig. Spätherbst 1931).

Goethes Werke in zwei Bänden. Vorwort von Gerhart Hauptmann. Berlin: Th. Knaur 1932. Erw. Ausg. München: Droemersche Verlagsanstalt 1953

Knaurs Jugendlexikon. München: Droemersche Verlagsanstalt 1953.

Goethes Englische Werke. Für die Maximiliansgesellschaft Oktober 1961 von den in England ansässigen Mitgliedern gestifteter Privatdruck in 500 Ex. Druckanordnung von Hans Schmoller.

Goethe-Weisheiten im ernsten und heiteren Ton. Stuttgart, Hamburg: Deutscher Bücherbund 1964.
Goethes Werke in zehn Bänden. Stuttgart: Deutscher Bücherbund 1965 (Text der Artemis-Ausgabe; Biographisches Nachwort).
(Gemeinsam mit Stefan Zweig) Übersetzung von Irwin Edmans *Ein Schimmer Licht im Dunkel*. Stockholm: Bermann-Fischer 1940 (Schriftenreihe »Ausblicke«).
Stefan Zweig, Werke und Briefe:
Balzac. Stockholm: Bermann-Fischer 1946.
Zeit und Welt. Gesammelte Aufsätze und Vorträge 1904-1940. Stockholm: Bermann-Fischer 1946.
Europäisches Erbe. Frankfurt a.M.: S. Fischer 1960.
Die Dramen. Frankfurt a.M.: S. Fischer 1964.
Novellen der Leidenschaft Zürich: Buchclub Ex Libris. 1966.
Die Gedichte. Frankfurt a.M.: S. Fischer 1970.
Erstes Erlebnis. Vier Geschichten aus Kinderland. Frankfurt a.M.: S. Fischer 1976.
Briefe an Freunde. Frankfurt a.M.: S. Fischer 1978.

Publikationen in englischer Sprache

A Goethe Chronicle. Wood engravings by Helmut Weissenborn. London: The Acorn Press 1949.
German Study Guide. German. How to speak and write it. By Joseph Rosenberg. London: Odhams Press (1947), 1949.
Letters of Great Artists. 2 Bde. Bd. 1: *From Ghiberti to Gainsborough*; Bd. 2: *From Blake to Pollock*. London: Thames & Hudson 1963; New York: Random House 1963.

Personenregister

(Richard Friedenthal sowie Verlagsnamen wurden nicht in das Register aufgenommen)

Abbey, William 284f.
Adenauer, Konrad 178
d'Ailly (siehe Pierre d'Ailly)
Alberman, Eva 83, 143, 281
Altmann, Hannah 83, 85, 98, 100, 170, 185, 187, 261, 290
Altmann, Lotte (siehe Zweig, Lotte)
Altmann, Manfred 83, 85, 100, 170, 185, 187, 261, 283, 290
d'Amée, Lili (siehe Viasmensky, Lilli [Lili])
Améry, Jean (eig. Hans Maier) 192
Andres, Stefan 180
Anton (Hausdiener) 20f.
Ardrey, Robert 96
Arens, Hanns 51, 132, 144f., 147f., 154, 159f., 221, 277-280, 289f., 293, 296, 302
Arens, Odette 302
Areopagita (siehe Dionysius Areopagita)
Ariost(o), Ludovico 12
Arnold, Heinz Ludwig 250, 300

Bach, Johann Sebastian 22, 35
Bach, Lisa (Liselotte, eig. Elisabeth Charlotte) (siehe Friedenthal, Lisa)
Ball, John 252
Balzac, Honoré de 15, 85, 87, 218f., 281
Bär (od. Beer), Markus 14f., 154
Barbusse, Henri 34
Bartsch, Wolfgang 254, 300
Baudelaire, Charles 218
Bäumcker, Clemens 40
Baur-Callwey, Karl 262
Becher, Johannes R. 124, 126f., 129, 133, 180, 187, 191
Bechtle, Otto Wolfgang 159
Beer, Fritz 284, 287
Beerbohm, Max 199
Beethoven, Ludwig van 15, 35, 244
Beheim(-Schwarzbach), Martin 49, 108, 121, 199, 263, 266, 283
Behrens, Peter 22
Beireis, Gottfried Christoph 297
Bellman, Karl Michael 108
Benedikt, Curt 138
Benjamin, Uri 281-283
Bennigsen, Rudolf von 16
Bentley, Phyllis 122
Berendsohn, Walter A. 126, 285
Berg, Alban 64
Bergengruen, Werner 126
Bergsträsser, Arnold 181f.
Bermann(-Fischer), Gottfried 148f., 182, 290
Bernhard, Georg 114
Bernstein, Eduard 255
Binding, Rudolf Georg 154

Bischoff, Käthe
(siehe Friedenthal, Käthe)
Bischoff, Reinhard 17
Bischoff, Susanne 167, 287
Bismarck, Otto Fürst von 16, 36
Blake, William 108, 225, 296
Bloch, Ernst 219
Blüher, Hans 39
Boccaccio, Giovanni 220
Bondy, François 249, 300
Bonham-Carter (Lady) 104
Bora, Katharina von 243
Boswell, James 221
Brand, Guido K. 56
Brandeis, Annette 110, 137
Brandt, Elke 247, 299
Brandt, Willy 192
Braun, Felix 109, 180
Braun, Lily 27
Braun, Otto 27
Brecht, Bertolt 182f., 187
Bredel, Willi 188
Brentano, Bernard von 114, 182
Brinitzer, Carl 199
Brion, Friederike 230, 236
Brod, Max 46
Brooks, C. 104
Bruckner, Ferdinand (eig. Theodor Tagger) 122
Bruno, Giordano 16
Buber, Martin 87
Bucharin, Nikolaj Iwanowitsch 39
Buck, Pearl S. 161
Buff, Charlotte 231
Burgauner, Christoph 278
Burschell, Friedrich 118-120, 123f.
Busch, Fritz Otto 112
Butler, Samuel 174, 289f.

Cabet, Etienne 258
Cajetan(us), Thomas de Vio 241
Carlyle, Thomas 157
Carossa, Hans 87, 292
Carsten, Francis L. 280f.
Carver, David 180, 186, 189
Ch'ien, Hsiao 122
Chesterton, Gilbert 96
Chotjewitz, Peter O. 194
Columbus, Christoph
(siehe Kolumbus, Christoph)
Corinth, Lovis 23, 64
Cortes, Hernando
(siehe Cortez, Hernando)
Cortez, Hernando 53, 57-60, 96, 195, 271, 279
Cotta, Johann Friedrich 16
Cromwell, Oliver 220

Dawson, Catherine Amy 111
Dehmel, Richard 87
Dernbach, Jupp 282
Dernbach, Miette 92, 96, 100, 282
Dernbach, Mireille 138
Dernburg (Architekt) 22
Dickens, Charles 150, 199
Diderot, Denis 6, 174, 244, 248f., 274, 299f.
Diederichs, Eugen 39
Dionysius Areopagita 103
Döblin, Alfred 130f.
Donne, John 108
Dos Passos, John 122
Droemer, Adalbert 65f., 71, 173
Droemer, Willy 68, 71, 160, 162, 170-176, 280, 290
Droste-Hülshoff, Annette von 166
Duncan, Isadora 22
Dürer, Albrecht 244

Ebert, Friedrich 37
Eckermann, Johann Peter 231
Edschmid, Kasimir (eig. Eduard Schmid) 110, 129, 133, 161, 164, 180, 183-185, 195, 286, 291
Egge (Pianist) 165
Eichendorff, Joseph von 25

Eichholz, Kläre 295
Eliot, T[homas] S[tearns] 148, 200, 293
Elster, Alfred 16
Elster, Christian 284
Elster, Georg Samuel 17
Elster, Hanns Martin 112, 283f.
Elster, Johann Christian 16, 284
Elster, Martha (siehe Friedenthal, [Anna Ludowika] Martha)
Enderle, Luiselotte 164
Engel, Fritz 45
Engels, Friedrich 258
d'Epinay, Louise 248
Eppelsheimer, Hans Wilhelm 183
Erasmus von Rotterdam 243
Erdman, Irvin 88
Erffa, Dagmar von 289, 300
Erné, Nino 146, 232, 262, 278, 288, 293, 295-297, 301f.

Fay, Sidney B. 69
Ferber, Christian 301
Feuchtwanger, Lion 113f., 292
Feuerbach, Ludwig 258
Fiechtner (Professor) 180
Fleischel, Egon 42
Flesch-Brunningen, Hans 111, 179, 185
Foerster, Gundula (Gundel) 167, 170, 278, 281, 287f., 290
Foerster, Wolfdietrich 290
Fontane, Theodor 162, 200, 238, 274, 276
Forster, Edward M. 122
Fouché, Joseph 221
Fourier, Charles 258f.
Fraenkel, Heinrich 197
Frank, Bruno 114
Franz, Erich 235
Franzen, Erich 166, 181-183
Frenzel, Ivo 262, 277
Freud, Anna 144
Freudenberg (Nachbar) 23
Freund, J. Hellmut 279, 281
Friedenthal, Amalie 136
Friedenthal, (Anna Ludowika) Martha 14, 16-18, 24, 26f., 29, 32, 38, 40, 52, 56, 64, 66, 70, 134-136, 143, 147, 150, 152f., 169f., 192, 270, 277f., 281f., 287f.
Friedenthal, Antoinette 168f.
Friedenthal, Friedrich 15, 255
Friedenthal, Gundula (Gundel) (siehe Foerster, Gundula [Gundel])
Friedenthal, Hans (Wilhelm Carl) 11-17, 20f., 24, 26-29, 33, 38, 43-45, 62, 134f., 143, 273
Friedenthal, Karl Wilhelm 15
Friedenthal, Käthe 17, 19, 24, 29, 32f., 36, 134-136, 167, 169, 170
Friedenthal, Lisa (Liselotte eig. Elisabeth Charlotte) 33, 64, 78, 110, 136-141, 143-146, 155, 165, 168-170, 175, 178f., 233, 261, 263, 268, 287
Friedenthal, Louis Ferdinand 15
Friedenthal, Markus (siehe Bär [od. Beer], Markus)
Friedenthal, Martha (siehe Friedenthal, [Anna Ludowika] Martha)
Friedenthal, Paul Gaspard 15, 19, 29, 31
Friedenthal, Rudolf 16, 45
Friedenthal, Walter 17, 19, 24, 134-136, 143, 168, 288
Friedenthal-Haase, Martha (Renate) 136, 144f., 168-170, 178, 241, 274, 278, 282f., 287-291, 298, 302
Friedericus (siehe Friedrich II., preuß. König)
Friedmann, Hermann 101, 111, 124, 127-129, 132f., 281, 283, 286
Friedrich II., der Weise, Kurfürst 243
Friedrich II., der Große, preuß. König 132, 158

Friedrich, Hugo 297
Fry, Lore 110

Gainsborough, Thomas 225
Galiani, Abbé 174
Galsworthy, John 96, 111-113
Garcia Lorca, Federigo 108
Gauguin, Paul 200
George, Manfred 162, 290
George, Stefan 48, 179
Gerson, Jean 253
Ghiberti, Lorenzo 225
Gillman, Leni 280f.
Gillman, Peter 280f.
Goeritz, Erich 64
Goethe, August von 231
Goethe, Johann Caspar 230
Goethe, Johann Wolfgang von 6, 9f., 15f., 20, 60, 70, 139f., 157, 164, 176f., 186, 191, 227-239, 243f., 249f., 254f., 259, 261f., 274, 277, 279, 295-298, 300
Gogh, Vincent van 23, 200
Gonelli (ital. Erziehungsminister) 157
Gooch, G[eorge] P[eabody] 69
Gorki, Maxim 87
Göthé, Friedrich Georg 230
Graf, Oskar Maria 56, 114, 117
Graumann, Heinz 294
Groth, Klaus 108
Grothe, Wolfgang 148, 288, 290
Gundolf, Friedrich 229, 296
Günther, Joachim 250, 296, 300
Güssefeld, Hilde 236
Gustav Adolf, schwed. König 278
Gütermann, Annette (siehe Brandeis, Annette)
Gütermann, Karl 137f.

Haas, Willy 83, 196, 295
Haase, Wolfgang 290
Hadrian VI., Papst 243
Haeckel, Ernst 11f.
Halbe, Thomas 14, 64, 277, 280
Haller, Albrecht von 41
Hamann (Bildhauer) 96
Hamann, Richard 69, 78
Hamm-Brücher, Hildegard 219
Hamsun, Knut 183
Händel, Georg Friedrich 22, 50, 221, 223f., 243, 271
Hanel, Erika 280, 290
Hardenberg, Karl August Fürst von 15
Hardenberg, Frh. Friedrich Leopold von (siehe Novalis)
Hartmann, Nikolai 211
Hasenclever, Walter 195, 292
Hatvany, Ludwig (Lajos) 60
Hauptmann, Gerhart 22, 70, 164
Hausmann, Manfred 48
Haydn, Joseph 106, 151, 221
Hegel, Georg Wilhelm Friedrich 256, 258
Hegner, Jakob 109
Hehn, Katja 284f.
Heifetz, Sascha 63
Heine, Heinrich (urspr. Harry) 15, 199, 256, 264
Heinrich Julius von Braunschweig (-Wolfenbüttel), Herzog 40f.
Heinrich IV. (urspr. von Navarra), frz. König 246
Heinroth, Oskar 33
Hendelsohn (Verlagseigentümer) 65
Henne, Dagmar 302
Herder, Johann Gottfried 231
Hering 183
Hermann-Neisse, Max (eig. Max Herrmann) 90, 93, 109, 114, 117, 282
Hermlin, Stephan (eig. Rudolf Leder) 180
Herrik, Robert 108
Hertz, Richard 204, 213, 293
Herwarth von Bittenfeld, Hans 200

Herzen, Alexander 259
Hesse, Hermann 49, 87
Heuschele, Otto 47f., 87, 279, 297
Heusinger, Brigitte von 192, 268, 292
Heusinger, Eberhard von 192, 268, 292
Heusinger, Richard von 292
Hilferding, Rudolf 60, 255
Hilsbecher, Walter 250, 300
Hinkel, Hans 112
Hirschfeld, Gerhard 280-282
Hitler, Adolf 66-68, 70, 88f., 100, 102, 111-113, 120, 131, 135, 147, 183, 266, 273, 276, 281
Hodler, Ferdinand 38
Hoffmann, E[rnst] T[heodor] A[madeus] 12
Hofmannsthal, Hugo von 87, 154
Hohenlohe, Valerie 165
Hölderlin, Friedrich 147
Höllerer, Walter 262, 277
Holz, Arno 154
Hopkins, G[erard] M[anley] 108
Horaz (eig. Quintus Horatius Flaccus) 270
Horkheimer, Max 192
Huch, Ricarda 40, 278
Huizinga, Jan (Johan) 69
Humm, R[udolf] J[akob] 299
Hus, Jan (Johann) 6, 9, 251-254, 274, 300
Hutloff, Karl 48
Hutten, Ulrich von 242

Ionesco, Eugène 199

Jacobs, Monty 121, 125
Jahnn, Hans Henny 129
Jancke, Oskar 128
Janov, Matej von 252
Jaspers, Karl 211
Jens, Walter 194, 237
Jizuka, Michi 209
Jizuka, Nobuo 209
Johann, Ernst 223, 262, 279-281, 295, 301f.
Johnson, Samuel 221
Johst, Hanns 112
Justi, Karl 221, 295

Kafka, Franz 61
Kaiser, Margarete 62, 97, 217, 283
Kalenter, Ossip 290
Kalow, Gert 219, 295
Kamnitzer, Heinz 188
Kang, She Hyong 211
Kant, Immanuel 28
Karl IV., röm.-dt. Kaiser 252
Karl V., röm.-dt. Kaiser 58, 240, 243
Kasack, Hermann 129, 182f., 224
Kaschnitz, Marie-Luise 109
Kästner, Erich 30, 109, 126-131, 133, 141, 179-185, 187, 189, 191, 195, 199f., 214, 261, 264, 280, 283, 286, 290-294, 298, 302
Katharina II., die Große, russ. Zarin 249
Käufer (Buchdruckermeister) 166
Kayser, Wolfgang 230
Keilhau, Wilhelm 122
Kern (Prof. Dr.?) 236
Kerr, Alfred (urspr. Kempner) 22, 112, 118f., 122-125, 127, 129, 285
Kesten, Hermann 134, 154f., 161, 164, 182f., 219, 286, 295
Kipnis, Alexander 64
Kippenberg, Anton 52f., 84, 87, 166, 227
Kippenberg, Emil 87
Kippenberg, Katharina 52, 57
Kleiber, Carlos 64
Kleiber, Erich 63
Kleinsteuber, Eva (siehe Schubert, Eva)
Klemens VII., Papst 243
Knaur, Th. 65, 176

Knaus, Albrecht 196
Kochen, Dr. (Sekretärin) 174
Koestler, Arthur 122, 292
Kolumbus, Christoph(er) 53, 56, 159, 279, 289
Krämer-Badoni, Rudolf (eig. R. Krämer) 186, 188
Kreuder, Ernst 183
Krolow, Karl 183
Krull, Christian 185
Kutscher, Artur 40

Landsberger, Amalie 14
Landsberger, Samuel Löbel 14
Landshoff, Fritz 114
Lange, Horst 164, 195
Lange, Rudolf 237
Lange-Schäfer, Oda 164, 278
Langgässer, Elisabeth 129
Lassalle, Ferdinand 258f.
Lasson, Adolf 28
Lau, Franz 278
Lavater, Johann Kaspar 231
Leers, Johann von 112
Lenin, Wladimir Iljitsch (eig. Uljanow) 39, 255
Leo X., Papst 243
Leonardo da Vinci 224f., 296
Lernet-Holenia, Alexander 48
Lessing, Gotthold Ephraim 96
Li, Mirok 212f.
Liebermann, Max 64
Liedke (stellvertr. Frankfurter Bürgermeister) 183
List (Verlagsgeschäftsführer) 47
Loew, (Dr.) (Arzt) 65
Lorenz, Konrad
Lorenz, Max 63f.
Ludwig, Emil 114, 222f., 228, 296
Lukács, Georg (von) 60
Lumley, Charles Hope 279
Lunatscharski, Anatol 61
Luther, Martin 6, 9f., 17, 220, 238-244, 250f., 254f., 259, 279, 295, 298-300
Lütkehaus, Ludger 260, 301

Maass, Joachim 26, 48f., 58, 147, 178, 217, 279, 288, 291
Mach, Ernst 96
Magnus, Erwin 126
Mann, Erika 122, 285
Mann, Golo 192, 199, 255, 300
Mann, Heinrich 114, 118, 120
Mann, Klaus 87, 114
Mann, Thomas 49, 56, 65, 114, 124, 127, 132, 154, 161
Marie-Antoinette, frz. Königin 187, 221
Maritain, Jacques 122
Marteau, Henri 63
Märtin, Ralf-Peter 293
Marx, Karl 6, 9f., 15, 39, 78, 147, 255-260, 268, 277, 295, 301
Masereel, Frans 87
Maurois, André 235
Mayer, Hans 192, 219
Mazzini, Guiseppe 259
Mehring, Franz, 39, 255
Mehring, Walter 220, 295
Meise (Lehrer) 27
Melanchthon, Philipp (gr. f. Schwarzert) 243
Mendelssohn, Felix 15
Mendelssohn, Peter de 114, 121, 128f., 150, 195, 222, 235, 288, 292, 295, 297
Merck, Johann Heinrich 231
Meyer, Conrad Ferdinand 21, 278
Meyer-Graefe, Julius 22
Milch, Werner 121
Milic (von Kremsier), Jan 252
Mill, John Stewart 259
Miller, Arthur 165
Milton, John 221

Minder, Robert 219
Molo, Walter von 131f., 286
Molotow, Wjatscheslaw (eig. Skrjabin) 102
Montaigne, Michel 6, 244-246, 249, 274, 299f.
Montezuma, Aztekenherrscher 53, 58f.
Mozart, Wolfgang Amadeus 35, 221
Müller, Hermann 60
Müller, Karl 288
Mundt, Hans Josef 187
Münzer, Thomas 243
Musil, Robert 124
Muthesius, Anna 282
Muthesius, Eckart 18, 282
Muthesius, Hermann 18, 22, 282

Nansen, Fritjof 93
Napoleon I., Bonaparte, frz. Kaiser 15, 38, 54, 131
Napoleon III., frz. Kaiser 36, 38
Neunzig, Hans A. 292
Neumann, Robert 106, 118, 134, 180, 185-190, 284f., 291f.
Nichols, Beverley (eig. John B.N.) 104
Nicolton, Harald 148
Nietzsche, Friedrich 124
Nöhbauer, Hans F. 256, 295, 301
Novalis 147
Nowell, John 186, 238, 298

O'Brien, Mrs. (Aufwartefrau) 79
Olden, »Kutzi« 118
Olden, Balder 114
Olden, Ika 118
Olden, Rudolf 114f., 117-120
Oldman, C.B. 104
Ollens (Frau) 136
Ostwald, Wilhelm 11
Ottens, Gerda 153
Ottens, Günter 153
Otto, Berthold 28
Ould, Hermon 100, 105, 111, 113f., 118, 121, 125, 180, 283
Owens, Robert 258

Pascal, Blaise 6, 244, 246f., 249, 274, 299f.
Pasternak, Leonid 60
Pasternak, Boris 61
Pawlow, Iwan 11
Penzoldt, Ernst 48, 130, 164
Petersen, Jan 111
Picasso, Pablo 199f.
Pierre d'Ailly, Kardinal 253
Pindar 174
Pinna, Erna 110
Piper, Ernst Reinhard 293
Piper, Klaus 154, 174f., 179, 195f., 212f., 233f., 254, 261f., 275, 277, 281, 288f., 293, 295, 297, 300, 302
Piper, Reinhard 174, 228
Plievier, Theodor 129
Pollock, Jackson 225, 296
Prien, Günther 90
Prill (Flötist) 39
Pross, Harry 182, 278, 302
Proudhon, Pierre-Joseph 258
Quantz, Johann Joachim 39
Quasimodo, Salvatore 17

Racine, Jean 174
Raddatz, Fritz J. 260
Raleigh, Sir Walter 108
Ramseger, Georg 199, 233f., 293, 297
Rathenau, Walther 267
Rehfisch, Hans José 111
Reich-Ranicki, Marcel 274
Reimers, J. 236
Reinhardt, Max (eig. M. Goldmann) 22
Reiss (Mrs.) (Nachbarin) 140, 288
Remarque, Erich Maria 30-32, 34, 45, 234, 278

Rembrandt (Harmensz) van Rijn 165
Renn, Ludwig (eig. Arnold Vieth von Golßenau) 45, 129, 278
Reuter, Fritz 299
Rhee, Singman 211
Ribbentrop, Joachim (von) 102
Richter, Hans Werner 180
Rilke, Rainer Maria 46, 48, 108f.
Röhm, Ernst 218
Rolland, Romain 50, 69, 87, 219
Romains, Jules (eig. Louis Farigoule) 115f., 123, 285
Rose, William 104
Rosenberg, Joseph 157
Ross, Werner 300
Roubiczek, Paul 114
Rousseau, Jean-Jacques, 248
Rudolf II., röm.-dt. Kaiser 14, 41

Sachs, Hans 153
Sahl, Hans 197, 282, 292f.
Saint-Simon, Claude Henri de 259
Saurat, Denis 122
Schaefer, Oda (siehe Lange-Schäfer, Oda)
Schäfer (Schriftsteller) 195
Scharff, Edwin 64
Scheffauer, Hermann George 15, 65
Scheffler, Erna 110
Scheidemann, Philipp 37
Schifferli, Peter 202
Schiller, Friedrich (von) 96, 232
Schirmacher, Wolfgang 260, 301
Schlesinger, Adolph Martin 15
Schlesinger, Margarete 15
Schlösser, Rainer 112
Schmeißer, Marleen 296
Schmidt, Kurt H. 164f., 289
Schmidt-Pauli, Edgar von 112
Schmiele, Walter 183, 278
Schmoller, Hans 227
Schneider, Reinhold 129
Schönemann, Lili 231
Schopenhauer, Arthur 177
Schröder, Rudolf Alexander 198
Schubert, Eva 280
Schücking, Levin 166, 289f., 293
Schulte, Heinrich 234
Schütz, Klaus 266
Schütz, Wilhelm Wolfgang 122, 302
Schwab-Felisch, Hans David 237, 298
Schwitters, Kurt 147, 198
Scott, Sir Walter 21, 278
Seelow, (Herr) von 16
Seghers, Anna (eig. Netty Radvanyi) 129
Seibt, Ernst-Günther 277, 296
Severing, Carl 60
Seyffert, Michael 282
Shakespeare, William 22, 41, 96, 219, 221, 235
Shaw, George Bernard 219
Sickingen, Franz von 243
Si(e)gmund, röm.-dt. Kaiser 252-254
Simmel, Georg 28
Simson, Eduard von 16
Slonimski, Antoni 122
Soerensen, Peter Lauritz 12
Soetbeer, Christine 255, 260-262, 276f., 296, 301f.
Soetbeer, Maria 270
Soetbeer, Volker 270, 278, 302
Solschenizyn, Alexander Issajewitsch 295
Sommer, Theo 214, 294
Speer, Albert 153
Spiel, Hilde 115, 119, 124, 180, 185, 190f., 198, 222, 275f., 282, 284-286, 289-293, 302
Springer, Axel 266
Stahl, Friedrich Julius 255
Staiger, Emil 228, 230
Steffensen, Steffen 56, 279, 289, 302

Stein, Charlotte von 231
Stein, Karl Frh. von und zum 15
Steinbeck, John Ernst 96
Stendhal (eig. Henri Beyle) 218
Stent, Ronald 280-282
Sternberger, Dolf 129, 168, 186, 189, 193f., 259, 263, 266f., 286
Sternfeld, Wilhelm 110, 121, 124f., 128, 134, 199
Sternheim, Carl 96, 124
Strauß, Richard 65
Stresemann, Gustav 60
Strich, Fritz 40
Stucken, Eduard 57
Stülpnagel, Karl-Heinrich von 218
Suhrkamp, Peter 148, 182
Süskind, W[ilhelm E[manuel] 48
Szily, Pál 11

Tayler, Wat 252
Tergit, Gabriele (eig. Elise Reifenberg) 121, 123f., 127, 277, 283, 285f.
Textor, Johann Wolfgang 230
Thackerey, William Makepeace 157
Thennison, Gerd 201
Theodor, Fritz 45
Thierfelder, Franz 212
Thiersch, Frieda 165
Thiess, Frank 164
Toller, Ernst 113f.
Torberg, Friedrich (eig. F. Kantor-Berg) 180
Toynbee, Arnold J. 158
Trakl, Georg 48
Tralow, Johannes 126, 129, 133
Troeltsch, Ernst 38
Trotzki, Leo (eig. Leib Bronstein) 255
Tucholsky, Kurt 46
Tussaud, Marie 237

Ueda, Toshiro 206-209, 294
Ullstein, Rudolf 176
Unger, Alfred H. 111, 121
Unger, Wilhelm 121, 129, 134
Unruh, Fritz von 122
Usinger, Fritz 183

Valentin, Antonia (Toscha) 60
Valéry, Paul 218
Vega, Lope de 174
Veit, Otto 288, 302
Vercors (eig. Jean Bruller) 127
Verhaeren, Emile 12, 87
Viasmensky, Leo 63
Viasmensky, Lilli (Lili) 63f., 134-136, 155, 217, 279, 287, 295
Vierkandt, Alfred 38, 66, 135, 211, 287
Vierkandt-Friedenthal, Martha (siehe Friedenthal, [Anna Ludowika] Martha)
Voigt, Karin 263
Voltaire (eig. François-Marie Arouet) 96
Vulpius, Christiane 231

Wagener, Hans 288
Waggerl, Karl Heinrich 147f., 288f.
Wagner, Albert Malte 114
Wagner, Christian 185
Walden, Herwarth (eig. Georg Lewin) 112
Walker, MacCallum 170
Wasserstein, Bernard 281f.
Wassmann, Hans 22
Weber, Alfred 211
Weber, Max 40, 211, 223
Wedekind, Frank (eig. Benjamin Franklin W.) 12
Wegner, M.C. (Christian) 53
Weidenfeld, George
Weigand, Friedrich 250, 300
Weinert, Erich 124

Weisenborn, Günther 129, 133
Weissenborn, Helmut 157
Wells, H[erbert] G[eorge] 113, 115
Weltmann, Lutz 109, 176, 283, 293
Wenicke (Jugendfreundin Martha Friedenthals) 40
Wenzel IV., böhm. König, röm.-dt. Kaiser 252
Werfel, Franz 12, 117, 124, 284
Wesker, Arnold 199
Wessel, Horst 182
Westphal, Uwe 284, 287
Weyrauch, Wolfgang 289
Wiechert, Ernst 126f.
Wieckenberg, Ernst-Peter 219
Wiegenstein, Roland 201
Wiese (und Kaiserswaldau), Benno von 230
Wilder, Thornton 122
Wilhelm II., dt. Kaiser 24, 88, 185, 223
Willett, John 281, 293
Willimsky (Opernsänger) 180
Wilpert, Gero von 296
Winckelmann, Johann Joachim 54f., 221, 295
Winternitz, Friderike Maria von (siehe Zweig, Friderike Maria)
Wirth, Franz 244, 299
Wirth, Joseph 60, 244, 299
Witsch, Johann Caspar 183
Witzleben, von (amerikan. Offizier) 213
Wjasmensky, Lilli (Lili) (siehe: Viasmensky, Lilli [Lili])
Wocker, Karl Heinz 157, 289
Wolf, (Dr.) (Arzt) 179
Wolf, Friedrich 124, 129
Wolfenstein, Alfred 124
Wolff, Karl (Charles) 124
Wölfflin, Heinrich 28, 40, 42
Wulf, Josef 284
Wyclif, John 252

Zahrnt, Heinz 243, 299
Zambanella, Kardinal 253
Zander, Walter 110
Zehrer, Hans 234
Zeitlin, Leon 123-125
Zelter, Karl Friedrich 15
Zimmering, Max 111
Zohn, Harry 281
Zola, Emile 301
Zong, In-sob 294
Zuckmayer, Carl 34, 56, 87, 182, 189, 263-265, 267
Zweig, Arnold 114, 180, 188
Zweig, Friederike Maria 50f., 281
Zweig, Lotte 82f., 98, 134f., 261
Zweig, Stefan 9, 26, 49f., 52f., 56, 77f., 82f., 85-88, 97-99, 107, 122f., 135, 143f., 159f., 170, 174, 180, 185, 187, 190, 219, 221-223, 250, 279, 281f., 285, 291
Zwingli, Ulrich 242f.

Bildnachweis

Wir bedanken uns sehr herzlich bei den Nichten Richard Friedenthals, Frau Professor Dr. Martha Friedenthal-Haase, Jena, und Frau Gundula Foerster, Radolfzell, für die großzügige Bereitstellung von Familienfotos und tatkräftige Unterstützung durch detaillierte Informationen zu Friedenthals familiärem Umfeld.

Aus dem Privatbesitz von Frau Professor Martha Friedenthal-Haase stammen die Bilder auf den Seiten 13, 18, 19, 21, 63, 84, 130, 139, 146 (2), 163, 175, 209 (2), 226, 263.

Die Fotos auf den Seiten 23, 24, 29, 44, 71, 167 (2), 269, 275 befinden sich im Privatbesitz von Frau Gundula Foerster.

Außerdem danken wir Herrn Joachim Kaiser (USA) für die Bereitstellung der Fotografie auf Seite 62.

Nachbemerkung

Der Text des vorliegenden Buches folgt der neuen Rechtschreibung; einzig in den Zitaten wurde die originale Rechtschreibung des jeweils zitierten Dokuments beibehalten.